Serge Ginger/Anne Ginger
Gestalttherapie

Serge und Anne Ginger

Gestalttherapie

aus dem Französischen übersetzt
von Ursula Schaile

BELTZ

PsychologieVerlagsUnion

Titel der Originalausgabe:
Serge Ginger, avec la collaboration de Anne Ginger
LA GESTALT – UNE THÉRAPIE DU CONTACT
(troisième édition, revue et corrigée)
© Hommes et Groupes éditeurs, 1987, 9, rue Saulnier, 75009 Paris

Lektorat: Gerhard Tinger und Karin Ohms

Wissenschaftlicher Beirat der Psychologie Verlags Union:

Prof. Dr. Walter Bungard, Lehrstuhl Psychologie I, Wirtschafts- und Organisationspsychologie,
 Universität Mannheim, Schloß, Ehrenhof Ost, 68131 Mannheim
Prof. Dr. Ernst-D. Lantermann, Universität Kassel, GH, FB 3, Psychologie, Holländische
 Straße 56, 34127 Kassel
Prof. Dr. Rainer K. Silbereisen, Friedrich-Schiller-Universität Jena, Institut für Psychologie, Lehr-
 stuhl für Entwicklungspsychologie, Humboldtstraße 11, 07743 Jena
Prof. Dr. Bernd Weidenmann, Universität der Bundeswehr München, Fakultät für Sozialwissen-
 schaften, Werner-Heisenberg-Weg 39, 85579 Neubiberg
Prof. Dr. Hans-Ulrich Wittchen, Max-Planck-Institut für Psychiatrie, Kraepelinstraße 10,
 80804 München

Die Deutsche Bibliothek – CIP-Einheitsaufnahme

Ginger, Serge:
Gestalttherapie / Serge und Anne Ginger. Aus dem Franz.
übers. von Ursula Schaile. – Weinheim : Beltz, Psychologie-
Verl.-Union, 1994
 Einheitssacht.: La gestalt – une thérapie du contact <dt.>
 ISBN 3-621-27227-5
NE: Ginger, Anne:

© 1994 Psychologie Verlags Union, Weinheim

Umschlaggestaltung: Dieter Vollendorf, München
Satz: Satz- und Reprotechnik GmbH, 69502 Hemsbach
Druck und buchbinderische Verarbeitung: Druckhaus Beltz, 69502 Hemsbach
Printed in Germany
Gedruckt auf chlorfrei gebleichtem Papier

ISBN 3-621-27227-5

Inhalt

Vorwort   7

Kapitel 1
Ein erster Blick auf die Gestalttherapie   11

Teil I: Konzeptionelle Grundlagen der Gestalttherapie

Kapitel 2
Die Wurzeln der Gestalttherapie
Phänomenologie, Existentialismus, Gestaltpsychologie   33

Kapitel 3
Fritz Perls   44

Kapitel 4
Die Gestalttherapie und die Psychoanalyse   64

Kapitel 5
Die orientalische Verwandtschaft   86

Kapitel 6
Die humanistische Psychologie und die Gestalttherapie
Ein Besuch in Esalen   97

Kapitel 7
Die Systemtherapie und der Gestaltansatz
Das Pentagramm   109

Teil II: Methoden und Techniken der Gestalttherapie

Kapitel 8
Die Theorie des Selbst   129

Kapitel 9
Die therapeutische Beziehung
Übertragung und Gegenübertragung   147

Kapitel 10
Der Körper und die Gefühle 164

Kapitel 11
Das Gehirn und die Gestalttherapie 180

Kapitel 12
Das Imaginäre in der Gestalttherapie
Wachtraum, Traum, Kreativität 200

Kapitel 13
Historische und geographische Entwicklung der Gestalttherapie
Die Gestalttherapie im Überblick 220

Anhang 251

Bericht einer Gruppenteilnehmerin 253
Bibliographien 260
Glossar 266
Zeittafel... 277
Der „Stammbaum" der französischen Gestalttherapie 282

Vorwort

„Warum dieses Buch?" Das wäre sicher keine sehr gestalttherapeutische Frage. „Für wen?" wäre schon besser, denn in der Gestalttherapie sind wir mißtrauisch gegenüber anonymen und „ungezielten" Mitteilungen; wir ermutigen vielmehr zu direkten, persönlichen und eindeutigen Botschaften. „Wie ist dieses Buch" wäre schließlich eine gestalttherapeutische Frage reinster Form! Die Antwort lautet: Es ist ein Buch über die Gestalttherapie, im „Gestalt-Stil" geschrieben, das heißt mit Herz und Kopf gleichermaßen, ein direkter, unmittelbarer Ausdruck meiner Empfindungen – in dem Augenblick, in dem zwischen Ihnen und mir eine imaginäre Beziehung entsteht, lasse ich meine „rechte Hirnhälfte" sprechen. Genauer genommen entsteht diese Beziehung zwischen Ihnen und uns: Ich verfasse zwar dieses Buch, doch es drückt gemeinsame Erfahrungen und Gedanken aus, die aus vielfarbigen, ineinander verschlungenen, weder vollkommen parallelen, noch wirklich entgegengesetzten Fäden zwischen meiner Frau Anne und mir gesponnen wurden; wir sind seit 35 Jahren ein Gespann und teilen, trotz der „klugen" Ratschläge von mehr als einer Person, zugleich unser Kopfkissen und unsere Beschäftigung und tragen so unsere Lebensfreude in unsere Arbeit und unsere Arbeit unter unser gemeinsames Dach. Mit Rücksicht auf die Authentizität und in dem Wunsch nach einem direkteren Austausch mit dem Leser, drücke ich mich meistens in der ersten Person aus. Doch das Buch enthält keine einzige Seite, die ich nicht, manchmal über Stunden, mit Anne durchgesprochen hätte.

Recht und schlecht habe ich dem Druck einiger unserer Schüler widerstanden, die mich dazu drängten, eine Abhandlung oder gar ein Gestalt-Handbuch zu verfassen, das klar und umfassend und wie ein Museum mit seinen beschrifteten Vitrinen gegliedert sein sollte. Ich wollte Ihnen lieber ein engagiertes persönliches Zeugnis vorlegen, das gleichermaßen aus dem täglichen Erleben und aus Bücherwissen gespeist wird, und Sie zu einem Spaziergang einladen, der sich von den Verführungen der durchquerten Landschaft leiten läßt. Ich habe mir nämlich von Zeit zu Zeit gestattet, den Weg zu verlassen und einige kleine Eskapaden ins Reich meiner Fantasie zu unternehmen: Ich habe noch nie festgelegte Routen gemocht, bei denen man schließlich im Klang des Gleichschrittes einschläft ... Sie werden daher in diesem Buch einige scheinbare Abschweifungen und bewußte Wiederholungen finden, denn es gibt Dinge, die man gerne wiederholt und vertraute Pfade, die man unermüdlich einschlägt. Wir werden also nicht jede besichtigte gestalttherapeutische „Landschaft" langwierig und systematisch archäologisch umgraben und auch nicht jeden aufgespürten Begriff gründlich und erschöpfend durchkämmen. Wir werden vielmehr bestimmte Formen, denen wir begegnen und die uns entsprechen, zärtlich berühren, und andere wiederum werden wir links liegen lassen. Wir möchten lieber die Forscherfreude nähren, als den Entdeckungshunger vorzeitig befriedigen. Das Vorgehen wird deshalb kreisförmig sein bzw. mehr einer offenen Spirale gleichen: Wir werden gleichsam im Land der Gestalttherapie umhergehen, mehrmals die gleichen Orte besuchen und jedes Mal etwas tiefer graben, anstatt das Terrain in jeder Etappe fleißig und methodisch durchzuharken, ehe wir weitergehen. Ein solches Herangehen scheint uns mehr der Wirklichkeit allen Seins zu entsprechen, und es deckt sich auch eher mit unserer Auffassung von der Gestalttherapie. Für uns läßt sich die Gestalttherapie nicht von einer logischen, sondern von einer analogen, nicht von einer systematischen, sondern von einer systemischen Vorgehensweise leiten, im ständigen Austausch mit der Umgebung und angereichert durch das wachsende Geflecht von Querverbindungen aller Art (Empfindungen, Gefühle, Fantasien, Worte) und auf allen Ebenen (individuell, kulturell, kosmisch).

Dieses Buch wurde geschrieben, um gelesen und verstanden zu werden! Es ist daher in einer – hoffentlich – allgemeinverständlichen Sprache geschrieben, und ich habe mich nach Kräften bemüht, den „Psycho"-Jargon zu vermeiden, die ständige Geisel einer Bruderschaft von Eingeweihten, die der Einfachheit halber nur den eigenen Jüngern predigen.

Die Gestalttherapie ist in voller Entwicklung und dies um so mehr, als sie das Glück hatte, nicht vorzeitig in ein unangreifbares Dogma gepreßt zu werden. Ihrem Hauptverfechter, Fritz PERLS, war jegliches Theoretisieren ein Greuel: „Loose your head, come to your senses", pflegte er zu sagen. Wir werden ihm nicht bis in seine Exzesse folgen, in denen er sich abreagierte und provozierte und jede geistige Betätigung als „Scheiße" („bullshit") bezeichnete; aber wir wollen auch nicht zu Komplizen einer Gesellschaft werden, die uns zur „Hemiplegie" (halbseitige Lähmung) verurteilt, indem sie die analytische, logische und wissenschaftliche linke Gehirnhälfte überbewertet und die synthetische, alogische und künstlerische rechte Hemisphäre chronisch vernachlässigt. Wir meinen:

> *Die Gestalttherapie ist ebensosehr eine Kunst wie eine Wissenschaft.*

Jeder, der sie anwendet, kann seinen eigenen Stil entwickeln, entsprechend seiner Persönlichkeit, seinen Erfahrungen und seiner Lebensphilosophie.

Schließlich sollte auch noch auf die tiefgreifende Weiterentwicklung der Vorstellungen und auf die neuerliche Revolution des Denkens und der Kommunikation hingewiesen werden, die sich seit der Zeit von Fritz Perls und den ersten Gestalttheoretikern wie Paul Goodman vollzogen haben. So sind z.B. die Kybernetik, die allgemeine Systemtheorie, die revolutionäre Entwicklung der Informatik, die Hypothese von der „komplexen Relativität" in der Physik, die neurologischen Wissenschaften (Psychophysiologie des Gehirns und Chemotherapie) am Horizont aufgetaucht. Alle diese Arbeiten und Forschungen haben die Biologie, die Psychologie, die Psychiatrie, die Soziologie, die Philosophie und generell alle Bereiche, die sich auf den Menschen und auf seine Kontakt- und Kommunikationssysteme beziehen, stark beeinflußt. Ihre Auswirkungen auf die Humanwissenschaften können nicht geleugnet werden, und es ist nicht mehr möglich, allen Hypothesen von Freud oder Perls, die bereits in der ersten Hälfte dieses Jahrhunderts entwickelt wurden, blindlings und rückhaltlos zuzustimmen.

Selbstverständlich übernehme ich allein die Verantwortung für alle Thesen und Hypothesen dieses Buches. Der eventuelle Widerspruch bestimmter Kollegen ist mir lieber als ein statischer Konformismus. Die Gestalttherapie erinnert uns im übrigen daran, daß wir zerstören müssen, um zu verdauen, daß wir beißen, zerkleinern, geduldig kauen und wiederkäuen und nicht Fertiggerichte zu uns nehmen sollten, die selten dem Geschmack und dem Magen des Einzelnen entsprechen. Ich bin für meine Formulierungen und meine Auswahl, die notwendigerweise und bewußt subjektiv sind, verantwortlich und auch für meine Irrtümer, dem gerechten Preis für die Freiheit, aber ich bin nicht der Verfasser der in diesem Buch verwandten Materialien.

Dieses Buch entstand auf der Basis eines ständigen intellektuellen und emotionalen, manchmal auch leidenschaftlichen Gedankenaustausches – mit unseren Freunden und Kollegen des Institut de Formation et d'Etudes Psychosociologiques et Pédagogiques (I.F.E.P.P.), – mit unseren amerikanischen Lehrern für Gestalttherapie, hauptsächlich Joan Fiore, Abraham Levitsky, Jack Downing, Richard Price, Frank und Ilana Rubenfeld, Paul Rebillot, Alan Schwartz, Gedeon Schwartz, Joe Camhi, Seymour Carter, Barry Goodfield, George Thomson und viele andere, – ebenso wie mit unseren Kollegen der Société Française de Gestalt, seit ihrer Gründung im Jahre 1981, – aber auch und vor allem in dem grundsätzlichen Austausch mit unseren Schülern von der Ecole Parisienne de Gestalt, die uns genügend Vertrauen entgegenbrachten, um uns ständig zu hinterfragen und zu kritisieren, und uns so dazu gebracht haben, jeden Tag gemeinsam mit ihnen neue Wege zu erforschen.

Vorwort zur deutschen Ausgabe

Ich schätze mich glücklich, nun auch meinen deutschen Kollegen und Freunden diese (um ca. die Hälfte) *gekürzte* Übersetzung meines Buches zur Gestalttherapie vorlegen zu dürfen.

1987 erstmals erschienen, erreicht das Buch in diesem Jahr seine fünfte französische Auflage (mit insgesamt mehr als 1200 Korrekturen und Aktualisierungen gegenüber der ursprünglichen Fassung). Übersetzungen ins Italienische, Spanische, Portugiesische und Russische liegen bereits vor und wurden von etlichen Gestalt-Ausbildungs-Instituten in den verschiedenen Ländern als Arbeitsgrundlage übernommen.

Was hat der vorliegende Band nun Neues zu bieten für den deutschsprachigen Leser – der doch schon mit einer Fülle von Literatur zu diesem Thema gesegnet ist?

Zunächst einmal geht es hier um den Versuch einer synthetischen Darstellung und Erläuterung der *verschiedenen Strömungen*, aus denen sich die Gestalttherapie weltweit herauskristallisiert hat: die Ideen Perls sowie

Goodmans und Froms, doch auch die originellen Beiträge der Polsters, Zinkers, und einiger zeitgenössischer europäischer Autoren wie Petzhold, Katzeff, Marie Petit, Robine.

Unter den verschiedenen Themenbereichen dieser Abhandlung möchte ich einen originellen, aber leider noch viel zu oft verkannten Aspekt besonders hervorheben, nämlich die Feststellung, daß Gestalttherapie letztendlich sehr wohl als eine Art „Chemotherapie" betrachtet werden könnte, auch wenn sie sich selbst nicht als solche wahrnimmt! Es ist doch in der Tat so, daß sich aus einem Großteil aller verbalen, emotionalen und körperlichen Äußerungen im Verlaufe einer therapeutischen Sitzung rasche – und oft dauerhaft wirksame – Veränderungen im biochemischen Gleichgewicht des Organismus herleiten, bedingt durch die Umstellungen in Produktion und Selbstregulierung der Neurotransmitter. Zwei Kapitel des Buches fassen die aktuellen Forschungen zum Thema *Das Gehirn und die Neurophysiologie des Traumes* zusammen und erläutern besagte Arbeitshypothese – deren konkrete Auswirkungen angesichts der unterschiedlichen Vorgehensweisen der verschiedenen Therapeuten zahllos sind. So verleiht zum Beispiel jede Bewegung des Körpers im Raum der rechten Hirnhälfte Vorrang im Vergleich zur linken Hirnhälfte, wobei die verschiedenen Strukturen des limbischen Systems mobilisiert werden – was wiederum die Gedächtnis-Einprägung des Erlebten begünstigt (infolge der favorisierten Verkettungen: Bewegung im Raum > rechte Hirnhälfte > limbisches System > Emotionen > Erinnern) …

Nicht zuletzt finden sich in diesem Band auch zahlreiche Beispiele und Erfahrungsberichte zur *Anwendung* der Gestalttherapie in den unterschiedlichsten Bereichen: Erziehung, Sozialarbeit, Gesundheitswesen, Sexualität, öffentliche Einrichtungen, Unternehmen. Seit gut einem Jahrzehnt ist die Gestalttherapie aus ihrem anfänglichen Schattendasein herausgetreten und zählt nun zu den „großen" Psychotherapien; als solche hält sie Einzug in Universitäten, Krankenhäuser, Schulen, theologische Fakultäten, aber auch in die Kreise von Industrie und Wirschaft, überall dort, wo menschliches Potential bestmöglich genutzt und Kreativität dynamisch eingesetzt werden sollen.

Ich möchte noch ausdrücklich betonen, daß dieses Buch das Ergebnis eines ständigen, bald fünfzehn Jahre währenden Gedankenaustausches mit den 500 Schülern und ehemaligen Schülern der „Ecole Parisienne de Gestalt" ist, wie auch mit den Leitern zahlreicher Ausbildungsinstitute, die sich in der Internationalen Vereinigung der Gestalt-Ausbildungs-Organisationen (FORGE) zusammengeschlossen haben.

Gestalttherapie möchte sich hier nicht nur als eine psychotherapeutische Methode vorstellen, sondern als die Kunst, den inneren Reichtum und die Einzigartigkeit jedes Individuums auszuleben; und in diesem Sinne darf sie stolz darauf sein, über die kühle, objektive Sicherung einer *Wissenschaft* hinaus die subjektive und belebende Wärme der *Kunst* ins Spiel gebracht zu haben.

Juli 1994   Serge Ginger

Kapitel 1
Ein erster Blick auf die Gestalttherapie

Gestalt – was ist das eigentlich?

„Gestalt" ist ein deutsches Wort[1], das heute in der ganzen Welt verwendet wird, da die anderen Sprachen dafür kein Äquivalent besitzen. Gestalten bedeutet „eine Form geben, eine Bedeutungsstruktur verleihen". Tatsächlich wäre es genauer, statt von „Gestalt" von „Gestaltung" zu sprechen, da dieser Begriff auf eine vorgesehene, gerade ablaufende oder abgeschlossene Handlung verweist und einen Prozeß der Gestaltbildung, eine Entwicklung impliziert.

Unsere gängigen Wörterbücher haben bis jetzt den Begriff Gestalt nur in seiner historischen Bedeutung im Zusammenhang mit der Gestaltpsychologie aufgenommen, einer Theorie, nach der sich unser Wahrnehmungsfeld spontan in Struktur- und Bedeutungseinheiten organisiert („guten" Formen oder starken, prägenden Gestalten). Die Wahrnehmung eines Ganzen – beispielsweise eines menschlichen Gesichts – kann nicht auf die Summe der aufgenommenen Reize reduziert werden, denn

> *das Ganze ist verschieden von der Summe seiner Teile,*

ebenso wie Wasser etwas anderes ist als Sauerstoff und Wasserstoff!
Und

> *ein Teil eines Ganzen ist etwas anderes als dasselbe Teil*
> *an sich oder innerhalb eines anderen Ganzen,*

denn es bezieht seine besonderen Eigenschaften aus seinem Platz und aus seiner jeweiligen Funktion: So wie ein Schrei in einem Spiel etwas anderes ist als ein Schrei in einer menschenleeren Straße; nackt unter der Dusche zu sein bedeutet nicht dasselbe wie nackt auf den Champs-Elysées spazieren zu gehen. Um ein Verhalten zu begreifen, ist es also nicht nur wichtig, es zu analysieren, sondern vor allem, davon einen Gesamteindruck zu haben, es im Gesamtzusammenhang zu sehen, nicht einen „spitzeren", sondern einen weiteren Betrachtungswinkel zu haben.

Therapie: Einheit, Gesundheit, Heiligkeit

Ich werde später auf die Gestaltpsychologie oder Gestalttheorie zurückkommen. Dieses Buch behandelt jedoch die Gestalttherapie. Dabei zögere ich jedoch, den Begriff Therapie durchgängig zu verwenden. Denn allzu häufig wird das Wort Therapie noch im engeren Sinne des Begriffs verstanden. In den gängigen französischen Wörterbüchern wird Therapie im allgemeinen definiert als Handlungen und Maßnahmen, die der Behandlung oder Heilung von Krankheiten dienen, während selbst die WHO bereits in ihrer Präambel formuliert:

> *„Gesundheit ist nicht das Fehlen von Krankheit oder Behinderung,*
> *sondern ein Zustand des vollkommenen körperlichen,*
> *geistigen und sozialen Wohlbefindens".*

In einer derartigen holistischen[2] Gesamtperspektive dient die Therapie also der Erhaltung und Entwicklung dieses harmonischen Gleichgewichts und nicht der Heilung oder Beseitigung irgendeiner Störung – was sich implizit auf einen Zustand von „Normalität" beziehen würde, eine Haltung, die dem Geist der Gestalttherapie selbst, die das Recht auf Anderssein, die absolute Einzigartigkeit eines jeden Lebewesens unterstreicht, entgegengesetzt ist.

Eine so verstandene Therapie orientiert sich also an den Begriffen der persönlichen Entwicklung, der Gestaltung und der Entfaltung der menschlichen Fähigkeiten – die sich ausdrücklich von jenen Absichten unterscheiden, die auf Wiederherstellung des „Normalen", auf die soziale Anpassung ausgerichtet sind. Der Gestaltpsychologe GOLDSTEIN, einer der ersten Lehrer von PERLS (und vor allem von dessen Frau Laura), formulierte dies folgendermaßen:

> *„Das Normale sollte nicht durch die Anpassung,*
> *sondern, im Gegenteil, durch die Fähigkeit,*
> *neue Normen zu erfinden, bestimmt werden"[3].*

An wen wendet sich die Gestalttherapie?

Die Gestalttherapie wird heute in sehr verschiedenen Zusammenhängen und mit sehr unterschiedlichen Zielsetzungen angewandt: In der Einzeltherapie im direkten Gegenüber, in der Paartherapie (bei gleichzeitiger Anwesenheit beider Partner), in der Familientherapie, in fortlaufenden Therapiegruppen (die zum Beispiel an einem Abend pro Woche und/oder an einem Wochenende pro Monat stattfinden), aber auch in Gruppen, die der persönlichen Entwicklung der Fähigkeiten des Einzelnen dienen, sowie innerhalb von Institutionen

(Schulen, Einrichtungen für nicht angepaßte Jugendliche, psychiatrische Kliniken etc.) oder auch in Wirtschaftsunternehmen. Sie richtet sich an Personen mit physischen, psychosomatischen oder psychischen Störungen, die im allgemeinen als „pathologisch" bezeichnet werden, aber auch an Personen, die bei existentiellen Problemen, die leider sehr häufig vorkommen (Konflikte, Trennung, Einsamkeit, Trauer, Depression, Arbeitslosigkeit, Gefühl der Ineffizienz oder der Ohnmacht etc.) in Schwierigkeiten geraten sind, sowie an alle Personen oder Organisationen,

> *die ihre latenten Fähigkeiten optimal entfalten wollen,*
> *nicht nur im Sinne eines Besser-Seins, sondern eines „Mehr-Seins",*
> *einer besseren Lebensqualität.*

Es gibt schwerwiegende Pathologien und zutiefst gestörte Kranke, verängstigte Psychotiker und verzweifelte Neurotiker. Wir sehen sie täglich in der Einzel- und Gruppentherapie.

Aber es gibt andererseits auch immer mehr existentielle Probleme, und seit langem weisen uns die Statistiken aller Länder darauf hin, daß die Suizide unter den sogenannten „Normalen" sehr viel zahlreicher sind als unter den zu „Geisteskranken" erklärten. Wo endet das Normale, und wo beginnt die Pathologie? Wie soll man sich zwischen der übertriebenen Zwangshospitalisierung und der romantischen Antipsychiatrie entscheiden? Wer kann sagen, ob die Trauer um einen geliebten Menschen oder der Abbruch einer Liebesbeziehung leichter zu ertragen sind als eine Zwangsneurose oder eine Primärfrigidität? Wir verfügen über kein Maß, um die Tiefe der Störungen zu erfassen, und letztlich kümmert mich die gelehrte Diagnostik, deren Maß durch das Gewicht ihrer Worte bestimmt ist, wenig.

Ich weigere mich, zwischen Krankheit und existentiellem Unbehagen zu entscheiden, und ich bin nicht gegen die von PERLS propagierte „Therapie für die Normalen", der es sehr bedauerlich fand, seine Methode nur den Kranken und Außenseitern zukommen zu lassen!

Geschichte und Geographie der Gestalttherapie

Was ist nun eigentlich diese „neue" Therapie mit ihren für die breite Öffentlichkeit oft noch ungenauen Konturen, die nacheinander folgendermaßen getauft wurde: Konzentrationstherapie, Therapie des Hier und Jetzt, existentielle Psychoanalyse, ganzheitliche Therapie, imaginäres Psychodrama, und was weiß ich wie noch? Ich bezeichne sie einfach als

> *Kontakttherapie.*

In der Tat war die Gestalttherapie in Europa bis vor einigen Jahren noch ziemlich unbekannt, während sie in Amerika eine der am weitesten verbreiteten Methoden der Therapie, der persönlichen Entwicklung und Gestaltung geworden ist – lange vor der Psychoanalyse, dem Psychodrama und dem klientenzentrierten Ansatz von ROGERS. Bis heute ist sie dort bereits Gegenstand von über tausend Veröffentlichungen gewesen. In den Vereinigten Staaten gibt es zur Zeit mehrere Dutzend Gestaltfortbildungsinstitute. Psychologen, Sozialarbeiter, Pastoren und Vertreter von Jugendorganisationen werden regelmäßig in Gestalttherapie ausgebildet. Man schätzt, daß in den USA mehrere hunderttausend Personen eine Einzel- oder Gruppentherapie in Gestalt gemacht oder an einer entsprechenden Gruppe zur Persönlichkeitsentwicklung teilgenommen haben.

Die Gestalttherapie – deren Anfänge übrigens europäischen Ursprungs sind – hat sich in unserer Zeit sehr schnell in den deutschsprachigen und angelsächsischen Ländern verbreitet und erobert jetzt alle Kontinente: Kanada, Mexiko, Südamerika, Australien, Japan usw. In Deutschland wurde sie bereits 1969 eingeführt, und seit 1972 wird sie an mehreren Instituten gelehrt. Man zählt dort mehr als 1500 Personen, die Gestalttherapie praktizieren (Psychiater, Psychologen, Sozialarbeiter usw.), während es in Frankreich kaum einige Hundert gibt. Bis in allerjüngste Zeit waren französische Gestalttherapeuten samt und sonders gezwungen, sich von ausländischen Spezialisten[4] ausbilden zu lassen, doch seit 1981, vor allem durch das Wirken der Société Française de Gestalt, sind auch hier mehrere Fortbildungsinstitute entstanden.

Die Gestalttherapie ist vor allem von Fritz PERLS, einem jüdischen Psychoanalytiker deutscher Abstammung, der im Alter von 53 Jahren in die Vereinigten Staaten emigrierte, entwickelt worden.

Die ersten Anfänge der Gestalttherapie könnte man in die 40er Jahre nach Südafrika verlegen, doch ihre Geburt und offizielle Taufe erfolgten 1951 in New York. Ihre Kindheit lag ziemlich im Dunkeln, und ihre Entwicklung war begrenzt. Erst sehr viel später ist sie in Kalifornien berühmt geworden, während der breiten „gegenkulturellen" Bewegung von 1968, die mit ihrer Suche nach neuen humanistischen, schöpferischen Wertmaßstäben den ganzen Planeten erfaßte. Sie betonte die Verantwortung des Einzelnen und versuchte,

> *das Sein gegenüber dem Haben aufzuwerten und das Wissen*
> *gegenüber der Macht zu emanzipieren.*

Die Gestalttherapie ist über eine einfache Psychotherapie hinaus eine Lebensphilosophie, eine Kunst zu leben, eine besondere Art, die Beziehungen der Lebewesen in der Welt zu sehen. Die Genialität von PERLS und seinen Mitarbeitern (insbesondere Laura PERLS und Paul GOODMAN) war es, eine in sich kohärente Synthese aus mehreren philosophischen, methodologischen und therapeutischen Strömungen europäischer, amerikanischer und orientalischer Herkunft zu bilden. So entstand eine neue Gestalt, deren „Ganzes etwas anderes ist als die Summe seiner Teile".

In der Gestalttherapie fließen die Psychoanalyse, die Reichschen Körpertherapien, das Psychodrama, der Wachtraum, die Encountergruppen, die phänomenologischen und existentialistischen Ansätze und die östlichen Philosophien zusasmmen. Sie legt den Akzent auf das bewußte Wahrnehmen der gegenwärtigen Erfahrung (das „Hier und Jetzt", das auch das mögliche Wiederauftauchen eines früheren Erlebnisses einschließt) und läßt die körperlichen und emotionalen Empfindungen wieder zu ihrem Recht kommen, die in unserer westlichen Zivilisation noch allzu oft zensiert werden, wo der öffentliche Ausdruck von Wut, Traurigkeit und Angst, aber auch von Zärtlichkeit, Liebe oder Freude streng reglementiert ist. Die Gestalttherapie entwickelt eine ganzheitliche Perspektive des menschlichen Seins, sie integriert gleichermaßen die sinnlichen, gefühlsmäßigen, intellektuellen, sozialen und spirituellen Dimensionen und ermöglicht so

> *eine umfassende Erfahrung, wo der Körper sprechen und das Wort Fleisch werden kann (Anne ROSIER).*

Sie unterstützt den authentischen Kontakt mit den anderen und mit uns selbst, die schöpferische Anpassung unseres Organismus an die Umwelt ebenso wie das Erkennen der inneren Mechanismen, die uns allzu oft in repetitive Verhaltensweisen drängen. Sie stellt die Art und Weise, wie wir uns blockieren und den normalen Zyklus der Befriedigung unserer Bedürfnisse unterbrechen, heraus und entlarvt unsere Vermeidungsstrategien, unsere Ängste und Hemmungen ebenso wie unsere Illusionen.

Die Gestalttherapie will nicht einfach die Ursprünge unserer Schwierigkeiten erklären, sondern neue Lösungswege erproben: Der quälenden Suche nach dem Wissen über das Warum zieht sie das Fühlen des Wie vor, das Veränderung in Gang setzt. In der Gestalttherapie ist jeder für seine Handlungen und für seine Ausflüchte selbst verantwortlich. Jeder arbeitet in dem Rhythmus und auf der Ebene, die ihm angemessen ist und beginnt mit dem, was im gegebenen Augenblick auftaucht, sei es nun eine Wahrnehmung, ein Gefühl oder eine Sorge in der Gegenwart, das Wiederaufleben einer früheren Situation, die unbefriedigend gelöst wurde bzw. nicht abgeschlossen ist, oder aber unsichere Zukunftsperspektiven. Die Arbeit ist im allgemeinen auf den Einzelnen bezogen, selbst dann wenn sie in der Gruppe stattfindet, die in diesem Fall als Unterstützung oder als verstärkendes „Echo" benutzt wird.

Die Gestalttherapie integriert und kombiniert in spezifischer Weise eine Reihe von unterschiedlichen verbalen und nonverbalen Techniken, wie sensorische Wahrnehmung, Arbeit mit der Energie, dem Atem, dem Körper oder der Stimme, mit dem Gefühlsausdruck, Traumarbeit, Kreativität (Zeichnen, Modellieren, Musik, Tanz ...) usw.

Im weiteren Verlauf werde ich noch ausführlich auf die theoretischen

Grundlagen, die methodologischen Prinzipien und auf die zahlreichen technischen Varianten im „Stil" und bei den Übungen zurückkommen, doch ich möchte bereits jetzt versuchen, das, was für mich charakteristisch für den Ansatz der Gestalttherapie ist, in einem Satz zusammenzufassen:

Es geht nicht um das Begreifen, Analysieren oder Interpretieren von Geschehnissen, Verhaltensweisen oder Gefühlen, sondern vielmehr darum,

> *die Art und Weise unseres Funktionierens, unserer Prozesse der schöpferischen Anpassung an die Umwelt und bei der Verarbeitung neuer Erfahrungen, als auch unsere Vermeidungsstrategien, unsere Abwehrmechanismen und Widerstände[5] in ihrem Gesamtzusammenhang bewußt zu machen.*

Diese grundsätzliche Einstellung unterscheidet sie von der Psychoanalyse und von der Verhaltenstherapie und stellt einen eigenen, dritten Weg dar: Verstehen und lernen, aber vor allem Neues ausprobieren, um unseren Erfahrungsbereich und unsere Entscheidungsfreiheit maximal zu erweitern. Es ist ein Versuch, dem entfremdenden Determinismus der Vergangenheit und der Umwelt zu entkommen, der Prägnanz unserer geschichtlichen oder geographischen Konditionierung, und so das Ufer der Freiheit und der Eigenverantwortlichkeit wieder zu finden. Wenn ich mir erlaube, SARTRE zu paraphrasieren und eine seiner Erklärungen[6] zu „psychologisieren", könnte ich sagen:

> *Wichtig ist nicht das, was man mit mir gemacht hat, sondern das, was ich selbst aus dem mache, was man mit mir gemacht hat.*

Es geht jedoch keineswegs darum, auf naive Weise das Gewicht des biologischen Erbes oder der ersten Kindheitserfahrungen zu leugnen, oder den kulturellen Druck des sozialen Milieus herunter zu spielen, sondern vielmehr um die Suche nach einer inneren Kohärenz meines gesamten In-der-Welt-Seins, um so meine „Zinne" der Freiheit zu finden und auszubauen, meinen eigenen Lebensstil in seiner Besonderheit und Originalität.

Die Gestalttherapie regt mich zunächst vor allem dazu an, mich selbst besser kennenzulernen und mich so zu akzeptieren, wie ich bin, und mich nicht deshalb verändern zu wollen, um einem erklärten oder idealisierten Bezugssystem zu entsprechen, sei es nun individueller oder gesellschaftlicher, innerer oder äußerer, philosophischer, sittlich-ethischer, politischer oder religiöser Natur.

Das zu sein, was ich bin, bevor ich anders bin, ist die „paradoxe Theorie der Veränderung" (BEISSER, 1970)[7].

Die Gestalttherapie ermutigt mich gewissermaßen, in die Richtung meiner eigenen Strömung zu steuern, anstatt mich im Kampf dagegen zu erschöpfen: Die tiefen, inneren Beweggründe meiner Persönlichkeit auszuloten, die veränderlichen Winde meiner Umgebung auszunutzen und dabei wachsam und verantwortlich für die Segel und das Ruder zu bleiben, um das zu verwirklichen, was ich bin und um meine ephemere Spur auf der Oberfläche des Meeres zu ziehen, auf der Route, die ich mir ausgesucht habe.

In der Praxis führen diese Prinzipien zu einer spezifischen, phänomenologisch ausgerichteten Arbeitsweise, die sich auf zahlreiche Techniken stützt, die manchmal auch als „Spiele" oder „Übungen" bezeichnet werden[8].

Diese Techniken – die zum Teil vom Psychodrama beeinflußt sind, während einige andere wiederum von anderen Ansätzen (wie zum Beispiel von der Transaktionsanalyse) übernommen worden sind – werden jedoch allzu oft von Personen, die kaum etwas über ihre Grundprinzipien wissen, mit der Gestalttherapie als solcher verwechselt: Manche meinen oder behaupten, „in Gestalt zu machen", nur weil sie den leeren Stuhl benutzen oder jemanden zu einem Kissen sprechen lassen! Als würde es schon genügen, eine Komödie zu spielen, um „in Psychodrama zu machen" oder sich auf ein Sofa zu legen, um „in Psychoanalyse zu machen"![9]

Die Techniken der Gestalttherapie erhalten ihren Sinn erst in ihrem Gesamtzusammenhang, d.h., wenn sie in eine kohärente Methode integriert sind und in Übereinstimmung mit einer allgemeinen Philosophie angewandt werden, die dieses Buch darzulegen versucht. Man kann es nicht oft genug wiederholen:

> *Das Wesentliche bei der Gestalttherapie sind nicht ihre Techniken,*
> *sondern die generelle Geisteshaltung,*
> *von der sie ausgeht und die jene rechtfertigt.*

Einige Techniken

Um nun jenen Lesern, die noch nie mit dieser Methode gearbeitet haben, einen konkreteren Überblick zu vermitteln, werde ich jetzt einige (von den mehreren hunderten) der am häufigsten verwendeten Techniken kurz skizzieren: Eine awareness-Übung, den „hot seat", das Darstellen, das Monodrama, die Verstärkung, das direkte Ansprechen, die Traumarbeit und den metaphorischen Ausdruck.

Eine awareness-Übung

„Jetzt merke ich, daß meine Schultern verspannt sind. Ich bin nach vorne gebeugt, auf meinen Computer konzentriert. Mein Blick ist starr. Ich stelle fest, daß ich von den auf dem Bildschirm tanzenden Buchstaben fasziniert bin. Ich spüre, wie ich den Atem anhalte. Ich nehme eine Haltung des Abblockens und der Isolierung ein … Jetzt habe ich den Kopf hochgehoben: Anne ist da. Sie sitzt neben mir auf dem Sofa und liest, und ich habe sie überhaupt nicht bewußt wahrgenommen. Ich lächle ihr zu, doch sie sieht mich nicht: Sie ist in ihre eigene Lektüre vertieft.

Ich empfinde ein leichtes Unbehagen darüber, daß wir uns in dem gleichen Zimmer aufhalten und uns dabei nicht immer wahrnehmen! … Jetzt taucht ein Bild in mir auf: Viele Jahre lang habe ich mit meinem Bruder das Zimmer geteilt und mir angewöhnt, eine bewußte Gleichgültigkeit für das, was er tat, zu entwickeln, um mich freier zu fühlen. Ich tat so, als wäre er überhaupt nicht da! … Was macht mein Bruder heute eigentlich? Schon seit einer Ewigkeit habe ich nichts mehr von ihm gehört, und dabei sind wir gar nicht sauer aufeinander! Ich stehe auf und werde ihn anrufen …"

Es geht darum, auf den ständigen Fluß meiner (von außen und von innen beeinflußten) körperlichen Empfindungen und meiner Gefühle zu achten und mir die ununterbrochene Folge von „Gestalten" bewußt zu machen, die in den Vordergrund treten, auf dem „Hintergrund", der sich aus der Gesamtsituation, die ich erlebe und aus der Person, die ich auf der körperlichen, gefühlsmäßigen, imaginären, verstandes- und verhaltensmäßigen Ebene bin, zusammensetzt.

Diese klassische Übung wird häufig zum Aufwärmen benutzt und kann unter Umständen von einer gegenwärtigen Empfindung zum Auftauchen einer „unabgeschlossenen" früheren Situation führen. Die ihr zugrundeliegende Haltung der awareness entspricht den vier von PERLS empfohlenen Schlüsselfragen:
– „Was machst du gerade?"
– „Was fühlst du jetzt?"
– „Was vermeidest du gerade?"
– „Was willst du, was erwartest du von mir?"

Der „hot seat" und der „leere Stuhl"

Hot seat bedeutet wörtlich „heißer Sitz" oder auch „glühender Sitz" (manchmal wird er auch open seat[10] genannt). Dies ist eine Technik, die Fritz PERLS gegen Ende seines Lebens während seiner öffentlichen Demonstrationen besonders liebte. Er reservierte hierfür auf dem Podium einen Sessel neben dem seinen, und der Klient, der „arbeiten" wollte, nahm darin von sich aus Platz und zeigte so seine Bereitschaft an, sich in einen Prozeß mit dem Therapeuten einzulassen. Vor sich, auf einem leeren Stuhl, konnte er sich, je nach Bedürfnis, eine Person vorstellen, mit der er in Beziehung treten wollte.

Wir von der Ecole Parisienne de Gestalt arbeiten im allgemeinen mit dicken Kissen anstatt mit einem leeren Stuhl: Die Gruppe sitzt auf dem Boden, auf einem Teppich oder auf Matratzen, um die herum Kissen in mehreren Größen, aus unterschiedlichem Material und in verschiedenen Farben liegen. Dieses

Setting fördert eine gewissen Intimität, es erlaubt jedem, es sich bequem zu machen und seine Haltung zu verändern, es fördert den Kontakt, den unmittelbaren Ausdruck von Körperbewegungen wie auch den möglichen Übergang zu einem bewußten, individuellen oder kollektiven „Handeln". Die Atmosphäre und das emotionale Klima sind sehr unterschiedlich, je nach der Position, in der sich die Körper befinden:
– arrangiert, im Schutze eines Tisches, in einer Diskussionsgruppe,
– ausgestellt, in einem Kreis auf Stühlen, in einer Basisgruppe,
– auf den Boden sitzend, in einer körperorientierten psychotherapeutischen Arbeitsgruppe.

Hier sollte jedoch darauf hingewiesen werden, daß die Gestalttherapie – entgegen einer weitverbreiteten Meinung – nicht grundsätzlich eine körperorientierte Psychotherapie ist und daß es Therapeuten und „Schulen" gibt, bei denen die Arbeit hauptsächlich im Verbalen verbleibt und die Körperbewegung eingeschränkt ist. PERLS selbst schlug, als er in New York anfing mit der Gestalttherapie zu arbeiten, seinen Patienten vor, sich auf ein Sofa zu legen, und in seinen letzten Jahren in Esalen, Kalifornien, war er sehr betagt und hatte Schwierigkeiten, sich fortzubewegen: Er setzte sich daher nie auf den Boden und machte sehr wenig Körperarbeit im eigentlichen Sinn – im Gegensatz zu seinen kalifornischen Nachfolgern.

Aber kommen wir auf uns zurück! Wir benutzen die Kissen (aber auch jeden anderen Gegenstand, wie z.B. ein Kleidungsstück, eine Tasche, ein Schmuckstück usw.) als „Übertragungsobjekte"[11], die nacheinander Personen, Körperteile, aber auch abstrakte Begriffe darstellen können. Wir lassen den Klienten selbst den Gegenstand aussuchen, der ihm entspricht. Er kann einen inneren Dialog führen, mit imaginären Partnern sprechen oder direkt in Interaktion treten: Ein Kissen kann zum Beispiel seine Frau darstellen; ein anderes seinen verstorbenen Vater, dem er „noch einiges zu sagen" hat, und er kann es, ganz nach Belieben, anflehen, beschimpfen, mit ihm boxen, es erwürgen, aber auch umarmen, streicheln oder mit Tränen überfluten. Dieses Kissen kann jedoch ebenso gut die Einsamkeit, die Autonomie oder die Eifersucht darstellen und als solche zurückgestoßen, mit den Füßen getreten oder im Triumph getragen werden.

Bei übermäßigem Gebrauch kann jedoch jedes Übertragungsobjekt den direkten Kontakt zwischen dem Klienten und dem Therapeuten unterbrechen, da es als fremdes Element von außen eingebracht wird. Die Entwicklung jenes Kontaktes ist jedoch, wie Isadore FROM zu Recht unterstreicht[12], das Wichtigste in der Gestalttherapie. Der Rückgriff auf ein Kissen bedeutet daher, daß das ständige Hin und Her zwischen der eingebildeten und der tatsächlichen Beziehung, die im Hier und Jetzt stattfindet, aufrecht erhalten wird. Denken wir daran, daß dasselbe Produkt, je nach Dosierung, ein Medikament oder ein Gift sein kann, aber auch ein modisches Parfum.

Derartige Aktivierungen von Gefühlen, die im täglichen Leben verdrängt oder zu schnell verbalisiert worden sind, als müßte man sich ihrer entledigen, werden in der Gestalttherapie häufig benutzt und erlauben, Schritt um Schritt, das Ausdrücken, Abreagieren und die Auflösung zahlreicher „unerledigter Situationen", die als Generatoren für repetitive neurotische Verhaltensweisen und unangemessene oder anachronistische Szenarien[13] fungieren.

Über die Wirkungsweise dieser Art von emotionaler und kathartischer Therapie gibt es verschiedene Hypothesen, auf die wir in diesem Buch noch zurückkommen werden[14]. An dieser Stelle möchte ich lediglich unterstreichen, daß eine psychotherapeutische Intervention nicht darauf ausgerichtet ist, die äußere Situation zu verwandeln, die Dinge, die anderen oder die Ereignisse zu verändern. Sie beabsichtigt vielmehr, die innere Einstellung zu verändern, die der Klient zu den Geschehnissen, ihren Zusammenhängen und ihren vielfältigen Bedeutungsmöglichkeiten hat. Das Ziel der Arbeit ist also, eine neue persönliche Erfahrung zu ermöglichen und eine Neuformierung des individuellen Wahrnehmungssystems und der mentalen Konzepte des Einzelnen zu unterstützen.

Das Darstellen / Durchagieren

Zunächst möchte ich deutlich machen, daß das bewußte Darstellen (enactement) tatsächlicher oder eingebildeter Situationen, das häufig in der Gestalttherapie empfohlen wird, etwas anderes ist als ein impulsives oder defensives „Ausagieren" (acting out), das zu Recht von der Psychoanalyse angeprangert wird. Während das Ausagieren ein Ausweichen darstellt, das in gewissen Sinne das bewußte Wahrnehmen unterbricht – da das Handeln die verbale Analyse ersetzt – bedeutet das bewußte Darstellen ganz im Gegenteil eine Verstärkung, die das Gewahrsein, die awareness unterstützt: Eine sichtbare und (körperlich) spürbare Handlung wird vorgeschlagen, die den Körper und die Gefühle mobilisiert und so dem Klienten erlaubt, die Situation intensiver zu erleben, sie sich zu „re-präsentieren" (im Sinne von „erneut präsent machen") und verschwommene, vergessene, verdrängte oder auch unbekannte Gefühle zu empfinden und zu erforschen.[15]

Um es ganz deutlich auszudrücken: Wir untersagen in unserer Arbeit während der Sitzungen jede Form von gewalttätigem oder sexuellem Ausagieren, erlauben aber den körperlichen Ausdruck von kontrollierter Aggressivität und von Zärtlichkeit.[16]

Zwei zusammenfassende Beispiele:

Ausgangssituation	*Ausagieren*	*bewußtes Durchleben*
Ich fühle mich von den anderen abgelehnt oder nicht verstanden.	Ich verlasse plötzlich die Gruppe, schlage die Tür zu und ziehe mich draußen zurück, um meinen mürrischen Gedanken nachzuhängen ...	Man schlägt mir vor, mich bewußt für eine halbe Stunde abseits von der Gruppe zu setzen, die ohne mich weitergeht ... Danach drücke ich meine Gefühle aus.
	= Flucht, die mein Gefühl, abgelehnt zu werden, aufrechterhält	= symbolische Darstellung der Ablehnung, die ihre Analyse ermöglicht
Ein Teilnehmer hat sich auf den Platz gesetzt, den ich wollte.	Ich gehe mit den Fäusten auf ihn los und schwöre ...	Der Gruppenleiter schlägt einen Zweikampf vor, dem ein verbaler Austausch über die Art, wie sich der Kampf abgespielt hat, folgt.
	= Gewalt, die die Wut aufrechterhält und die psychologischen Komponenten der Situation verdeckt	

Das Monodrama

Das Monodrama ist eine Variante des Psychodramas, die schon von MORENO praktiziert wurde, in der der Protagonist selbst nacheinander die verschiedenen Rollen der von ihm angesprochenen Situation einnimmt: Er kann so z.B. nacheinander sich selbst und seine Frau darstellen; oder auch seine strenge, ihn ablehnende Mutter und daneben dieselbe Mutter als liebende, ihn annehmende; er kann seinen eigenen Kopf, der im Konflikt mit seiner Sexualität steht, sprechen lassen und von der einen Seite zur anderen überwechseln; er kann auch abstraktere Begriffe darstellen wie sein Bedürfnis nach Sicherheit, das sich mit seinem Traum von Unabhängigkeit und Abenteuer unterhält. Damit die Situation für ihn selbst und für anwesende Beobachter klar ist, wird er meistens aufgefordert, jedes Mal, wenn er die Rolle wechselt, den Platz zu tauschen.

Das Monodrama erleichtert das Darstellen meiner eigenen Empfindungen, so wie sie in der jeweiligen Situation auftauchen, und dies ohne daß möglicherweise die persönliche Problematik eines äußeren Partners, der nicht unbedingt meine Wellenlänge hat, mit einfließt – wie dies manchmal im klassischen Psychodrama geschieht. Was für mich eigentlich wichtig ist, ist nicht, meine echte Mutter zu spielen, sondern meine eigenen inneren, subjektiven und widersprüchlichen Vorstellungen über sie zu entwirren, meiner Mutter-Imago, in der Jung'schen Bedeutung des Begriffs, eine neue Gestalt zu geben.

Doch eine Partnerin (oder ein Partner), die die Rolle zu spielen hätte, weiß zum einen fast nichts von meiner Mutter und von der Vorstellung, die ich von ihr habe, und zum anderen läuft sie Gefahr, ihre eigenen Gefühle gegenüber ihrer wirklichen oder eingebildeten Mutter miteinfließen zu lassen wie auch ihre eigenen Empfindungen als Mutter.

Die Polaritäten

Das Monodrama ermöglicht also, die gegensätzlichen „Polaritäten" einer Beziehung in anderen Formen zu erforschen, zu erkennen und besser zu integrieren, ohne diese Beziehung willkürlich auf eine künstliche, trügerische und verwässerte „Mitte" reduzieren zu müssen: Ich kann in der Tat gegenüber jemanden zugleich starke Aggressionen und leidenschaftliche Liebe empfinden. Jedes dieser Gefühle verdient es in höchstem Maße geklärt, zutiefst gefühlt, eventuell durch ein symbolhaftes Durchleben verdeutlicht und in seinen verschiedenen Nuancen aufgespürt zu werden – und nicht in einer künstlichen Haltung der relativen Liebe „neutralisiert" und auf das „Grau in Grau" einer willkürlich gezogenen (algebraischen) Summe zweier starker, widersprüchlicher Gefühle reduziert zu werden, die sich in Wirklichkeit eher addieren, als daß sie sich gegenseitig aufheben.

Statt der üblichen Suche nach dem statischen, kümmerlichen Gleichgewicht der „goldenen Mitte" spreche ich mich für das Erringen eines dynamischen, durch die Extreme erweiterten Gleichgewichts aus. Wie der Seiltänzer, der sein Gleichgewicht durch die Verlängerung seiner Balancierstange erhöht, regt uns die Gestalttherapie dazu an, unsere Flügel auszubreiten, in ihrer ganzen Spannweite.

> „Wie der Vogel zwischen den Wolken und auch wie der einfache Radfahrer findet das Leben sein Gleichgewicht nur in der Bewegung".
> (Georges DUHAMEL)

Die Verstärkung

Eines der Hauptthemen der Gestalttherapie ist das Implizite explizit zu machen, dadurch, daß das, was sich im Inneren abspielt, nach außen projiziert wird. Dies ermöglicht jedem, sich der Art und Weise, in der er hier und jetzt, an der Kontaktgrenze[17] zwischen sich selbst und seiner Umgebung reagiert, deutlicher bewußt zu werden. Es geht also darum, dem laufenden Prozeß zu folgen und zwar durch aufmerksames Beobachten der Oberflächenphänomene und nicht durch das Eintauchen in die obskuren, hypothetischen Tiefen des

Unbewußten – die nur im künstlichen Licht der Interpretation erforscht werden können.

Parallel zu den zeitgenössischen Forschungen der Zellularbiologen, die den Funktionen der Membran einer jeden lebenden Zelle eine zentrale Bedeutung sowohl als Schutzschranke als auch als bevorzugtem Ort des Austausches zumessen, haben die Arbeiten der Gestaltpsychologen die tatsächliche und metaphorische Rolle der Haut unterstrichen, die uns schützt, uns abgrenzt und uns kennzeichnet, die aber ebenso, über die sensorischen Nervenendigungen wie über Myriaden von Poren, ein bevorzugtes Organ des Kontaktes und des Austausches mit unserer Umgebung bildet. Wähend sich FREUD seinerzeit hauptsächlich für drei Öffnungen unseres Körpers (oral, anal und genital) interessiert hat, bezieht PERLS alle „Außenantennen" der Sinnesorgane und der Haut mit ein. Wie der Politologe beobachtet der Gestalttherapeut also alles aufmerksam, was sich in den Grenzzonen abspielt.

Der Gestalttherapeut geht von der Oberfläche in die Tiefe – was jedoch nicht bedeutet, daß er an der Oberfläche bleibt! In der Tat zeigt die Erfahrung, daß die Gestalttherapie leichter als andere Methoden, die sich hauptsächlich auf den sprachlichen Ausdruck stützen, die tiefen, archaischen Schichten der Persönlichkeit erreicht – die sich im übrigen in einer vorsprachlichen Entwicklungsphase des Individuums gebildet haben.

Der Gestalttherapeut ist aufmerksam für die verschiedenen üblichen Anzeichen für latente emotionale Reaktionen, wie z.B. unauffällige Gefäßerweiterungen im Gesicht oder am Hals (die sich in leichten, vorübergehenden Veränderungen der Hautfarbe ausdrücken), geringfügige Kontraktionen des Kiefers, Veränderungen des Rhythmus des Atmens und des Schluckens, Brüche in der Stimmlage, die Veränderung der Blickrichtung und selbstverständlich für das, was ich automatische Mikrogesten der Hände, Füße, Finger oder Zehen nenne. Häufig schlägt er vor, diese unbewußten Gesten zu verstärken, die gewissermaßen als „Lapsus des Körpers" angesehen werden, auf einen vor sich gehenden Prozeß hinweisen und dem Klienten unbewußt sind:

THERAPEUT: Was macht deine Hand, während du sprichst?
CHRISTIANE: ...? Mmh. Ich weiß nicht – ich achte nicht darauf!
THERAPEUT: Ich schlage dir vor, die gleiche Geste weiter zu machen ... und
            sie zu verstärken.
Christiane spielt mechanisch an ihrem Ehering herum und läßt ihn dabei an ihrem Finger entlanggleiten. Durch die Verstärkung der Bewegung gleitet der Ehering vom Ringfinger!
CHRISTIANE: Nun! Ja! Es ist wahr: Ich habe dieses Gefängnis satt! ... Er hält
            mich für sein Dienstmädchen: Ich habe überhaupt kein eigenes
            Leben, für mich selbst ... etc.

Allgemeiner gesagt geht es darum, dem, was geschieht, auf den Grund zu gehen, in eine Empfindung oder ein Gefühl hineinzugehen – sei es nun angenehm oder peinlich, dem Prozeß ohne Vorurteile zu folgen und, vor allem, auf seinen Körper zu hören und ihn nicht zum Schweigen zu bringen. Denn

> *was kein Gehör findet, hat eher die Tendenz zu schreien als zu schweigen,*

und gerade der Versuch, den Körper zu „beherrschen", zwingt diesen häufig dazu, durch unerwartete somatische Beschwerden in Erscheinung zu treten.

Für uns bedeutet Gesundheit nicht „das stille Funktionieren der Organe", nach der berühmten Definition des Chirurgen René LERICHE, sondern vielmehr das harmonische Funktionieren der äußeren und inneren Austauschprozesse, das heißt das Gefühl der Existenzfülle, und das äußert sich nicht im Vergessen unseres Körpers in der Stille, sondern im Körperbewußtsein, in der Lebensfreude.

Die zunehmende Verstärkung einer emotionalen oder körperlichen Empfindung kann durch die klassische Technik der „Runde in der Gruppe" unterstützt werden: Der Klient wird aufgefordert, sich an jeden Einzelnen in der Gruppe zu wenden und dabei die gleiche Geste bzw. den gleichen Satz zu wiederholen – mit kleinen Veränderungen, die seinem wirklichen Gefühl gegenüber dem Einzelnen entsprechen. Auf diese Weise wird eine größere oder tiefere Erforschung des ausgedrückten Gefühls bewirkt, durch die „Resonanzwirkung", die manchmal zu einem Insight[18] führt.

Häufig führt die Wiederholung nicht nur zur Beschleunigung des Rhythmus, sondern steigert auch die Intensität, zusammen mit einer emotionalen Abreaktion:
- Ich laß mir das nicht mehr gefallen!
- Ich habe die Nase voll! Ich laß mir das nicht mehr gefallen!
- Ich laß mir das von diesem Arsch nicht mehr gefallen!
- Ich habe die Schnauze voll! VOLL!! Ich sag ihm, daß SCHLUSS IST! ... Gleich MORGEN!

„Laut zu sprechen ermöglicht dem Sprechenden zu hören, was er sagt"(AMBROSI).[19]

Sich etwas laut vor einer Gruppe von Zeugen sagen zu hören, ist eine starke Erfahrung und unterscheidet sich beträchtlich von einer konfusen, „vorbewußten" Beschwörung derselben, noch kaum in Wort gefaßten Hypothese im Zustand eines inneren, schwankenden geistigen „Nebels" und auch von dem vertraulichen „Geständnis" während einer Sitzung in der Einzeltherapie. Ein Standardbeispiel dafür bildet die Erklärung: „Ich will mich umbringen!" – die eine sehr verschiedene Tragweite hat, je nachdem, ob sich dies jemand innerlich sagt, es jemandem anvertraut oder es öffentlich ausspricht.

Das direkte Ansprechen
(zu ... und nicht über ... sprechen)

In der Gestalttherapie vermeidet man, über jemanden zu sprechen[20]: Man wendet sich vielmehr direkt an ihn; dies ermöglicht es, von einer inneren, intellektuellen Betrachtungweise in einen direkten, emotionalen Kontakt überzugehen:
- Ich finde, Pierre hat mir eben nicht geholfen ...
- Wem sagst du das?
- Pierre, ich bin sauer auf dich, weil du mir eben nicht geholfen hast: Ich weiß genau, daß du mich lächerlich fandest ...
- Möchtest du deinen Eindruck zu überprüfen?
- Pierre, fandest du mich eben lächerlich, als ich in Tränen ausgebrochen bin?

Gelegentlich werden die Teilnehmer aufgefordert, ihre Wahrnehmung mit der der Betroffenen zu konfrontieren, um das ständige subtile Spiel der Projektionen, mit denen wir uns unbewußt umgeben, aufzudecken. Eine derartige Konfrontation ermöglicht es mir, meine Fantasien mit der „Wirklichkeit" des anderen zu vergleichen, meine Befürchtungen und meine Erwartungen genauer zu fassen und so zu vermeiden, daß ich meinem Nachbarn die Projektionen vorwerfe, die ich selbst habe!

> *Wir sind alle sehr gut in jenen getürkten Karnevalsvergnügen,*
> *wo wir unserem Partner eine lächerliche Maske verpassen,*
> *um ihn alsbald zu kritisieren.*

All diese Techniken fördern einen direkteren, authentischeren Kontakt: Es geht nicht darum, sich in einer oberflächlichen, trügerischen Konfluenz zu einigen, sondern klar gegenüber dem anderen zu sein. Weder sich zu rechtfertigen, noch überzeugen zu wollen, weder sich zu erklären, noch zu erklären: Einfach sich ausdrücken und dabei auf beiden Seiten aufmerksam zu sein, nicht für die vielfältigen Warum, sondern für das Wie unserer Handlungen und unserer Entscheidungen.

Es versteht sich von selbst, daß die Teilnehmer aufgefordert sind, ehrlich zu antworten, nicht zu mogeln und sich nicht fürchten sollten, gegebenenfalls ihre Langeweile, ihre Mißbilligung oder ihre Aggressivität auszudrücken.

In allen Fällen geht es schließlich darum, gegenwärtige Tatbestände festzustellen, das was ist (eine Haltung, die PERLS „is-ism" nennt), und sich nicht in Betrachtungen über die Ereignisse zu flüchten („about-ism") oder darüber, wie sie sein sollten („should-ism").

Die Traumarbeit

Träume sind lange vor FREUD bereits Gegenstand von Erklärungsversuchen gewesen. Der Talmud von Babylon stellt fest, daß es in Jerusalem zu jener Zeit vierundzwanzig offizielle Traumdeuter gab. Eines Tages fragte sie der König alle um Rat wegen eines Traumes, den er gehabt hatte, und jeder prophezeite ihm ein anderes Ereignis ... und alle sind eingetreten! Ein schönes metaphorisches Beispiel für die grundsätzliche Vieldeutigkeit des Traumes.

In der Gestalttherapie wird ein Traum nicht durch freie Assoziationen oder über Interpretationen bearbeitet, sondern er wird beschrieben, und danach werden die verschiedenen Traumelemente sukzessive „verkörpert", und der Klient wird aufgefordert, sich mit diesen – in Worten und mit Gesten – der Reihe nach zu identifizieren, denn jedes dieser Elemente wird als eine unabgeschlossene Gestalt oder als Ausdruck eines Aspektes des Träumers selbst angesehen.[21]

Die folgende Anekdote zu diesem Thema ist bekannt:

Eine Dame träumt, daß sie von einem sehr unternehmungslustigen Schwarzen verfolgt wird. Sie versucht, sich durch Weglaufen zu retten, doch er läuft schneller als sie! Erschöpft dreht sie sich um und schreit ihn an: „Was wollen Sie eigentlich von mir?" „Ich weiß es nicht! ... Das ist Ihr Traum, Madame!"

Während der Arbeit an einem Traum könnte der Klient beispielsweise eingeladen werden, folgendes nacheinander zu verkörpern: Die Person, die auf einer Straße geht, den Koffer, den sie in der Hand hält, den Inhalt dieses Koffers, den Weg, den sie benutzt, ein Hindernis auf diesem Weg usw.

– „Ich gehe auf einer geraden Straße ohne Kilometersteine und ohne Bordsteinkante ... Ich weiß nicht, wohin sie führt. Ich weiß nicht, wohin ich gehe: Ich gehe auf dieser Straße wie ein Roboter ...

– Ich bin der Koffer: Man trägt mich, man setzt mich ab, man hebt mich wieder auf, man öffnet mich, man packt mich, man leert mich ... Ich bin nicht verantwortlich für das, was mit mir geschieht ...

– Ich bin der Inhalt dieses Koffers: Darin sind viele, seit langem aufgestapelte Dinge – nützliche Dinge, aber auch unnütze Sachen, die mich belasten und mir Platz wegnehmen. Es ist an der Zeit, zu sortieren und nur das Wesentliche zu behalten! ... Das Wesentliche für mich ist, daß ich leicht und frei bin und nicht durch alte Erinnerungen und unnützes Wissen vollgepackt ...

– Jetzt werde ich selbst die Straße: Ich bin ruhig, ich bin hier hingesetzt, und ich gehe ganz gerade weiter, ohne mich um etwas zu kümmern. Ich brauche keinen für die anderen erkennbaren Anhaltspunkt: Pech für die, die mir nicht vertrauen! Ich weiß, wohin ich gehe, und ich kann mir vertrauen ... anstatt alles vorher abzustecken – für die anderen! Ich kann mir mein Leben den Umständen entsprechend aufbauen, ja selbst in riskanten Situationen kreativ sein und improvisieren ... und mich nicht lebendig begraben lassen,

wie ein fleißiger Beamter, dessen Weg bis zur Pensionierung abgesteckt ist
…"

Es handelt sich nicht einfach darum, Worte oder Gedanken zu assoziieren oder
Hypothesen zu konstruieren, sondern dem Widerhall der Bilder nachzuspüren,
im Körper und in den Gefühlen, sie unter Umständen nachzuspielen und so,
in gewissem Sinn, die Erfahrung der „Fleischwerdung des Wortes" im Hier und
Jetzt zu machen …

Der metaphorische Ausdruck

Doch nicht nur der verbale Ausdruck und die Körpersprache werden in der
Gestalttherapie benutzt: Wie wir schon bemerken konnten, wird häufig auf die
Sprache der Symbole oder Metaphern zurückgegriffen. Dabei kommt vor allem
eine große Palette künstlerischer Ausdrucksformen zum Einsatz: Zeichnen
oder Malen, Modellieren oder Bildhauern, Musik machen, Tanzen usw.
So kann den Teilnehmern zum Beispiel vorgeschlagen werden, sich selbst
in Form einer metaphorischen Zeichnung, einer Art „Mandala" darzustellen,
das danach zur Unterstützung einer Meditation dienen kann oder mit dem
jeder sich symbolisch in Beziehung setzen kann, so wie er es mit einem Kissen
und mit jedem anderen Gegenstand machen würde, der als „Übertragungsobjekt" benutzt wird oder auch mit einem Traum: Er kann zu dem Gesamtwerk
oder zu Teilen davon sprechen, es selbst zu Wort kommen lassen, es spielen
usw …. Unter Umständen wird er es dem Therapeuten oder einem Partner
erklären – dabei sollte jedoch immer ein erklärendes oder chronologisches
„kaltes" Beschreiben vermieden werden, zugunsten eines Sharings der spontanen Empfindung gegenüber seinem Produkt[22].

Kunst ist keine Ansammlung von Techniken

Hiermit beende ich diese lange und dennoch sehr unvollständige Aufzählung
einiger der geläufigsten Techniken der Gestalttherapie. Wir werden auf sie in
anderen Kapiteln detaillierter zurückkommen. Diese Techniken sind selbstverständlich zum größten Teil sowohl in Gruppen anwendbar (wie in den meisten,
oben illustrierten Beispielen) als auch in der therapeutischen Zweierbeziehung
und einige sogar im Rahmen einer Institution oder eines Unternehmens (z.B.
die Verstärkung oder die „Runde in der Gruppe", das direkte Ansprechen oder
die Metaphern usw.).
Jeder kann in der Tat ständig neue Varianten und eigene Kombinationen
erfinden, denn es ist wahr, daß jeder Gestalttherapeut mit dem arbeitet, was
er ist, wie auch mit dem, was er kann; er entwickelt seinen eigenen Stil und
bringt seine persönlichen und beruflichen Erfahrungen ein, er vertraut seiner

eigenen Sensibilität und seiner ihm eigenen Kreativität. Im Gegensatz zur Psychoanalyse beansprucht die Gestalttherapie nicht den Status einer Wissenschaft, sondern gibt sich die Ehre, eine Kunst zu bleiben.

Anmerkungen

1 Das Wort Gestalt taucht 1523 (in einer Bibelübersetzung) zum ersten Mal auf. Es ist aus einem Partizip Perfekt, „vor Augen gestellt", entstanden und hat die gleiche Etymologie wie prostitué („vorgestellt, den Blicken ausgesetzt") im Französischen. Aus der indoeuropäischen Wurzel sta (aufrecht stehen) hat sich ein sehr großes semantisches Feld entwickelt, z.B. gr. statos (derjenige, der sich starr hält); lat. stare (aufrecht stehen); dt. Stall, stehen; engl. stay, stand; frz. stage, station, stable, installer, établir, état, rester, arrêt, exister usw.

2 Aus dem Griechischen holos, „ganz", das u.a. im Lateinischen zu solidus, „ganz", „fest"; salvus, „gesund" führte, daher salve, „sei gegrüßt", „alles Gute" und solidare, „schweißen" usw ... Man findet diese Wurzel in zahlreichen indoeuropäischen und semitischen Sprachen: engl. to heal, „heilen"; holy, „heilig", „vereinigt"; dt. heilen; heilig; sowie im Persischen salam, „sei gegrüßt", im Hebräischen shalom usw. Im Französischen ist diese Wurzel nur in holocauste, (Opferritual, bei dem das Opfer vollständig verbrannt wird) und in catholique, „universal", „katholisch" erhalten. Es scheint mir von Bedeutung, die etymologische Verwandtschaft von santé, „Gesundheit" mit den Begriffen unification, „Vereinigung" und intégrité, „Unversehrtheit", „Ganzheit" (und so auch mit Gestalt, „Gesamtform", „integrierte Form") hervorzuheben und auf das gemeinsame semantische Feld mit sainteté, „Heiligkeit", einer anderen Form von Vereinigung des Seins, hinzuweisen.

3 GOLDSTEIN, Kurt. Der Aufbau des Organismus. Den Haag 1934.

4 Wir selbst, Anne und ich, haben unsere Fortbildung im wesentlichen in den Vereinigten Staaten absolviert.

5 In der fachspezifischen Bedeutung des Begriffs in der Gestalttherapie sind „Widerstände" Mechanismen der Abwehr oder der Vermeidung, Verzerrungen bzw. Unterbrechungen des „Kontaktzyklus" (Introjektion, Projektion, Retroflexion usw.). Siehe: Die Theorie des Selbst (Kapitel 8).

6 SARTRE entwickelt in der Tat in einem völlig anderen Zusammenhang einen ähnlichen Gedanken: „Als Hinterfragung der Praxis ist die Philosophie zugleich eine Hinterfragung des Menschen ... das Wesentliche ist nicht das, was man aus dem Menschen gemacht hat, sondern das, was er aus dem macht, was man aus ihm gemacht hat. Was man aus dem Menschen gemacht hat, sind die Strukturen, die signifikanten Einheiten, die von den Humanwissenschaften untersucht werden. Was er macht, ist die Geschichte selbst ..." (Interview für die Zeitschrift L'Arc, Oktober 1966).

7 BEISSER greift in einem bekannten Aufsatz einen bereits 1956 von Carl ROGERS angedeuteten und von letzterem 1961 veröffentlichten Gedanken auf: „In dem Moment, wo ich mich so akzeptiere wie ich bin, werde ich fähig, mich zu verändern." (Carl ROGERS. On becoming a Person. Boston 1961.)

8 Vgl. Abraham LEVITSKY. The Rules and Games of Gestalt Therapy. In: FAGAN/SHEPHERD. Gestalt therapy now. Science & Behavior Books. New York 1970.

9 So wird in den gegenwärtig gültigen Richtlinien der meisten Gestaltinstitute Berufserfahrung, Fortbildung und Supervision verlangt, was meistens zehn Jahre Arbeit bedeutet: Ein mindestens dreijähriges Studium und zwei Jahre Praxis in einem psycho-sozialen Beruf, zwei oder drei Jahre persönliche Therapie, drei bis vier Jahre Fachausbildung in Gestalttherapie, ein bis zwei Jahre Berufsausübung unter Supervision.

10 Nicht zu verwechseln mit dem empty chair, dem leeren Stuhl, der für einen oder mehrere imaginäre Partner reserviert wird.

11 In einem etwas weiteren Sinn als bei WINNICOTT.

12 Isadore FROM. „A Requiem for Gestalt". In: The Gestalt Journal. Bd. VII, Nr. 1. Frühjahr 1984.

13 In jenem Sinne, wie dieser Begriff in der Transaktionsanalyse (T.A.) benutzt wird: „Lebensdreh-buch", das meistens in der frühesten Kindheit entwickelt worden ist, im allgemeinen nicht unbewußt, sondern vorbewußt oder „verkannt". Es wirkt ohne Wissen des Betroffenen im Zusammenhang mit früheren elterlichen Anordnungen.

14 Siehe vor allem Kapitel 11 über Das Gehirn und die Gestalt und die dort dargestellten Hypo-thesen hinsichtlich der biochemischen und psychophysiologischen Reaktionen im Zentralbe-reich zwischen den beiden Hemisphären und der Hirnrinde, welche die synaptischen Verbin-dungen zwischen den Nervenzellen verändern und das aktuelle somatische Erleben mit der Gefühlserregung (des Randes) und der mentalen Darstellung (Cortex) verbinden.

15 Vgl. PERLS. Acting Out vs. Acting Through. In: Gestalt is. Sammelband hrsg. von John STE-VENS. Real People Press. NEW YORK 1975.Dt. Ausgabe: STEVENS, J.O. Die Kunst der Wahrnehmung. Übungen der Gestalttherapie. München 1975: Kaiser.

16 Diese Aspekte werden in den Kapiteln 9 und 10 von der fachlichen Seite her behandelt.

17 Siehe Kapitel 8 über Die Theorie des Selbst.

18 Insight (engl.) oder satori (Hindi): ein plötzliches und „offensichtliches" Bewußtwerden, ver-gleichbar mit einer „Erleuchtung".

19 Jean AMBROSI. La Gestalt thérapie revisitée. Ed. Privat. Toulouse 1984.

20 Engl. to gossip, das man mit „klatschen, tratschen" übersetzen könnte.

21 Siehe auch PERLS. Gestalt-Therapie in Aktion. Stuttgart 1976. In diesem Buch sind Tonband-aufzeichnungen, nicht von Therapiesitzungen im eigentlichen Sinn, sondern von kurzen öffent-lichen Darstellungen seiner Methode, abgedruckt. Siehe auch Kapitel 12.

22 Siehe die ausführlicheren Beispiele in den Kapiteln 12 und 13.

TEIL I

KONZEPTIONELLE GRUNDLAGEN DER GESTALTTHERAPIE

Die Vorläufer
Die Gründer
Ähnliche Ansätze

Kapitel 2
Die Wurzeln der Gestalttherapie.
Phänomenologie, Existentialismus,
Gestaltpsychologie

Die Wurzeln der Gestalttherapie

Die Gestalttherapie hat zahlreiche Wurzeln[1]: Einige sind offensichtlich, andere jedoch weniger deutlich oder tiefer liegend. Es ist daher schwierig, ihre theoretischen Grundlagen ganz genau zu bestimmen.

Wie ich schon im vorhergehenden Kapitel erwähnt habe, ist die Gestalttherapie, teils explizit, teils implizit, aus der Verbindung zahlreicher philosophischer und therapeutischer Strömungen verschiedenen Ursprungs genährt worden: aus europäischen, amerikanischen und orientalischen Quellen.

Ich werde hier vor allem jene ansprechen, die meines Erachtens die heutige Form der Gestalttherapie am stärksten geprägt haben: die Phänomenologie, der Existentialismus und die Gestaltpsychologie (in diesem Kapitel); die Psychoanalyse, die östlichen Philosophien und die humanistische Strömung (in den folgenden Kapiteln). Wir kommen dann noch auf einige andere Einflüsse zu sprechen, wenn wir das bewegte Leben von Fritz PERLS selbst betrachten.

Doch zunächst möchte ich sagen, daß es unrichtig ist, davon auszugehen – wie man es manchmal hört –, daß es sich um eine „typisch amerikanische" Methode handelt! Auch wenn es stimmt, daß sie sich vor allem in den USA entwickelt hat, so ist es doch wichtig zu unterstreichen, daß die Gestalttherapie ihre Philosophie im wesentlichen aus dem europäischen, speziell aus dem deutschen Denken, schöpft: Es waren hauptsächlich deutsche und österreichische Philosophen, Psychologen, Psychiater, Schriftsteller und Künstler jüdischer Abstammung, die das Denken von Friedrich Salomon PERLS angeregt und seine Arbeit bereichert haben – er selbst hat sich übrigens erst im Alter von 53 Jahren in den Vereinigten Staaten niedergelassen.

Die deutschsprachigen Vorläufer

Zu den deutschsprachigen Vorläufern der Gestalttherapie gehören:
– aus dem Bereich der Phänomenologie und des Existentialismus: Brentano, Husserl, Heidegger, Scheler, Jaspers, Buber, Tillich, Binswanger;
– aus dem Bereich der Gestalttheorie: von Ehrenfels, Wertheimer, Koffka, Köhler, Goldstein, Lewin, Zeigarnik;

– aus dem Bereich der Psychoanalyse: Freud, Ferenczi, Groddeck, Rank, Adler, Jung, Reich, Horney;
– aus dem Psychodrama: Moreno.

Der Versuch einer genauen historischen Aufarbeitung der Vorgeschichte, des Auftretens und der zahlreichen Veränderungen jeder dieser verschiedenen Schulen würde den Rahmen dieses Buches sprengen. Ich verzichte daher bewußt auf jede philosophische Exegese und werde mich mit einer kurzen Übersicht begnügen, die auf einige Autoren verweist, die einen direkten und expliziten Einfluß auf PERLS bzw. auf GOODMAN gehabt haben. Dazu habe ich stichwortartig bestimmte zentrale Themen und Begriffe aufgegriffen, die meines Erachtens die heutige Gestalttherapie begründen.

Tatsächlich ist es jedoch äußerst schwierig, die Herkunft jener Ideen zu bestimmen, sowie eindeutige Einflüsse und zufällige Übereinstimmungen auseinanderzuhalten, denn die meisten dieser Denker und Forscher waren Zeitgenossen und haben sich gegenseitig auf vielfache Weise beeinflußt. Man sollte daher eher von einen „ideologischen Bad" sprechen, in das PERLS getaucht wurde.

Phänomenologie und Existentialismus

In Tabelle 2.1. findet sich ein Überblick einiger repräsentativer Autoren der Phänomenologie und des Existentialismus, die beide eng miteinander verbunden sind. Vereinfachend könnte man sagen, daß die Phänomenologie im Prinzip eine Denkmethode und der Existentialismus eine Philosophie ist.

PERLS zeigte gerne seine Verachtung für die Philosophie und pflegte so sein provozierendes Image des ungebildeten Menschen; es ist jedoch wichtig darauf hinzuweisen, daß er tatsächlich die meisten dieser Autoren im Original gelesen hatte.

Tab. 2.1.
Einige Phänomenologen oder Existentialisten und die Gestalttherapie

Autoren	geb.	gest.	Einige Themen, die die Gestalttherapie direkt beeinflußten
Sören Kierkegaard	1813	1855	Dänischer Philosoph, Vorläufer des Existentialismus. Die Bedeutung der Subjektivität und des Widerspruchs: „Je mehr ich denke, um so weniger bin ich und je weniger ich denke, um so mehr bin ich".
Franz Brentano	1838	1917	Vorläufer der Phänomenologie. Deskriptive Psychologie: Das Wie kommt vor dem Warum. Intentionalität der psychischen Faktoren: Das Bewußtsein ist kein Behälter, sondern ein Scheinwerfer.

Autoren	geb.	gest.	Einige Themen, die die Gestalttherapie direkt beeinflußten
Edmund Husserl	1859	1938	Der „Vater" der Phänomenologie (1907). Die Phänomene beschreiben statt sie zu erklären: „Vom Reden über die Dinge zu den Dingen selbst zurückkommen, so wie sie eigentlich auf der Ebene der gelebten Fakten erscheinen, vor jeder sie deformierenden Konzeptionalisierung." Interdependenz von Subjekt und Objekt. Ursprüngliche Erfahrung des Einzelnen in seinem wahren Verhältnis zur Welt.
Max Scheler	1874	1928	Phänomenologie der Gefühle: Die gefühlsmäßige Intuition und die Sympathie ermöglichen den wirklichen Kontakt.
Martin Buber	1878	1965	Fordert die echte Begegnung, den direkten, brüderlichen Kontakt. Veröffentlicht 1922 „Ich und Du".
Ludwig Binswanger	1881	1966	Gründer der Schweizer Gesellschaft für Psychoanalyse, entwickelt die Daseinsanalyse: Der Mensch ist für seine eigene Existenz verantwortlich, für sein In-der-Welt-Sein. Die körperliche Erfahrung des Klienten und seine Umwelt sind wichtig. Veröffentlicht 1928 „Wandlungen in der Auffassung und Deutung des Traumes".
Eugène Minkowski	1885	1972	Französischer Psychiater polnischer Herkunft. Phänomenologische Bedeutung des Kontakts und die Funktion der Berührung.
Karl Jaspers	1883	1969	Die existentielle, phänomenologische Psychopathologie. Das Bewußtsein für die eigene Existenz innerhalb der Welt schärfen.
Martin Heidegger	1889	1976	Existenzanalyse des Daseins. Betonung der Angst und des existentiellen Zweifels. Der Daseinszweck. „Man kann nicht mehr für einen Menschen tun, als ihn zu ängstigen."
Gabriel Marcel	1889	1973	Christlicher existentialistischer Philosoph. „Wenn ich über die anderen spreche, leugne ich ihre reale Existenz". Setzt sich für eine „konkrete Philosophie" ein, die durch den Dialog zwischen zwei „Du" getragen wird.
Jean-Paul Sartre	1905	1980	Phänomenologische Existenzanalyse. „Existieren bedeutend spielen". Verantwortlichkeit für die Wahl des eigenen Entwurfs, für die eigene Freiheit.
Maurice Merleau-Ponty	1908	1961	Betont die Bedeutung der gelebten Erfahrung und der unmittelbaren körperlichen Empfindung. Veröffentlicht 1945 „Phänomenologie der Wahrnehmung" (dt. 1966).

Die Gestalttherapie, eine „therapeutische Antenne des Existentialismus"[2]

Ehe ich zur Gestaltpsychologie komme, möchte ich noch einmal einige grundlegende Begriffe aufgreifen, die die Gestalttherapie aus der Phänomenologie und dem Existentialismus übernommen hat.

Von der Phänomenologie übernimmt sie vor allem:
- es ist wichtiger zu beschreiben, als zu erklären: das Wie kommt vor dem Warum;
- das Entscheidende ist das unmittelbare Erleben, so wie es wahrgenommen oder körperlich empfunden wird
- oder wie wir es uns vorstellen
- und der Prozeß, der hier und jetzt abläuft;
- unsere Wahrnehmung der Welt und unserer Umgebung wird von subjektiv irrationalen Faktoren beherrscht, die ihnen einen Sinn verleihen, der für jeden unterschiedlich ist;
- daraus folgt im Besonderen die Wichtigkeit einer bewußten Wahrnehmung des eigenen Körpers und der erlebten Zeit als einer für jeden Menschen einzigartigen Erfahrung, die sich jeder vorgefertigten Theoretisierung entzieht.

Vom Existentialismus, der sehr eng mit der Phänomenologie verwandt ist, übernimmt die Gestalttherapie unter anderem:
- das Primat des konkreten Erlebens gegenüber allen abstrakten Prinzipien. Als „existentiell" kann nämlich alles angesehen werden, was mit der Art und Weise zusammenhängt, wie der Mensch seine Existenz empfindet, sie annimmt, sie ausrichtet und sie lenkt. Das Verständnis seiner selbst ist, ohne daß man sich Fragen der theoretischen Philosophie zu stellen braucht, für das Leben und das Dasein existentiell: Es entsteht spontan, ist gelebt, nichtwissenschaftlich (man denkt nach, aber nur um zu handeln);
- die Einzigartigkeit jeder menschlichen Existenz, die absolute Besonderheit der individuellen, objektiven und subjektiven Erfahrung;
- der Begriff der Eigenverantwortlichkeit des Einzelnen, der aktiv an der Entwicklung seines Daseinsentwurfs beteiligt ist und der dem, was ihm und der ihn umgebenden Welt geschieht, seinen eigenen Sinn gibt und so täglich aufs Neue seine jeweilige Freiheit begründet.

Hier wird deutlich, daß die Gestalttherapie ein klinisch-phänomenologischer[3] Ansatz ist, d.h. sie stellt die subjektive Beschreibung der Empfindung des Klienten (seine awareness) in jedem einzelnen Fall in den Mittelpunkt, wie auch die intersubjektive Wahrnehmung dessen, was sich zwischen ihm und dem Therapeuten abspielt (der Kontaktprozeß und seine Zufälligkeiten). Das Hervorheben des subjektiv Empfundenen unterscheidet sie von der Verhaltenstherapie, die das objektivierbare Verhalten herausstellt.

Noël SALATHE zögert nicht, die Gestalttherapie als „eine therapeutische Antenne des Existentialismus" zu bezeichnen, die fünf grundlegende (und mobilisierende) existentielle „Zwänge" anpeilt: den Daseinszweck, die Verantwortlichkeit, die Einsamkeit, die Unvollkommenheit und das Absurde.

Die unruhige Taufe eines Bastards

Ich glaube, ich habe zur Genüge deutlich gemacht, daß die Gestalttherapie zweifelsohne eine phänomenologische und existentialistische Methode europäischen Ursprungs ist.

1951, bei der „offiziellen Taufe" dieser neuen Therapieform (Anlaß war das Erscheinen des Buches „Gestalt Therapy"[4]) sollte sie auf Vorschlag von Laura PERLS „Existentielle Psychoanalyse" heißen. Doch dieser Name wurde leider aus wirtschaftlichen Opportunitätsgründen nicht beibehalten, denn SARTREs Philosophie wurde damals in den Vereinigten Staaten als zu pessimistisch, ja als „nihilistisch" angesehen.

HEFFERLINE, Hauptautor des ersten Bandes, schlug seinerseits den Titel „Integrative Therapie" vor. Auch die Bezeichnung „Experimentelle Therapie" wurde eine Weile von der „Gruppe der Sieben" in Erwägung gezogen (siehe nächstes Kapitel).

Fritz PERLS hatte seine Methode anfänglich „Konzentrationstherapie"[5] getauft und sie so der Methode des freien Assoziierens der orthodoxen Psychoanalyse entgegen gesetzt. Er schlug dem Klienten vor, sich auf das „hier und jetzt" Empfundene zu konzentrieren und darauf seine ganze Aufmerksamkeit zu fokussieren: „Konzentriere dich auf die Verspannung in deinem Nacken", „auf dieses Gefühl des Erstickens in deiner Kehle" usw. Doch 1951 handelte es sich hierbei um einen weniger wichtig gewordenen technischen Aspekt, und es empfahl sich, für die neue Methode einen allgemeineren Namen zu finden.

Nun schlug Fritz PERLS „Gestalttherapie" vor, was äußerst erregte Debatten mit seinen Kollegen hervorrief. Laura PERLS, die über Gestaltpsychologie promoviert hatte, fand, daß die Methode wenig mit jener Theorie zu tun hatte, die sie wesentlich besser kannte als er selbst:

„Ich war zunächst Gestaltpsychologin, dann wurde ich Analytikerin. Fritz war zunächst Analytiker, dann kam er zur Gestalttheorie, aber er hat sie niemals wirklich erfaßt ... Fritz ist einige Monate lang Assistent bei GOLDSTEIN gewesen, aber ich habe zahlreiche Jahre bei ihm studiert."[6]

Paul GOODMAN, Autor des wichtigsten Teils (Band 2) des Basistextes Gestalt Therapy, fand diesen Begriff unpassend und zu esoterisch, doch genau das gefiel PERLS aus Gründen der Provokation und des Marketings!

Doch schließlich stieg GOODMAN in das Spiel mit ein und lancierte eine heftige Polemik gegen die in die Vereinigten Staaten emigrierten Gestaltpsychologen (KÖHLER, KOFFKA, GOLDSTEIN, LEWIN); er besaß sogar die Arroganz, bereits damals zu prophezeien, daß „die traditionelle Gestaltpsychologie mehr Vorteile aus der Benutzung dieses Begriffs in unserem Buch ziehen wird, als wir selbst aus dem Begriff Gestalttherapie". Die Zukunft sollte ihm Recht geben.

Trotz vehementer Proteste der Gestalttheoretiker setzte sich dieser Begriff durch, und heute hat er sich auf der ganzen Welt behauptet.

Ich für mein Teil sehe darin nicht nur Nachteile, trotz der chronischen Schwierigkeiten, die ich bekomme, wenn ich erklären soll, um was es sich dabei handelt. Denn dieser obskure Begriff regt den Leser oder Zuhörer dazu an, sich Fragen zu stellen und sich zu informieren. Niemand kann erraten, was hinter diesem Wort steckt, und so läuft auch niemand Gefahr, sich davon a priori eine falsche, simplifizierende Vorstellung zu machen, wie dies bei einem geläufigeren Begriff der Fall sein könnte.

Die Gestaltpsychologie

Werfen wir jetzt einen Blick auf die Gestaltpsychologie oder Gestalttheorie, damit wir uns in diesen Vaterschaftsquerelen als „wohlinformierte Geschworene" bezeichnen können.

Die erste Veröffentlichung, die diese neue Schule begründet, erscheint 1912 unter dem gemeinsamen Signum von Max WERTHEIMER (1880–1943), Kurt KOFFKA (1886–1941)[7] und Wolfgang KÖHLER (1887–1967). Sie entsteht also zur gleichen Zeit wie die deutsche Phänomenologie.

In Fortsetzung der Arbeiten von Christian von EHRENFELS (1859–1932), einem der Vorläufer der Gestalttheorie, der bereits zu Beginn des Jahrhunderts unterstrichen hatte, daß „das Ganze eine andere Realität ist als die Summe seiner Teile", untersuchten die Gestaltpsychologen zunächst hauptsächlich die physiologischen und psychologischen Mechanismen der Wahrnehmung sowie die Beziehungen des Organismus zur Umwelt.

Danach dehnten sie ihr Arbeitsfeld auf die Untersuchung des Gedächtnisses, der Intelligenz, des Ausdrucks und schließlich auf die gesamte Persönlichkeit aus. Sie unterstrichen die Parallelen zwischen der physischen und der psychischen Ebene, die häufig analogen Gesetzen gehorchen, und sie wandten sich gegen den Dualismus von Materie und Geist und jenen zwischen dem Objekt und seinem Prinzip: Das Objekt hat nicht eine Form, es ist eine Form, eine Gestalt, ein spezifisches, abgegrenztes, strukturiertes, signifikantes Ganzes.

Jedes Wahrnehmungsfeld besteht aus einem Hintergrund und aus einer Form oder Figur. Die Form ist geschlossen, strukturiert. Die Konturen scheinen zu ihr zu gehören. Man kann keine Figur ohne einen Hintergrund erkennen. Die Gestaltpsychologie interessiert sich für beide, doch vor allem für ihr wechselseitiges Verhältnis.

Die Wahrnehmung hängt gleichzeitig von objektiven wie von subjektiven Faktoren ab, deren jeweilige Bedeutung variieren kann. Das Subjekt tendiert dazu, innerhalb der Beziehungen zwischen dem Organismus und dem Umfeld die „guten" bzw. prägenden Formen hervorzuheben.

Durch berühmte Laborexperimente bestätigten die Gestaltpsychologen die dialektische Beziehung zwischen Subjekt und Objekt und versetzten damit den Auffassungen ihrer Zeit über die „wissenschaftliche Objektivität" einen fatalen

Schlag: Es wurde bewiesen, daß das Aussehen des Objektes von den Bedürfnissen des Subjektes abhängt und umgekehrt, daß das Bedürfnis des Subjektes
von dem Aussehen des Objektes abhängt. Wenn ich Durst habe, werde ich
z.B. in einer üppigen Landschaft sofort eine entlegene Quelle erkennen und
gleichzeitig wird der Anblick der Quelle meinen Durst steigern.

Nur das klare Erkennen der für mich in einem bestimmten Augenblick
dominanten Figur wird die Befriedigung meines Bedürfnisses erlauben, und
danach wird ihre Auflösung (oder ihr Verschwinden) mich für eine neue körperliche oder geistige Tätigkeit frei machen. Bekanntlich wird in der Gestalttherapie „Gesundheit" über das unbehinderte Fließen dieser aufeinander folgenden Zyklen definiert.[8]

Die Therapie unterstützt die fließende Bildung von Gestalten, die der ständig
wechselnden Beziehung zwischen dem Organismus und seiner Umwelt entsprechen, die stetige kreative Anpassung. Die Gestalttherapie könnte daher als
„die Kunst, gute Formen zu bilden" definiert werden.

Ich habe nicht die Absicht, die „Gestaltpsychologie" hier in allen Details
darzustellen. Ich werde mich daher mit einigen Globalhinweisen begnügen:
Drei Hinweise auf drei Vertreter der Gestalttheorie, die ich bereits genannt
habe, und drei Beispiele zum Nachdenken.

1927 veröffentlichte Bluma ZEIGARNIK, eine deutsche Gestaltpsychologin,
ihre Forschungsergebnisse über unbefriedigte Bedürfnisse und über vorzeitig
abgebrochene Aufgaben. Sie schreibt das Fortbestehen der so erzeugten Spannung einem „Quasi-Bedürfnis" zu, die Aufgabe zu Ende zu bringen, die
„unvollendete Gestalt zu schließen". Der psychische Druck, der durch eine
nicht beendete Arbeit erzeugt wird, beeinflußt die laufende Beschäftigung in
hohem Maße (so ist zum Beispiel der Erinnerungsquotient zweimal höher als
bei einer beendeten Arbeit, die „abgeheftet" und schnell vergessen wird!): Dies
ist der „Zeigarnik-Effekt", der in der Pädagogik und in der Werbung in hohem
Maße eingesetzt wird (das Prinzip des Feuilleton). Das Fortbestehen eines
derartigen psychischen Drucks erzeugt auf Dauer eine chronische Spannung;
PERLS wird darin sogar einen der Gründe für das Entstehen von Neurosen
sehen.

Kurt GOLDSTEIN (1878–1965) seinerseits beschäftigte sich mit der Beobachtung von Verletzten, die an Hirnschäden oder an Aphasien litten. Er erar-
beitete eine Gesamttheorie des Organismus in seinen Beziehungen zur Umwelt[9]. Er lehnte die Dichotomie zwischen dem Biologischen und dem Psychischen ebenso wie zwischen dem Normalen und dem Pathologischen ab. Man
findet hier bereits bestimmte Grundannahmen der späteren Bewegung der
humanistischen Psychologie (MASLOW, 1954) und der Antipsychiatrie
(COOPER, LAING, London 1960). GOLDSTEIN war einer der Lehrer von
Fritz PERLS und vor allem von dessen Frau Laura.

Kurt LEWIN (1890–1947) indessen übertrug die Prinzipien der Gestalttheorie auf eine allgemeine psychologische Feldtheorie und untersuchte die Interdependenz zwischen der Person und ihrem sozialen Milieu. Diese Arbeiten
führten zur Entwicklung der Gruppendynamik und machten ihn in der ganzen

Welt berühmt. Die Theorie des elektromagnetischen Feldes von MAXWELL war soeben durch die Einsteinsche Physik verallgemeinert worden, und LEWIN erweiterte sie, wobei er sich auf die Arbeiten von MINKOWSKI über das psychologische Verhältnis von Raum und Zeit stützte, und integrierte in sie psychoanalytische Konzepte. In der Folge erweiterte er seine Hypothesen über das individuelle Feld auf das psychosoziale Feld und bestätigte sie durch die inzwischen berühmt gewordenen Experimente über die demokratische Atmosphäre in Gruppen und über die verschiedenen Führungsstile. Gegenwärtig wird diese Feldtheorie meistens in die allgemeine Systemtheorie integriert.

Die Polysemie der Formen

Meine Möglichkeiten sind unvorstellbar: Ich kann ganze Konstellationen erschaffen. Mein persönlicher Blick verleiht den im Universum verstreuten, Milliarden von Kilometern voneinander entfernten Sternen (von denen einige seit Jahrtausenden nicht mehr existieren!), eine symbolhafte, willkürliche Gestalt.
   In seinem Streben nach Kohärenz und Beherrschung gibt der Mensch auch jenen Dingen einen Sinn, die zuvor keinen hatten, oder die vielmehr mehrere Bedeutungen haben könnten. Eine Gestalt ist ein signifikantes Ganzes, nicht unbedingt an sich, sondern vielmehr für mich:

Nehmen wir ein anderes Beispiel:
Bei dieser Zeichnung werden Sie sicher ein Quadrat sehen.

Doch wie ist das jetzt mit diesen vier Punkten?

Auf den ersten Blick, kraft der Gewohnheit, werden Sie darin bestimmt erneut ein Quadrat erkennen. Und dennoch könnten diese vier Punkte ebenso gut einen Kreis, ein Kreuz oder ein Z darstellen!

Die erste Form, die einem unwillkürlich in den Sinn kommt, ist die einfachste. Das geschieht nach bestimmten Gesetzen, die die Gestaltpsychologen genau definiert haben (Symmetrie, Struktur, Achsen, Homogenität etc.), – doch wie jede Sprache, ist auch diese Form polysemisch, das heißt, sie besitzt gleichzeitig mehrere Bedeutungen, die sich gegenseitig nicht ausschließen, aber eben entsprechend dem explizit oder implizit benutzten Wahrnehmungsraster erscheinen. Statt darin geometrische Formen zu sehen, hätte man genauso gut Blumen, Tiere oder Gesichter erkennen können.

Genauso ist es, wie wir wissen, mit mystisch-religiösen Texten, die generell auf vier Ebenen entschlüsselt werden: In ihrer wörtlichen, anekdotischen, allen zugänglichen Bedeutung; in ihrer unterschwelligen, symbolischen, den meisten zugänglichen Bedeutung; nach ihrem verborgenen, wenigen vorbehaltenen Sinn; schließlich in ihrem initiatischen Sinn, der nur selten aufgedeckt wird.

Eine solche personengebundene Wahrnehmung der äußeren „Wirklichkeit" ist in der Tat in unserem Alltag ständig vorhanden. Jede Geste und jedes unserer Worte beinhaltet gleichzeitig mehrfache Bedeutungen, auf vielen Ebenen und für jeden einzelnen der anwesenden Partner[10]. Die Gestaltpsychologie bemüht sich, uns in dieses engmaschige polysemische Geflecht einzuführen, das die Dichte und den unendlichen Reichtum unseres täglichen Lebens ausmacht und die mehrfache „Lektüre" unseres multidimensionalen Daseins impliziert.

Die Gestaltpsychologen haben eine Vielzahl von Laborexperimenten über die Subjektivität der Wahrnehmung und der bewußten oder unbewußten Wahl der Figur und des Hintergrundes durchgeführt. Hier zur Entspannung zwei klassische doppeldeutige Figuren, denen der Beobachter verschiedene Bedeutungen geben kann, je nach seiner Absicht – oder auch trotz derselben!

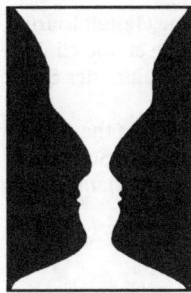

Vase von Rubin:
weiße Vase auf schwarzem Hintergrund?
oder zwei Profile auf weißem Grund?

Doppeldeutige Frau von Leavitt:
eine Alte mit Krummnase und Hängekinn?
oder ein junges Mädchen mit Stupsnase?

Nebenbei bemerkt, die Vase, die die beiden Profile der Gesichter trennt, ist zum gängigen Symbol der Gestaltpsychologie und darüber hinaus auch z.T. der Gestalttherapie geworden.

Ein beobachtetes Phänomen ist also keineswegs eine objektive Realität an sich, sondern es stellt die Beziehung zwischen dem eigentlichen Phänomen und seiner augenblicklichen Umgebung dar, zu der der Betrachter gehört. Alles ist miteinander verbunden, wie uns das Tao lehrt:

> *Das ganze Meer steigt an wegen eines Steines, den man hineinwirft.*

Die „Objektivität" interessiert uns wenig: Sie ist nicht unsere Realität.

„Ich schreibe an einem Tisch," sagt PERLS[11]. „Dieser Tisch besteht nach den gegenwärtigen Erkenntnissen der Physik überwiegend aus Raum, der mit rasenden Elektronen angefüllt ist. Aber ich verhalte mich, als ob der Tisch massiv wäre. Die naturwissenschaftliche Bedeutung des Tisches unterscheidet sich von seiner praktischen Bedeutung. Für mich, in meinem Berufsbereich, ist er ein solides Möbelstück ..."

Letzten Endes geht es bei unserer Suche nicht um die Dinge (oder die Lebewesen) an sich, sondern um die Beziehungen zwischen den Dingen (oder den Lebewesen), denn

> *der Sinn liegt gleichermaßen im Kontext wie im Text.*

Anmerkungen

1 Siehe Schema im Anhang.
2 Noël SALATHE. La Gestalt: une philosophie clinique. In: Gestalt, Berichte über das erste internationale Kolloquium im französischen Sprachraum. Paris 1983.
3 vgl. Gary YONTEF. La Gestalt-Thérapie, une phénoménologie clinique. In: The Gestalt Journal, Teil II, Band I. 1979. Siehe auch J.M.ROBINE. La Gestalt-thérapie, une théorie et une clinique phénoménologiques. In: Gestalt, Berichte über das erste internationale Kolloquium der S.F.G. Paris 1983.
4 PERLS, HEFFERLINE, GOODMAN. Gestalt Therapy – Excitement and Growth in the Human Personality. Julian Press. New York 1951; dt. Ausgabe: diess., Wiederbelebung des Selbst (Gestalt-Therapie I) und Lebensfreude und Persönlichkeitsentfaltung (Gestalt-Therapie II). Stuttgart 1979.
5 Vor allem unter Bezugnahme auf die Arbeiten von Matthias ALEXANDER über die Wahrnehmung des Körpers und der Muskelverspannungen.
6 Friedrich PERLS (der später seinen Namen als Frederick und dann als Fritz amerikanisiert hat) war seiner zukünftigen Frau, Lore POSNER (die sich in den Vereinigten Staaten Laura nannte) 1926 in Frankfurt bei Kurt GOLDSTEIN begegnet. Dr. PERLS, damals ein junger Psychiater von 33 Jahren, assistierte GOLDSTEIN bei seinen Arbeiten über Hirnverletzungen, während

Lore eine junge 21jährige Studentin war, die gerade anfing, sich mit den Konzepten der Gestalttheorie zu beschäftigen.

7 KOFFKA hat sich insbesondere für die Beziehungen des Organismus zu seiner Umwelt interessiert – das zentrale Thema in der Gestalttherapie, wo diese Umwelt hauptsächlich aus den Anderen, insbesondere aus dem Therapeuten besteht.

8 Siehe Kapitel 8: Die Theorie des Selbst.

9 Kurt GOLDSTEIN. Der Aufbau des Organismus. Den Haag 1934.

10 Ein einfaches Beispiel dafür ist: „Ich bin müde", was bedeuten kann: „Laß mich in Frieden" oder auch, im Gegenteil: „Kümmere dich um mich!" oder aber: „Immer muß ich für alle arbeiten!" oder auch noch andere unterschwellige Dinge ...

11 In: Das Ich, der Hunger und die Aggression. München 1989, S. 235, op.cit.

Kapitel 3
Fritz Perls

Der Vater der Gestalttherapie: Ein enfant terrible

Nach guter cartesianischer Logik wäre es jetzt angesagt, die anderen Wurzeln der Gestalttherapie vorzustellen; insbesondere die Psychoanalyse von FREUD, seinen Nachfolgern und Dissidenten, aber auch den Expressionismus von FRIEDLÄNDER, den Holismus von SMUTS, die Allgemeine Semantik von KORZYBSKI, den Transzendentalismus von EMERSON und natürlich das Psychodrama von MORENO, sowie verwandte Methoden, die sie beeinflußt haben, wie z.B. die Psychosynthese von ASSAGIOLI, der Wachtraum von DESOILLE, die Klientenzentrierte Therapie von ROGERS, die Transaktionsanalyse von BERNE, die Gruppendynamik von LEWIN, die Begegnungsgruppen von SCHUTZ, ebenso wie die Vegetotherapie von REICH, die Bioenergetik von LOWEN, die Sensorische Bewußtheit von Charlotte SELVER, das Rolfing von Ida ROLF, aber auch der Anarchismus von PROUDHON oder KROPOTKIN, der Judaismus, der Taoismus, der Zen-Buddhismus, ... und dabei vergesse ich natürlich noch einiges!

PERLS nämlich hat die Werke der oben aufgezählten Personen gelesen und ist den meisten von ihnen persönlich begegnet; er hat mehr oder weniger alle diese Ideologien, Theorien, Methoden und Techniken praktisch ausprobiert und von ihnen Ideen übernommen, die er auf seine Weise umgesetzt hat, wozu wiederum seine Frau Laura, Paul GOODMAN und einige andere wesentliche Beiträge geleistet haben.

So gesehen könnte man zu der Auffassung gelangen, daß die Gestalttherapie ein merkwürdiges Sammelsurium ist – und gewisse böse Zungen haben dies auch behauptet! Und doch ist dies nicht der Fall: Es handelt sich sehr wohl um eine kohärente eigene Synthese, auch wenn sich diese größtenteils auf empirischem Wege, über mannigfaltige Begegnungen und über ein langsames Herantasten herausgebildet hat; auch hier gilt: „Das Ganze ist sehr verschieden von der Summe seiner Teile"!

> „Wir sind keinesfalls geneigt, die Gestalttherapie als eine Mischung aus verschiedenen Methoden oder gar als einen eklektischen Ansatz anzusehen", unterstreicht Claudio NARANJO. „Wir halten auch die Musik von BACH nicht für eine Mischung von älteren – italienischen, deutschen und französischen – Stilen (was sie dennoch, in gewissem Sinne, ist); die Originalität der entstandenen Synthese überrascht uns mehr, als das Wiedererkennen ihrer einzelnen Komponenten. Man könnte auch sagen:

> *Wir sind von dem Neubau mehr beeindruckt als von den dazu verwendeten alten Backsteinen.*[1]

Zum Teufel also mit der akademischen, analytischen Logik! Eine Darstellung des Ineinandergreifens der Theorien könnte glauben machen, daß die Gestalttherapie aus einer rationalen Kritik des Reichtums und des Mangels der anderen Ansätze oder aus einer fein abgestimmten Synthese derselben entstanden sei. Nichts davon stimmt! Es handelte sich keineswegs um ein methodisches Vorgehen oder um eine vorausgeplante, systematische Erforschung auf bereits vorgezeichneten Wegen – und wer würde sich auch auf das Abenteuer einlassen, Brücken über Klüfte und Gletscherspalten schlagen zu wollen ...

Die Gestalttherapie verdankt ihr Entstehen den genialen Einfällen und existentiellen Krisen eines Mannes, den man sehr wohl als ihren Hauptgründer ansehen muß: Fritz PERLS. Natürlich ist sie weitgehend von Laura PERLS und Paul GOODMAN ausformuliert und gestaltet worden, wie auch von den ersten Mitarbeitern und von den Nachfolgern der zweiten und dritten Generation, deren wichtigste Beiträge wir in der Folge ansprechen werden (Isadore FROM, Jim SIMKIN, Joseph ZINKER, Erving und Miriam POLSTER etc.), doch man kommt nicht weiter, ohne an dieser Stelle den „Vater der Gestalttherapie" einzuführen, das „enfant terrible" der Psychoanalyse, den „alten unwürdigen Mann" aus dem Kalifornien der Beatniks: Fritz PERLS, den ich schon so oft erwähnt und immer noch nicht vorgestellt habe.

Um ehrlich zu sein, es ist kein Zufall, daß ich dies nicht schon früher getan habe: Wie die meisten heutigen Gestalttherapeuten bin ich nämlich zugleich stolz und beschämt über unseren „Anführer", und ich fühle mich ständig hin und hergerissen zwischen dem Bedürfnis, ihn bekannt zu machen und zu würdigen und jenem anderen, ihn einfach zu verschweigen! Je nach der Farbe der Scheinwerfer, die man auf ihn richtet, und je nach den verschiedenen Phasen seines Lebens kann man aus ihm nämlich ein einfallsreiches Genie oder die leibhaftige Verkörperung des Teufels machen!

Er konnte sich egoistisch, narzistisch, stolz und geizig zeigen; impulsiv, cholerisch und paranoid; „polymorph pervers" in sexueller Hinsicht (wie er selbst sagte), als unverbesserlicher Verführer (obwohl er körperlich wenig anziehend war), als Komödiant, Exhibitionist und Voyeur; er hat LSD und andere psychedelische Drogen genommen und rauchte drei Packungen Camel am Tag; er war ein schlechter Sohn, ein noch schlechterer Ehemann und ein unwürdiger Vater; auf der beruflichen Ebene gab er zu, ein mittelmäßiger Psychoanalytiker und ein konfuser Schriftsteller[2] zu sein.

Kurzum, wenn ich mir erlauben würde, meine Empfindungen zu verstärken (wie wir es in der Gestalttherapie gerne machen), käme ich zu dem Ergebnis, daß Fritz PERLS die lebendige Verkörperung der sieben Todsünden war: Faulheit, Geiz, Neid, Stolz, Völlerei, Wollust und Zorn! (Ich habe sie alphabetisch geordnet, um jeder Versuchung, eine Rangfolge festzulegen, zu entgehen!)

So sind wir wenigstens gegen ein klassisches Risiko gefeit: Den Meister imitieren zu wollen und ihn zum Guru zu erheben (während die neurotischen Verhaltensweisen von FREUD sehr viele Schüler fanden, beispielsweise seine Sozialphobie[3])!

Und dennoch, es ist kaum möglich, das Genie von Fritz zu bestreiten, seine durchdringende Beobachtungsgabe, seine oft überraschende Intuition, seine umfassende Bildung – die er bewußt hinter einer grobschlächtigen Haltung verbarg –, seine überschäumende Vitalität und Kreativität, seinen subtilen Humor und seinen feinen Sinn für Selbstkritik, wie auch die provozierende Authentizität seines alltäglichen Verhaltens (manche gingen sogar so weit, zu behaupten, er wäre „der einzige echte Mensch dieses Jahrhunderts"!).

Seine Frau sagte über ihn, daß er „eine Mischung aus einem Propheten und einem Landstreicher" sei – was Fritz sehr zutreffend fand und selbst stolz zitierte.

Man weiß von ihm mehr über seine öffentlichen „Vorführungen" nach 1968 als über seine Therapiesitzungen, doch man ist sich einig in der Anerkennung seiner absoluten Fähigkeit, das zentrale, existentielle Problem eines jeden seiner Klienten auf Anhieb zu erfassen (auch wenn die meisten von ihnen bereits vorher lange Zeit eine Therapie gemacht hatten!). Er war vor allem ein Künstler und „tatsächlich sind, wie jeder weiß, die größten Künstler dieser Welt niemals Puritaner und auch selten respektabel"[4]. Denken wir an MOZART, WAGNER, Victor HUGO und an viele andere.

Fritz PERLS führte ein sehr bewegtes Leben, sowohl hinsichtlich seiner Gefühle (und Ressentiments!) als auch hinsichtlich seines äußeren Verhaltens, seiner sozialen Beziehungen und seiner geographischen Veränderungen.

Zur besseren Orientierung habe ich eine Übersicht seines Lebens erstellt, das ich in sieben Hauptphasen untergliedert habe. Einige Daten sind ungewiß: Die Biographen von PERLS sind sich nicht alle einig, die zusammengetragenen mündlichen Zeugnisse divergieren, und dieser „ewige Jude" – überdies ein wenig mythoman – war selbst zu chaotisch, um kostbare Dokumente aufzubewahren. Ich habe daher aus sieben verschiedenen Quellen in englischer, französischer und deutscher Sprache jene Daten übernommen, die ich für die wahrscheinlichsten halte.[5]

CHRONOLOGIE DES LEBENS VON FRITZ PERLS

	Alter	Dauer	Daten	Orte	Hauptereignisse
1	0–40	40 Jahre	8.7.1893 bis 1933	DEUTSCHLAND und ÖSTERREICH; Berlin, Frankfurt, Wien usw.	Unruhige Kindheit und Jugend; Studium der Medizin (Psychiatrie); Erster Weltkrieg; Vier aufeinanderfolgende Psychoanalysen; Heirat mit Lore (Laura) Posner; Niederlassung als Analytiker
	mit 40 Jahren	1 Jahr	1933	HOLLAND: Amsterdam	Flucht aus Nazi-Deutschland
2	41–53 Jahre	12 Jahre	von 1933 bis 1946	SÜDAFRIKA	Läßt sich als Psychoanalytiker nieder und führt ein sehr bourgeoises und mondänes Leben in Johannesburg; Psychoanalytischer Kongreß in Marienbad (1936), trifft dort FREUD; Veröffentlicht 1942 „Ego, hunger and aggression"

	Alter	Dauer	Daten	Orte	Hauptereignisse
3	53–63 Jahre	10 Jahre	von 1946 bis 1956	New York und Reisen in den USA	Arbeitet von 1946 bis 1950 als Psychoanalytiker; Bildung der „Gruppe der Sieben"; Veröffentlicht 1951 „Gestalt Therapy" (mit 58 Jahren); Gründung des ersten Instituts für Gestalttherapie, New York 1952; Zahlreiche Reisen zur Vorstellung der Gestalttherapie
4	63–67 Jahre	4 Jahre	von 1956 bis 1959	Florida, Miami	Deprimiert und krank, geht „in Rente"; Begegnet Marty Fromm und gewinnt wieder Freude am Leben; Leitet einige Seminare in Kalifornien
5	67–70 Jahre	4 Jahre	von 1959 bis 1963	USA und rund um die Welt	Umherirren zwischen Kalifornien, New York, Kalifornien, Israel, New York, Japan, Kalifornien ...; Aufenthalte in einer Beatnik-Kommune in Israel und in einem Zen-Kloster in Japan etc. ...
6	71–76 Jahre	5 Jahre	von 1964 bis 1969	Esalen (Kalifornien)	Läßt sich in Esalen nieder, leitet Demonstrations- und Ausbildungsseminare; wird um 1968 berühmt (im Alter von 75 Jahren); Veröffentlicht 1969 „Gestalt Therapy verbatim" und „In and Out the Garbage Pail"
7	76–77 Jahre	1 Jahr	Juni '69 bis März 1970	KANADA, Vancouver	Gründet ein „Gestalt-Kibbuz" am See von Cowichan (Vancouver). Stirbt in Chicago am 14. März '70 im Alter von 77 Jahren.

Kommen wir nun im Einzelnen auf den stürmischen Lebensweg dieser außergewöhnlichen Persönlichkeit zurück.

1. Deutschland

1893: Am 8. Juli wird Friedrich Salomon PERLS nach einer schwierigen Niederkunft im jüdischen Ghetto in einem Vorort von Berlin geboren. Er ist (nach zwei Mädchen) das dritte und letzte Kind eines merkwürdigen Paares:

Sein Vater Nathan ist Weinhändler und später Vertreter bei ROTHSCHILD; er ist oft auf Geschäftsreisen und vielfach untreu. Er ist charmant und verführerisch, „unwiderstehlich", aber auch aufbrausend, gewalttätig und stolz. (Alle diese Züge wird man bei Fritz wiederfinden.) Er ist aktives Mitglied bei den Freimaurern und träumt davon, Großmeister seiner Loge zu werden.

Seine Mutter Amalia ist praktizierende Jüdin und stammt aus dem Kleinbürgertum; sie respektiert die Regeln für koschere Speisen und das Sabbat-Ritual. Sie liebt Theater und Oper leidenschaftlich (wie auch Fritz sein Leben lang).

Das Paar lebt in ständigem Konflikt, ja Haß: Es kommt häufig zu Streitig-keiten und sogar zu Schlägen.

Die ältere Tochter Else ist fast blind und wird aus diesem Grund von ihrer Mutter überbehütet – dies macht Fritz sehr aggressiv und eifersüchtig auf sie. Er wird nicht eine Träne vergießen, als sie mit seiner Mutter im Konzentrati-onslager stirbt.

Die zweite Tochter Grete ist ein „verfehlter Junge": Sie wird Fritz immer sehr nahe stehen und fast zehn Jahre lang bei ihm und seiner Frau in New York wohnen und in dieser Zeit für das Paar in gewissem Sinn das Dienstmädchen spielen.

Fritz entwickelt zunehmend einen starken Haß auf seinen Vater. Er beginnt, an seiner Abstammung zu zweifeln und wird diesen Zweifel sein Leben lang hegen. Sein Vater wiederum behandelt ihn wie einen „Haufen Scheiße" und prophezeit, daß „dieser kleine Stänker böse enden wird". Später sprechen Fritz und sein Vater überhaupt nicht mehr miteinander; er wird nicht einmal zu dessen Beerdigung kommen. (Sein ganzes Leben lang blieb Fritz sehr feindselig gegenüber jeder Art von Vaterfigur, so z.B. gegenüber FREUD, eingestellt.)

1903: Fritz ist zehn Jahre alt und wird immer unerträglicher. Er randaliert in der Schule, weigert sich, Hausaufgaben zu machen, fälscht seine Notenhefte, schnüffelt in den persönlichen Sachen seines Vaters und schielt unter die Röcke der Damen. Seine Muter peitscht ihn häufig mit einer Klopfpeitsche aus oder schlägt ihn mit einem Teppichklopfer, aber Fritz wehrt sich: Er schnei-det die Riemen von der Peitsche ab, zerbricht die Klopfer und wirft seiner Mutter manchmal sogar Gegenstände ins Gesicht.

1906: Im Alter von dreizehn Jahren wird er schließlich wegen „ungebührlichen Betragens" von der Schule verwiesen und zieht nun mit einem Kumpel durch die Gegend, der ihn unter anderem zur Masturbation anregt und ihm die Bekanntschaft einer Prostituierten vermittelt.

Sein Vater bringt ihn als Lehrling in einem Süßwarengeschäft unter. Doch bereits im folgenden Jahr beschließt Fritz, wieder zur Schule zu gehen und meldet sich selbst mit seinem Freund an einer sehr liberalen Schule an, in der man sich mehr für die Schüler als für die Lehrprogramme interessiert.

Dort wird vor allem sein Interesse für das Theater geweckt – ein Interesse, das er sein Leben lang beibehalten wird und das in der Gestalttherapie deutlich durchscheint[6]. Während seiner Jugendjahre nimmt er kontinuierlich Schau-spielunterricht und später, während seines Medizinstudiums an der Berliner Universität, tritt er häufig als Komparse auf. PERLS ist durch seinen regel-mäßigen Kontakt mit dem großen expressionistischen Regisseur Max REIN-HARDT vom Deutschen Theater, der das totale Engagement des Schauspielers in seiner Rolle vertrat, zutiefst geprägt worden. Er war fasziniert von der Gruppe linker Künstler, mit denen er bereits in Kontakt stand. Später hat er erklärt, daß das Theater seine erste große Liebe gewesen sei und daß es der Traum seines Lebens gewesen wäre, Theaterdirektor zu werden. In Wirklichkeit sei er aber, wie er selbst zugibt, kein guter Schauspieler gewesen. Erst am Ende seines Lebens, mit 75 Jahren, in Esalen, hat er seinen eigenen Stil gefunden in dem, was er „seinen Zirkus" nannte.

1914: Nach der Kriegserklärung wird er wegen eines Herzfehlers vom Militärdienst befreit und im Hilfsdienst eingesetzt. Im folgenden Jahr, mit 22 Jahren, engagiert er sich als Freiwilliger beim Roten Kreuz.

1916 wird er an die Front nach Belgien geschickt und nimmt neun Monate unter äußerst traumatischen Bedingungen an dem Krieg im Schützengraben teil. Er erlebt, wie ein Kamerad nach dem anderen im Kanonenfeuer umkommt und die feindlichen Soldaten durch Giftgas getötet werden. Als Jude wird er diskriminiert und auf die gefährlichsten Vorposten geschickt: Er ist selbst Giftgas ausgesetzt und wird durch einen Granatsplitter an der Stirn verletzt[7], ehe er in die Heimat zurückgeschickt wird und ins Krankenhaus kommt. Lange Zeit wird er an den Folgen dieser Traumata leiden, bis hin zu Anzeichen von Persönlichkeitsverlust und einer totalen Gleichgültigkeit gegenüber seiner Umgebung.

1920: Nach dem Krieg nimmt Fritz seine Studien wieder auf und macht mit 27 Jahren seinen Doktor in Medizin, am 3. April 1920. Er ist Neuropsychiater, doch tatsächlich interessiert er sich weiterhin vor allem für das Theater und besucht regelmäßig die linken Berliner Cafés, wo sich die Philosophen, Dichter und anarchistischen Künstler der Gegenkultur treffen. Dort begegnet er auch Salomon FRIEDLÄNDER, dem expressionistischen Philosophen und Autor von „Schöpferische Indifferenz" – einem Versuch, den Kantschen Dualismus zu überwinden. Dieser entwickelt das Konzept der „Leere" bzw. der „fruchtbaren Leere"[8] (oder des „nicht differenzierenden Zustandes"). Der „Nullpunkt" wird als ein Zustand bezeichnet, der auf den Rückzug folgt und dem Auftauchen einer neuen Empfindung vorhergeht, ein Zustand, in dem es keine Figur und keinen Hintergrund mehr gibt. Das Zen nennt diesen schwer faßbaren Zustand der Leerheit ku und widmet ihm zahlreiche Schriften und Koans. Ein ähnliches Thema finden wir in dem taoistischen Begriff des Gleichgewichts zwischen gegensätzlichen Polaritäten, ein Thema, das in der Gestalttherapie ausführlich wieder aufgegriffen wird.[9]
  Seine Faszination für Außenseiter wird Fritz immer beibehalten, und während seines ganzen Lebens wird man ihn in anarchistischen Kreisen und Gruppierungen wiederfinden: In New York mit Paul GOODMAN und dem Living Theater der BECKs, in Israel in den Kommunen der Beatnik-Maler, in Kalifornien als einen der „Päpste" der Hippie-Bewegung.
  Die Gestalttherapie wird von jener Ablehnung geprägt bleiben, sich in bürgerliche Normen einfangen zu lassen und sich dem gesellschaftlichen Druck des Establishments, sei es nun mondän, psychoanalytisch oder politisch, zu unterwerfen. Der besorgte Individualismus der Gestalttherapeuten wird sogar über Jahrzehnte die Bildung nationaler Berufsverbände behindern[10], in der

vielleicht sogar gerechtfertigten Befürchtung, daß diese sehr schnell zur Herausbildung einer sklerotisierenden Normativität führen könnten.

Oktober 1923 bis April 1924: Fritz reist nach New York in der Hoffnung, dort das amerikanische Äquivalent zu seinem deutschen Doktortitel in Medizin erwerben zu können, doch er scheitert an Sprachproblemen[11], im übrigen verträgt er das Klima der harten Konkurrenz in der Großstadt schlecht. Er kehrt nach Deutschland zurück, ohne seinen M.D. erworben zu haben und ist verärgert über die amerikanische Zivilisation, die er von da an sein Leben lang kritisieren wird.

1925: Fritz ist 32 Jahre alt und wohnt noch immer bei seiner Mutter. Es fehlt ihm völlig an Selbstsicherheit. Er ist häßlich, schmächtig, nach vorne gebeugt, wird von seinem Vater verachtet und ist seit dem Krieg in einer chronischen Apathie gewissermaßen erstarrt. Er zweifelt an seiner sexuellen Potenz und bezeichnet sich als „abgestumpft durch die Masturbation".

Zu diesem Zeitpunkt trifft er Lucy, eine bezaubernde junge, verheiratete Frau, die ihn innerhalb von zehn Minuten auf einem Krankenhausbett verführt und durch die er in der Folgezeit eine reiche Auswahl an erotischen Varianten kennenlernt: Liebe zu zweit, zu dritt, Viererpartien, Exhibitionismus, Voyeurismus, Homosexualität usw. Sie war zu den gewagtesten Experimenten bereit, und Fritz seinerseits jubilierte, weil er alle Tabus überschreiten konnte.

1926: Im Alter von 33 Jahren spürt er das Bedürfnis, alle diese neuen Gefühle, die ihn anregen und deretwegen er sich gleichzeitig schuldig fühlt, auf den Punkt zu bringen und beschließt, bei Karen HORNEY eine Psychoanalyse zu machen. Nach kurzer Zeit ist er davon überzeugt und beschließt nun, später selbst Psychoanalytiker zu werden.

Karen HORNEY fordert ihn auf, sich von Lucy zu distanzieren und Berlin zu verlassen. Nach einigen Monaten zieht er daher nach Frankfurt um, wo er eine Stelle als Medizinalassistent bei Kurt GOLDSTEIN findet, der, ausgehend von den Arbeiten über Gestaltpsychologie, über die Wahrnehmungsstörungen bei Hirnverletzten forscht. Dort begegnet er Lore POSNER, die seine Geliebte und, nach drei Jahren, seine Frau wird.

1927: In Frankfurt setzt er seine Analyse bei einer zweiten Psychoanalytikerin fort: Clara HAPPEL, die nach einem Jahr (als er kein Geld mehr hat!) seine Analyse überraschend für beendet erklärt und ihm vorschlägt, sich sofort als Psychoanalytiker niederzulassen[12]. Daraufhin begibt er sich nach Wien, in die Hauptstadt der Psychoanalyse, und empfängt dort seine ersten Klienten, wobei er von Helene DEUTSCH, die den Ruf einer „eiskalten Frau" hat, supervisiert wird.

1928 kehrt er nach Berlin zurück und läßt sich als Psychoanalytiker nieder. Gleichzeitig beginnt er eine dritte Analyse bei Eugen HARNICK, einem hinsichtlich der Abstinenzregel äußerst orthodoxen ungarischen Psychoanalytiker, der seine Neutralität und seine Methode der Erzeugung von Frustration soweit treibt, daß er es sogar vermeidet, seinen Klienten bei der Verabschiedung die Hand zu geben und kaum mehr als einen Satz pro Woche spricht. Um das Ende der Sitzung anzuzeigen, ohne seine Stimme einsetzen zu müssen, begnügt er sich damit, mit seinem Fuß auf dem Boden zu scharren[13].

Wie er selbst in seinen Memoiren (Gestalt-Wahrnehmung – Verworfenes und Wiedergefundenes aus meiner Mülltonne) berichtet, setzt Fritz dennoch seine tägliche Analyse bei HARNICK gewissenhaft fort: „Achtzehn Monate lang, fünfmal pro Woche[14], habe ich mich auf sein Sofa gelegt, ohne analysiert zu werden!" Entsprechend einem damals bei Analytikern üblichen Grundsatz untersagte HARNICK es seinen Klienten, während der Dauer der Behandlung eine wichtige Entscheidung zu treffen. Als Fritz über seine Absicht, Lore zu heiraten, spricht, droht ihm HARNICK damit, sofort die Analyse abzubrechen[15]. Fritz benutzt diese „Erpressung", um seinen Analytiker loszuwerden, und er „tauscht das Sofa des Psychoanalytikers gegen das Ehebett aus".

1929: Am 23. August heiratet Fritz, trotz der Verbote seines Analytikers und der äußerst zögernden Haltung seitens der Familie von Lore. Er ist 36, sie 24 Jahre alt.

1930 beginnt er auf Anraten von Karen HORNEY eine vierte Analyse, dieses Mal bei Wilhelm REICH. Fritz fühlt sich endlich verstanden und voller Energie. Er empfindet große Bewunderung für REICH, und seine Gestalttherapie wird später dadurch in starkem Maße beeinflußt werden.

REICH war im Oktober 1920, im Alter von 23 Jahren, in die Psychoanalytische Gesellschaft von Wien aufgenommen worden und sofort danach – wie es seiner Zeit üblich war – hatte er die Erlaubnis erhalten, seine ersten Klienten zu behandeln. 1927 veröffentlicht er „Die Funktion des Orgasmus" (das Buch wurde später mehrmals überarbeitet). Von 1924 bis 1930 leitet er auf Veranlassung von FREUD das Seminar für psychoanalytische Techniken und verfaßt die Texte, die später die Charakteranalyse bilden werden. REICH interessiert sich mehr für die Gegenwart als für die „archäologische Ausgrabung" der frühen Kindheit. Denn ihn beschäftigt die Tatsache, daß sehr häufig am Ende einer Analyse der Ursprung und die unbewußte Bedeutung eines Symptoms geklärt sind und letzteres dennoch nicht verschwindet! Er versucht also, andere Wege der Heilung zu finden. Er praktiziert eine aktive Analyse und zögert nicht, den Körper seiner Patienten zu berühren, um ihre Aufmerksamkeit auf die Spannungen ihres „Charakterpanzers" zu lenken. Er beschäftigt sich direkt mit der Aggressivität, der Sexualität und der Politik. 1933 wird er aus der Wiener Gesellschaft für Psychoanalyse ausgeschlossen und 1934 aus der Internationalen Psychoanalytischen Vereinigung.

1931 wird das erste Kind der Familie PERLS geboren, ein Mädchen mit dem Namen Renate. Fritz ist mehr als stolz, denn er befürchtete, steril zu sein. Er wird sich fast vier Jahre lang sehr intensiv um sie kümmern, bis zur Geburt

seine Sohnes Steve, und danach wird er beide bis an sein Lebensende völlig
vernachlässigen.

In dieser Zeit floriert seine Berliner Praxis; doch bald danach brennt der
Reichstag und die Nazis übernehmen die Macht.

Im April 1933 flieht Fritz PERLS aus Deutschland, wo die Verfolgung der
Juden begonnen hat. Er rettet sich in die Niederlande und läßt dabei sein
ganzes Vermögen zurück (außer einem in seinem Feuerzeug versteckten Hun-
dertmarkschein!). Doch es gelingt ihm nicht, in Amsterdam eine Arbeitserlaub-
nis zu bekommen. Ernest JONES, der Freund und Biograph von FREUD,
bietet ihm daraufhin eine Stelle in Südafrika an.

2. Südafrika

1934: Nachdem er die dreiwöchige Schiffsreise dazu benutzt hat, sein Englisch
zu verbessern, läßt sich PERLS in Johannesburg nieder, wo er bald danach das
südafrikanische Institut für Psychoanalyse gründet[16]. Fritz und Lore[17] haben
zahlreiche Klienten in Behandlung sowie einige Personen in analytischer Ausbildung. Sie werden sehr schnell wohlhabend und bekannt. Sie kaufen ein
prunkvolles Anwesen mit Tennisplatz, Swimming-pool, Eisbahn usw. und beschäftigen zahlreiches Hauspersonal. Fritz trägt Sakko und Krawatte und führt
ein bürgerliches, mondänes Leben: Harte Arbeit während der Woche und
Entspannung am Wochenende, wo er sich seinen Lieblingsbeschäftigungen
hingibt: Schwimmen, Eislauf, Fliegen eines Privatflugzeuges, Briefmarkensam-
meln, Schachpartien etc.[18].

In dieser Zeit hält sich Fritz immer noch an die strengen Regeln der Psychoanalyse: fünf Sitzungen pro Woche, jede fünfzig Minuten lang, keinerlei
körperlichen, visuellen oder sozialen Kontakt mit den Klienten. Er spürt, daß
er allmählich, wie er später sagen wird, zu einem „chronometrischen Kadaver"
wird – wie die meisten ihm bekannten Analytiker.

1936 findet der Internationale Kongreß für Psychoanalyse in Marienbad statt.
PERLS träumt davon, mit seinem Privatflugzeug dorthin zu fliegen und so der
„erste fliegende Analytiker" zu sein! Dies war nicht durchführbar, und dieser
Kongreß hielt noch einige andere Enttäuschungen für ihn bereit!

Er hatte eine Abhandlung über „Die oralen Widerstände" vorbereitet, in
Ergänzung zu den Gedanken von FREUD über die „analen Widerstände", die
mit der Reinlichkeitserziehung verbunden sind. Er hoffte, letzterem zu begegnen und ihm seinen Bericht vorzulegen. Doch der Empfang durch FREUD
wurde für ihn zu einem traumatischen Erlebnis, von dem er sich nie erholt
hat. Ich lasse ihn selbst zu Wort kommen:

> „1936 dachte ich, daß es so weit wäre. War ich nicht die Triebfeder für die
> Gründung eines seiner Institute und hatte ich nicht 4000 km zurückgelegt,
> um an seinem Kongrß teilzunehmen?

Ich vereinbarte einen Termin, wurde von einer ältlichen Frau empfangen (ich nehme an, seiner Schwester) und wartete. Dann öffnete sich die Tür etwa einen Meter breit und da war er, vor meinen Augen. Es wirkte seltsam, daß er die Tür nicht verließ, aber damals wußte ich noch nichts von seinen Phobien.
– ‚Ich bin aus Südafrika gekommen, um einen Vortrag zu halten und um Sie zu sehen.‘
– ‚Und wann fahren Sie zurück?‘ sagte er.
Ich erinnere mich nicht an den Rest der (etwa vierminütigen) Unterredung. Ich war schockiert und enttäuscht ...[19]
Mein endgültiger Bruch mit den Freudianern kam wenige Jahre später, aber das Phantom war nie ganz ausgetrieben."

Die zweite Enttäuschung auf dem Kongreß war seine Begegnung mit Wilhelm REICH, der ihn täglich über zwei Jahre lang zur Analyse empfangen hatte und der ihn kaum wiedererkannte und sich überhaupt nicht für seinen Werdegang interessierte, so sehr war er mit seinen eigenen Forschungen beschäftigt.

Der dritte Schock schließlich wurde durch den eisigen Empfang ausgelöst, den die anwesenden psychoanalytischen Kollegen seinem Beitrag über die Bedeutung der Oralität und der verschiedenen Arten der Nahrungsaufnahme durch das Kleinkind, als der ersten Form seiner zukünftigen Beziehung zur Welt, bereiteten. Er zog darin Parallelen zwischen dem Hunger als dem Selbsterhaltungstrieb und der Sexualität als dem Arterhaltungstrieb, zwischen dem „Bedürfnis" und dem „Wunsch".

1940 entwickelt er diese Thesen weiter und beendet sein erstes Buch „Das Ich, der Hunger und die Aggression", das in Zusammenarbeit mit seiner Frau entsteht, die es inhaltlich mit ihm diskutiert, formale Korrekturen anbringt und selbst einige Kapitel schreibt. Im Vorwort der ersten Ausgabe, die 1942 in Durban, Südafrika, veröffentlicht wird, bedankt er sich übrigens bei ihr dafür. Doch in den folgenden Ausgaben, die in Großbritannien (1947) und danach in den Vereinigten Staaten (1966) erscheinen, läßt er diesen Abschnitt weg und beansprucht später die alleinige Vaterschaft für dieses Buch.

Bereits in diesem ersten Buch werden mehrere Konzepte skizziert, die neun Jahre später zum offiziellen Entstehen der Gestalttherapie führen werden: Die Bedeutung des gegenwärtigen Augenblicks, des Körpers, die Suche nach einem eher synthetischen als analytischen Herangehen, die Ablehnung der Übertragungsneurose, die er für „eine unnötige Komplikation und für Zeitverschwendung" hält. Bereits in diesem Text befürwortet er den direkten, authentischen Kontakt zwischen dem Patienten und seinem Analytiker anstatt des „Pseudokontakts mit den jeweiligen Projektionen". Auch die holistische Betrachtung des Organismus und seiner Umwelt, der Widerstände, der Introjektion, der Projektion und der „unvollständigen Gefühle" wird angesprochen.

Im letzten Teil des Buches wird eine „Konzentrationstherapie" vorgestellt, zu der Visualisierungstechniken, die Benutzung der ersten Person Einzahl, die

Übernahme der Verantwortung für die eigenen Gefühle, die Konzentration auf den Körper und auf die Empfindungen wie auch das Aufspüren von Vermeidungsstrategien gehören.

Er vertritt dort eindeutig „ketzerische" Thesen und bestreitet bereits die zentralen Elemente der Psychoanalyse: das Unbewußte, das Primat der frühkindlichen Sexualität und der Libido, die Benutzung der Übertragung als Motor für die Behandlung etc. Die Reaktion von Marie BONAPARTE ist daher nicht verwunderlich: Sie legt ihm nun eindeutig nahe, die Internationale Psychoanalytische Vereinigung zu verlassen – was er ablehnt.

Vielleicht ist bisher nicht genügend betont worden, inwieweit das erste Buch von PERLS durch die Vorstellungen von Jan Christiaan SMUTS (1870–1950) beeinflußt worden ist, einem ehemaligen Cambridge-Schüler, Premierminister von Südafrika (von 1919 bis 1924 und von 1939 bis 1948) und Justizminister (von 1933 bis 1939). SMUTS war einer der Gründer des Völkerbundes im Jahre 1919 und der Vereinten Nationen im Jahre 1945. Er wird außerdem als Begründer des Holismus angesehen, einer Theorie, die auf der Grundlage der Gedanken von DARWIN, BERGSON (Die schöpferische Evolution) und EINSTEIN entwickelt wurde. Fritz PERLS, der BERGSON im Original gelesen hatte (und ihn oft zitiert), war auch ein glühender Verehrer von SMUTS, und er hatte das Angebot, nach Südafrika zu gehen, zum Teil auch seinetwegen angenommen.

PERLS betont, daß das Buch von SMUTS ein Basistext für die Assistenten von GOLDSTEIN war. Tatsächlich ging SMUTS weiter als letzterer und betrachtete nicht nur den Organismus an sich als ein zusammenhängendes Ganzes, sondern vielmehr als ein Ganzes, das in enger Interdependenz mit seiner Umgebung und mit dem ganzen Universum steht. SMUTS definierte bereits die Introjektion als die Erfahrung der anderen, „die angenommen wird, ohne assimiliert worden zu sein".

Während seines Aufenthalts in Südafrika beschäftigt sich PERLS auch mit der Allgemeinen Semantik von Alfred KORZYBSKI (1879–1959), der an der Entwicklung des intuitiven, „nichtaristotelischen" Denkens arbeitet. PERLS zitiert ihn sehr häufig, und später wird er, ebenso wie GOODMAN, regelmäßig an der Zeitschrift für Allgemeine Semantik mitarbeiten.

Für KORZYBSKI sind alle Erfahrungen multidimensional: Jeder intellektuelle Ausdruck hat emotionale Komponenten und umgekehrt. Die integrative Therapie muß die Sprache und ihr gesamtes semantisches Umfeld miteinbeziehen: Sprechen ist Handeln, und zwar Handeln in einem kulturell vorgegebenen Kontext.

1942 wütet der zweite Weltkrieg. PERLS verpflichtet sich in der Armee als Sanitätsoffizier und dient vier Jahre lang an Ort und Stelle als Psychiater in Südafrika. Er ist selten zu Hause, hat viele sexuelle Abenteuer und interessiert sich immer weniger für seine Frau und für seine Kinder. Er ist häufig aufbrausend und zögert dabei auch nicht zuzuschlagen – und reproduziert so das Verhalten seines eigenen Vaters.

3. New York

Im Sommer 1946, im Alter von 53 Jahren, beschließt er, erneut alles aufzugeben: Seine Familie, sein Luxushaus, seine reiche Klientel, und so bricht er zu neuen Ufern auf.

Was ihm an New York nicht gefällt, ist die politische Agitation und die harte Konkurrenz. Außerdem stößt er bei den orthodoxen Psychoanalytikern, die ihm seine „abweichlerischen" Ideen und sein asoziales, ja provokatives Verhalten vorwerfen, auf Ablehnung. Er ist in der Tat schmutzig und unordentlich; er respektiert nicht einmal die elementarsten Regeln der Höflichkeit (man habe ihn nie „danke" sagen hören), und er „schleppt" ganz offen „ab" – auch Klientinnen und Klienten. Dagegen wird er von seiner früheren Psychoanalytikerin, Karen HORNEY, die seine treue Freundin geworden ist, unterstützt, wie auch von Erich FROMM und von Clara THOMPSON, einer Schülerin von FERENCZI. So kann er sich ziemlich schnell wieder einen neuen Kreis von Klienten aufbauen, und ein Jahr später folgt ihm seine Familie auf den Neuen Kontinent.

New York bildet die letzte Etappe seiner 23jährigen psychoanalytischen Laufbahn, bis im Jahr 1951 das mit anderen zusammen geschriebene Buch „Gestalt Therapy" erscheint und den offiziellen Beginn der neuen Praxismethode anzeigt.

Auch wenn er sich jetzt manchmal seinen Klienten gegenübersetzt, so arbeitet er doch immer noch mit dem Sofa, und dies wird auch während der ersten Jahre seiner Gestalttherapie-Praxis weiterhin der Fall sein (zum Beispiel von 1952 bis 1955 bei einem seiner ersten Schüler, Jim SIMKIN); – REICH machte dies übrigens genau so.

Er interessiert sich indessen immer mehr für die Gruppentherapie, der er sich später fast ausschließlich widmen wird, um schließlich die Einzeltherapie als „obsolet" zu bezeichnen. – In der Einleitung zu der Neuausgabe von „Das Ich, der Hunger und die Aggression" im Jahre 1969 erklärt er:

> „Die allermeisten Therapeuten und Patienten sind noch nicht auf den Gedanken gekommen, daß Einzeltherapie und Langzeittherapie wahrscheinlich überholt sind."[20]

Neben seiner Arbeit als Therapeut verkehrt er wieder in Künstler- und Bohèmekreisen: Mit den rebellischen, anarchistischen Linksintellektuellen der Nachkriegszeit, mit Schriftstellern, Malern, Musikern, Tänzern und vor allem mit den Schauspielern des Living Theaters, die, wie er selbst, den direkten Gefühlsausdruck „hier und jetzt" und den spontanen Kontakt mit dem Publikum propagieren, anstatt eine Rolle auswendig zu lernen.

In diesem ganzen Milieu herrscht eine große Sittenfreiheit: Die meisten sind offen bisexuell[21], praktizieren Gruppensex und versuchen ständig, an ihre eigenen Grenzen zu gelangen und die der Gesellschaft zu überschreiten.

Dort begegnet er Paul GOODMAN, einem polemischen revolutionären Dichter und Schriftsteller und militanten Anarchisten, den Lore zunächst in die Therapie und dann in die Ausbildung aufnimmt und der bald einer der „Denker" der neuen Schule werden wird.[22]

Er trifft dort auch Isadore FROM, einen Studenten der Phänomenologie, ebenfalls homosexuell, dem er (im Austausch für einige Philosophielektionen) Therapiestunden gibt und der später zum Eckpfeiler des berühmten Gestaltinstituts von Cleveland wird.

1950 bildet sich so die Gruppe der Sieben mit Isadore FROM, Paul GOODMAN, Paul WEISZ (ein Psychotherapeut, der PERLS in das Zen einweiht), Elliot SHAPIRO, Sylvester EASTMAN, Fritz und Laura PERLS. Später wurde noch Ralph HEFFERLINE angesprochen, dessen Stellung als Universitätsprofessor der Gruppe, die ihre Thesen veröffentlichen wollte, eine gewisse Garantie zu bieten schien.

1951 erscheint das Buch „Gestalt Therapy", das durch die aktive Mitarbeit und Gestaltung der beiden amerikanischen Ko-Autoren GOODMAN und HEFFERLINE etwas „amerikanisiert" wird sowie durch die Präsentation des Herausgebers, der veranlaßt, daß das Werk mit dem Teil über die „praktischen Übungen" beginnt.

1952 gründen Fritz und Laura das erste Gestaltinstitut, The Gestalt Institute of New York, dem 1954 das von Cleveland[23] folgt. Fritz gibt ziemlich bald die Leitung des ersteren an Laura und an die beiden Pauls (GOODMAN und WEISZ) ab und beginnt eine unermüdliche „Pilgerfahrt" durch die Vereinigten Staaten, um seine neue Methode zu verbreiten – die im übrigen in den ersten 15 Jahren nur auf ein sehr bescheidenes Echo stößt. Er organisiert und leitet an vielen Orten einzelne Gruppen und Demonstrationsworkshops: in Chicago, Detroit, Toronto, Miami, Los Angeles etc.

Während seiner Reisen trifft er zahlreiche hervorragende Therapeuten, von denen er Ideen oder Techniken übernimmt:
– So beeindruckt ihn z.B. die Arbeit von Charlotte SELVER über das „sensorische Körperbewußtsein" (sensory awareness), und er besucht achtzehn Monate lang regelmäßig ihre Kurse;
– er lernt das Psychodrama von MORENO und vor allem seine Variante, das „Monodrama" kennen, bei dem der Protagonist selbst nacheinander die verschiedenen Personen spielt, auf die er sich bezieht;
– er beschäftigt sich mit der Dianetik oder Scientologie[24] von Ron HUBBARD, der vor allem die emotionale Katharsis früherer Traumata propagiert, die in der Gegenwart erneut intensiv durchlebt werden, und die Verantwortung des Einzelnen für seine Gefühle betont. Er lehnt die allgemeine Geisteshaltung der Dianetik ab, übernimmt aber in veränderter Form einige ihrer Techniken;
– er verfolgt weiterhin mit Interesse die Entwicklung der Allgemeinen Semantik von KORZYBSKI, die ich bereits oben angesprochen habe.

Zu dieser Zeit hat PERLS noch nicht das Verfahren des „hot seat" entwickelt; er arbeitet überwiegend auf der verbalen Ebene und versucht, das „Erlebte" im Hier und Jetzt bewußt zu machen, z.B. indem er die aufeinanderfolgende Identifikation mit jedem Element eines Traumes vorschlägt, sowie den direkten, authentischen Kontakt zwischen dem Klienten und seinem Therapeuten, und er deckt die Projektionen auf, die sich in diese Beziehung eingenistet haben.

Seine empirische, tastende Vorgehensweise wird von den „100%" Gestalttherapeuten Paul GOODMAN und Laura PERLS scharf kritisiert, und Fritz überläßt diesen zunehmend die Leitung der beiden Institute, die sie zusammen gegründet hatten, in New York und in Cleveland – wo bald eine „zweite Generation" von Gestalttherapeuten heranwächst, zu der insbesondere Isadore FROM, Joseph ZINKER, Erving und Miriam POLSTER u.a. gehören.

4. Florida

1956: Fritz PERLS ist entmutigt und auch überdrüssig, halbtauben Ohren zu predigen. Er hat seine Beziehung mit Laura satt. Er ist herzkrank. Mit 63 Jahren hält er sein Leben für beendet, „in allgemeiner Gleichgültigkeit". Er träumt davon sich zurückzuziehen, um seine Tage in Miami, an der Sonnenküste von Florida, am Golf von Mexiko zu beenden.

Eigenbrötlerisch, ernüchtert und deprimiert zieht er dorthin, ohne daß es jemand weiß, und nimmt sich eine kleine, billige Mietwohnung, in die kaum Sonne kommt. Dort, in seinem winzigen Aufenthaltsraum, wo niemals aufgeräumt wird, führt er gelegentlich Gruppen mit acht bis neun Personen durch. Er ißt alleine, in einem kleinen jüdischen Restaurant des Viertels. Er hat keine Freunde. Zum ersten Mal in seinem Leben verzichtet er, aus Angst vor einem Herzanfall, auf jede Art von Sexualität.

Im Dezember 1957 geschieht das Wunder: eine seiner Klientinnen, die 32jährige Marty FROM, kommt vier bis fünf Mal pro Woche zu ihm in Therapie. Sie ist schüchtern, neurotisch, frigide und hat keinerlei sexuelle Beziehung zu ihrem Ehemann. Eines Tages, nach einer Sitzung, nimmt Fritz sie in die Arme und küßt sie. Bald finden beide wieder Geschmack am Leben und werden leidenschaftlich Liebende. „Dies war", sagt PERLS, „die wichtigste Frau meines Lebens". Er weiht sie in alle Sinnesfreuden ein und realisiert mit ihr seine gewagtesten Phantasien. Gleichzeitig setzt er mit ihr die Therapie und danach die Ausbildung zur Therapeutin fort.

Danach, auf der Suche nach immer neuen Erfahrungen, beschäftigt er sich intensiv mit psychedelischen Drogen und geht jeden zweiten Tag „auf Trip" mit LSD oder Psilocybin (einem Auszug aus heiligen mexikanischen Pilzen).

Seine latente Paranoia kommt nun voll zutage. Er will „seine Verrücktheit ganz ausleben", und die Droge führt ihn, wie er sagt, zum „kosmischen Bewußtsein". Er hält sich, so oder so, für erledigt und läßt sich daher völlig gehen.

Doch Marty kann seine Selbstgefälligkeit im Delirium und in der Psychose und vor allem seine pathologisch gewordene Eifersucht nur schwer ertragen. Hinzu kommt, daß er sich nacheinander zwei chirurgischen Eingriffen unterziehen muß (Hämorrhoiden und Prostata). Schließlich verläßt ihn Marty wegen eines jüngeren Liebhabers.

5. Reisen

So beginnt für Fritz eine neue Phase des Herumirrens.

1959 und 1960 reist er mehrmals nach Kalifornien, wohin ihn Van DUSEN nach San Francisco und Jim SIMKIN (einer seiner ersten Therapieklienten in New York, von 1952 bis 1955) nach Los Angeles eingelädt. Er lebt dort wie ein Clochard, unbeständig, ohne feste Adresse und zieht Tag und Nacht durch die Gegend. Doch SIMKIN kann ihn davon überzeugen, auf die Droge zu verzichten.

Von 1962 bis 1963, mit 70 Jahren, reist er für achtzehn Monate rund um die Welt und hält sich unter anderem einige Monate in Israel auf, in Ein Hod, einer Siedlung von jungen „Beatnik"-Künstlern. Er ist von ihrem Lebensstil fasziniert: Ausdrücklich nichts zu tun und sich dabei nicht schuldig sondern glücklich zu fühlen! Er widmet sich selbst wieder mit größtem Vergnügen der Malerei.

Anschließend reist er nach Japan, wo er sich zwei Monate in einem Zen-Kloster aufhält, „nur um mal zu sehen", aber mit der insgeheimen Hoffnung, das „Satori" zu erleben. Er hatte bereits in den Vereinigten Staaten mit seinem Freund Paul WEISZ ein wenig Zen praktiziert, und der Zen-Buddhismus interessierte ihn als eine Religion ohne Gott. Doch erstaunt und enttäuscht stellt er fest, daß vor jeder Sitzung eine Statue des Buddha angerufen werden muß und daß man sich vor ihr niederwerfen soll. Er zieht folgende Schlußfolgerungen:

„Mein Aufenthalt in Japan war, was irgendwelche Errungenschaften im Zusammenhang mit Zen betrifft, ein Reinfall und hat in mir die Überzeugung verstärkt,

> *daß – wie bei der Psychoanalyse – etwas nicht stimmt,*
> *wenn man mehrere Jahre und Jahrzehnte braucht,*
> *um nirgendwohin zu gelangen. Das beste, was man sagen kann,*
> *ist, daß die Psychoanalyse Psychoanalytiker hervorbringt,*
> *und das Zen-Studium bringt Zen-Mönche hervor.*

Der Wert beider, die Erweiterung des Bewußtseins und die Freisetzung der inneren Kräfte des Menschen, ist nicht bewiesen; der Erfolg beider Methoden kann nicht bestätigt werden"
(PERLS. Gestaltwahrnehmung, a.a.O. S.120f)

6. Esalen

Im Dezember 1963 trifft Fritz PERLS Michael MURPHY, der vor kurzem einen prächtigen Besitz in Big Sur (an der kalifornischen Küste, 300 km südlich von San Francisco) geerbt hatte, auf dem sich heiße Schwefelquellen befanden. Er hatte den Ort Esalen getauft, nach dem Namen eines Indianerstammes, der den Platz zu rituellen Zeremonien benutzte.

Michael MURPHY und sein Schulfreund Richard PRICE träumten davon, daraus ein „Zentrum für die Entwicklung des menschlichen Potentials" zu machen. Doch in den zwei Jahren, seit sie den Platz für renommierte Konferenzen geöffnet hatten, hatte es sich dieser immer mehr in eine Landherberge anstatt in ein internationales Seminarzentrum verwandelt. Man unterhielt sich, man trank und rauchte, aber es geschah nichts Außergewöhnliches. In der Tat muß man sehr wohl anerkennen, daß es weitgehend Fritz PERLS war, der Esalen berühmt machte; und Esalen zeigte sich ihm gegenüber äußerst dankbar, indem es dieses „alte Krokodil, das auf seinen Tod wartete", in einen hervorragenden und gefeierten Therapeuten verwandelte!

April 1964: Obwohl er sich zunächst sehr reserviert gezeigt hatte, ist Fritz bereit, sich dort fest niederzulassen, und er bietet zunächst Demonstrationsworkshops und dann ein Ausbildungsprogramm in Gestalttherapie an. Doch die Resonanz ist gering: Seine ersten Workshops ziehen nur vier bis fünf Teilnehmer an! Und dies trotz eines 1964 gedrehten Films, in dem die Ansätze von ROGERS, ELLIS (Rational-Emotive Therapie) und PERLS, mit ein und derselben Klientin, Gloria, verglichen werden.

1965 ist PERLS 72 Jahre alt. Er ist immer noch sehr müde und herzkrank. Um zu den kaum hundert Meter entfernten Bädern zu gelangen (in der natürlichen Thermalquelle, die inzwischen hergerichtet wurde), benutzt er seinen Wagen! In dieser Zeit beginnt eine Physiotherapeutin, Ida ROLF, ihm eine Reihe von rund fünfzig Tiefenmassagen zur strukturellen Integration (Rolfing) sowie chiropraktische Wirbelmanipulationen zu verabreichen, und bald verliert er seinen krummen Rücken und seine eingedrückte Brust und findet zu neuer Jugendlichkeit zurück.

Zwei Jahre später sind seine Workshops und Seminare immer noch schlecht besucht – mit höchstens zwölf Teilnehmern pro Veranstaltung. Dennoch wird für ihn eine prächtige Rundvilla aus Holz gebaut, die über die Steilküste hinausragt. Seine Workshops finden nun dort in einem großen verglasten

Raum mit dickem Teppichboden statt, der bald mit Kippen übersät und von Zigarettenasche angesengt ist, in einer ständig verrauchten Atmosphäre, denn er lüftete nie!

1967 beginnt er dort seine – 1969 veröffentlichten – Memoiren zu schreiben: Gestaltwahrnehmung – Verworfenes und Wiedergefundenes aus meiner Mülltonne (dt. 1981).

1968 findet die große Revolte der Jugend statt: Die Vietnamkrise ist auf ihrem Höhepunkt; die Studenten und nach ihnen die kalifornischen Hippies fordern das Recht, in Freiheit zu leben, die Aufhebung der Tabus, die Freuden des Körpers, das Recht auf Nacktheit, „Liebe statt Krieg" und „das Paradies jetzt".[25]

Die Bewegung verbreitet sich wie ein Lauffeuer über die ganze Welt. Nun endlich ist unsere Gesellschaft bereit, die Botschaft der humanistischen Psychologie und der Gestalttherapie aufzunehmen.

Fritz PERLS ist jetzt 75 Jahre alt. Sein Bild erscheint in den großen amerikanischen Wochenzeitschriften. Er kommt auf das Titelblatt von Life. Man ernennt ihn zum „König der Hippies". Das ist der Ruhm!

Jedes Wochenende stellt er seinen, von ihm selbst so genannten „Zirkus" vor. Mehrere hundert Personen drängeln sich, um seine „Nummer" zu sehen: Er bittet um einige Freiwillige aus der Menge, verteilt Nummern an sie und läßt sie nacheinander auf dem „hot seat", gegenüber einem „empty chair" Platz nehmen, und in wenigen Minuten deckt er ihre latenten existenziellen Probleme auf, anhand ihres Verhaltens oder ihrer Träume. Störungen, die Jahre der Psychoanalyse überdauert haben, verschwinden, wie es scheint, für immer, wie durch Zauberei. Und dies obwohl es sich nicht um eine gründliche Therapie, sondern nur um spektakuläre Demonstrationen handelt!

Er wird dabei gefilmt und auf Tonband aufgenommen, und Auszüge von diesen Sitzungen erscheinen 1969 in einem Buch mit dem Titel „Gestalt Therapy verbatim".

Nun kommen hervorragende Fachleute von überall her nach Esalen: Man sieht dort zum Beispiel Gregory BATESON („Ökologie des Geistes" und „Double bind"), Alexander LOWEN (Bioenergetik), Eric BERNE (Transaktionsanalyse), John LILLY (Tank zur sensorischen Isolation), Alan WATTS (Orientalistik), Stanislas GROF (Transpersonale Psychologie), John GRINDER und Richard BANDLER (Neurolinguistisches Programmieren) usw.

Aber PERLS bleibt reizbar und eifersüchtig auf einige seiner Kollegen wie Will SCHUTZ (der nichtverbale Begegnungsgruppen leitet und „Freude" veröffentlicht, ein Buch, das einen immensen Erfolg hat), Bernie GUNTHER, Virginia SATIR u.a., die gleichermaßen Erfolg haben.

Fritz will, dort wo er ist, der einzige, unumstrittene und konkurrenzlose Meister sein, und er träumt davon, endlich ein Gestalt-Kibbuz zu eröffnen, eine Gemeinschaft, wo man rund um die Uhr Gestalt leben und wo er sich wirklich „zu Hause" fühlen kann. Dabei handelt es sich um eine Idee, die

PERLS schon immer hegte und die durch seinen Umgang mit GOODMAN noch verstärkt worden war: Bekanntlich war letzterer militanter Anarchist, eifriger Leser von FOURIER und KROPOTKIN und Freund von Ivan ILLICH und träumte von einer friedvollen Welt aus selbstverwalteten Gemeinschaften auf der Basis der spontanen, kollektiven, gegenseitigen Hilfe.

Ehe er sich diesen alten Traum verwirklicht, stellt Fritz klar: „Ich habe schon gesagt, daß die Einzeltherapie überholt ist. Heute gehe ich noch weiter: Ich glaube, daß es auch alle Gruppentherapien sind", und er versucht, „die Gestalt im Leben" zu verwirklichen.

7. Cowichan (Kanada)

Im Juni 1969 kauft er ein altes Fischermotel am See von Cowichan, auf Vancouver Island, an der Westküste von Kanada. Etwa dreißig treue Schüler aus Esalen schließen sich ihm an.

Er setzt sein eigenes Gesetz durch: Keine Kinder, keine Hunde, keine Störer: Er ist der absolute Meister! Alle leben in Gemeinschaft und beteiligen sich an den Gemeinschaftsaufgaben und an den Therapie- oder Ausbildungssitzungen.

Fritz ist endlich glücklich und entspannt „wie ein Kind": Er spielt Schach, sammelt seine Briefmarken, scherzt und lädt seine Kollegen sogar ins Restaurant ein, er, der immer so „auf seinem Geld gesessen" hat! Er erklärt: „Zum ersten Mal in meinem Leben habe ich Frieden gefunden. Ich brauche nicht gegen die anderen anzukämpfen."

Im folgenden Winter, auf dem Rückweg von einer Vergnügungsreise durch Europa (Berlin, Paris und London), unterbricht er seine Reise in Chicago, um einige Workshops zu leiten, und hier stirbt er am 14. März 1970 mit 77 Jahren an einem Herzinfarkt. Bei der Autopsie wird außerdem ein Krebsgeschwür an der Bauchspeicheldrüse entdeckt.

In seiner Begräbnisrede wird er von Paul GOODMAN heftig kritisiert, der ihm vorwirft, „die Gestalttherapie verraten" zu haben. Hierdurch wird der unterschwellige Streit zwischen seinen früheren Freunden von der Ostküste und jenen aus Kalifornien erneut entfacht. Letztere mißbilligen diese „schmutzige Aufrechnung" dermaßen, daß Abraham LEVITZKY wenig später eine zweite Begräbnisfeier als „Wiedergutmachung" organisiert!

So lebte Fritz PERLS, den man sehr wohl, ob man will oder nicht, als den Hauptgründer und Wortführer der Gestalttherapie ansehen muß, auch wenn er im eigentlichen Sinn nicht ihr Theoretiker war. Selbst wenn ihn heute einige Gestalttherapeuten kritisieren oder sogar ablehnen, gilt dennoch, daß er diese Therapieform stark persönlich geprägt hat; eine Therapieform, die in den Vereinigten Staaten als „die wichtigste Erneuerung der Psychiatrie seit FREUD" angesehen wurde und die inzwischen jenseits des Atlantiks einen der ersten, wenn nicht den ersten Rang unter den Psychotherapien und unter den Methoden zur Persönlichkeitsentfaltung erobert hat.

Anmerkungen

1 Claudio NARANJO. The Techniques of Gestalt Therapy. Berkeley 1973. Abgedruckt in: Gestalt Journal, 1980.

2 Mehrere unter seinem Namen erschienene Werke wurden teilweise von seinen Mitarbeitern geschrieben:
- Das Ich, der Hunger und die Aggression ist weitgehend von seiner Frau Laura zusammengestellt worden;
- von den zwei Bänden über Gestalt-Therapie, die „Bibel" der Gestalttherapeuten, ist der erste von HEFFERLINE und der zweite von GOODMAN redigiert worden (sicherlich, auf der Grundlage einer Fülle von Notizen von PERLS);
- The Rules and Games of Gestalt Therapy von Abraham LEVITZKY;
- Dreams and existence in Gestalt-Therapy ist eine wörtliche Transkription von Tonbandaufnahmen aus seinen Demonstrationsseminaren;
- Gestalt-Wahrnehmung – Verworfenes und Wiedergefundenes aus meiner Mülltonne ist ein autobiographisches, intimes Tagebuch mit poetischen Passagen, aber ingesamt ziemlich konfus;
- das ausgereifteste Werk von PERLS, Grundlagen der Gestalttherapie, ist (auf engl.) 1973, drei Jahre nach seinem Tod, erschienen.

3 FREUD litt unter anderem an einer sozialen Phobie mit Angst vor jedem Körperkontakt und sogar vor Blicken; und es ist unbestreitbar, daß seine eigenen Störungen seine Heilmethode beträchtlich beeinflußt haben.

4 H.L. MENCKEN, zitiert von Jack GAINES, in seiner Biografie über PERLS.

5 Interviews und Biographien von Fritz PERLS, seiner Frau Laura, Jack GAINES, Martin SHEPARD, Jean AMBROSI, André JACQUES, Hilarion PETZOLD.

6 Hier lassen sich Parallelen zu MORENO feststellen, von dem er mehrfach direkt angeregt wurde. Es ist in diesem Zusammenhang interessant, daß die beiden Hauptmitarbeiter von PERLS, seine Frau Laura und Paul GOODMAN ebenfalls die Ausdruckskünste sehr liebten: Laura widmete sich seit ihrer Kindheit dem Tanz und spielte Klavier (s. Kap. 10); GOODMAN hat mehrere Stücke mit anarchisten Anklängen für das Living Theater geschrieben.

7 Er verglich seine Wunde gerne mit einem „dritten Auge".

8 „Das wichtige an einer Vase ist der Hohlraum in der Mitte", sagt SARTRE im Umformulierung eines Gedanken von LAOTSE: „Die Nützlichkeit der Tonerde bei der Herstellung einer Vase besteht in dem Hohlraum, der durch ihr Fehlen entsteht."

9 Siehe Kapitel 5 über die östlichen Philosophien.

10 Es scheint so, als sei die auf unsere Initiative hin 1981 gegründete Société Française de Gestalt (SFG) eine der ersten, wenn nicht sogar die erste dieser Art in der Welt.

11 PERLS hat Latein, Griechisch und Hebräisch studiert und sprach fließend französisch.

12 Eine derartige „Überstürzung" war zu jener Zeit nicht selten.

13 Er starb in einer Irrenanstalt.

14 Dieser Rhythmus ist in den Vereinigten Staaten immer noch üblich.

15 Hier sollte hinzugefügt werden, daß HARNICK gleichzeitig für die Lehranalyse von Lore verantwortlich war und befürchtete, daß die Heirat ihre Studien unterbrechen würde, bevor sie ihr Doktorat in Psychologie abgeschlossen hätte.

16 deren einziges Mitglied er bleiben wird!

17 Trotz der Befürchtungen von HARNICK hat sie ihr Doktorat wie auch ihre psychoanalytische Ausbildung beendet.

18 Lore ihrerseits gibt an, daß sie in jener Zeit „16 Stunden pro Tag an sieben Tagen in der Woche arbeitete" und dies neben ihren familiären Verpflichtungen!

19 PERLS, F.S. Gestalt-Wahrnehmung. Verworfenes und Wiedergefundenes aus meiner Mülltonne. Frankfurt 1981, S.58ff.
Zur Entlastung von FREUD erinnert Laura PERLS daran, daß dieser damals schon alt war und sehr unter einem Krebsgeschwür im Kieferbereich litt. Er besaß einen künstlichen Kiefer und

hatte große Schmerzen beim Reden. Er unterrichtete nicht mehr und unterhielt sich praktisch nur noch mit Personen, die ihm nahestanden.

20 PERLS, F.S. Das Ich, der Hunger und die Aggression. München 1989, S.9.

21 Paul GOODMAN schreibt: „Seit meinem zwölften Lebensjahr bin ich bisexuell", und er findet es „absurd", daß sich die Gesellschaft einmischt, um die private Sexualität gesetzlich zu regeln.

22 GOODMAN hatte übrigens bereits eine Analyse bei LOWEN, einem Schüler von REICH gemacht.

23 In der Nähe von Detroit, am Rande der Großen Seen, auf halbem Wege zwischen New York und Chicago.

24 Die Scientology-Church schreibt sich gegenwärtig sieben Millionen Anhänger in der ganzen Welt zu. Sie wird heute als eine Sekte angesehen und ist von den Gerichten in mehreren Ländern verurteilt worden.

25 Das Living Theater, das PERLS und GOODMAN sehr nahe stand, spielte damals „Paradise Now", ein provozierendes Happening, das einen beachtlichen Erfolg hatte.

Kapitel 4
Die Gestalttherapie und die Psychoanalyse

PERLS und die Psychoanalyse

Die Gestalttherapie ist eine Tochter der Psychoanalyse – ebenso wie die Reich-schen und Neoreichianischen Therapien (Vegetotherapie, Orgonomie, Bio-energetik, Radix usw.) und die Transaktionsanalyse – aber sie ist ein wider-spenstiges Kind, das zumindest in der Anfangszeit viel von der ständigen Rebellion von PERLS gegen FREUD übernimmt.

Wie wir gesehen haben, hat Fritz PERLS nacheinander vier Psychoanalysen gemacht, alle unter ungewöhnlichen Bedingungen:
- die erste, bei Karen HORNEY, dauerte nur ein Jahr,
- die zweite, bei Clara HAPPEL, wurde in rücksichtsloser Weise abgebrochen,
- die dritte, bei Eugen HARNICK, dauerte zwar länger, aber HARNICK war übertrieben passiv,
- die vierte machte er bei Wilhelm REICH, der nun wiederum besonders stark intervenierte und zunehmend unorthodox arbeitete.

Karen HORNEY und Wilhelm REICH sind außerdem später in offenen Wi-derspruch zu ihrem Lehrer Sigmund FREUD geraten; dies belegen vor allem ihre späteren Arbeiten, die nach ihrer Emigration in die Vereinigten Staaten veröffentlicht worden sind.

Schließlich sollte noch ein häufig vernachlässigter Aspekt unterstrichen werden: Der starke indirekte Einfluß von Sandor FERENCZI (und vor allem seiner aktiven Technik und seiner liebevollen körperlichen Interventionen) durch mehrere seiner Schüler und Bewunderer, die Fritz bzw. Laura PERLS während ihrer analytischen Ausbildung wie auch während ihrer späteren For-schungen geprägt haben: LANDAUER, HITSCHMANN, Otto RANK, Erich FROMM, Clara THOMPSON, Gregory BATESON, Heinz KOHUT und wie-derum Karen HORNEY. Dies erklärt weitgehend die häufig erwähnte, deutli-che Verwandtschaft zwischen dem Vorgehen von PERLS und jenem von WIN-NICOTT, der, wie seine Kollegen Melanie KLEIN und Michael BALINT, ein direkter Schüler von FERENCZI war.

Man kann also sehr wohl sagen, daß PERLS keine „klassischen" Erfahrun-gen mit der Psychoanalyse gemacht hat, trotz der sechs Jahre dauernden Lehranalyse und psychoanalytischen Ausbildung (von 1926 bis 1932) und seiner dreiundzwanzigjährigen Praxis als Psychoanalytiker (von 1928 bis 1951).

Die ständige Kritik, die er gegenüber der traditionellen Psychoanalyse seiner Zeit formuliert, muß daher in diesem Zusammenhang gesehen werden, und

sie wurde durch die grobe narzißtische Kränkung, die er 1936 bei seiner
mißlungenen Unterredung mit FREUD erlitt, noch verstärkt.

Genauer genommen kritisiert PERLS vor allem die verzerrte Vorstellung, die
er sich selbst von der Psychoanalyse gemacht hat, und viele heutigen Analytiker identifizieren sich kaum mehr mit der von ihm kritisierten Form der Psychoanalyse.

Ferner darf nicht vergessen werden, daß PERLS und GOODMAN, wie alle
Neuerer, um die Anerkennung der Besonderheit ihrer Methode zu kämpfen
hatten, und

man kann sich nur behaupten, indem man sich abgrenzt (WALLON).

Kontroversen

Ich werde keinen systematischen Vergleich zwischen der Psychoanalyse und
der Gestalttherapie anstellen – ein waghalsiges Unterfangen, durch das ich mir
von beiden Seiten massive, begründete Kritik unterschiedlichster Art einhandeln würde, denn jeder Fachspezialist versteht die Grundprinzipien auf seine
Weise und rechtfertigt so im Nachhinein die mehr oder weniger spezifischen
Komponenten seiner persönlichen Arbeitsweise! Schon C.G. JUNG stellte fest:

„Die theoretischen Unterschiede lassen sich in letzter Instanz
auf Unterschiede in den Persönlichkeitsstrukturen zurückführen: Man
wählt das Vorbild, das der eigenen psychischen Struktur entspricht".

Zum Thema „Vorbild" erzählte PERLS gerne eine Geschichte, die sein Schüler
Abraham LEVITSKY wiedergibt:

„Es war einmal ein Amerikaner, der Teetassen herstellte. Er hatte eine sehr
originelle entwickelt, doch es wäre ihn zu teuer zu stehen gekommen,
wenn er sie in den Vereinigten Staaten herstellen lassen hätte. Er beschloß
daher, sie nach Japan zu schicken und dort industriell produzieren zu
lassen. Während des Transports brach der Henkel ab. Und die Japaner, als
perfekte Kopisten, stellten Tassen her, bei denen der Henkel genau auf die
gleiche Weise abgebrochen war. FREUD, der Angst hatte, den Menschen
ins Gesicht zu sehen, hat nach Meinung von Fritz PERLS das Problem
also dadurch gelöst, daß er seine Klienten gegenüber von einer Wand Platz
nehmen ließ. Und seit jener Zeit haben die Psychoanalytiker den „abgebrochenen Henkel" genauso kopiert.
... Und so haben auch wiederum einige persönliche Fehler von Fritz auf
viele Gestalttherapeuten abgefärbt!"

Bei dem folgenden kurzen Überblick über die Psychoanalyse habe ich wohlgemerkt keinesfalls den Anspruch, die Hauptthesen der angesprochenen Autoren darzustellen, sondern ich möchte lediglich einige Konvergenzen und
Divergenzen zur Gestalttherapie aufzeigen.

Fritz widerspricht Sigmund

Ehre, wem Ehre gebührt: Beginnen wir also mit Sigmund FREUD (1856–1939),
bevor wir seine – treuen und untreuen – Freunde zitieren.

PERLS stellt in der Tat zahlreiche Grundannahmen der orthodoxen Freudschen Theorie wie auch ihrer Methode in Frage: Das Unbewußte, das Primat
der infantilen Sexualität, die Rolle der Verdrängung beim Entstehen von Neurosen, den Ödipuskomplex, die Kastrationsangst, den Todestrieb, die Benutzung der Übertragungsneurose in der Behandlung, die wohlwollende Neutralität, die Abstinenzregel usw.

Das Unbewußte

PERLS' Meinung nach subsumiert FREUD unter dem Begriff des Unbewußten
zu Unrecht
– einerseits kaum bewußte, sofort verdrängte Gefühle
– und andererseits Eindrücke, die nie ins Bewußtsein gelangt sind
– und schließlich auch physiologische Empfindungen, die dem Bewußtsein
  nicht zugänglich sind – wie vegetative und Wachstumsprozesse.

Er zieht es daher vor, von dem „in diesem Augenblick nicht Bewußten" zu
sprechen und den gegenwärtigen Prozeß der Verdrängung zu untersuchen,
anstatt den Inhalt des verdrängten Materials.

Selbstverständlich leugnet PERLS nicht das Unbewußte – wie manchmal
von schlecht informierter Seite oder sogar absichtlich behauptet wird! Er
schlägt lediglich einen anderen Zugang als den über verbale Assoziationen
oder über Träume vor: In erster Linie über das Hören auf den Körper, die
Empfindungen und die Gefühle.

D.h., er ist der Meinung, daß man durch aufmerksames Beobachten der
aktuellen Oberflächenphänomene[1] genauso viel erfahren kann wie durch lang-
wierige „archäologische Ausgrabungen", die versuchen, „Pseudoerinnerungen
aus der Kindheit" freizulegen, die noch dazu durch spätere Reinterpretationen
weitgehend verfälscht sind.

Die Neurose

PERLS mißt den oralen und den mit der Haut in Zusammenhang stehenden physiologischen Bedürfnissen (Hunger und Kontakt) große Bedeutung zu; sie sind für das Überleben des Einzelnen unentbehrlich und daher wichtiger als die sexuelle Erregung im eigentlichen Sinn.

Für ihn entsteht die Neurose eher aus „unvollendeten Gestalten", d.h. aus unterbrochenen oder unbefriedigten Bedürfnissen, als aus von der Gesellschaft verbotenen oder durch die Zensur des Über-Ichs oder des Ichs verdrängten Wünschen. Die Ursache der Neurose wäre also im wesentlichen ein Konflikt zwischen dem Organismus und seiner Umgebung (Mutter, Vater, die anderen), und daher ist sie in erster Linie an der Kontaktgrenze zwischen dem Einzelnen und dem Lebensraum erfaßbar.

Die Übertragung

Die bewußte Verwandlung der spontanen Übertragung des Klienten in eine Übertragungsneurose, die der infantilen Neurose entsprechen soll und durch den Analytiker künstlich aufrechterhalten wird (und damit dessen Rückzug auf eine wohlwollende Neutralität rechtfertigt), scheint PERLS ein unnötiger und sogar gefährlicher Umweg zu sein[2]. Sie trägt beträchtlich zur Verlängerung der Behandlung bei und erzeugt gleichzeitig eine übermäßige Abhängigkeit, die den Klienten jahrelang sich selbst entfremden kann (indem ihm z.B. untersagt wird, in seinem täglichen Leben wichtige Entscheidungen zu fällen). Außerdem besteht die Gefahr, daß dadurch Projektionsmechanismen unterstützt und aufrechterhalten werden, die PERLS als einen Widerstand dagegen ansieht, die soziale Wirklichkeit so zu sehen, wie sie ist, und als eine Flucht vor der eigenen Verantwortung.

Er befürwortet daher ein, wie ich es nenne, „kontrolliertes Sich-Einlassen" von Mensch zu Mensch, das die Dinge stärker in Bewegung bringt. Daß der Kontakt dennoch durch die Übertragung überlagert sein kann, wird nicht bestritten, jedoch immer, wenn dies der Fall ist, explizit aufgezeigt. Die Übertragung bildet jedenfalls nicht den Hauptantrieb in der Therapie. Die therapeutische Strategie unterscheidet sich damit grundlegend von der Analyse.

How and Now[3]

Allgemeiner gesagt ist PERLS der Ansicht, daß der Versuch, die Ursachen einer Störung mit den Traumata der ersten Kindheit zu erklären, eine defensive Rechtfertigung darstellen kann, die die Neurose eher verstärkt, als daß sie sie bekämpft. Wenn ich z.B. zu der Schlußfolgerung komme, „daß ich ohnmächtig

bin, weil meine Mutter mich überprotegiert und meinen Vater erdrückt hat",
„entschuldigt" dies meine gegenwärtigen Schwierigkeiten und erlaubt mir,
mich einem fatalistischen Determinismus hinzugeben. Man kann auch wie
LACAN sagen:

> „Die Interpretation nährt das Symptom".

D.h., sie hält das Symptom aufrecht und verstärkt es in der ersten Zeit dadurch, daß sie ihm einen Sinn verleiht. Eine aufmerksame Analyse der Art und
Weise, in der sich die Störung heute zeigt, und des möglichen sekundären
Krankheitsgewinns, den sie jetzt verschafft, kann dagegen den Einzelnen eher
darin bestärken, darauf zu verzichten:
– es geht um das „Wie" und um das „Wofür" anstelle des „Warum",
– um die Gegenwart anstelle der Vergangenheit,
– um die Übernahme der Verantwortung anstelle der pessimistischen Unterwerfung unter einen verhängnisvollen Fatalismus.

PERLS präzisiert in diesem Zusammenhang jedoch:

> „Ich leugne keineswegs, daß alles seinen Ursprung in der Vergangenheit
> hat und zu weiterer Entwicklung neigt, aber was ich deutlich machen
> möchte, ist der Umstand, daß Vergangenheit und Zukunft sich fortwäh-
> rend an der Gegenwart orientieren und zu ihr in Beziehung gesetzt werden
> müssen. Ohne Bezug zur Gegenwart werden sie bedeutungslos."[4]

Außerdem reicht selbst eine erfolgreiche Analyse der Vergangenheit nicht immer aus, denn „die Symptome bleiben häufig weiter bestehen, auch wenn sich
der Klient der verdrängten Szenerie bewußt ist" (REICH. Charakteranalyse.
1933).

Man kann sagen, daß die Gestalttherapie gewissermaßen einen umgekehrten
Behandlungsprozeß anbietet: In der Psychoanalyse wird davon ausgegangen,
daß das Bewußtmachen zu einer Veränderung des Erlebten führt, während in
der Gestalttherapie die veränderte Wahrnehmung des Erlebten – durch die
Experimentieren – eine Veränderung des Verhaltens bewirken kann und eventuell zu einer neuen Einsicht führt. Für die Psychoanalytiker ist das Verschwinden des Symptoms „ein Luxus", für die Gestalttherapeuten manchmal das
intellektuelle Begreifen.

Einzeltherapie und Gruppentherapie
Sprache und Interaktion

In der Analyse kann es vorkommen, daß sich innerhalb der verbalen „Zweierbeziehung" im geheimen Cabinet krankhafte Rationalisierungen entwickeln
(z.B. depressiver Art) oder Fantasmen hervorgerufen werden, die an ein Deli-

rium grenzen können, ohne daß eine Konfrontation mit der äußeren Realität stattfindet.

So kann ich mich z.B. für besonders verführerisch und unternehmungslustig halten und mich auch voller Überzeugung so darstellen, während in einer echten Gruppensituation, in der zu dem verbalen Ausdruck die Interaktion hinzukommt, schnell ganz andere Züge meiner Persönlichkeit hervortreten können.

Nehmen wir ein anderes gängiges Beispiel: Wie läßt sich innerhalb einer Einzeltherapie, vor allem wenn diese ausschließlich verbal durchgeführt wird, die übertriebene narzißtische Neigung, durch andauerndes Reden ständig die allgemeine Aufmerksamkeit auf sich ziehen zu wollen, erkennen?

Nicht selten steht das gesprochene Wort im offenkundigen Widerspruch zu den Gesten oder zu dem sozialen Verhalten, denn letztere werden in der gängigen analytischen Behandlungssituation, wo der Patient passiv auf der Couch liegt, ohne jede Bewegungsmöglichkeit und ohne den geringsten visuellen Kontakt mit seinem Therapeuten, auf ein Minimum reduziert.

Die wohlwollende Neutralität

In Wirklichkeit ist der Psychoanalytiker niemals neutral, der Klient erkennt intuitiv seine wahren Gefühle, auch wenn diese zurückgehalten werden. Der Psychoanalytiker Sacha NACHT führt hierzu aus:

> „Lange Zeit waren die Analytiker davon überzeugt, daß sie ihre eigene unbewußte Gegenübertragung ‚beherrschen‘ oder sogar ausschalten könnten. Heute wissen wir, daß die Gegenübertragung in der analytischen Arbeit ebenso fruchtbar ist wie die Übertragung."[5]

Der Klient versucht ohnehin unbewußt, die Erwartungen seines Therapeuten (die er spürt oder auf ihn projiziert) zu erfüllen: Er präsentiert ihm z.B. „schöne Träume" oder auch eine typische „Ödipussituation".

Die Bedeutung der Theorie und der Normen

In der Praxis wird der Analytiker, der „alles weiß" und interpretiert, häufig als stärker urteilend empfunden – trotz seines Schweigens und seiner nach außenhin gezeigten Neutralität – als der Gestalttherapeut, der seine eigenen Empfindungen und Ansichten mitteilt und sich so bewußt dem möglichen Widerspruch des Klienten aussetzt.

Da die Psychoanalyse auf einem sorgfältig ausgearbeiteten Lehrgebäude beruht, fühlt sich der Klient manchmal (zu Recht oder zu Unrecht) in eine bestimmte Krankheitskategorie eingeordnet, etikettiert. Er kann sich der Ein-

ordnung in die als allgemeingültig angesehene Theorie nicht entziehen und
fühlt sich daher in seiner Individualität nicht immer respektiert.

PERLS spricht in diesem Zusammenhang etwas ironisch von
- der „Apathie" der Freudianer (Abstinenz, Neutralität, ja Kälte),
- der „Empathie" der Rogerianer (mit dem anderen mitschwingen, „sich in ihn
  hineinversetzen") und von
- der „Sympathie" der Gestalttherapeuten (echte „Ich-Du"-Beziehung zwischen zwei selbständigen Personen, die als solche miteinander kommunizieren).

Aufgrund der zahlreichen strengen Regeln wird die Psychoanalyse manchmal
als normativ, auf Sozialisation und Anpassung ausgerichtet, empfunden. Die
Homosexualität z.B. wird von einigen ihrer Vertreter immer noch als „Perver-
sion" bezeichnet.

Dagegen stellt sich die Gestalttherapie als wesentlich liberaler dar, ohne a
priori Klassifikationen und ohne implizite Erwartungen des Therapeuten gegenüber seinem Klienten. Man muß jedoch einräumen, daß bei einem solchen
anomische Verhalten paradoxer Weise die Gefahr besteht, daß es zu einer
neuen Norm wird („Man darf keine Normen haben!") und so zu einer Art
„Konformismus des Antikonformismus" führt!

Elitedenken und Demokratie

Schließlich kommt man nicht umhin, den begrenzten therapeutischen Wir-
kungsbereich der Psychoanalyse zu unterstreichen, die im allgemeinen nur
einer begrenzten sozialen Schicht, einer Art von Aristokratie, zugänglich ist,
und zwar nicht nur aus finanziellen Gründen, sondern auch auf Grund der
Tatsache, daß sie eine ausreichende Fähigkeit zur Verbalisierung der eigenen
Erlebnisse voraussetzt.

Dagegen werden in der Gestalttherapie, wie auch in den meisten anderen
Ansätzen der Humanistischen Psychologie, direktere und vielfältigere (verbale
und nonverbale) Ausdrucksformen eingesetzt, und über die Arbeitsform der
Gruppentherapie können alle Schichten und alle Altersgruppen daran teilneh-
men. So hatte ich z.B. die Möglichkeit, in San Francisco an offenen Workshops
für Passanten teilzunehmen, wo junge und alte Hippies, Penner und Drogen-
abhängige zunächst aus Neugierde hereinkamen und dann regelmäßig wieder-
kamen, um für wenig Geld ihr inneres Gleichgewicht wiederzufinden.

Nebenbei sei noch erwähnt, daß ein klassischer Psychoanalytiker während
seines ganzen Lebens nur eine begrenzte Zahl von Patienten (meistens aus der
gleichen sozialen Schicht) behandeln kann. Die Zahl übersteigt selten ein- bis
zweihundert, bei drei bis vier Sitzungen pro Woche über vier bis fünf Jahre im
Durchschnitt. Dagegen kann ein Gestalttherapeut, der Einzel- und Gruppentherapie macht, mehrere tausend Personen kennenlernen und behandeln

– wenn er z.B. eine Gruppe pro Woche oder einen Intensivworkshop pro Monat über durchschnittlich ein bis zwei Jahre macht – und dies neben seinen Einzelklienten.

Nach der Darstellung verschiedener Kritikpunkte an der Psychoanalyse werden wir jetzt einige Bereiche ansprechen, in denen PERLS die Auffassungen von FREUD weitgehend teilt.

Der Wiederholungszwang

PERLS behält den Freudschen Begriff des Wiederholungszwangs bei; dieser ist jedoch seiner Meinung nach mit unbefriedigten Bedürfnisse verbunden, mit „unvollendeten Gestalten", bei denen ZEIGARNIK nachgewiesen hat, daß sie einen inneren Zwang erzeugen, „geschlossen" zu werden.

Die Ambivalenz

Das Freudianische Thema der Ambivalenz, das übrigens JUNG entwickelte, findet in der Gestalttherapie seine Entsprechung in den Arbeiten zur Integration der gegensätzlichen „Polaritäten" wie Liebe/Haß, Gewalt/Zärtlichkeit, Autonomie/Abhängigkeit, Abenteuer/Sicherheit, Männlichkeit/Weiblichkeit usw.

Der Traum

Wir haben schon darauf hingewiesen, daß in beiden Methoden häufig mit dem Traum gearbeitet wird, wenn auch auf unterschiedliche Weise: in der Analyse dient dieser als Ausgangspunkt für Wortassoziationen und führt gegebenfalls zu einer Interpretation.

In der Gestalttherapie führt die aufeinanderfolgende Identifikation mit den verschiedenen Traumelementen auch zu Assoziationen, die häufig mit emotionalen Reaktionen verbunden sind, die wiederum durch eine psychodramatische Darstellung verstärkt werden können.

Die Widerstände

„Wir wissen, daß FREUD die Deutung des Widerstandes und der Übertragung immer als die spezifischen Eigentümlichkeiten seiner Technik betrachtet hat. Mehr noch, die Übertragung muß teilweise selbst als ein Widerstand angesehen werden, insofern sie die verbalisierte Erinnerung durch die agitierte Wiederholung ersetzt. [...]

Am Ende von „Hemmung, Symptom und Angst" (1926) unterscheidet
FREUD fünf Widerstandsformen (...); die Verdrängung, der Übertragungs-
widerstand und der sekundäre Krankheitsgewinn (...). Weiter muß man
mit dem Widerstand des Unbewußten oder des Es und dem des Über-Ichs
rechnen."[6] (LAPLANCHE/PONTALIS)

Auch die Gestalttherapie benutzt den Begriff des Widerstandes, aber sie definiert ihn anders. „Was im allgemeinen als Widerstand bezeichnet wird, ist nicht
nur eine stumme Barriere, die beseitigt werden muß, sondern eine kreative
Kraft, um eine schwierige Welt zu meistern. [...] Anstatt zu versuchen, den
Widerstand zu beseitigen, sollte man sich besser auf ihn konzentrieren ..."[7].

Auch hier können wir eine entgegengesetzte Interpretation der Abweichun-
gen des Klienten von der therapeutischen Regel feststellen:
– In der Psychoanalyse wird häufig die Geste als Widerstand gegenüber dem
  verbalen Ausdruck angesehen: Ausagieren während der Sitzung, das die
  verbale Analyse unterbricht.
– Dagegen wird in der Gestalttherapie häufig das vorzeitige Verbalisieren als
  Widerstand dagegen angesehen, eine Empfindung zuzulassen, die das Auftauchen eines damit verbundenen tiefen Erlebnisses erlauben würde („Ab-
  wehrrationalisierung").

Katharsis durch emotionales Abreagieren

Die Arbeit in der Gestalttherapie geht im allgemeinen von den körperlichen
Empfindungen „hier und jetzt" aus. Jene rufen jedoch häufig Erinnerungen an
vergangene Szenen wach, die „an die Oberfläche kommen" und somit in der
Gegenwart wiedererlebt werden.

Während in der Psychoanalyse das Sprechen über eine aufgetauchte Erinnerung aktuell Gefühle hervorrufen kann, führt die gegenwärtige körperliche
Empfindung in der Gestalttherapie zu einem Gefühl, das seinerseits wiederum
eine Erinnerung wachrufen kann.

ROBERT: Ich fühle einen Druck auf der Brust ...
THERAPEUT: Bleibe bei dieser Empfindung ... Verstärke sie ... Beschreibe
              sie.
ROBERT: Ich fühle mich erdrückt ... Ich ersticke ... Ich fühle mich ohn-
              mächtig ... Ich habe Angst ...
THERAPEUT: Versuche die Augen zu schließen ... Versuche diesen Druck
              und die anderen Empfindungen noch stärker zu spüren ... Laß
              kommen, was kommt ...
Robert schließt die Augen; er atmet schneller; man hat den Eindruck, daß er
erstickt; seine Arme spannen sich an, er spreizt seine Finger ...
ROBERT: Ich ersticke ... Ich kann nicht mehr atmen – wie während
              meiner Asthmaanfälle ...

THERAPEUT: Laß alles kommen, was kommt ... versuch jetzt nicht, es zu
verstehen ... Laß deinen Körper machen, was er will: Laß
deine Hände sich bewegen ...

Seine Hände untersuchen die Umgebung wie tastend ab.

ROBERT: Ich ersticke ... Ich habe Angst ... Ich bin im Dunkeln ... Ich
bin eingeschlossen, wie in einem Verließ ... Als ich klein war,
hat mich meine Mutter oft in einen Verschlag eingesperrt,
wenn ich Dummheiten gemacht hatte. Einmal, ich muß sechs
Jahre alt gewesen sein, hat sie mich dort vergessen – oder
absichtlich gelassen – während der ganzen Nacht ...

THERAPEUT: Ja ... Sprich in der Gegenwart: du bist sechs Jahre alt, du bist
dort, ganz allein, in einem ganz schwarzen Verließ ... und du
erstickst ...

ROBERT: Ja ... Ich habe Angst ... Ich bin verlassen (Seufzer) ... Ich werde
sterben ...

THERAPEUT: Du bist immer noch sechs Jahre alt ... Sag das alles deiner
Mutter direkt: „Mama, ich sterbe, laß mich nicht im Stich ... "

ROBERT: (schreit) Mama! Wo bist du? Laß mich raus! Ich ersticke! Ich
ersticke! ... Ich werde sterben! ...

THERAPEUT: Stärker! Hab keine Angst zu schreien, wenn du willst ... Ruf
nach ihr, wenn du magst ... Sag ihr alles, was dir in den Sinn
kommt ...

Es folgt eine lange Arbeit (etwa eine halbe Stunde lang) über das Wiedererleben einer traumatischen Kindheitssituation und anderer damit assozierter
Szenen.

Es ist – wie in der Psychoanalyse – nicht wichtig, ob die Erinnerungen genau
sind oder später „verarbeitet" wurden; wichtig ist, daß die Situation mit einer
ausreichenden Gefühlsintensität erlebt wird und so verborgene Ängste auf-
deckt, die an aktuelle körperliche Empfindungen gebunden sind.[8]

FREUD selbst erklärte 1893 – ehe ihn die kathartischen Reaktionen, mit
denen er nicht umgehen konnte, bei einigen seiner Klienten entsetzt hatten:
„Das Wiedererleben eines traumatischen Erlebnisses hat nur dann eine heilende Wirkung, wenn es emotional geschieht: Die kathartische Wirkung besteht
also in der gefühlsmäßigen Abreaktion".

Gestalttherapie, Psychoanalyse und Verhaltenstherapie

Die Gestalttherapie versteht sich wie die gesamte humanistische Richtung als
ein „dritter Weg" gegenüber der Psychoanalyse und der Verhaltentherapie.

So tritt beispielsweise in der traditionellen Psychoanalyse das Symptom öf-
ters in den Hintergrund und wird gewissermaßen nur als ein Anhaltspunkt auf

dem Weg zur Selbstfindung angesehen. Man versucht, das Verdrängte schrittweise wieder bewußt zu machen und beschäftigt sich daher mit der gesamten
Tiefenstruktur der Persönlichkeit, über die Analyse der Art der Übertragung
und der Widerstände und mit Hilfe der Deutung derselben. Man geht davon
aus, daß dann die „Heilung" „von selbst" erfolgt; FREUD empfahl, gegenüber
der „Heilungsfurore" mißtrauisch zu sein.

Die Einstellung gegenüber dem Menschen ist subjektiv und eher pessimistisch (z.B. der erdrückende Determinismus der frühen Kindheit, die natürlichen „pervers polymorphen" Neigungen usw.).

In der Verhaltenstherapie hingegen wird das Symptom behandelt, in dem
Bestreben nach Effizienz und „aus Respekt gegenüber dem ausdrücklichen
Verlangen des Klienten", der aus diesem Grund gekommen ist und im allgemeinen nicht mehr will. Einem Kunden, der kommt um sich eine Krawatte zu
kaufen, bietet man auch keinen teuren Anzug an!

Die exakten Techniken der Dekonditionierung und der Desensibilisierung
(WOLPE) führen häufig zu einem schnellen Verschwinden des Symptoms,
z.B. bei Phobien und sexuellen Störungen, ohne die Persönlichkeitsstruktur
generell zu verändern. Nebenbei bemerkt sind die manchmal auftretenden
„Symptomverschiebungen" (d.h. das Auftauchen von Ersatzsymptomen) statistisch gesehen wesentlich seltener, als von den Psychoanalytikern behauptet
wird. Dagegen kann man häufig sogar positive „Kettenreaktionen" feststellen.[9]

Gegenüber dem Menschen bemüht man sich um eine objektive und realisti-
sche Einstellung (man spricht von einem starken, aber überwindbaren Druck
des Milieus und der Erziehungs- und Ausbildungsinstanzen).

In der Gestalttherapie wird das Symptom als ein Hilferuf der jeweiligen
Person angesehen. Es ist die Sprache, die sie unbewußt gewählt hat. Man hört
daher auf ihn mit Aufmerksamkeit und Respekt. Ja, man ermutigt sogar seinen
maximalen Ausdruck, man verstärkt ihn, um ihn besser zu hören. Das Symptom, vor allem dann wenn es sich um ein Körpersymptom handelt, ermöglicht
häufig einen direkteren Zugang und einen intensiveren Kontakt mit dem Klienten.

Die Einstellung gegenüber dem Menschen ist hier intersubjektiv und entschieden optimistisch, der Akzent wird auf den Reichtum des verfügbaren
Potentials des Einzelnen gelegt.

Die Gestalttherapie als „Fortführung" der Psychoanalyse?

Kann man nun sagen, daß sich die Gestalttherapie keineswegs der Psychoanalyse entgegenstellt, sondern diese vielmehr von ihrem Ausgangspunkt her wie-
deraufnimmt und entsprechend ihrer ursprünglichen Optik weiterführt – die
aufgrund des damaligen kulturellen Milieus und der Persönlichkeit von
FREUD nicht weiterverfolgt werden konnte? Ein verführerischer Gedanke.

In der Tat schlug PERLS „eine Revision der Freudschen Theorie" vor – nach dem ursprünglichen Untertitel seines ersten Buches, „Das Ich, der Hunger und die Aggression", bei seiner ersten Ausgabe in Durban, Südafrika, 1942.[10]

Geht man dagegen von den von FREUD selbst formulierten Minimalbedingungen aus, so kann die Gestalttherapie kaum ernsthaft als eine psychoanalytische Methode angesehen werden. FREUD schreibt 1922 in einem Artikel die These von der Existenz unbewußter mentaler Prozesse, die Theorie des Widerstandes und der Verdrängung, den Stellenwert, der der Sexualität und dem Ödipuskomplex beigemessen wird, als die zentralen Punkte, mit denen sich die Psychoanalyse beschäftigt und als die Grundlagen ihrer Theorie. Wer diese nicht insgesamt akzeptiert, kann sich seiner Meinung nach nicht als Psychoanalytiker bezeichnen.

Damit ist PERLS gnadenlos ausgeschlossen! Aber schließlich war er nicht der einzige, den der Meister „exkommunizierte": ADLER, JUNG, STEKEL, RANK, REICH und viele andere haben sein Schicksal geteilt! Heute jedoch ist die Psychoanalyse in voller Entwicklung begriffen, und man kann sich sogar vorstellen, daß sie eines Tages die Gestalttherapie wieder in ihren Reihen „aufnimmt" ...

FREUDs Mitarbeiter, Nachfolger und „Dissidenten"

Im Rahmen dieses Buches kann ich leider nicht alle Beiträge, die diese geleistet haben, in ihrem Zusammenhang darstellen. Ich werde daher in einem äußerst summarischen Überblick nur einige spezielle Aspekte aufgreifen, die unser Thema berühren. In dem folgenden Überblick wird also keineswegs das Wesentliche der jeweiligen Arbeit des behandelten Analytikers zusammengefaßt, sondern es werden lediglich einige Analogien zur Theorie oder zur Praxis der Gestalttherapie herausgestellt.

Danach werde ich etwas genauer auf die Arbeiten jener vier Autoren eingehen, die der Gestalttherapie nahestehen: FERENCZI, JUNG, WINNICOTT und REICH.

Einige Psychoanalytiker und die Gestalttherapie

Psychoanalytiker	geb.	gest.	Ähnliche Auffassungen und Techniken wie in der Gestalttherapie
Sigmund Freud	1856	1939	(siehe Ausführungen in diesem Kapitel und im gesamten Buch)
Georg Groddeck	1866	1934	Holistische und psychosomatische Sicht des Kranken; der Körper drückt sich über die Sprache aus und umgekehrt; das Unbewußte ist somatisch. Begleitung des Klienten, ohne ihn zu interpretieren; keine Abgrenzung zwischen dem Normalen und dem Pathologischen: Krankheit ist eine positive Reaktionsform.

Psychoanalytiker	geb.	gest.	Ähnliche Auffassungen und Techniken wie in der Gestalttherapie
Alfred Adler	1870	1937	Therapie als „Erziehung" zu mehr Autonomie und Selbstbestätigung.
Sàndor Ferenczi	1873	1933	Aufmerksamkeit für die körperlichen Reaktionen des Klienten: Begründer der Bioanalyse; Neokatharsis; aktive Technik; symbolische körperliche Darstellung; Belohnung, Bemutterung (bei Borderlinern und Psychotikern); mißt der Introjektion besondere Bedeutung zu; Elastizität der Techniken: Jeder entwickelt seinen eigenen Stil.
Carl Gustav Jung	1875	1961	Aktive und engagierte Haltung des Therapeuten: „Spiegel" und Partner; die persönliche Ausrichtung des Therapeuten (sein eigener Stil) ist wichtig; eher ein klinisch-humanistischer Ansatz als ein theoretischer; das Unbewußte ist Reservoir der potentiellen Fähigkeiten und nicht verdrängte Vergangenheit; Individuation; Rückgriff auf den inneren Dialog; gelebte Erfahrung, Aufmerksamkeit für den Prozeß; Selbstregulierung; Orientalismus, Symbolismus, das Imaginäre; Polaritäten.
Melanie Klein	1882	1960	Die Bedeutung der frühen aggressiven oralen Triebe; die Bedeutung des Körpers und der körperlichen Gegenübertragung; Einführung der Spieltherapie; Ambivalenz von Liebe und Haß, des guten und bösen Objekts (Polaritäten).
Otto Rank	1884	1939	Verkürzung der Behandlungsdauer (Abreaktion des Geburtstraumas); Traumelemente als Projektionen des Träumers; Neurose = ein mißratenes Kunstwerk: deshalb Therapie der Kreativität.
Karen Horney	1885	1952	Das Gewicht des kulturellen Milieus und der aktuellen Bedingungen; grundlegende Existenzangst: deshalb Klima der Wärme und Geborgenheit; auf das Ziel gerichtete Perspektive: sekundärer Krankheitsgewinn.
Donald Winnicott	1896	1971	Phänomenologische Betrachtung: Prozeß, gelebte Erfahrungen; frühkindliche Beziehung zur Umwelt: Bedürfnisbegriff; unterstützende Interventionen (holding, handling usw.); Spiel und Kreativität, Übertragungsobjekte und -räume; das Selbst (und das falsche Selbst).
Wilhelm Reich	1897	1957	Erinnerungen und Gefühle, die im Körper eingeprägt sind (Körpesprache); die abgetrennten Teile wieder vereinigen; genitale Sexualität und Aggressivität als Lebenstriebe; Primat des Wie vor dem Warum, der Form vor dem Inhalt, der Erfahrung hier und jetzt vor der Vergangenheit.

Sàndor FERENCZI (1873–1933)

Ich freue mich, zur Rehabilitierung dieses von seinen Kollegen nicht gerne gesehenen Psychoanalytikers beitragen zu können, dessen vor über fünfzig Jahren verfaßte umstrittene Schriften Themen behandeln, die heute im Zentrum der psychoanalytischen Forschung stehen. Ich persönlich halte ihn, wie bereits angedeutet, für einen der wirklichen Vorläufer der Gestalttherapie.

Leider war die Erinnerung an ihn lange Zeit durch interne Streitigkeiten vor allem über die „Laienanalyse"[11] und durch die Eifersucht von Ernest JONES[12], dem offiziellen Biographen von FREUD, überschattet.

Ich kann der Versuchung nicht widerstehen, längere Passagen aus einem Text von Sàndor LORANDT zu zitieren, die aus dem Buch von EISENSTEIN „Psychoanalytic Pioneers"[13] stammen.

> „FERENCZI war der ‚Romantiker' unter den Psychoanalytikern. Von sei-
> nen Kollegen wurde als ‚enfant terrible' angesehen, FREUD nannte ihn
> ‚meinen teuren Sohn' und hielt die theoretischen und klinischen Beiträge
> von FERENCZI für ‚reines Gold' …
> Bereits 1908 wurden sie intime Freunde und blieben es bis zu FERENCZIs
> Tod. Er machte seine Analyse bei FREUD, und sie verbrachten zahlreiche
> Sommer zusammen[14] … 1909 bat FREUD FERENCZI, ihn in die Verei-
> nigten Staaten zu begleiten … Dort gingen sie häufig morgens vor dem
> Vortrag von FREUD spazieren, und häufig schlug FERENCZI ihm das
> Thema des Tages vor.
> Von allen Schülern FREUDs war FERENCZI derjenige, der die meisten
> eigenen Beiträge zur Psychoanalyse leistete. Er war nicht nur ein großar-
> tiger Lehrer, der – wie FREUD sagte – ‚uns alle zu seinen Schülern mach-
> te', sondern auch ein Organisator ohnegleichen."

Er war es, der 1910 auf Anregung von FREUD die Gründung der Internationalen Psychoanalytischen Gesellschaft vorschlug. Er schuf auch den weltweit ersten Lehrstuhl für Psychoanalyse.

Doch ich sollte nun auf die Gestalttherapie zurückkommen und einige der zahlreichen Gedanken und Methoden von FERENCZI kurz skizzieren, die von PERLS und seinen Nachfolgern übernommen, weiterentwickelt oder auch wiederausgegraben wurden.

Bereits 1908 formuliert FERENCZI den Begriff Introjektion, der 1921 von FREUD aufgegriffen wird.

FERENCZI schenkt dem Körper sehr viel Aufmerksamkeit: Er beobachtet die kleinen Bewegungen, die körperlichen Veränderungen, die Modulationen in der Stimme während der Assoziationen und der Interpretationen. Er ist zweifellos der erste, der vom biologischen Unbewußten spricht, und er gründet die „Bioanalyse". Bedenkenlos schlägt er während der Behandlung Körperübungen vor – u.a. das „grounding", das die Bioenergetiker (und auch bestimmte Gestalttherapeuten) gerne einsetzen. Er praktiziert die Neokatharsis, und seine Klienten erreichen tranceähnliche Zustände[15].

FERENCZI unterstreicht unaufhörlich, daß der Psychoanalytiker mit den Komponenten seiner eigenen Persönlichkeit arbeiten soll, anpassungsfähig und in technischer Hinsicht elastisch sein sollte. Dieses Prinzip wird von allen Gestalttherapeuten befürwortet, die bewußt an ihrem eigenen persönlichen Stil arbeiten.

1920 beginnt er auf Anraten von FREUD mit der „aktiven Technik", die ihm in der Folge viel Kritik einbringt: Seine Interventionen entsprechen den Bedürfnissen des Klienten und haben häufig die Form von direkten Vorschlägen oder Angeboten zur symbolischen körperlichen Darstellung der Phantasien. Nebenbei bemerkt hatte sich FERENCZI zunehmend auf schwierige Fälle und auf Borderliners spezialisiert, die von den meisten seiner Berufskollegen abgelehnt worden waren[16] und für die ganz offensichtlich die orthodoxe Behandlungsmethode entsprechend modifiziert werden mußte.

Es braucht wohl kaum daran erinnert zu werden, daß FREUD selbst sich keinesfalls immer neutral bzw. frustrierend verhielt: Er sprach viel während der Sitzungen, gab seinen Klienten gegebenenfalls Ratschläge und manchmal sogar eine finanzielle Unterstützung!

Er stritt diesbezüglich mit Ernest JONES, den er als „zu absolut" empfand und schrieb 1918:

> „Wir können es nicht vermeiden, auch Patienten in die Analyse aufzunehmen, die so haltlos und existenzunfähig sind, daß man bei ihnen die analytische Beeinflussung mit der erzieherischen vereinigen muß, und auch bei den meisten anderern wird sich hie und da eine Gelegenheit ergeben, wo der Arzt als Erzieher und Ratgeber aufzutreten genötigt ist."[17]

FERENCZI verzichtet daher ab 1927 auf die traditionelle Haltung einer systematischen Frustration und präsentiert sich gegebenenfalls als belohnende, eindeutig positive, ja bemutternde Figur; er gibt seinen Klienten Zeichen der verbalen und körperlichen Zuneigung, die bis zum Austausch von Küssen von erotisierender Zärtlichkeit gehen konnten und bietet ihnen so „wiedergutmachende" narzißtische Erfahrungen zur Kompensation eines frühkindlichen Mangels an Zärtlichkeit an.

Während ihrer analytischen Ausbildung bei LANDAUER und HITSCHMANN waren Fritz und Laura PERLS in diesen aktiven Techniken der Bemutterung und des Aufbaus neuer „Eltern"beziehungen unterwiesen worden, die vor allem bei schwer gestörten Klienten eingesetzt wurden. Laura PERLS wandte diese Technik manchmal sogar bei ihren Psychoanalysen bereits in den 40er Jahren an.

Ähnliche Verfahrensweisen findet man bei WINNICOTT (holding), CASRIEL (bonding) und Frans VELDMAN (Haptonomie) sowie bei zahlreichen Gestalttherapeuten (vor allem bei jenen, die ihre Ausbildung in Kalifornien gemacht haben).[18]

Schließlich sollte vielleicht noch darauf hingewiesen werden, daß es FERENCZI war, der am entschiedensten darauf bestanden hat[19], für jeden zukünftigen Analytiker die Pflicht zur Eigenanalyse, die sogenannte Lehranalyse, einzuführen und der darin „die zweite Grundregel der Psychoanalyse" sah (1927). Er hat außerdem die Pflicht zur Kontrolle oder Supervision für die Berufanfänger eingeführt.

Carl Gustav JUNG (1875–1961)

Dieser traf FREUD 1907, und es war „Liebe auf den ersten Blick". Er wurde bald sein Freund, sein Lieblingsschüler und dann sein „Kronprinz". FREUD wählte ihn (und FERENCZI) als Begleiter für seine siebenwöchige Amerikareise ... Doch bereits 1912 erfolgte der Bruch.

Sein monumentales Werk (über 20 Bände) kann hier nicht vorgestellt werden, doch es sollte sein starker Einfluß auf die heutigen Gestalttherapeuten unterstrichen werden, die bei ihm auf zahlreiche Begriffe und Konzepte stoßen, die ihnen mehr oder weniger vertraut sind:

– Die aktive Haltung des Therapeuten, der zugleich „Spiegel" und Partner ist und es sich erlaubt, aus seiner Reserve herauszugehen und mit seinem Klienten einen Dialog zu führen, bei dem er ihm seine eigenen Empfindungen mitteilt. Für ihn ist der Patient „kein untergeordnetes Wesen, das man auf ein Sofa legt, während man sich selbst hinter ihn setzt, wie ein Gott, der von Zeit zu Zeit ein Wort fallen läßt." Es ist ein Mensch, dem man helfen und den man lieben kann, auch außerhalb der Behandlung. Man hat daher gesagt, daß die Psychologie von JUNG eine mütterliche Psychologie und jene von FREUD eine väterliche sei.[20]

– Der Jungsche Psychoanalytiker arbeitet mit „seiner persönlichen Ausrichtung", die er keinesfalls aufgeben, sondern im Gegenteil mit einsetzen sollte. Er selbst ist Teil der Erfahrung, und er bemüht sich daher nicht um eine illusorische Objektivität, sondern um eine aufgeklärte Subjektivität.

– Der klinisch-humanistische Ansatz ist wichtiger als die theoretische Metapsychologie. Die Therapie führt zur persönlichen Entwicklung und mündet in eine Suche nach der Weisheit. Sie ist in jedem Alter möglich: Die Psychotherapie beschäftigt sich nicht mit Neurosen, sondern mit Menschen.[21]

– Hinsichtlich der Neurose hat er eine ähnliche Haltung wie PERLS: „Eine Neurose ist das Zeichen für eine im Unbewußten derartig angestaute Energie, daß die Gefahr besteht, daß die Ladung explodiert"[22]. Für ihn hängt die Neurose mit der Weigerung zusammen, die Autonomie und den schöpferischen Reichtum des individuellen und kollektiven Unbewußten anzuerkennen. Die Heilung geschieht also über ein „Wieder-Vereinigen" der Person, über die Individuation. Hier – wie in der Gestalttherapie – wird das Unbewußte als ein Reservoir von künftigen Möglichkeiten angesehen und nicht als ein Depot für verdrängtes Material aus der Vergangenheit.

– JUNG steht den östlichen Weisheiten nahe: Er hat ausführlich den Zen-Buddhismus, den Taoismus, den Tantrismus, das tibetische Totenbuch und das I-Ging studiert. Die Spuren dieser natürlichen Affinität zum Osten finden sich bei ihm in mannigfaltiger Form:

  • in der nicht voluntaristischen, nicht rein intellektuellen Auffassung von der Arbeit an sich selbst;

  • in der Betonung der gelebten Erfahrung;

  • in der Öffnung für äußere Zeichen, die der Reflex von inneren Prädispositionen sind;

- in dem ständigen Hinweis auf die Komplementarität der Gegensätze;
- in seinem Denken in Symbolen und Bildern statt in abstrakten Konzepten.

Zum Ende dieser äußerst unvollständigen Auflistung möchte ich noch auf einige andere gemeinsame Punkte im methodologischen und technischen Bereich hinweisen:

– JUNG – wie auch PERLS – interessiert sich mehr für die Verlaufsform des psychischen Prozesses als für die Tiefenstrukturen.
– Er weist der Projektion, die sich in Form einer Übertragung äußern kann, einen zentralen Platz zu.
– Er fördert den inneren Dialog mit Hilfe einer Art von „innerem Theater" der „personifizierten" Seiten des Klienten, z.B. mit den Personen seiner Träume oder auch mit seinem Animus und seiner Anima.
– Man könnte auch noch die Benutzung des Wachtraumes und der symbolischen Mandalas, die in der Traumarbeit eingesetzten Techniken der Verstärkung und die Übersteigerung des Selbst als einen Schritt in der Behandlung nennen (vgl. den Egotismus in der Gestalttherapie) sowie das Interesse an dem Symptom als einer wichtigen aktuellen Ausdrucksform, an der inneren Selbstregulierung (die Homöostase der Biologen, die von PERLS in breiten Maße aufgenommen wird) und an dem Austausch der Person mit ihrer äußeren Welt (die Kontaktgrenze in der Gestalttherapie).

Donald W. WINNICOTT (1896–1971)

WINNICOTT ist einer von jenen zeitgenössischen Psychoanalytikern, deren Arbeitshypothesen jenen der Gestalttherapie am nächsten stehen.

Ich werde zunächst die Aussagen von J. Marie DELACROIX[23] über einige Gemeinsamkeiten zwischen diesen beiden Ansätzen aufgreifen:

„In den Arbeiten von WINNICOTT zeigt sich deutlich:
– daß er von der Phänomenologie beeinflußt ist;
– daß seine gesamte Praxis auf den Beziehungen zwischen den Kleinkind und dessen Umgebung aufgebaut ist;
– daß er den Bedürfnissen genausoviel, wenn nicht noch mehr Platz einräumt wie den Trieben (was ihm die Ablehnung von Seiten bestimmter Psychoanalytiker einbringt);
– daß er der Erfahrung, dem Verlauf derselben und damit dem Prozeß eine gewisse Bedeutung zumißt;
– daß er dem Körper als solchem einen gewissen Platz einräumt und das Handeln im therapeutischen Zusammenhang nicht zwangsläufig für ein „Ausagieren" hält;
– daß er die Interpretation vorsichtig und zurückhaltend einsetzt;
– daß er das Spiel und die Kreativität bevorzugt und damit eine bestimmte Art der Beziehung zwischen ihm und seinem Klienten;

– daß er sich niemals ausdrücklich auf den Ödipusmythos bezieht (er erwähnt diesen höchstens manchmal)."

WINNICOTT ist sehr aufmerksam für die Art und Weise, in der sich der Patient ausdrückt (und nicht nur für den Inhalt seiner Worte): Eine gut-strukturierte Rede mit einer künstlichen, leblosen Stimme kann auf ein „falsches Selbst" hinweisen, das angepaßt und unterwürfig, bloße Schale ist und auf diese Weise einen weichen Kern zu ersetzen versucht, um diesen zu schützen.

WINNICOTT, wie Karen HORNEY, unterstreicht das ursprüngliche Bedürfnis nach Sicherheit und Anerkennung, das älter ist als jedweder Wunsch nach Unabhängigkeit und das der „Fähigkeit, alleine zu sein" vorausgeht (die beim Kleinkind mit der inneren Gewißheit verbunden ist, daß die Mutter sofort wiederkommt).

In festen Gestalttherapiegruppen wird implizit von der gleichen Hypothese ausgegangen. Dies zeigt sich häufig in dem Bemühen, während der ersten Sitzungen eine Atmosphäre des Vertrauens und der Sicherheit herzustellen[24], die es dann später, z.B. beim „Eintauchen" in tiefe Regressionen oder auch bei aggressiven Konfrontationen innerhalb der Gruppe dem Einzelnen eher ermöglicht, ein größeres Risiko einzugehen. – Auch beim Klettern oder bei der Höhlenforschung wagt man eher einen neuen Weg zu erkunden, wenn man Vertrauen in den Führer und in die Seilmannschaft hat und wenn man sich vorher von der Festigkeit der Bindung, das hier durch ein Seil dargestellt wird, überzeugt hat.

Zuletzt möchte ich noch an das Winnicottsche Konzept des Übertragungsobjekts (ein Plüschtier, der Zipfel einer Decke usw.) erinnern, das die Mutter symbolisiert. Ich vermute, daß die Verwendung eines Kissen oder eines anderen Gegenstandes in der Gestalttherapie zur Darstellung einer abwesenden Person, die affektiv besetzt ist (z.B. ein Elternteil oder der Ehepartner), eine gewisse Analogie zu diesem Begriff darstellt.

Insgesamt gesehen gibt es also viele Konvergenzpunkte zwischen PERLS und WINNICOTT sowohl in theoretischer wie in methodologischer und technischer Hinsicht. Man könnte daher sagen, daß letzterer eine Art Brücke zwischen der Psychoanalyse und der Gestalttherapie bildet; unser spanischer Freund und Gestalttherapeut, Alberto RAMS zögert daher nicht, eine Synthese zwischen diesen beiden Ansätzen vorzuschlagen, die er „Thérapie Transitionnelle" (1983) nennt.

Wilhelm REICH (1897–1957)

REICH hat ziemlich früh als Psychoanalytiker zu arbeiten begonnen: Er war noch Medizinstudent und erst 23 Jahre alt, als er 1920, kurz nachdem er FREUD getroffen hatte, in die Psychoanalytische Gesellschaft von Wien aufgenommen wurde. Wie seinerzeit üblich, begann er sofort mit der Behandlung seiner ersten Klienten, von denen einige von FREUD selbst an ihn verwiesen wurden.

Er wird später, wie wir bereits sagten, der vierte Analytiker von PERLS, kurz vor seinem Ausschluß aus der Internationalen Psychoanalytischen Gesellschaft (1934).

In der ersten Zeit fühlt er sich jedoch FREUD sehr nahe, der ihm im übrigen die Verantwortung für die Ausbildung der Psychoanalytiker übertragen hatte. Doch es dauert nicht lange, bis er sich von dem „FREUD nach 1920" verraten fühlt, während er selbst hartnäckig den Spuren des Meisters folgt und der Sexualität im eigentlichen Sinn den allgemein bekannten Stellenwert einräumt. Er führt das Entstehen der Aggressivität und der Neurosen auf die Akkumulation von genitaler sexueller Spannung zurück und betont „die Funktion des Orgasmus".

REICH beschäftigt jedoch die Tatsache, daß häufig am Ende einer Analyse das Aufdecken des unbewußten Sinns eines Symptoms nicht automatisch zu dessen Verschwinden führt, was die meisten seiner psychoanalytischen Kollegen überhaupt nicht zu stören scheint! Er entwickelt daraufhin die „Charakteranalyse" und versucht den Charakter- und Muskelpanzer aufzulösen, der eine Abwehr gegen die Angst bildet, um den freien Fluß der Energie wiederherzustellen. Seiner Meinung nach sollte bei dem Klienten der umfassende Ausdruck unterstützt werden und nicht nur sein sprachliches Ausdrucksvermögen, doch im Gegensatz zu seinem Schüler Alexander LOWEN, dem Begründer der bioenergetischen Analyse[25], interveniert er selbst während der Behandlung kaum auf der körperlichen Ebene, der Klient liegt weiterhin auf der Couch. REICH beobachtet aufmerksam dessen Atmung und Körperhaltung, die Veränderungen in der Stimme, doch nur ausnahmsweise berührt er den Kiefer oder das Brustbein.

Auch er betont das Primat des Wie vor dem Warum, die Form und nicht nur den Inhalt der Botschaften. Das Werk von REICH ist zu bekannt, als daß ich es hier darstellen müßte. Ich wollte nur an seine offensichtliche Verwandtschaft mit der Arbeit von PERLS erinnern.

Ist die Gestalttherapie nun eine Fortführung, eine Revision oder ein Verrat an der Psychoanalyse?

Mit dieser breiten Auffächerung der Querverbindungen und Berührungspunkte wollte ich das widersprüchliche Verhältnis aufzeigen, daß die Gestalttherapie zu den verschiedenen psychoanalytischen Strömungen hat:

> *sie läßt sich von ihnen in gleichem Maße inspirieren,*
> *wie sie sich ihnen entgegensetzt.*

Im übrigen wäre es auch sinnlos, diese verschiedenen Ansätze miteinander konkurrieren zu lassen, da sie sich häufig gegenseitig ergänzen, außerdem müßten in diesem Fall ihre spezifischen Indikationen präzisiert werden.

Jedenfalls kann man feststellen, daß heutzutage viele Gestalttherapeuten eine psychoanalytische Ausbildung haben, die sie entweder vor oder nach ihrer Gestaltausbildung gemacht haben.[26]

Unglücklicherweise und zusätzlich zu den zahlreichen bereits bestehenden Mißverständnissen trägt auch der jeweilige Fach„jargon" zu dieser Unklarheit bei. Es kommt zu ständigen Verwirrungen aufgrund der Tatsache, daß die verschiedenen Autoren die gleichen Begriffe mit unterschiedlichen Bedeutungen oder in unterschiedlichen Zusammenhängen benutzen.

Diese theoretischen Auseinandersetzungen sind jedoch eher akademisch und werden von den meisten heutigen Gestalttherapeuten der sogenannten „dritten Generation" immer mehr in den Hintergrund gedrängt:

– Die „erste Generation" bildeten die „Gründer", d.h. Fritz und Laura PERLS und GOODMAN – für die die Notwendigkeit bestand, das besondere ihrer Methode herauszustellen, manchmal um den Preis der Karikatur!

– Die „zweite Generation" umfaßte die „Theoretiker" der 50er bis 70er Jahre, die versuchten, aus einer praktischen, zum Teil empirischen Methode einige Grundprinzipien herauszufiltern und daraus eine schlüssige Theorie zu formulieren, von der aus die Methodik und die spezifischen Techniken entwickelt werden konnten. Hierzu gehören die Pioniere der Institute von Cleveland und von New York: Isadore FROM, Erving und Miriam POLSTER, Joseph ZINKER sowie Jim SIKKIM, Joël LATNER und andere.

– Die „dritte Generation" ist die der heutigen „Praktiker", zu denen ich mich selbst zähle. Wir versuchen, die Erarbeitung der Theorie fortzusetzen und mit unserer Ausbildung (die meistens aus verschiedenen Schulen stammt) und unserer klinischen Praxis zu verbinden. Daher interessiert sich ein jeder von uns, entsprechend seiner eigenen Persönlichkeit und seiner Klientel, besonders für den einen oder den anderen Aspekt: den Körper, den Gefühlsausdruck, den „hot seat", den sprachlichen Ausdruck, die Kreativität, die Unterbrechungen in dem Zyklus von Kontakt und Rückzug, die Traumarbeit, die Einzel- oder Gruppentherapie usw.

Ich bin glücklich über diesen Reichtum und diese vielfältigen Arbeitsstile, denn ich bestehe weiterhin darauf, daß

> *die Gestalttherapie im Gegensatz zur Psychoanalyse nicht den Status einer Wissenschaft beansprucht, sondern sich die Ehre gibt, eine Kunst zu bleiben.*

Wer unter uns kann von sich behaupten, eine „reine und orthodoxe" Form der Gestalttherapie auszuüben – falls es so etwas überhaupt gibt? Das Genie von PERLS bestand genau darin, in eine neue und in sich kohärente „Gestalt" vielfältige Einflüsse zu integrieren und so eine wirkungsvolle Arbeitsmethode zu entwickeln, die die wichtigsten philosophischen und therapeutischen Strömungen eines halben Jahrhundert miteinander verbindet.

Hinsichtlich der Besonderheit und der Fundiertheit der theoretischen Grundlagen der Gestalttherapie werden immer noch gewisse Einwände erhoben: Die einen empfinden sie als exakt ausgearbeitet, die anderen als ziemlich konfus, ja enttäuschend. Dieser Umstand beruhigt mich, denn

> *„alles beginnt im Enthusiasmus und endet in der Organisation".*
> *(E. HERRIOT)*

Ich mißtraue dogmatischen Verfestigungen, die jede Art von Theorie bedrohen und am Ende nur zu ihrer Sklerose und zu ihrem Tod führen. Ich erforsche gerne die weißen Flecken auf einer ungenau gezeichneten Karte, vorausgesetzt ich verfüge über einige sichere Anhaltspunkte, seien sie auch in weiter Ferne.

Anmerkungen

1 Turbulenzen an der Oberfläche lassen Bewegungen in der Tiefe vermuten. Und außerdem, „wenn das Wasser aus den Hähnen in der Wohnung fließt, warum sollte man sich dann die Mühe machen, es aus einem tiefen Brunnen zu schöpfen?" (PERLS). Im Sinne einer Metapher könnte man auch sagen, daß die Kenntnis des Umfanges eines Kreises es erlaubt, das Zentrum genau zu bestimmen, was umgekehrt nicht der Fall ist.

2 Wie wir später (im Kapitel 9) sehen werden, wird dieses starke Mißtrauen gegenüber der Übertragung von der Mehrheit der heutigen Gestalttherapeuten (von denen viele eine psychoanalytische Ausbildung haben) nicht mehr geteilt. Sie berücksichtigen sie zwar, arbeiten jedoch mehr mit der Gegenübertragung (Übertragung von Seiten des Therapeuten) als mit der Übertragung des Klienten. Vgl. JUSTON, D. Le Transfert en Gestalt-thérapie et en psychanalyse. Ed. Pandore. Lille.

3 Nach PERLS läßt sich die Gestalttherapie in vier Worten zusammenfassen (die sich im Englischen reimen): „I and you, How and Now" (Ich und Du, Wie und Jetzt).

4 PERLS, F. Das Ich, der Hunger und die Aggression. München 1989. S. 102.

5 NACHT, S. La Thérapeutique psychanalytique. Paris 1967.

6 LAPLANCHE,J./PONTALIS, J.B. Das Vokabular der Psychoanalyse. Suhrkamp: Frankfurt/M. 1972, S. 623f.
Regression, Reaktionsbildung, Isolierung, Ungeschehenmachen, Projektion, Introjektion, Wendung gegen das Selbst, Verkehrung in das Gegenteil, Sublimierung, Verleugnung durch Phantasieren, Idealisierung, Identifizierung mit dem Aggressor usw.

7 POLSTER, E. und M. Gestalttherapie. Theorie und Praxis der integrativen Gestalttherapie. München 1975, S. 60f. (Hervorhebung S.G.).

8 Siehe die Hypothesen im 11. Kapitel über die „limbische Öffnung" des Gehirns im Zusammenhang mit emotionalem Wiedererleben früherer Geschehnisse.

9 So kann z.B. die Heilung einer sexuellen Impotenz zum Aufhören von Autounfällen führen (die mit dem körperlichen Unwohlsein verbunden waren) oder auch von Wutanfällen (die der Person ein Gefühl von Macht verliehen hatten).

10 Dieser Untertitel wurde in der zweiten Ausgabe (London 1947), wie auch in den folgenden, weggelassen.

11 D.h. von Nichtmedizinern. FERENCZI war fest davon überzeugt, daß Erzieher eine Analyse machen sollten, und er hatte keine Einwände dagegen, daß ein solcher Erzieher ein qualifizierter Therapeut werden konnte. Diese Haltung brachte ihm vor allem in den Vereinigten Staaten zahlreiche Feinde ein.

12 Ernest JONES glaubte, daß FERENCZI „gegen ihn ein Komplott schmiedete". Er bezeichnete ihn als „FREUDs Verrückten", während letzterer ihn für „den geheimen Großwesir" hielt (FREUD, 1929).

13 EISENSTEIN, F. & M. Psychoanalytic Pioneers. New York/London 1960. Basic Books.

14 Sie reisten auch zusammen in die USA, die Niederlande, nach Italien und Frankreich. Es ist bekannt, daß FREUD in der ersten Zeit die Psychoanalyse und die persönlichen Beziehungen nicht voneinander trennte. Er hat im übrigen seine Tochter Anna analysiert, so wie JUNG seine eigene Frau.

15 „Trance" aus dem Lateinischen trans ire, „auf die andere Seite gehen, überschreiten". Es handelt sich um eine trans-ition, einen Übergang, eine Art von Einweihung und nicht unbedingt um einen mit der Hysterie vergleichbaren Krisenzustand.

16 Manche seiner Klienten hatten bereits bei anderen Analytikern über zehn Jahre lang eine erfolglose Therapie gemacht.

17 FREUD. Wege der Psychoanalytischen Therapie. In: Gesammelte Werke, Bd.12, S.190. Frankfurt a.M., 3. Aufl. 1966.

18 Das bonding besteht darin, daß man jemanden eine Zeit lang Körper an Körper, im Stehen oder im Liegen, umarmt. Die Haptonomie („Wissenschaft von der Berührung") beabsichtigt, über einen nonverbalen Kontakt ein Gefühl existenzieller Sicherheit hervorzurufen, das dem des Fötus im Uterus ähnelt. Nebenbei bemerkt hat auch Jacques LACAN, ohne viel darüber zu reden, ständig den „Sicherheit bietenden körperlichen Kontakt" praktiziert und ebenso C.G. JUNG. Sacha NACHT, der 1936 bei FREUD seine Analyse machte, entwickelte den Gedanken von der „bedingungslosen Güte des Arztes" und sprach unter Bezugnahme auf FERENCZI davon, daß es wichtig für den Kranken sei, bei dem Analytiker „die Liebe zu finden, die er bei seinen Eltern vermißt habe".

19 Als erster scheint C.G. JUNG dies vorgeschlagen zu haben.

20 A. NATAF. In: Jung. Coll. „Le monde de ...". Paris 1985. Ed. M.A.

21 JUNG, Die psychologische Heilung.

22 JUNG, Metamorphosen und Symbole der Libido.

23 C.G.DELACROIX, „De la psychanalyse selon Winnicott à la psychothérapie gestaltiste", in: La Gestalt en tant que psychothérapie. Bordeaux 1984, Ed. SFG.

24 Was selbstverständlich nicht zu der Fantasie einer Verschmelzung mit der Gruppe führen sollte, die die Konfluenz begünstigt, anstatt die für die Unabhängigkeit notwendige Sicherheit vorzubereiten.

25 REICH analysierte LOWEN von 1942 bis 1945, d.h. 10 Jahre nach PERLS. LOWEN war damals Rechtsanwalt.

26 Dies gilt z.B. 1991 für ein Drittel der Gestalttherapeuten, die Mitglieder der Société Française de Gestalt sind. Ich selbst habe eine klassische Freudianische Analyse gemacht, ehe ich mich der Gestalttherapie zugewandt habe; meine Frau Anne hat später eine jungianische Analyse gemacht.

Kapitel 5
Die orientalische Verwandtschaft

Man hört oft, PERLS habe viel von den östlichen Philosophien übernommen, aber selten wird gesagt, was es genau ist! Trotz der weit verbreiteten Angewohnheit, sich natürliche Kinder anzueignen, findet jeder dann für sie dennoch zahlreiche angebliche Eltern: die Psychoanalyse, das Psychodrama, die Bioenergetik etc.

Seien Sie unbesorgt! Ich werde mich jetzt nicht in eine erschöpfende Analyse aller erkennbaren Einflüsse – man sollte wohl eher Interferenzen sagen – stürzen, denn niemand kann ganz genau sagen, wer wen beeinflußt hat. Es ist offensichtlich, daß es zahlreiche Überschneidungen zwischen der Gestalttherapie und mehreren bereits benannten Strömungen gegeben hat und weiterhin gibt. Wir legen jedoch im großen ganzen keinen besonderen Wert darauf, Prioritäten zu verteilen, denn natürlich ist der Kontakt mit allen anderen für jede dieser Schulen fruchtbar gewesen und ist es immer noch.

> *Nicht die Entdeckung der Mine, aus der ein Edelstein gewonnen wurde, ist wichtig, sondern ob dieser in das Kollier paßt; nicht die Herkunft, sondern die Konsistenz ihrer Techniken verleiht einer Methode ihren Wert*

Jedermann weiß inzwischen, daß die Mischung der Rassen den Ausgangspunkt für eine neue Dynamik bildet[1], sobald die Sozialstruktur ihre Integration gestattet. Um nun jede unfruchtbare Polemik zwischen verfeindeten Brüdern der Psychologie zu vermeiden, ziehe ich es vor, mich zunächst entschieden einem weniger umstrittenen Vorfahren zuzuwenden: Dem östlichen Denken – das trotz seiner tausendjährigen Geschichte auf der ganzen Welt ein unbestreitbares Wiederaufblühen verzeichnet und sich in den letzten Jahren sogar mit der ganz jungen Quantenphysik „vermählt" hat.

Das Tao der Physik[2]

Bekanntlich sind einige unserer großen Physiker dabei, unsere traditionellen Vorstellungen völlig umzuwerfen, wie z.B. jene von der Materie, vom Objekt, von Raum und Zeit, von Ursache und Wirkung usw. Sie nähern sich auf diese Weise dem traditionellen Denken der östlichen Mystiker – die niemals die Materie von dem Geist getrennt haben und schon immer alle Objekte und Erscheinungen dieser Welt als unterschiedliche, aber eng zusammenhängende Aspekte ein und derselben dynamischen letzten Realität gesehen haben, „einer sich ewig bewegenden, lebendigen, organischen, spirituellen und zugleich materiellen Wirklichkeit" (CAPRA).

Ein Fisch ist ohne Wasser schwer vorstellbar

Das holistische Verständnis der Gestalttherapie entspricht ganz offensichtlich dieser Weltanschauung, die man als taoistisch bezeichnen könnte. Der Therapeut interessiert sich niemals für ein isoliertes Zeichen, eine Geste oder ein Wort und auch nicht für ein komplexeres Gesamtverhalten, sondern vielmehr für die ständige Interkonnektion des ganzen Individuums mit seiner sozialen und kosmischen Umwelt. Das Ganze ist in einen ununterbrochenen Fluß, den man nur durch die ständige Aufmerksamkeit für das Geschehen im Hier und Jetzt wahrnehmen kann, welches in einem kontinuierlichen Bewegungsprozeß verläuft, in dessen Folge ununterbrochen Gestalten entstehen, sich ausbilden und sich wieder auflösen.

Wir wissen, daß es in der Natur keine absolute Ruhe gibt. Alle Körper, von dem unermeßlich großen bis zu dem unendlich kleinen, sind in unaufhörlicher Eigenvibration und zugleich von einer schwindelerregenden kosmischen Bewegung erfaßt, die das Erscheinen mit dem Nichterscheinen[3], d.h., das kleinste Materieteilchen mit der Wellenbewegung der Wahrscheinlichkeit verbindet, das sichtbar Gegenwärtige mit der es bewegenden Energie. Genauso erhält die sichtbare Geste eines Patienten nur einen Sinn durch die kaum wahrnehmbare Energie, die sie durchströmt und die sich durch die Flucht in eine ungewisse Freiheit jeder Art der Messung entzieht.

Die größten zeitgenössischen Physiker kommen also, einige Jahrzehnte nach den Phänomenologen und den Gestaltpsychologen, auf bestimmte Lieblingsthemen der Chinesen des Altertums zurück. Sie wissen jetzt, daß es in der Natur kein materielles Phänomen gibt, das unabhängig vom Denken und von der Betrachtung des Menschen existiert; sie haben sich, wenn auch mit Bedauern, entschlossen, den Mythos des neutralen, objektiven Beobachters aufzugeben und ihm den Status eines engagierten Teilnehmers verliehen.

> „Das entscheidende Kennzeichen der Quantentheorie ist, daß der Beobachter nicht nur notwendig ist, um die Eigenschaften eines atomaren Geschehens zu beobachten, sondern sogar notwendig, um diese Eigenschaften hervorzurufen. [...] Das Elektron besitzt keine von meinem Bewußtsein unabhängigen Eigenschaften." (CAPRA. Wendezeit. Bausteine für ein neues Weltbild. Bern/München/Wien 1983, S. 90f)

Dies entspricht auch der von dem Gestalttherapeuten gegenüber seinem Klienten bewußt getroffenen Entscheidung: Er beobachtet nicht dessen Verhalten „an sich", sondern er tritt mit ihm explizit oder implizit in Beziehung, durch ein kontrolliertes Sich-Einbringen, in einem Raum, der durch das bewegliche Geflecht der feinen Fäden des „Ich und Du" von BUBER geprägt ist, die wiederum in das „Ich und Jenes" des Universums eingebunden sind.

Das Thema der Gestaltpsychologie vom Bewußtseinskontinuum und von der „Aufeinanderfolge von Gestalten", vom Erscheinen und Verschwinden der Figuren vor einen Hintergrund, erinnert an jenes der fließenden, sich unaufhörlich wandelnden Welt, die im I Ging, dem chinesischen Buch der Wandlungen symbolisch dargestellt ist.

Ganz offensichtlich hat die mechanistische Analyse Newtonscher Prägung, die sich für die einzig „wissenschaftliche" hielt, keinen Zugriff mehr auf ein sich veränderndes Universum. „Das Universum wird als ein dynamisches Gewebe betrachtet. Keine der Eigenschaften irgendeines Teiles dieses Gewebes ist fundamental; alle ergeben sich aus den Eigenschaften der anderen Teile ..." (CAPRA. ebenda S. 98)

Es muß jedoch hervorgehoben werden, daß die Mehrheit der wissenschaftlichen Forscher zu allen Zeiten diese Lage der Dinge geahnt haben. So hat NEWTON, der das Gesetz der allgemeinen Gravitation aufgestellt hat, das Phänomen der Gezeiten erklärt, das Teleskop erfunden und die Farben voneinander getrennt hat, mehr über die Alchemie als über die Mechanik und die Optik zusammen geschrieben! Was FREUD angeht, so erklärte dieser 1921, daß er, wenn er sein Leben nochmals leben sollte, es dem Studium der okkulten Phänomene widmen würde.

Auch EINSTEIN interessierte sich seinerseits für die Parapsychologie und die sogenannten „para-normalen" Phänomene. Er hat sogar das Vorwort für ein Buch von Upton SINCLAIR über die Telepathie (Mental Radio) geschrieben.

Es liegt nun an uns, mittels der intuitiven Erfahrung, im Einklang mit der „Poesie" unserer rechten Hemisphäre und nicht unter der tyrannischen, mißtrauischen Überwachung unserer linken Gehirnhälfte, ein Gesamtverständnis für diese Phänomene zu entwickeln.

Hören wir Hubert REEVES, den Forschungsdirektor des C.N.R.S. und des Instituts für Astrophysik:

„Der Mensch der Antike sprach mit einem Universum, das ihm antwortete. Heute behauptet die Wissenschaft, das Universum sei leer und stumm. Dies war jedenfalls, zum Beispiel, die Botschaft von MONOD, der zu dessen Hauptinterpreten wurde, und von vielen anderen Rationalisten. Ich persönlich glaube nicht, daß das Universum stumm ist, ich glaube vielmehr, daß die Wissenschaft schwerhörig ist.

Es ist indes erstaunlich, daß ausgerechnet die Physiker, die typischerweise an der Spitze des rationalen Vorgehens stehen, als erste dieses Unbehagen hinsichtlich ihres Vorgehens gespürt haben. Den Biologen, die zu ihnen sagen: „Helft uns, im Elektron die Wurzeln des Bewußtseins zu finden", antworten die Physiker heute: „Aber wir sind doch eben dabei, die Wurzeln des Elektrons im Bewußtsein zu finden!"

[...] Gegenwärtig geht es darum, diese beiden Vorgehensweisen in uns zu versöhnen; die eine sollte nicht zugunsten der anderen geleugnet werden, sondern das Auge, das erforscht, analysiert und seziert, sollte gewissermaßen in Harmonie und im Einverständnis mit dem anderen, das in Kontemplation ruht und sich hingibt, leben. [...] Wir müssen jetzt lernen, so zu leben, daß wir uns gleichermaßen der Wissenschaft wie der Poesie widmen, wir müssen lernen, beide Augen gleichzeitig offen zu halten."[4]

Doch ich kann mich hier, trotz aller Versuchung, nicht weiter mit den Beziehungen zwischen Wissenschaft und Philosophie, der Physik und der Metaphysik beschäftigen. Ich komme also auf die chinesischen, tibetischen und japanischen Traditionen zurück und werde versuchen, bestimmte Konvergenzen wie auch Besonderheiten zwischen dem Taoismus, dem Tantrismus und dem Zen-Buddhismus freizulegen – wobei ich mich erneut auf diejenigen Punkte beschränke, die in Beziehung zu der Gestaltphilosophie, wie sie PERLS entwickelt hat, stehen.

Der Taoismus

Das Tao te king, oder Buch des Weges, soll von LAOTSE, einem Zeitgenossen von KONFUZIUS, gegen Ende des 5. Jahrhunderts v.u.Z. geschrieben worden sein. Es handelt sich um das am häufigsten übersetzte Buch auf der Welt nach der Bibel! Der Taoismus ist eine Metaphysik der Spontaneität, der Toleranz und der Freiheit. Letztere wird dadurch erreicht, daß man der umfassenden, natürlichen Bewegung des Universums folgt, die Harmonie der Welt nicht stört und das „Wu-Wei", das Nichteingreifen in den Lauf der Dinge, das Loslassen, entwickelt.

Im Gegensatz zum Konfuzianismus wird keine besondere Ethik gepredigt, und es geht nicht um das Streben nach dem Guten – alles ist natürlich, das Gute wie das Böse, und die Gegensätze entstehen automatisch, das eine aus dem anderen: Sobald man irgendeine Sache benennt, erscheint auch sofort ihr Gegenteil. Dies gilt insbesondere für die beiden großen, untrennbaren Grundprinzipien:

– Das Yin – das Weibliche – steht für die Schönheit, die Sanftheit, die Ruhe, die Erde, den Mond usw. und wird manchmal durch ein Quadrat dargestellt, das Stabilität ausdrückt.
– Das Yang – das Männliche – steht für die starke und durchdringende Wahrheit, den Himmel, die Sonne usw. und wird manchmal durch einen Kreis dargestellt, der Bewegung symbolisiert.

Bekanntlich sind die beiden in ihrer klassischen Darstellung durch eine Sinuslinie getrennt und so miteinander verbunden, daß der Umriß jedes einzelnen dem Gesamtumriß der beiden entspricht und daß die (schwarze) Yin-Hälfte einen (weißen) Yang-Punkt enthält und umgekehrt: Es handelt sich um ein Gegensatzpaar, das sich vollkommen ergänzt.

Dieses bereits angedeutete Thema der gegensätzlichen und komplementären

Polaritäten Aggressivität/Zärtlichkeit; Männlichkeit/Weiblichkeit; Autono-
mie/Abhängigkeit; Perfektionismus/Gehen-Lassen usw., wird in der Gestalttherapie häufig „bearbeitet".

Der Taoist verehrt den Körper, den er nicht für das „Gefängnis" des Geistes
hält, sondern für seine Wohnstatt. Er gibt sich also nicht der Askese hin (die
seiner Seele einen vernachlässigten Körper zumuten würde), sondern sucht,
ganz im Gegenteil, nach belebenden Praktiken.

> *„Eine Anstrengung trägt nur dann Früchte,*
> *wenn sie freudig unternommen wird"*

Es geht darum, „das Hier und Jetzt" intensiv zu leben, denn „die Vergangenheit
ist ein totes Gewicht, nur die Gegenwart ist lebendig". Das Tao hat über
Jahrhunderte das chinesische und das gesamte östliche Denken befruchtet und
einen beträchtlichen Einfluß auf die verschiedenen späteren buddhistischen
Strömungen ausgeübt.

Eine enge Verwandtschaft dieser Vorstellungen mit jenen der Gestalttherapie
zeigt sich in folgenden Punkten:
- In dem freien und spontanen Ausdruck (im Sinne von dem, „was kommt"),
- in der Bedeutung des Körpers als „Wohnstatt" des Geistes,
- in der Befreiung von moralischen Introjektionen („man muß ..."),
- in der Arbeit an der Integration der entgegengesetzten Polaritäten,
- in der Konzentration auf das Hier und Jetzt,
- in der „paradoxen Theorie der Veränderung" (BEISSER 1970), die zunächst
  zur Annahme dessen, „was ist", führt,
- in dem Prinzip des Bewußtseinskontinuums, des permanenten Flusses der
  Bildung und Auflösung von Gestalten.

Im Gegensatz zur Gestalttherapie betont der Taoismus das Unvollendete:

> *alles Unvollkommene stimuliert den Wandel.*[5]

Außerdem schenkt er den über Sinneswahrnehmungen hervorgerufenen Bildern wenig Bedeutung: „Jede übertriebene Emotion zerstört die natürliche Harmonie". Er empfiehlt dem Menschen, „unerschütterlich zu bleiben – auch wenn das ganze Universum zusammenbricht!".

Der Tantrismus

Ohne in Einzelheiten zu gehen, möchte ich jetzt mit einigen Worten über den in Europa relativ wenig bekannten (und oft karikierten) Weg des Vajrayana-Buddhismus oder Tantrismus erwähnen, der wie der Zen-Buddhismus die Erleuchtung (das Satori) „hier und jetzt" sucht, sich dabei aber im Unterschied zum Taoismus auf eine Fülle von Techniken stützt, die die Sinne stimulieren:
- die Yantras (lineare, geometrische Darstellungen des Kosmos),
- die Mantras (rituelle Töne und Silben, heilige Schwingungen, z.B. „OM"),
- die Mandalas (komplexe graphische Gebilde auf der Basis eines häufig von einem Quadrat umschlossenen Kreises[6], die als symbolische Unterstützung in der Meditation und in den Belehrungen verwandt werden),
- die Mudras (heilige rituelle Gesten, die man meist mit den Händen ausführt) etc.

> „Einmalig[7] im tantrischen Buddhismus ist der Reichtum an Methoden, mit deren Hilfe alle Dinge – gute wie böse – für das eine Ziel verwendet werden. Wie beim Judo lernt der Schüler das feindliche Gewicht zum eigenen Vorteil zu benutzen. Hindernisse werden in Werkzeuge verwandelt, die die benötigte ungeheure Triebkraft beschaffen können. Die meisten anderen geistigen Wege verlangen ein Abwenden vom Dunkel zum Licht, während die Vajrayana-Yogis sowohl Dämonen wie Engel als ihre Verbündeten begrüßen. (...)
> Das Benehmen eines Vajrayana-Schülers wirkt leicht unorthodox. In seiner Absicht, alles im Leben als Mittel zur Vollendung zu verwenden, schließt er nicht solche tierischen Vorgänge aus wie Schlafen, Essen, Ausscheiden und (wenn er kein Mönch ist) geschlechtlichen Verkehr. Die Energie von Leidenschaften und Begierden muß angejocht, nicht vergeudet werden. (...) Dieser Aspekt des tantrischen Buddhismus hat zu dem großen Irrtum geführt, der ihn mit Zügellosigkeit verwechselt. Wenn auch alle Dinge als Mitel benutzt werden, so muß dies doch in rechter Weise geschehen, (...)
> ... die sexuelle Symbolik [stammt] aus der offenen Bejahung des Sexus, der als die machtvollste Antriebskraft für alle Lebewesen, Tiere und Menschen angesehen wird. Lassen wir alle Prüderie beiseite: Welche geeignetere Symbolik kann es für die Vereinigung der Gegensätze geben – für die Lehre, auf der das gesamte tantrische System beruht?"[8]

Alle im Körper, in den Gefühlen und im Geist schlummernden Energien sollen also erweckt werden:

> *Der menschliche Körper mit all seinen Sinnen und seinen Erfahrungen*
> *der äußeren Welt ist die zentrale Verbindung zur Wahrheit."*
> *(Tantrismus)*

Man könnte glauben, eine Definition der Gestalttherapie zu lesen!

Um diesen Seitenblick bzw. dieses schelmische Augenzwinkern mit dem Tantrismus zu beenden, der mich während unseres Aufenthalts in Nepal[9] stark angezogen und herausgefordert hat, kann ich nicht umhin, ein letztes Zitat aus der bemerkenswerten Analyse von John BLOFELD wiederzugeben:

„Die Buddhisten, die entschieden, den Weg der Befreiung gehen, interessieren sich mehr für das Wie der Praxis als für das Warum der Existenz. [...] Der menschliche Geist ist in seinem normalen Bewußtseinszustand wahrscheinlich unfähig, die letzten Geheimnisse des Lebens zu erfassen, und die Zeit, die mit Spekulationen verbracht wird, sollte man besser dazu benutzen der Erleuchtung näher zu kommen."[10]

Der Zen-Buddhismus

Das Ch'an[11] ist eine andere Variante des Buddhismus, die über den Inder BODHIDHARMA im 6. Jahrhundet n.Chr. (tausend Jahre nach dem Taoismus) nach China kam. Sechshundert Jahre später, im 13. Jahrhundert, hat es sich in Japan verbreitet, wo es den im Westen geläufigeren Namen Zen erhalten hat. Nach weiteren sieben Jahrhunderten beginnt es bei uns Fuß zu fassen! Bestimmte Ideologien verbreiten sich sehr langsam!

Das Buch, das C.G. JUNG auf seinem Sterbebett las, war ein Buch über das Zen, und er war davon so begeistert, daß er seine Sekretärin ausdrücklich bat, an den Autor zu schreiben und ihm zu sagen, „daß er selbst genau dasselbe hätte sagen können". Und Martin HEIDEGGER wird folgende Aussage zugeschrieben: „Wenn ich die Lehre des Zen richtig verstehe, dann ist es das, was ich in all meinen Schriften sagen wollte!"

Das Zen lehrt, daß die Erleuchtung (Satori)[12] am Ende einer „wachsamen Aufmerksamkeit" (Smrti) steht, die ein „Gewahrsein ohne Objekt" sein muß. „Man erwartet nichts: was kommt, kommt. Weder in der Natur, noch im Denken existieren Gesetze, Regeln und Ziele". Eine Haltung, die der offenen, aufmerksamen awareness des Gestalttherapeuten ähnelt:

> *„Don't push the river: it flows by itself" (Barry STEVENS)*[13]

Es genügt, das Loslassen zu üben und unaufhörlich von einer Sache zur anderen, von einem Augenblick zum anderen zu gehen, in einem ständigen

Losgelöstsein (vergleichbar mit dem Zyklus von Kontakt und Rückzug in der Gestalttherapie). Wie könnten wir uns auch an einer Welt festklammern, die selbst in ständiger Veränderung ist?

> *Nichts ist beständig, nur die Vergänglichkeit ist beständig. Man kann nicht zweimal in demselben Fluß baden*

Die Wirklichkeit, die im wesentlichen Vergänglichkeit ist, zu akzeptieren, ist ein weiteres Grundprinzip und eine Erfahrung des Zen, die während der Übung in Konzentration und Beobachtung während des Zazen[14] und im täglichen Leben stattfindet: Das Auftauchen und Verschwinden der eigenen Gedanken beobachten, nichts vermeiden und nichts suchen.

> *Den Illusionen nicht ausweichen. Die Wahrheit nicht suchen*

Wir begegnen hier dem von PERLS unterstrichenen Gegensatz von isism und shouldism.

> *Auch wenn wir die Blumen lieben, verwelken sie. Auch wenn wir die Trunkenheit hassen, nimmt sie zu*

Das Zen entwickelt außerdem das Hishiryo, das „Nicht-Denken", das aus den tiefen, unterbewußten Schichten des Zentralhirns (während es im Alpha-Rhythmus funktioniert) zu strömen scheint. Diese Übung umfaßt drei Schritte: Die geistige Tätigkeit zulassen; die Aufmerksamkeit auf das, was kommt, richten – ohne irgend etwas zu forcieren; die Erscheinung loslassen, sobald sie sich auflöst.

Hier finden wir die ununterbrochene Folge der Bildung und Zerstörung von Gestalten in dem Kontinuum des Bewußtseins. Eines der Ziele in der außergewöhnlichen Disziplin der Koans[15] besteht in der zunehmenden Auflösung des logischen Denkens des Schülers, um ihm den Zugang zum „translogischen" und vereinigenden Denken des Zen zu ermöglichen – das man, nebenbei bemerkt, in der gegenwärtigen Philosophie und Wissenschaft wiederfindet, beispielsweise bei dem Phänomenologen MERLEAU-PONTY, der den

> *„Geist als die andere Seite des Körpers"*

definiert, oder auch bei dem „Physiker-Dichter" J. CHARON, der unumwunden erklärt, daß „alle Materie Geist in sich trägt"[16]. Diese Vereinigung geschieht „im vollkommenen Da-Sein an sich, in der uneingeschränkten Konzentration des Körpers und des Geistes, in der Ganzheit des Hier und Jetzt, wo die Zeit des Augenblicks zur Ewigkeit werden kann, denn Vergangenheit und Zukunft sind nur Traum und Phantasie, eine Chimäre." Dies sagt nicht PERLS, sondern der Zenmeister DESHIMARU.

„Im Zen sagen wir, daß der Mensch ‚heiß‘ und ‚kalt‘ nur über den Kontakt mit den Dingen kennt. Alles wird über die Erfahrung erklärt" (Kosho UCHIYAMA). Und der Meister SUZUKI ergänzt[17]:

„Die Methode des Zen besteht darin, in den Gegenstand selbst einzudringen und ihn sozusagen von innen zu sehen.

> *Die Blume kennen heißt, zur Blume werden ... als Blume blühen*
> *und sich an Sonne und Regen erfreuen. Wenn ich das tue,*
> *so spricht die Blume zu mir, und ich kenne all ihre Geheimnisse ...*
> *das ganze Leben, das in ihr pulst.*

Das Zen stürzt sich in die Quelle der Schöpfungskraft ... Während der Wissenschaftler tötet, versucht der Künstler, etwas Neues zu schaffen. Er weiß, daß sich die Wirklichkeit nicht durch eine Sektion erfassen läßt ... Man kann nicht erwarten, daß wir alle Wissenschaftler sind, aber wir sind von Natur aus so beschaffen, daß wir alle Künstler sein können – natürlich nicht bestimmte Künstler wie Maler, Bildhauer, Musiker, Dichter usw., sondern Künstler des Lebens ... Aber ein Künstler des Lebens braucht nicht aus sich herauszugehen ... alles, was die gesamte Persönlichkeit ausmacht, ist gleichzeitig das Material und das Werkzeug ..."

Man stößt hier auf Themen, die von dem Psychoanalytiker Otto RANK, in „Die Kunst und der Künstler", ausführlich dargestellt worden sind, ein Buch, das PERLS und GOODMAN besonders schätzten.
   Worin bestehen nun eigentlich die hauptsächlichen Unterschiede zwischen dem Zen und der Gestalttherapie? Ich halte mich nicht für besonders qualifiziert, um diese zu analysieren, doch ich werde dennoch folgende Bemerkungen wagen:
– Das Vorgehen im Zen ist kaum ohne die Hilfe eines Meisters (Gurus) vorstellbar, und es umfaßt eine Zeit der totalen Unterwerfung unter dessen Autorität, auch wenn den fortgeschritteneren Schülern gesagt wird:

> *„Begegnest du dem Buddha, so töte ihn!"[18]*

was insgesamt gesehen eine gute Warnung vor der Introjektion eines jeden Vorbildes darstellt. Dagegen baut der Prozeß in der Gestalttherapie von Anfang an auf dem Prinzip der Eigenverantwortlichkeit des Klienten auf, was zugestandenermaßen in der Realität manchmal ein wenig utopisch ist!

– Das Zen betont die Bedeutung der Immobilität (das dynamische Gleichgewicht des Zazen), während die Gestalttherapie gerne den Schwerpunkt auf
die Bewegung legt.
– Die Zenpraxis fordert äußerste Disziplin (auch wenn sie in letzter Instanz
darauf abzielt, das „Loslassen" zu fördern) und die Aufgabe des Ego, während die Gestalttherapie zeitweilig einen gewissen Hedonismus unterstützt
und eventuell sogar über Phasen des Egozentrismus verläuft, der in dem
berühmten „Gestaltgebet" von PERLS auf provozierende Weise karikiert
wurde![19]

Hinsichtlich der Frage, ob das Zen auch eine therapeutische Methode ist und
die Gestalttherapie auch eine Lebensphilosophie, bleibt die Diskussion weitgehend offen und führt letztlich zu Begriffsdefinitionen.

Anmerkungen

1 Mit Ausnahme des berühmten GRODDECK, der zu schreiben wagt: „Unsere Zeitgenossen
zögern nicht, das reine Blut durch gemischte Heiraten mit farbigen Rassen zu korrumpieren
[...] Die Heirat, die die Hautfarben vermischt, ist eine Gotteslästerung, die mindestens durch
den Verlust der bürgerlichen Rechte der Ehegatten und ihrer Kinder gesühnt werden sollte. [...]
Das Blut der Malaien ist dem der Affen ähnlicher als dem des Menschen. Dies müßte auch für
die Chinesen, Neger und Japaner nachgewiesen werden und an allen Straßenecken müßten
entsprechende Plakate aufgehängt werden ...".
2 Fritjof CAPRA (Professor für Elementarphysik an der Universität Berkeley, Kalifornien). Das
Tao der Physik. Bern/München/Wien 1975. Wendezeit. Bern/München/Wien 1982.
3 Genauer gesagt, die wirkliche Präsenz mit der potentiellen Präsenz.
4 Kolloquium von Cordoue, Oktober 1979. In: Science et Conscience. Stock. Paris 1980.
5 Dies entspricht dem Zeigarnik-Effekt des „Drucks durch eine nicht beendete Aufgabe".
6 Mandala (skrt.) bedeutet „Kreis". Das Zusammentreffens des Kreises und des Quadrats steht
für die Quadratur des Kreises, Archetypus der Totalität und des Gleichgewichts.
7 ... und darin mit bestimmten Techniken der Gestalttherapie sehr verwandt!
8 John BLOFELD. Der Weg zur Macht. Praktische Einführung in Mystik und Meditation des
tantrischen Buddhismus. Frankfurt 1981, S. 24ff.
9 Außerdem war mein Vater, der jüdischer Abstammung ist, Orientalist und ein entschiedener
praktizierenden Buddhist.
10 Vgl. die provozierenden Äußerungen, die PERLS benutzte, um Spekulationen zu charakteri-
sieren: „bullshit" (Bullenscheiße), „mind fucking" (geistige Masturbation) etc.
11 Ch'an (chin.) bedeutet „Meditation".
12 Buddha bedeutet „der Erleuchtete", das heißt, derjenige der in einem ständigen Zustand der
awareness ist. Das Zen umfaßt zwei Hauptschulen: das Rinzai – das die plötzliche Erleuchtung
anstrebt, und das Soto – das die graduelle, progressive Erleuchtung sucht.
13 (dt. den Fluß brauchst du nicht anzuschieben, er fließt von selbst) Titel eines Buches von Barry
STEVENS, in dem sie ihren Aufenthalt in dem Gestalt-Kibbuz am See von Cowichan (Kanada)
während der letzten Monate des Lebens von Fritz PERLS beschreibt. (Moab. Real People Press.
1970.)
14 Zazen ist die Grundposition des Meditierenden: in Lotusposition auf einem dicken Kissen, die
Wirbelsäule ist senkrecht, weder zu starr, noch zu locker; die Unbeweglichkeit besteht aus
allerkleinsten Bewegungen.
15 Koan: Rätsel oder Paradoxon, das durch die Logik nicht lösbar ist. Es soll 1700 davon geben.

16 Jean CHARON. „La Physique identifie l'esprit". In: L'Esprit et la Science. Kolloquium von Fès. Albin Michel. Paris 1983; sowie: J'ai vécu quinze milliards d'années. Paris 1983.

17 SUZUKI, Daisetz Teitaro, „Über Zen-Buddhismus". In: Zen-Buddhismus und Psychoanalyse. Frankfurt 1977, S. 22ff. (Bericht über die internationale Arbeitstagung über Zen-Buddhismus und Psychoanalyse an der Universität von Cuernavaca, Mexiko, 1957; 1. dt. Ausgabe: München 1963.) Hervorhebungen im Text von S.G.

18 Diese Aussage ist als Titel für ein Buch über Psychotherapie von S. KOPP aufgegriffen worden: Triffst du Buddha unterwegs ... Psychotherapie und Selbsterfahrung. Frankfurt 1978.

19 Siehe 8. Kapitel.

Kapitel 6
Die humanistische Psychologie und die Gestalttherapie
Ein Besuch in Esalen

Zur Geschichte der humanistischen Psychologie

Über ihr reiches Erbe aus den verschiedenen philosophischen Strömungen nahm die Gestalttherapie auch an den Anfängen jener Entwicklung teil, die allgemein als Humanistische Psychologie bezeichnet wird, auch wenn sich PERLS persönlich niemals aktiv in dieser Bewegung betätigt hat.

Die „humanistische Psychologie" entstand in den 50er Jahren als informeller Kreis um Abraham MASLOW (1908–1970), Rollo MAY (Lehranalytiker aus Wien), Carl ROGERS (1902–1987), Charlotte BÜHLER (1893–1973), Gordon ALLPORT, Anthony SUTISCH und einige andere; die meisten von ihnen waren stark von der europäischen existentialistischen Strömung deutscher und französischer Provenienz (HEIDEGGER, BUBER, BINSWANGER, SARTRE, MERLEAU-PONTY, Gabriel MARCEL etc.) beeinflußt.

Ihr Anliegen war

> *„den Menschen wieder ins Zentrum der Psychologie zu stellen",*
> *einer Psychologie, die zunehmend „verwissenschaftlicht",*
> *kalt und „inhuman" geworden war*

Sie wollten eine „Dritte Kraft" bilden, die sich gegen die beiden dominierenden Systeme der orthodoxen Psychoanalyse und der Verhaltenstherapie (Behaviorismus) gleichermaßen behaupten konnte, denen sie vorwarfen, den Menschen als Produkt seiner zellularen Biochemie und seines sozialen und familiären Milieus zu behandeln und ihn auf ein Studienobjekt zu reduzieren, anstatt in ihm ein Subjekt zu sehen, das für seine Entscheidungen und für sein Wachstum selbst verantwortlich ist.

Zu jener Zeit war in den Vereinigten Staaten eine gehörige Portion Mut erforderlich, um sich gegen das psychoanalytische Establishment, das alle Schlüsselpositionen im Bereich der psychischen Versorgung eingenommen hatte, und gegen den Behaviorismus, der in den Universitäten dominierte und sich als einzig wissenschaftliche, streng „objektive" Methode mit statistisch überprüften Resultaten ausgab, zu stellen. Hinzu kam, daß damals kein amerikanischer Verlag das Risiko einging, ein „unwissenschaftliches und fortschrittsfeindliches" Buch zu veröffentlichen, das niemanden interessieren würde! Die ersten Veröffentlichungen kursierten daher in der Form von vervielfältigten Manuskripten, die überall voller Spott und Hohn belächelt wurden, was auf andere Weise noch aggressiver war als die verlogene Gleichgültigkeit, die heute bestimmte Psychoanalytiker gegenüber den „Neuen Therapieformen" an den Tag legen, die sie zum Teil immer noch für „modischen Schnickschnack" halten.

1954 nahm die Bewegung Gestalt an, als MASLOW eine Adressenliste von (anfänglich dreißig, wenig später hundert) Interessenten zusammenstellte, an die er eine kleine periodische Broschüre in Form eines vervielfältigten Rundschreibens versandte. 1957 verständigte er sich mit SUTICH über die Herausgabe einer periodischen Zeitschrift, deren erste Nummer vier Jahre später, 1961 (also sieben Jahre nach dem ersten Rundschreiben), unter dem Titel Journal of Humanistic Psychology erscheint.

Die Humanistische Psychologie ist im übrigen niemals genau definiert worden. Es handelt dabei eher um eine Orientierung, eine allgemeine Tendenz, die prinzipiell offen bleibt, um sich der Veränderung der Werte anpassen zu können, und die es ablehnt, sich auf irgendeine genauer bestimmte Doktrin festzulegen, die dann im scholastischen Dogmatismus versacken könnte und bald dazu verdammt wäre, zu einem Anachronismus zu werden.

Der erste internationale Kongreß fand 1960 statt. Doch bereits 1958, auf dem Internationalen Kongreß für existentielle Psychiatrie in Barcelona, hatten Rollo MAY, MORENO und BINSWANGER die Grundzüge der humanistischen Psychologie öffentlich dargestellt.

Da der Prophet nichts im eigenen Lande gilt, stießen die humanistischen Psychologen zuhause auf den erbitterten Widerstand ihrer Kollegen. Unerwarteter Weise kam die Unterstützung von Seiten der Industrie: Die Vorträge von MASLOW über die Förderung des kreativen Potentials hatten seit Anfang der 50er Jahre bei den industriellen Führungskräfte Aufmerksamkeit erregt, vor allem in dem stark expandierenden Bereich der Elektronik, und so wurden die Techniken der Kreativität schnell zu einem aufstrebenden Forschungszweig, zunächst in der Industrie, dann in der Erziehung und schließlich in der Psychologie und Therapie.

Der Methoden-Boom

Der 1971 in den Vereinigten Staaten herausgegebene Katalog der Methoden des persönlichen Wachstums von Severin PETERSON[1] enthielt bereits rund vierzig Hauptmethoden. Edmond MARC kommt in dem in Frankreich 1982 veröffentlichten Guide pratique des Nouvelles Therapies auf die gleiche Anzahl[2]. Und heute gibt es in den Vereinigten Staaten mehrere hundert Methoden bzw. mehr oder weniger signifikante Varianten derselben, alle mit einem originellen Namen (wie z.B. Radix, Arica, Synanon usw.). Um eine Vorstellung davon zu geben, zähle ich hier einige der meines Wissens zur Zeit in Europa am meisten verbreiteten Methoden auf:

- Allgemeine Semantik (A. KORZYBSKI)
- Autogenes Training (J. H. SCHULTZ)
- Biodynamik (G. BOYESEN)
- Bioenergetik (A. LOWEN)
- Counselling (H. JACKINS)
- Encountergruppen (C. ROGERS, W. SCHUTZ)
- Entspannung (vor allem E. JACOBSON usw.)
- Erleuchtung (intensive Sitzungen zur) (C. BERNER)
- Eutonie (G. ALEXANDER)
- Existentielle Psychotherapie (L. BINSWANGER, R. MAY)
- Familientherapie (systemische, psychoanalytische, gestalttherapeutische)
- fernöstliche Techniken (Meditation, Tai-Chi-Chuan, Yoga, Zen, Tantrismus usw.)
- Angeleitete Wachträume (R. DESOILLES)
- Gestalttherapie (F. PERLS)
- Gordonsche Methode
- Haptonomie (F. VELDMAN)
- Hypnose nach ERICKSON
- Kunsttherapie (Zeichnen, Musik, Tanz usw.)
- Massage (reichianische, kalifornische, fernöstliche, Do-in, Shiatsu usw.)
- Meditation (statische oder dynamische, östliche oder westliche)
- Neurolinguistisches Programmieren (J. GRINDER, R. BANDLER)
- Posturale Integration (J. PAINTER)
- Primärtherapie (A. JANOV)
- Psychodrama (MORENO)
- Psychosynthese (R. ASSAGIOLI)
- Rebirthing (L. ORR)
- Rolfing oder strukturale Integration (I. ROLF)
- Sanfte Gymnastik (vor allem: ALEXANDER, FELDENKRAIS, MEZIERES usw.)
- Sextherapie (MASTERS & JOHNSON, Michel MEIGNANT usw.)
- Sophrologie (A. CAYCEDO)
- Suggestopädie (G. LOZANOV)
- Transaktionsanalyse (E. BERNE)
- Transpersonale Psychologie (S. GROF)
- Vegetotherapie (W. REICH)
- Visualisierung (C. SIMONTON)
- Vittoz-Methode

Der Humanismus

Was ist nun all diesen Methoden und Ansätzen, die als „Neue Therapieformen"
bezeichnet werden, gemeinsam? Was gibt uns das Recht, sie zu einer Bewegung zur Persönlichkeitsentfaltung bzw. unter dem Begriff Humanistische Psy-

chologie zusammenzufassen? Liegt in diesem Begriff nicht eine Redundanz: Ist denn eine Psychologie vorstellbar, die nicht „humanistisch" ist?[3] Und überhaupt, warum wurde der Begriff Humanismus gewählt, der häufig zu Verwirrungen führt und uns zunächst an die Renaissance denken läßt? Man entschied sich für diesen Begriff im Jahre 1961 nach langen Diskussionen anläßlich der Wahl des Titels für die neue Zeitschrift.

Als humanistisch wird jede Theorie oder Lehrmeinung bezeichnet, die auf den Menschen und seine Entfaltung ausgerichtet ist. Zahlreiche Humanisten haben die Geschichte der Philosophie und der Philologie geprägt. Ich nenne hier nur einige der Großen:

In der Antike: SOKRATES und PROTAGORAS (5. Jh. v. Chr.), für den „der Mensch das Maß aller Dinge" ist; ferner den lateinischen Dichter TERENZ (2. Jh. v. Chr.), dem man den berühmten Satz zuschreibt: „Ich bin Mensch, und nichts Menschliches ist mir fremd".

Zur vollen Blüte gelangte der Humanismus natürlich während der Renaissance, die eine Zeit des Optimismus und des erneuerten Glaubens an den Menschen und an den ungenutzten Reichtum seiner Möglichkeiten war. Hier wären vor allem RABELAIS, MONTAIGNE und viele andere zu nennen.

Für das 19. Jahrhundert könnte man den englischen Philosophen Ferdinand C. S. SCHILLER mit seinen Studien über den Humanismus aufführen. Und Karl MARX, der 1844 schrieb: „Das höchste Gut des Menschen ist der Mensch." Für ihn bedeutete der Kommunismus vor allem „die vollständige und freie Entfaltung eines jeden Individuums" …

1946 veröffentlicht SARTRE das Schlüsselwerk: Der Existentialismus ist ein Humanismus. Im folgenden Jahr erscheint HEIDEGGERs Brief über den Humanismus. Rund zehn Jahre später prangert der amerikanische Philosoph Herbert MARCUSE die übermäßige kulturelle Repression an, die den Menschen in eine verläßliche Maschine der gesellschaftlichen Produktion verwandelt und dabei das physische und emotionale Leben, die Spontaneität und die Kreativität des Individuums zerstört. Er wird später zu einer der hervorragenden Gestalten der weltweiten Welle der humanistischen Befreiung des Mai 1968, die auf den Summer of Love von 1967 folgt.

An dieser Stelle möchte ich nun auf die enge Verwandtschaft zwischen den Werten hinweisen, die periodisch von humanistischen Denkern aller Zeiten eingefordert werden, und der heutigen Bewegung der Humanistischen Psychologie, insbesondere der Gestalttherapie:

Es geht darum, die volle Würde des Menschen wieder herzustellen und sein Recht auf volle Respektierung seines gesamten Seins und damit

– das Recht, seinen Körper und seine Empfindungen zu leben, seine grundlegenden Bedürfnisse zu befriedigen, seine Gefühle auszudrücken;
– das Recht, seine Einmaligkeit zur Geltung zu bringen bei gleichzeitiger Respektierung der Besonderheiten eines jeden (Recht anders zu sein);
– das Recht auf Entfaltung und Selbstverwirklichung, ohne sich auf das Haben oder das Tun beschränken zu müssen; sich seine eigenen Ziele zu setzen,

seine eigenen Begrenzungen unaufhörlich zu überwinden, seine eigenen persönlichen, gesellschaftlichen und spirituellen Werte zu entwickeln.

Für Will SCHUTZ, den Begründer der offenen Encountergruppen in Esalen, sind die grundlegenden Bedürfnisse des Menschen:
- Nahrung und Schutz;
- Einbezogen-Sein (Zugehörigkeit oder Integration in eine Gruppe, wo er sich zuhause fühlt);
- Kontrolle (Bedürfnis nach Kompetenz, Dominanz oder zumindest nach Beherrschung der Situation, in der er sich befindet);
- Zuneigung (Entwicklung von intimen Beziehungen und das Gefühl, liebenswert zu sein).

Abraham MASLOW seinerseits stellt 1954 seine berühmte Hierarchie der Bedürfnisse auf, innerhalb derer die nachfolgende Kategorie dann auftaucht, wenn die stärksten Bedürfnisse der darunterliegenden Ebene ausreichend befriedigt sind:
- Die organischen Bedürfnisse (Atmung, Durst, Hunger, Urinieren usw.);
- das Bedürfnis nach Sicherheit und Schutz (im materiellen und psychologischen Sinne);
- das Bedürfnis nach Zugehörigkeit zu einer Gruppe (Einbezogen-Sein);
- das Bedürfnis nach sozialer Anerkennung und Wertschätzung (Kompetenz, Prestige, Erfolg);
- das Bedürfnis sich selbst und seine Fähigkeiten zu verwirklichen.

Es ist frappierend festzustellen, wie wichtig die immateriellen, psychologischen, sozialen und moralischen Bedürfnisse sind – die häufig in der klassischen Psychologie vernachlässigt werden.

Das Normale und das Pathologische

Für FREUD ist der „normale" bzw. der „geheilte" Mensch derjenige, „der liebt und arbeitet". Hier läßt sich die Relativität und die Variabilität der kulturellen Werte ermessen, die Gefangene der Zeit und des Raumes sind! Die Arbeiten der amerikanischen Kulturanthropologen (R. BENEDICT, M. MEAD, A. KARDINER, G. BATESON usw.) haben zur Genüge die Fragwürdigkeit des Normalitätsbegriffes unterstrichen, der von Land zu Land und von Epoche zu Epoche beträchtlich variiert.

So haben wir z.B. längst vergessen, daß die Athleten von Olympia völlig nackt ihre Kräfte maßen (daher der Begriff „Gymnastik", von gymnos = nackt), oder auch daß zu Anfang dieses Jahrhunderts in Frankreich Jugendliche, die masturbierten[4], operiert wurden, während man Frauen, die einen Orgasmus hatten, ärztlich behandelte, denn die Frigidität wurde damals als sittlich-ethi-

sche und physische Norm angesehen, und jeder Ausdruck von Vergnügen bei
einer Frau galt als Symptom für „Hysterie"! Erinnern wir uns ferner daran, daß
bis vor kurzem die Homosexualität in der Sowjetunion mit fünf Jahren Haft
bestraft wurde.

Wenn die Normalität in Frage gestellt wird, werden auch die Konturen der
Pathologie fließend. Die Humanistische Psychologie gab daher jede Form der
Kategorisierung von Krankheiten auf und begann sich für die fast unbegrenzte
Spanne von individuellen Verhaltensweisen zu interessieren, die prinzipiell als
„normal" angesehen wurden.

Diese Haltung führte zu der humanistischen Antipsychiatrie-Bewegung, die
in den 60er Jahren in England um LAING, COOPER und einige andere entstand, die in enger Verbindung mit den Vereinigten Staaten standen und sich
außerdem auf die Existentialisten (KIERKEGAARD, HEIDEGGER, SARTRE)
beriefen. Diese Bewegung verbreitete sich durch BASAGLIA und seine Mitarbeiter vor allem in Italien und führte zu einer weltweiten Tendenz der „Ent-
institutionalisierung" der Psychiatrie. Das spektakulärste Beispiel gab Ronald
REAGAN, der damals Gouverneur von Kalifornien war und die Zahl der
stationären Psychiatriepatienten 1974 auf 7000 reduzierte (gegenüber 37500
im Jahre 1956, d.h. eine Reduzierung der Geisteskranken um 80% in weniger
als zwanzig Jahren!), und dies einzig und allein, um die Steuern senken zu
können und die vom Bankrott bedrohten Motels zu sanieren, wo die aus den
Heimen entlassenen Kranken ohne ärztliche Versorgung zusammengepfercht
wurden![5]

Doch kommen wir wieder auf die Humanistische Psychologie zurück, die
sich der „Therapie für die Normalen", im weiten Sinne des Wortes Therapie,
widmete.

Während sich also die Psychoanalyse zunächst für die Psychopathologie der
Kranken interessierte, um dann ihre Entdeckungen auf die Persönlichkeit der
Normalen zu übertragen, verzichtet die Humanistische Psychologie von vorneherein auf diese Trennung und interessiert sich direkt für die optimale Entfaltung eines jeden. PERLS wiederholte gerne:

> *„Die Gestalttherapie ist eine zu wirksame Methode,*
> *um sie nur für die Kranken zu reservieren!"*

Nachdem sie die Trennung der traditionellen Wissenschaften in Subjekt und
Objekt aufgegeben hat sowie die Unterscheidung zwischen dem Normalen und
dem Pathologischen gemäß dem ärztlichen Vorbild, verzichtet die Humanistische Psychologie auch auf die cartesianische Trennung von Ursache und Wirkung und übernimmt die systemische Auffassung, wonach alle Phänomene
untereinander zirkulär verbunden sind. Der Mensch ist ein offenes Gesamtsy-
stem, das verschiedene Subsysteme einschließt (Organe, Zellen, Moleküle
usw.), und er selbst ist wiederum in größere Systeme eingeschlossen (Familie,
Staatengemeinschaften, Menschheit, Kosmos) – ein Thema, das eigentlich

schon ziemlich alt ist und das z.B. der persische Mystiker und Dichter ROUMI im 13. Jahrhundert folgendermaßen versinnbildlicht hat:

> *„Wenn du ein Sandkorn öffnest, findest du die Sonne und die Planeten darin."*

Dieser Weg führt also zu einem umfassenden Ansatz, der das ganze Universum miteinschließt, zu einer transpersonalen Ausrichtung, die die dem Menschen und der Welt zugrunde liegende Einheit sucht und sich für die Entwicklung eines planetarischen Bewußtseins[6] einsetzt und damit „für eine interdisziplinäre Forschung, die zeigen wird, daß der Mensch nur als Teil einer transpersonalen Realität verstanden werden kann". In diesem neuen, erweiterten Humanismus finden sich Forscher aus der Psychologie, der Physik und der Biologie zusammen, aber auch Philosophen, Schriftsteller, Theologen und Mystiker, die versuchen, dem Leben dadurch einen Sinn zu verleihen, daß sie die Verbindung zwischen Phänomenen herstellen, die scheinbar nichts miteinander zu tun haben.

Esalen

Diese Suche nach neuen Synthesen und Wertvorstellungen hat zum Entstehen zahlreicher „Wachstumszentren" (Growth Centers) geführt, in denen die Entwicklung des Körpers und des Geistes, die fernöstliche Mystik und die westliche Technologie, die Religion, die Kunst und die Wissenschaften miteinander verbunden werden.

Ich möchte Sie nun dazu einladen, Anne und mich während eines Sommers in den 70er Jahren nach Esalen zu begleiten, dem berühmtesten dieser Zentren, das als Wiege der Humanistischen Psychologie gilt.

Wir verlassen den Flughafen von San Francisco in einem kleinen Propellerflugzeug, das uns 200 km weiter südlich in Monterey absetzt. Dort wird uns die „Limousine" (ein Gruppentaxi) von Esalen abholen. Neben uns ein blonder, braungebrannter, junger Mann, der Ledersandalen mit Holzsohlen, ein langes Gewand aus weißem Leinen und eine Bronzekette um den Hals trägt – man braucht kein Hellseher zu sein, um in ihm einen der zahlreichen deutschen Studenten für Gestalttherapie zu erkennen, der zur Fortbildung nach Esalen gekommen ist. Das 1972 gegründete Fritz Perls Institut von Düsseldorf ist weltweit die wichtigste „Produktionsstätte" für Gestalttherapeuten. Es hat bereits (in einem vierjährigen Studiengang) mehr als 1500 Psychiater, Psychologen und Sozialarbeiter ausgebildet.

Eine gute Stunde Fahrt auf der in den Fels gehauenen Küstenstraße, entlang der stürmischen Steilküste mit ihren kleinen Sandstränden und Felsenbuchten. Hier schwimmt niemand im Pazifischen Ozean, dessen gekräuselte Wasseroberfläche majestätische Wellen bildet – das Wasser ist wegen der von Alaska kommenden Strömungen eiskalt. Hier, 280 km südlich von San Francisco, liegt Big Sur, das Dorf der Künstler und Schriftsteller – unter ihnen der Romancier Henry MILLER, der seit 1960 in den USA verboten ist. Vor rund 20 km sind wir an dem Ortsschild vorbeigefahren und immer noch kein Dorf! Big Sur ist wie Los Angeles (auch wenn die Dimensionen nicht vergleichbar sind) eher eine Region als ein Dorf, es hat kein Zentrum. Nur hier und da einige verstreute Häuser, die meist hinter Hügeln und in Wäldchen versteckt sind.

Die Ankunft

Eine kleine Straße führt hinunter zur Steilküste – wir sind jetzt auf dem Gebiet von Esalen (nach dem Namen eines alten Indianerstammes, der hier lebte), das Michael MURPHY 1962 geerbt hatte. Er kehrte damals gerade von einem 18monatigen Aufenthalt in einem indischen Ashram zurück und war begeistert von der orientalischen Tradition und Meditation. Er beschloß, dieses herrliche Anwesen in ein Zentrum zur Entwicklung der menschlichen Fähigkeiten zu verwandeln und verband sich zu diesem Zweck mit seinem früheren Studienkameraden an der Standfort Universität, Richard PRICE. Ihr Ziel war, eine Synthese zwischen der östlichen Mystik und der westlichen Technologie herzustellen. Esalen wurde das erste der großen Wachstumszentren, die sich zunächst an der West-Coast ausbreiteten und danach überall in den Vereinigten Staaten, ehe sie Europa erreichten.

Wir stehen jetzt auf der ovalen Rasenfläche vor dem Empfangsbüro, wo halbnackte Hippies ihren Trödel ausgebreitet haben. Sie wollen ihn an die Besucher verkaufen und klimpern dabei auf der Gitarre, während eine Schar braungebrannter Kinder sich mittendrin im Gras wälzt. Weiter unten im Freibad tummeln sich Männer, Frauen und Kinder vollkommen nackt, während andere im gleichen Outlook sich in dem kalifornischen Gras sonnen, das dicht und kräftig ist wie ein langhaariger Wollteppich aus dem Mittleren Atlasgebirge. Am Rand des Schwimmbades, bis hin zu dem schwarzen Ozean, der dreißig Meter weiter unten ruht, tanzen Gäste, die im Gegenlicht wie Scherenschnitte wirken, in der Sonne sehr langsam ein seltsames Ritual: Es sind Anhänger des Tai-Chi-Chuan, die nichts von ihrer dynamischen Meditation abbringen könnte.

Der Empfang

Wir betreten das Empfangsbüro – dieses Mal haben wir das Glück, in einem bequemen Zimmer mit Bad in dem früheren Privathaus von Fritz PERLS wohnen zu können, in dem runden Holzchalet, das über den heißen Schwefelquellen und ihren Massageterrassen liegt.

Die Verteilung der Zimmer, größtenteils Doppelzimmer, erfolgt in der Reihenfolge der Ankunft. So erhielt ich während eines anderen Aufenthalts, wo ich allein gekommen war, am Empfang einen Schlüssel und als ich in mein Zimmer kam, wurde ich von einer charmanten amerikanischen Psychologin empfangen, die gerade nackt auf dem Bett lag und eine Siesta machte!

Die Zimmerverteilung erfolgt geschlechterunabhängig. In jenen Jahren konnte Esalen ungefähr hundert Teilnehmer unterbringen, die in fünfzehn auf dem Anwesen verstreuten Holzhäusern wohnten, die jeweils mehrere, sehr unterschiedlich ausgestattete Zimmer hatten. Seit der Eröffnung sind über 60000 Teilnehmer in Esalen gewesen, das seit über 30 Jahren ein weltweiter Anziehungspunkt ist.

Die Aktivitäten im größten „Wachstumszentrum" der Welt

Das Zentrum ist das ganze Jahr über geöffnet und bietet gleichzeitig bis zu fünf verschiedene Workshops an, deren Teilnehmerzahl zwischen 5 und 50 oder auch mehr variiert. Jedes Jahr lädt Esalen 200 Kursleiter ein, überwiegend Amerikaner, die meisten von ihnen ziemlich bekannt, wenn auch von unterschiedlicher Qualität. Die Gruppen dauern zwei bis fünf Tage und finden entweder am Wochenende (von Freitag 18 Uhr bis Sonntag 13 Uhr) statt oder auch während der Woche (von Sonntag 18 Uhr bis Freitag 13 Uhr). Bestimmte Fortbildungsveranstaltungen dauern aber auch länger (15 Tage bis einen Monat). Und da ich gerade auf meine Prospektesammlung blicke – in meinem Kopf jenes zwanghafte enzyklopädische Bedürfnis, erschöpfende Auskünfte zu erteilen, und in meinem Herzen die Erinnerung an die vielen wunderbaren Erlebnisse, die es mit Ihnen teilen möchte – schlage ich vor, daß wir diese noch ein wenig zusammen durchblättern und so sowohl die Neugierigen wie auch die zukünftigen „Pilger" gleichermaßen befriedigen.

Hier also einige Titel der angebotenen Workshops, in ihrer ganzen Breite und bewußt nicht nach Themen geordnet:
- Intensive Massageübungen für Fortgeschrittene (Theorie und Praxis)
- Gestalt-Workshop für Ehepaare
- Schamanistische Praktiken der amerikanischen Indianer
- Die Weisheit des Körpers erfahren (Rolfing, Massagen, Integration durch die Gestaltmethode)
- Praktische Einführung in die Revolution im Haushalt durch die Informatik
- Die Quantenphysik und das Bellsche Theorem
- Hypnose und Parapsychologie
- Die Bewohner des Sonnenzeitalters: Denken und lokale Aktionen
- Gestalttherapie und Träume
- Die Übertragung in der analytischen Jungschen Therapie
- Astrologie: Die Karte der Psyche
- Workshop für Manager
- Tod und Wiederauferstehung

- Gestalttherapie und Hypnose
- Die Techniken des Sakralen
- Der lebendige Schulunterricht (Gestalttherapie und Psychosynthese)
- Akute Behandlung bei existentiellen und transpersonalen Krisen
- Das Energiesystem des Menschen und die Gestalttherapie
- Workshop für Junggesellen
- Die Welt der heutigen Physik
- Sexualität, Feminismus und Homosexualität
- Der aktuelle Stand des sowjetisch-amerikanischen Forschungsprogramms in Esalen
- Gestalttherapie und strukturale Integration
- Gestalttheater und Psychodrama
- Wege zur kreativen Sexualität
- Ganzheitliche Medizin (Homöopathie, Akupunktur usw.)
- Die Gestalttherapie und die Kunst
- Workshop für Homosexuelle (Einzelpersonen und Paare)
- Transpersonale Übungen (Jung, Gestalttherapie, tibetanischer Schamanismus usw.)
- Die Gestalttherapie und Gurdjef
- Workshop für Geschiedene
- Gestalttherapie und Körperbewußtsein

Hier beende ich diese schwindelerregende Aufzählung – tatsächlich werden jedoch pro Jahr rund 400 Veranstaltungen angeboten! Die Workshops von Esalen werden von mehreren amerikanischen Universitäten innerhalb des Curriculums der Humanwissenschaften anerkannt wie auch von Schwesternschulen und von medizinischen Fakultäten.

Der materielle Rahmen

Zur Einnahme der Mahlzeiten können wir im Speisesaal Platz nehmen, dessen Fenster durch die Anpflanzung von aus Keimen gezogenen Gräsern verschiedenster Art in Gewächshäuser verwandelt worden sind, oder an den Tischen auf der Sonnenterrasse. Der Self-Service bietet eine lange Tafel mit heimischen „Salaten" incl. Wurzeln und Knospen an. Die Nahrung ist größtenteils vegetarisch und makrobiotisch. Man kann sich auch die Kräuter mit einer großen Schere selbst frisch abschneiden und sie mit den vielen originellen, geschmackvollen Saucen würzen.

Die Mahlzeiten, die Unterbringung und die Benutzung der vorhandenen Anlagen sind im Pauschalpreis für den Workshop mitinbegriffen.[7]

Heute nachmittag trifft sich unsere Gruppe bei den Bädern. Es sind natürliche, leicht schwefelhaltige, heiße Quellen, die schon in früheren Zeiten genutzt wurden und in heißen Röhren und großen Becken aufgefangen werden. Die kollektiven Badebecken können von etwa zehn Teilnehmern gleichzeitig benutzt werden. Das Wasser ist sehr heiß und wird ständig erneuert. Man badet nackt und gruppenweise. Insgesamt stehen zehn Becken bzw. Mini-Schwimmbäder zur Verfügung. In einem Flügel des Gebäudes kann man in Ruhe und Meditation in das Wasser, das amniotische Temperaturen hat, eintauchen. Aus dem anderen Flügel schallt einem das Geschrei, das Gelächter und das Schluchzen der Teilnehmer entgegen, die sich entspannen oder an ihren tiefen Gefühlen arbeiten.

Oberhalb der Thermen befindet sich die Massage-Terrasse: Dort steht eine Reihe von gepolsterten Tischen, an denen zehn Masseure eifrig ihrer Beschäftigung nachgehen. Sie reiben die Körper mit parfümierten Ölen ein und bieten ihren Kunden folgende Arten der Massage an:

– kalifornische Massage, die auch als sensorische, euphorisierende oder als „sensitive Gestaltmassage" bezeichnet wird;
– Trager-Massage (bei der mit Vibrationen gearbeitet wird);
– Psychische Massage (aus der Distanz und ohne Hautkontakt);
– Rolfing (Tiefenmassage des Gewebes zur posturalen Integration).

Hingehen oder nicht?

Ich könnte meine Ausflüge in die Erinnerungen an Esalen noch lange fortsetzen, denn ich habe mich in den Platz auf ganz ursprüngliche Weise verliebt – wie in eine Paradiesinsel auf dieser unruhigen Erde, einen Garten Eden, wo die Menschen für eine bestimmte Zeit ihre ursprünglichen Beziehungen wiedergefunden haben ...

Dabei bin ich mir der berechtigten Kritiken durchaus bewußt: Ja, es ist ein sehr lukratives Geschäft geworden. Ja, es besteht ständig die Gefahr, in den Mystizismus abzuleiten. Ja, solche Orte halten einen gefährlichen, elitären Mythos aufrecht, der fern von den dramatischen wirtschaftlichen und politischen Realitäten der Dritten Welt ist und auch von der Realität der aus unseren sogenannten zivilisierten Gesellschaften Ausgeschlossenen. Ja, es ist ein künstliches Gebilde (d.h., etymologisch gesehen, „kunstvoll gemacht"), wie Champagner, um ein großes Fest zu simulieren. Ja, auch in Esalen hat sich der Tod eingeschlichen – durch die Überdosen und die Selbstmorde von den Klippen. Ja, das ist alles wahr und noch viele anderen Dinge mehr!

Dennoch halte ich es grundsätzlich für notwendig, daß es weiterhin Orte gibt, wo wir die schwankende Flamme unseres Glaubens an den Menschen und an seine Fähigkeiten nähren können; und es ist nicht unnütz – sei es auch nur ein einziges Mal, sei es auch nur für wenige flüchtige Augenblicke – eine Gipfelerfahrung des Satori gemacht zu haben, die es uns erlaubt, für immer zu wissen, daß wir etwas von einer anderen Welt in uns haben und daß es vielleicht genügt, ein wenig auf die Glut zu blasen, um es wieder auflodern zu lassen.

Anmerkungen

1 PETERSON, S. A Catalog of the ways people grow. New York 1971. Ballantine Books.
2 MARC, E. Le Guide pratique des Nouvelles Thérapies. Paris 1982. Retz.
3 Wie wir gesehen haben, war dies sehr wohl möglich – vor allem in den Vereinigten Staaten. Die Vertreter dieser neuen Richtung haben diesen Begriff daher bewußt provokatorisch benutzt.
4 Ich erinnere außerdem an das Gesetz des Staates von Missouri (USA): „Wenn jemand des Mordes, der Vergewaltigung, des Diebstahls auf den großen Verkehrswegen, des Hühnerdiebstahls, der Benutzung von Explosivstoffen oder des Autodiebstahls überführt worden ist, bestimmt der Ermittlungsrichter sofort einen entsprechenden Arzt, der in dem Gebiet, wo das Verbrechen begangen wurde, wohnt und an dem Verurteilten eine Vasectomie oder Salpingectomie vornimmt, um ihn zu sterilisieren und ihm damit die Fähigkeit zur Fortpflanzung für immer zu nehmen." Dementsprechend wurden bis 1944, wenn man nur die amtlichen Zahlen berücksichtigt, in den USA rund 42 000 legale Sterilisationen durchgeführt, ferner zwischen 1945 und 1955 etwa die gleiche Zahl von Lobotomien, 1970 waren es z.B. noch einige hundert! (Die Zahlen stammen aus CASTEL, F. & R. und LOVELL, A. La Société psychiatrique avancée: le modèle américain. Paris 1979. Ed. Grasset.)
5 Vielleicht ist es überflüssig hinzuzufügen, daß eine Untersuchung ergab, daß sich der Verlauf ihrer Krankheiten unter diesen neuen Bedingungen weder verbessert, noch verschlechtert hat gegenüber dem in der psychiatrischen Klinik!
6 Siehe z.B. Joël ROSNAY. Le Cerveau planétaire. Paris 1986. Ed. Olivier. Der Autor des Buches vertritt die Auffassung, daß die gesamte Menschheit einen Riesenorganismus darstellt und daß „wir die Neuronen der Erde sind" (...). „Die Kommunikationsnetze über Satelliten und durch persönliche Telematik gehören zu den wichtigsten Kreisläufen des Nervensystems der Gesellschaft."
7 Die Tarife von 1990 z.B. lagen einschließlich Aufenthaltskosten bei 325 Dollar für ein Wochenende und 630 Dollar für einen fünftägigen Workshop.

Kapitel 7
Die Systemtheorie und der Gestaltansatz
Das Pentagramm

Die Revolution durch die Systemtheorie

Die Synthese zwischen Orient und Okzident, zwischen Kunst, Religion und Wissenschaft, zwischen jahrhundertealten Traditionen und neuen Technologien, zwischen Körper, Herz und Kopf, zwischen dem Menschen und seiner sozialen und kosmischen Umwelt, diese in unserer Zeit notwendige Synthese, um die sich vor allem die Humanistische Psychologie bemüht hat, scheint mir in der Gestalttherapie besonders deutlich zu werden. Diese ist nämlich aus meiner Sicht kein eklektischer Ansatz, der sich von hier und dort mehr oder weniger fruchtbare Unterstützung geholt hat; sie ist aber auch nicht nur eine harmonische Verbindung von komplementären Elementen, die sich gegenseitig ergänzen und bereichern. Es geht um mehr: Um eine neue Art, den Menschen und die Welt in ihrer ständigen Interaktion zu begreifen, um eine systemische Weltanschauung, die gegenüber dem cartesianisch-newtonschen Paradigma[1], dessen mechanistische Sichtweise über drei Jahrhunderte die Wissenschaften beherrscht hat, revolutionär ist.

Die Bedeutung dieser Revolution im Denken, die insgeheim in die meisten heutigen wissenschaftlichen Disziplinen eingedrungen ist, ohne daß man immer den tatsächlichen qualitativen und nicht mehr bloß quantitativen Sprung erkannt hat, sollte nicht unterschätzt werden. So wird sogar an unseren Universitäten noch immer jede Wissenschaftsdisziplin getrennt gelehrt. Die Physik in einem Gebäudekomplex, die Biologie in einem anderen, die Psychologie und die Soziologie sogar an einer anderen Fakultät! Und dies in einer Zeit, wo jeder Forscher weiß, daß diese Disziplinen weitgehend vergleichbare und überdies eng zusammenhängende Phänomene untersuchen.

Wie läßt sich denn die Atmung des Menschen oder des Tieres umfassend begreifen ohne die Photosynthese der Pflanze, wo doch die eine nicht ohne die andere funktionieren kann?[2] Wie die wirtschaftliche Inflation verstehen, wenn die psycho-soziologischen Faktoren der Börse nicht berücksichtigt werden? Als könnte man ein Bild beschreiben, indem man seine Farben analysiert!

Es sind nicht mehr die Fakten oder die Struktur der Dinge, die uns interessieren, sondern ihre Interaktionen; nicht mehr die isolierten Ex-Materieteilchen, sondern die Energie, die sie bewegt. Die Wahrheit liegt nicht mehr in der Materialität der Dinge, sondern in der Raumzeit, die sie belebt, voneinander trennt und vereinigt; wir finden sie nicht in den erstarrten Begriffen des Wörterbuches, sondern in den flüchtigen Gedanken des Menschen; nicht in unseren Organen, sondern in ihrem Funktionieren; in unserem In-der-Welt-

Sein, das über unser Gesund- oder Kranksein entscheidet. Gemäß der post-einsteinschen Quantenphysik sind „die Subatome keine ‚Dinge‘, sondern Verbindungen zwischen Dingen" (CAPRA, 1982), und sie bewohnen das vierdimensionale Universum der Raumzeit, in dem bestimmte Teilchen (die „Antiteilchen") sich sogar von der Zukunft in die Vergangenheit bewegen, ohne jede schlüssige Ursache/Wirkungsrelation. Man weiß jetzt, daß Masse nichts anderes ist als eine Form der Energie und daß sie nicht an eine materielle Substanz gebunden ist. Daher können auch die Materieteilchen nicht mehr als dreidimensionale Gegenstände, als Billardkugeln oder als Sandkörner beschrieben werden. Die Materieteilchen werden erzeugt und zerstört, ihre Masse wird in Energie verwandelt und umgekehrt. Die Atome sind letztlich nichts anderes als „ein unaufhörlicher Tanz der Energie"[3].

Gregory BATESON[4], einer der führenden Köpfe der Schule von Palo Alto – der das systemische Denken explizit in die Psychiatrie eingeführt hat – schätzt, daß diese jüngsten Entdeckungen der Physik unsere Art zu denken radikal verändern werden, da „jedes Ding nicht über das, was es selbst ist, definiert werden müßte, sondern über seine Beziehungen zu anderen Dingen". In ähnlicher Weise berichtet Edward HALL, daß „die Japaner sich nur für die Zwischenräume interessieren und die Linien, die jene begrenzen, vernachlässigen. In Japan tragen die Kreuzungen einen Namen und nur selten die Straßen. Die Häuser sind nicht räumlich, sondern zeitlich geordnet und werden in der Reihenfolge ihrer Erbauung numeriert."[5]

Die Wissenschaften des Komplexen

Die bloße Aneinanderreihung der Erkenntnisse reicht heute nicht mehr aus. Joël de ROSNAY unterstreicht daher:

> „Die entscheidenen Disziplinen für die Zukunft unserer Gesellschaften sind heute die Ökonomie, die Ökologie und die Biologie. Sie beschäftigen sich mit den äußerst komplexen Systemen, die die Unternehmen, die Gesellschaften, die Ökosysteme und die lebendigen Organismen bilden. Das analytische Denken kann sie nicht mehr erfassen, die Komplexität der Interdependenzen verbietet jede Teillösung."[6]

Welche Verbindung besteht zwischen den 60 000 Milliarden Zellen unseres Körpers und unseren Gedanken, unseren Wünschen und unserer Umgebung? Dabei dürfen wir nicht vergessen, daß jede dieser Zellen selbst eine komplexe „Fabrik" ist mit mehreren hundertausend verschiedenen Elementen, die jeweils wiederum aus weiteren Tausenden von Elementen bestehen!

Kausalität/Finalität, Analyse/Synthese

Was nützen uns heute einseitige lineare und kausalistische Erklärungsversuche? Wie kann ich denn z.B. erklären, warum ich Gestalttherapeut geworden bin? Eine Aneinanderreihung der theoretisch möglichen Ursachen für meine ideologischen und professionellen Entscheidungen kann diese keinesfalls hinreichend erklären. Alle meine Verhaltensweisen sind auf vielfache Weise miteinander verbunden und bilden ein unentwirrbares Netz aus affektiven und physischen Faktoren, bewußten, rationalen Entscheidungen, günstigen sozialen Umständen, zufälligen Präferenzen, tiefgründigen philosophischen oder spirituellen Beweggründen usw. Wenn ich nun schlichtweg an irgendeinem Faden dieses verwickelten Knäuels von Beweggründen ziehe, erreiche ich nur, daß es sich noch mehr verknotet!

Die komplexe Realität muß daher von allen Seiten gleichzeitig angegangen werden, d.h. man muß

> *mit der Synthese und nicht mit der Analyse beginnen,*

so wie wir es auch spontan machen:
- wenn ich ein vertrautes Gesicht erkenne, so habe ich mir vorher nicht die Mühe gemacht, die einzelnen Züge desselben zu analysieren;
- wenn ich eine Symphonie höre, achte ich nicht im einzelnen auf den Klang eines jeden Instruments oder auf die Notenabfolge;
- wenn ich mich verliebe, geht dem Gefühl keine streng ausgewogene Analyse der Qualitäten des „geliebten Objektes" voraus.

Wie auch immer die von vielen so gepriesene dialektische Methode dazu stehen mag, in Wirklichkeit verbringe ich meine Zeit nicht damit, das Für und Wider einer Sache abzuwägen, und die Hegelsche Methode, die von der These über die Antithese zur Synthese führt – und sei sie auch noch so verführerisch, erweist sich in der Realität des Lebens als total ungeeignet. Diese geht nämlich genau umgekehrt vor: Nach einem ersten synthetischen Eindruck erfolgt a posteriori die analytische Rechtfertigung desselben.

Das „umfassende" Verständnis für ein Phänomen oder ein Objekt resultiert im allgemeinen nicht aus der Analyse seiner Bestandteile oder seiner Struktur und auch nicht aus der hypothetischen Erforschung der ihm zugrundeliegenden Ursachen, sondern vielmehr aus der im allgemeinen intuitiven Synthese seiner Gesamterscheinung und aus der Bewertung seiner teleologischen[7] Nützlichkeit. Was ein Messer ist, erschließt sich mir nicht über die Untersuchung der Verbindung von Griff und Klinge, sondern über seine anschließende Benutzung. Kennen bedeutet daher, sich ein signifikantes Objekt vorzustellen; d.h., nicht die Realität zu analysieren, sondern eine Vorstellung von dem Modell während seines Funktionierens zu entwickeln. So könnten wir einen Gegenstand, z.B. „das Messer von Hans", auch dann noch erkennen, wenn

man seinen Griff ausgetauscht und seine Klinge ersetzt hätte – es bliebe für
uns dennoch dasselbe Objekt, nämlich das Messer von Hans![8]

Doch wir dürfen andererseits auch nicht bei der Synthese stehenbleiben und
so von einem Reduktionismus in den anderen verfallen: Auf diese Weise würden wir nämlich einfach den Mechanismus, der davon ausging, daß die Kenntnis aller Teile und aller Gesetze es eines Tages erlauben würde, das Funktionieren des Ganzen zu verstehen, durch den Holismus ersetzen, der glaubt, daß
die Kenntnis des Ganzen das Funktionieren der einzelnen Teile erklären könnte. Zu diesem Thema zitieren wir einige Auszüge aus dem grundlegenden
epistemologischen Werk von Edgar MORIN, „La Méthode de la méthode", in
dem die schon in „Le Paradigma perdu" skizzierten Grundbegriffe weiterentwickelt werden. Die Lektüre dieser Werke[9] empfehlen wir dringend jedem
Gestalttherapeuten, der das Bedürfnis nach einer gründlichen Reflexion über
die von ihm angewandte Methode hat.

„Das analytische Zerlegen in die einzelnen Elemente zerlegt auch das System
als solches, denn die Regeln seiner Zusammensetzung sind nicht additiver,
sondern transformatorischer Natur. [...] In dem Glauben, den Reduktionismus
zu überwinden, hat der Holismus nämlich eine Reduktion auf das Ganze
herbeigeführt: Er ist daher nicht nur blind für die Teile als solche, sondern
auch kurzsichtig hinsichtlich der Organisation als solcher und ignoriert darüberhinaus die Komplexität innerhalb der Gesamteinheit. [...] Das Ganze ist
nicht alles. Das Ganze ist weit mehr als nur eine Gesamtform. [...] Das Ganze
für sich genommen ist nur ein Loch (whole is a hole).

Das System bezieht sich weder auf die „Form", noch auf den „Inhalt" oder
auf die einzelnen Elemente und auch nicht auf das Ganze an sich, sondern
auf all diese Aspekte in ihrem organisierten Zusammenwirken, das sie transformiert. [...] Der Beobachter selbst ist auch Teil der Definition des beobach-
teten Systems, so wie auch das beobachtete System Teil des Intellekts und des
Wissens des beobachtenden „Systems" ist. Er erzeugt in und durch diese In-
terrelation eine neue Systemtotalität, die beides umfaßt."

„Le Discours de la Méthode" (Descartes, 1637)[10]

Es handelt sich hier, wie Jean Louis LEMOIGNE in seiner bemerkenswerten
„Théorie du Système Général"[11] überzeugend darstellt, um eine radikale Infra-
gestellung des gesamten cartesianischen Denkens, das auf vier logischen Regeln beruhte, die heute überholt sind, obwohl sie bis zu Beginn des 20. Jahrhundert die Grundlage des sog. „wissenschaftlichen" Denkens bildeten:
– Die Regel der Evidenz (nur dasjenige gilt als wahr, was offensichtlich ist);
– die Regel der Reduktion (jedes Problem ist in soviele Teile wie nur möglich
  zu untergliedern);
– die Regel der Kausalität (das Verhältnis von Ursache und Wirkung ist in der
  genannten Reihenfolge aufzuschlüsseln);

– die Regel der Vollständigkeit (die Aufzählungen müssen in jedem Fall so vollständig sein und die Überprüfungen so umfassend, daß sichergestellt ist, daß nichts ausgelassen wurde).

Ich zitiere nur ein Beispiel: Die zweite Vorschrift des „Discours de la Méthode" verlangt, „jedes Problem in soviele Teile wie nur möglich zu untergliedern ... um es besser lösen zu können" und diese „Analyse" ist praktisch ein Synonym für die Methode geworden! Wenn man ein Problem jedoch in ungeeigneter Weise untergliedert, besteht die große Gefahr, das man es dadurch noch komplizierter macht!
  Heute werden die zu erklärenden Tatbestände als Teile von größeren Entitäten betrachtet, und nicht als Entitäten, die in ihre Teile zu zerlegen sind. Um sie besser zu erkennen, ist es daher angebracht, an Stelle des bisher benutzten Mikroskops zu dem „Makroskop" von Joël de ROSNAY überzugehen. „Während in der klassischen Mechanik die Eigenschaften und das Verhalten der Teile das Ganzen bestimmen, ist die Lage in der Quantenmechanik umgekehrt: Es ist das Ganze, das das Verhalten der Teile bestimmt" (CAPRA. Wendezeit. a.a.O. S.90). Selbstverständlich gilt dies auch für den menschlichen Organismus, wie die Gestaltpsychologie von jeher unterstrichen hat.

Der Pfeil der Zeit

Ebenso stellt die weitverbreitete Hypothese über die Naturgesetze, die „unter sonst gleichbleibenden Bedingungen" (dritte Regel) zu gleichen Konsequenzen führen, nur eine vereinfachende Approximation dar, denn nichts ist jemals gleich, da der Pfeil der Zeit unter normalen Bedingungen unumkehrbar ist und seine Spur auf allen Dingen und in allen Ideen hinterläßt. So führen die gleichen Ursachen nicht immer zu genau denselben Wirkungen.
  Schon 1912 hatten die Gestaltpsychologen (insbesondere WERTHEIMER) aufgezeigt, daß „die Kombination verschiedener Stimuli in Zeit und Raum Erfahrungen hervorrief, deren Ergebnisse aus der Kenntnis jedes einzelnen Stimulus heraus nicht vorhersehbar gewesen seien". Und KOESTLER stellte sich im Rahmen seiner Überlegungen über den Einfluß des Zeitfaktors folgende Fragen:

> „Wenn die Ereignisse nicht ausschließlich durch den Schub und den Druck der Vergangenheit gesteuert werden, so könnten sie vielleicht in gewisser Weise von dem ‚Zug' der Zukunft beeinflußt sein? Kann damit gesagt werden, daß das ‚Ziel' ein konkreter physischer Faktor der Entwicklung des Universums ist?"

Auf diese Weise kommmt man zu einer zielorientierten Hypothese, die nicht nur den Lebewesen, sondern auch den Gedanken und den Objekten eine innere Logik zuschreibt. Eine solche teleologische Perspektive wird von den heutigen Physikern ernsthaft in Erwägung gezogen.

Wie dem auch sei, letztlich stößt man dabei auf eine banale, alltägliche Erfahrung:

> *Mein Verhalten wird mindestens ebenso sehr von der Zukunft*
> *wie von der Vergangenheit bestimmt.*

Wenn ich z.B. heute abend früh schlafen gehen, kann dies deshalb sein, weil ich nach einem anstrengenden Tag müde bin, aber es kann auch deshalb sein, weil ich für morgen einen anstrengenden Tag erwarte; oder: Sie lesen dieses Buch, weil Sie es gekauft haben, aber vor allem weil Sie wissen wollen, was darin steht („Zugkraft der Zukunft").

> *„Die Vergangenheit und die Zukunft existieren gleichzeitig, aber nicht*
> *zur gleichen Zeit, so wie Amerika und Europa gleichzeitig existieren,*
> *aber nicht in demselben Raum."*[12]

Ebenso könnte man, anstatt das „Warum" der Störungen in der Vergangenheit zu suchen (kausalistische Perspektive), stärker nach ihrem heutigen Fortbestehen fragen, nach dem „Wofür" und nach den sekundären Vorteilen, die die Krankheit mit sich bringt bzw. aufrechterhält (finalistische Perspektive).

„Die Objektivität", bemerkt Jacques MONOD[13] fast mit Bedauern, „zwingt uns, den teleonomischen Charakter der Lebewesen anzuerkennen, ja zu akzeptieren, daß ihre Strukturen und ihre Lebensäußerungen einem Plan folgen".

Joël ROSNAY definiert ein System als „die Einheit von Elementen, die zur Erfüllung eines bestimmten Ziels in einer ständigen dynamischen Interaktion stehen".

Die Gestaltpsychologie unterstreicht unaufhörlich das systemhafte Zusammenwirken des Menschen und seiner Umgebung (der Mensch in seinem „Feld") und die Polysemie jeder Art von Verhalten als eines dynamischen, multifaktoriellen Prozesses.

Das permante Hinlenken der Aufmerksamkeit auf das Hier und Jetzt oder genauer gesagt auf das Jetzt und Wie in der Gestalttherapie scheint mir sehr deutlich die Prävalenz des Zeitfaktors zu unterstreichen. Selbst die Erinnerung an ein früheres Ereignis verändert sich von Tag zu Tag, ja von Stunde zu Stunde. Seine emotionale Bedeutung variiert je nach dem räumlichen, zeitlichen und sozialen Kontext; aus diesem Grunde muß auch seine Behandlung, um wirksam zu bleiben, dementsprechend variabel sein.[14]

Eine rein rationale, an der Geschichte orientierte Bewußtmachung kann eine Erinnerung lediglich wieder in leichter zugängliche mentale Strukturen einordnen; ihre dauerhafte Transformation dagegen setzt voraus, daß diese in dem momentanen Zusammenhang, unter Beteiligung aller Dimensionen des

Körpers, der Gefühle, der Affektivität, der Vernunft und unter dem bestärkenden Blick des anderen, neu gestaltet wird, denn

---

der Sinn ergibt sich ebensosehr aus dem Kontext wie aus dem Text.

Der Irrtum von LATNER

Die Gestalttherapie steht also ganz offensichtlich dem Systemdenken, dessen Grundprinzipien ich soeben kurz skizziert habe, sehr nahe. An diesem Punkt sehe ich mich allerdings gezwungen, deutlich zu machen, daß eine Reihe von Gestalttherapeuten durch einen langen und polemischen Artikel von Joël LATNER[15] irregeführt wurden, dem Autor von „The Gestalt Therapy Book" (1973), Mitglied des Redaktionsteams des Gestalt Journal und Verantwortlichen für die Ausbildung zahlreicher Gestalttherapeuten in Kalifornien und im Staate New York. Dieser Artikel beruht meiner Meinung nach insgesamt auf einer falschen, tendenziösen Rezeption der Systemtheorie, die der Autor zunächst entstellt, um sie danach aufs heftigste zu kritisieren – entsprechend einem gängigen Muster (das vor allem PERLS gegenüber der Psychoanalyse verwendet hat)! Seine Schlußfolgerungen erscheinen mir zumindest erstaunlich – doch urteilen Sie selbst.

LATNER verknüpft die klassische Physik und die Newtonsche Mechanik mit der Systemtheorie, während diese doch in Wirklichkeit aus der Ablehnung derselben heraus entstanden ist! Er schreibt[16]:

> „Die Theorie der Systeme ist eine spezifische Art, die Beziehungen zwischen den mechanischen und den menschlichen Objekten zu erfassen [...] sie beruht auf einer Vorstellung von der Welt als einer Maschine. [...] Ihre Charakteristika sind: die Ordnung, die Kausalität, der Begriff der Objektgrenzen, die Konzentration auf die Objekte (und nicht auf den Raum zwischen ihnen), die dualistische Trennung zwischen den Objekten und der Welt und die Isolierung derselben von ihren Eigenschaften [...], die Existenz von absoluten, vom Kontext unabhängigen Einheiten, die Trennung des Beobachteten von den Einflüssen, die sich aus der Anwesenheit des Beobachters ergeben. [...] Das Verhalten wird aufgesplittert, atomisiert. Die Leidenschaften bewegen die Menschen wie ein Billardqueue die Kugel ..."

Besser könnte man nicht definieren, wogegen sich das Systemdenken auflehnt! So schreibt z.B. Ludwig von BARTALANFFY, der allgemein als einer der Begründer des Systemdenkens angesehen wird (und den Begriff geprägt hat): „Gegenüber allem Bisherigen zeichnet sich eine verblüffende Vision ab: Die Perspektive einer ganzheitlichen Vorstellung von der Welt, die bisher undenkbar war." (1961)

An anderer Stelle definiert LATNER, was er unter „Feldtheorie" versteht (heute spricht man eher von den Theorien der Felder, insbesondere von den Quantentheorien der Felder, die die Entdeckung der Antimaterie und der schweren Elementarteilchen oder Hadronen mitberücksichtigen, aber immer noch nicht die Masse der Teilchen erklären können):

> „Der Raum ist nicht leer, [...] er ist ein Feld, [...] Die Objekte, die er enthält, sind Energiekonzentrationen innerhalb des Feldes. [...] Die Felder sind die physischen Zustände des Raumes; sie sind an den Ereignissen beteiligt. [...] Das Feld ist eine nichtduale Vorstellung von dem Raum. Das Feld ist überall. [...] In der Feldtheorie ist das Wesentliche nicht die Figur an sich, sondern die Figur in dem Feld."

Wohlgemerkt, all dies gehört eigentlich zur Theorie des allgemeinen Systems, die die verschiedenen Feldtheorien miteinschließt. Letztere sind nämlich nur Sonderfälle der ersteren im Bereich der heutigen Physik, während die Allgemeine Systemtheorie oder, besser gesagt, die Theorie des allgemeinen Systems eine interdisziplinäre Methodologie darstellt, die die Epistemologie der gesamten Wissenschaft bildet und sowohl in die Physik, die Chemie, die Kybernetik, die Biologie, als auch in die Psychologie, die Psychotherapie, die Linguistik, die Soziologie, die Volkswirtschaft etc. eindringt. Sicher, die eine Theorie schließt die andere nicht aus. EINSTEIN sagt ausdrücklich:

> „Eine neue Theorie zu entwickeln bedeutet nicht, einen Wolkenkratzer an die Stelle einer alten Baracke zu errichten: Es ist mehr wie eine Bergbesteigung, bei der man allmählich einen anderen, weiteren Blick bekommt; man stößt auf unerwartete Zusammenhänge zwischen dem Ausgangspunkt und seiner vielfältigen Umgebung. Denn der Punkt, von dem wir ausgegangen sind, besteht weiterhin und bleibt sichtbar, wenn er auch kleiner erscheint und nur noch einen geringen Ausschnitt unseres erweiterten Blickwinkels ausmacht."[17]

Aus seinen falschen Prämissen über die Systemtheorie zieht LATNER tendenziöse Schlußfolgerungen über die verschiedenen amerikanischen Strömungen der Gestalttherapie und wertet dabei natürlich seine eigene Schule, jene von New York, auf (was ich ihm nicht vorwerfen würde), dies geschieht jedoch zum Nachteil der anderen, jener von Cleveland und von der West-Coast, die er mit einer gewissen Leichtfertigkeit abtut. In diese Polemik will ich mich jedoch nicht einmischen. Andererseits konnte ich nicht einfach stillschweigend über das, was ich für einen Karikatur des Systemansatzes halte, hinweggehen; eine Karikatur, zu deren Verbreitung unter unserern Kollegen LATNER seinen Teil beigetragen hat.

Der Symbolismus

Zum besseren Verständnis eines derartigen multidimensionalen, systemorientierten Vorgehens empfiehlt es sich, sich dem Symbolismus zuzuwenden.

Anders als der verbale Ausdruck, der über Zeichen stattfindet – deren Sinn durch oft willkürliche Konventionen geregelt ist –, ermöglicht die symbolische Darstellung, vor allem wenn sie visuell ist, über die Mobilisierung unserer rechten Gehirnhälfte eine synthetische und „vereinigende" Sicht, eine polysemische Betrachtung des Menschen und der Welt und ihrer oft überraschenden Querverbindungen.

Das Symbol[18] wäre also ein echtes geistiges Esperanto, eine universelle Sprache, gleichermaßen infra- und supra-verbal, die direkt die Tiefenschichten unseres Seins anspricht und dadurch gleichzeitig eine vermittelnde, eine sozialisierende und eine therapeutische Funktion hat.

Das Pentagramm

Seit mehreren Jahren versuche ich daher, ein Symbolzeichen zu finden, das die multidimensionale Herangehensweise, die meiner Meinung nach den Gestaltansatz charakterisiert, jedermann deutlich und verständlich macht. Zu diesem Zweck habe ich häufig das sternförmige Pentagramm benutzt, das in einer langen Tradition, die auf PYTHAGORAS zurückgeht und durch die berühmte Zeichnung von Leonardo da VINCI in die breitere Öffentlichkeit gelangte, als Symbol für den Menschen angesehen wird.

Traditionell stellt das „aktive" Pentagramm, dessen eine Spitze nach oben zeigt, den aufrecht stehenden Menschen dar: Den Kopf, die beiden ausgebreiteten Arme und die beiden Beine. Umgedreht, mit einer Spitze nach unten, stellt es den Teufel (den gefallenen Menschen) dar, mit dem Kopf eines Ziegenbocks, zwei Hörnern, zwei Ohren und einem Bart; in diesem Fall wird es als „passiv" und unheilbringend angesehen.[19]

Warum ein Fünfstern? Die Polysemie der Zahl fünf ist besonders reich, und ihre symbolische Bedeutung ist allgemein anerkannt: In China, in Indien und Japan, im Islam, bei den indianischen Stämmen (Azteken, Mayas, Inkas usw.), aber auch bei den Kelten, den alten Griechen und bei den Freimaurern.

Überall stellt die Fünf den Menschen dar, die lebendige Synthese des Lebensprinzips, die Energie der Ausstrahlung und der Transformation der komplementären Kräfte des Weiblichen (die Zwei, die gerade, weibliche Zahl des Gleichgewichts) und des Männlichen (die Drei, die ungerade, männliche Zahl der Dynamik). Sie läßt uns natürlich auch an die fünf Sinne denken, die die Verbindung zwischen dem Menschen und der Welt herstellen, sowie an die fünf Finger der Hand, die die Verbindung des Individuums mit der Gruppe symbolisieren.[20]

Im pythagoreischen Symbolismus, der vor allem von den Baumeistern der gotischen Kathedralen wiederaufgegriffen wurde, steht das Pentagramm oder der „flammende Stern" im Zentrum des aus den anderen Elementen gebildeten Kreuzes: Es ist die Quint-Essenz, die fünfte Essenz, d.h. das reine, zentrale Prinzip.[21]

Die Fünf symbolisiert Vollendung, Ausgewogenheit und Harmonie. Sie ist die Zahl des aus den vier Kardinalpunkten der Welt gebildeten Zentrums.

Ins Zentrum des den Menschen darstellenden fünfzackigen Sterns wird je nach Tradition das Herz, die Sexualität oder der Buchstabe „G"[22] gestellt.

Bei den alten Griechen war das Pentagramm Hygia geweiht, der Göttin der Gesundheit und des Wohlbefindens, und man setzte häufig einen fünfzackigen Stern als Zeichen des Grußes an den Anfang eines Schreibens und schrieb an jeden Zacken einen Buchstaben des Namens der Göttin; diese Tradition haben die Römer mit den fünf Buchstaben von SALVE wieder aufgegriffen.[23]

Das Ganze beflügelt mich dermaßen, daß mir auch fünf griechische Buchstaben einfallen, die die Anfangslaute von fünf Begriffen bilden, die meiner Meinung nach die fünf Hauptebenen des menschlichen Handelns bilden und die die Gestalttherapie besonders klar zum Ausdruck und zusammen bringt:

1. Die physische Ebene (φ): Körper, Sinnesorgane, Motorik, Sexualität usw.
2. Die affektive Ebene (α): „Herz", Gefühle, Liebesbeziehungen, der andere usw.
3. Die rationale Ebene (ρ): „Kopf" (incl. der beiden Hirnhälften), Gedanken, schöpferische Phantasie usw.
4. Die soziale Ebene (σ): Beziehung zu den anderen, menschliches und kulturelles Umfeld usw.
5. Die spirituelle Ebene (ω): der Platz und Sinn des Menschen innerhalb des Kosmos und des globalen Ökosystems usw.

In das Zentrum des Sterns setze ich ein „G" für das Wort Gestalt, das die Verbindung zwischen den fünf Hauptebenen darstellt.

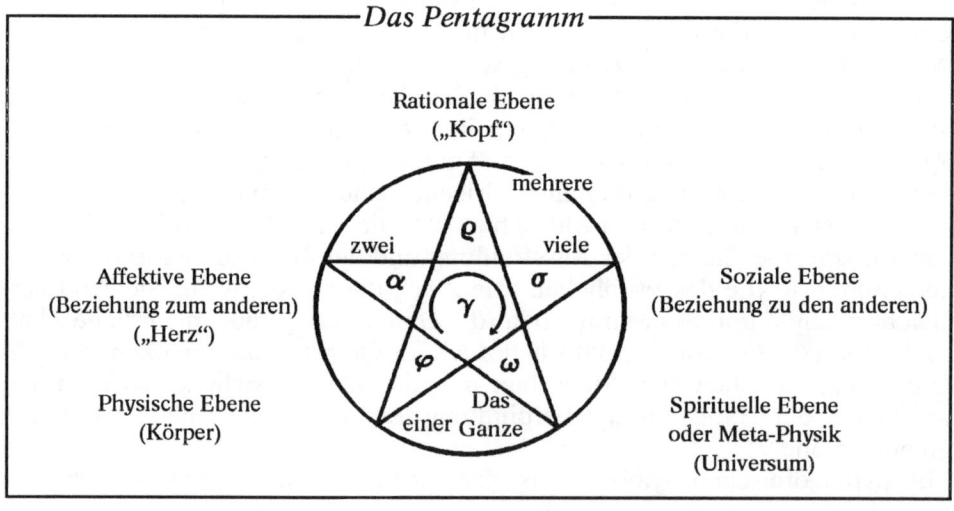

Das Pentagramm

Rationale Ebene („Kopf")

Affektive Ebene (Beziehung zum anderen) („Herz")

Physische Ebene (Körper)

Soziale Ebene (Beziehung zu den anderen)

Spirituelle Ebene oder Meta-Physik (Universum)

Die Anordnung der verschiedenen „Dimensionen" ist keineswegs zufällig: Der Mensch steht auf seinen zwei Beinen, der Physis und der Metaphysis[24], die seine Verankerung auf der Erde und in der Welt darstellen. Über seine zwei Arme kann er mit „dem anderen" und den anderen in Beziehung treten, wobei die exklusive affektive Beziehung über den linken Arm (die Seite des Herzens) zustande kommt, während die vielfältigen Sozialbeziehungen über den rechten (eher aktiven) Arm ermöglicht werden. Die linke Seite des Pentagramms betrifft das innere Leben des Menschen (seinen Körper, sein Herz, seinen Kopf), die rechte Seite seine nähere (soziale) Umwelt wie auch jene globale (kosmische).

Wenn wir im Uhrzeigersinn von einer Spitze zur nächsten gehen, so treffen wir nacheinander auf

1. das Verhältnis zum eigenen Körper, das nur den einzelnen betrifft (Alleinsein),
2. die affektive Beziehung mit einer Person (Paar),
3. den intellektuellen Austausch (mit mehreren Personen),
4. die Sozialkontakte mit bestimmten Personengruppen (Gemeinschaft),
5. das Eingebundensein in das Ganze (Universum).

Die Beziehung erweitert sich also zunehmend: Der einzelne, zwei, mehrere, viele, alle. Der Mensch muß daher sein Leben lang versuchen, ein Gleichgewicht herzustellen zwischen Zeiten, in denen er sich jeweils
– dem Verhältnis zu sich selbst widmet (Reflektion, Lektüre, Meditation ...) und
– der Beziehung zu dem anderen (Freundschaft, Liebe, Sexualität ...),
– der Beziehung zu einer Gruppe von Menschen (Studien, Arbeit, Kultur ...),
– seinem Verhältnis zur Gesellschaft (Wirtschaft, Politik ...) und
– seiner Beziehung zur Welt (Ökologie, Philosophie, Spiritualität, Religion ...).

Dies entspricht auch der Ontogenese, derzufolge der Mensch sich von der Geburt zum Tod entwickelt:
1. der Säugling ist überwiegend auf seinen eigenen Körper zentriert,
2. das Kleinkind stellt exklusive, affektive Beziehungen zu seiner Mutter her,
3. das Kind erweitert sein Beziehungsfeld auf die Schule, die „Zeit der Vernunft",
4. der Jugendliche und der Erwachsene nehmen aktiv am gesellschaftlichen Leben teil,
5. der ältere Mensch, der mit seinem Tod konfrontiert wird, interessiert sich in zunehmendem Maße für das spirituelle Leben.

Selbstverständlich wird das Verhalten von allen fünf Dimensionen beeinflußt: Vom Organismus und von den Empfindungen, von den Wünschen und den Beziehungen, von den Gedanken und Entscheidungen, wie auch von dem sozialen Milieu, das den Einzelnen umgibt und mitbestimmt; darüberhinaus besteht eine Interdependenz mit dem gesamten Universum: dem Klima, der

Jahreszeit, der Gravitation der Erde und dem Sonnenlicht … ganz zu schweigen von dem kollektiven Unbewußten und von Gott.

In den verschiedenen Kulturkreisen wird jedoch den einzelnen Dimensionen eine unterschiedliche Bedeutung zugemessen: So wird z.B. in Frankreich der rationalen, der affektiven und der sozialen Ebene üblicher Weise ein hoher Stellenwert eingeräumt, und man würde uns liebend gerne durch die Aufrechterhaltung eines gewissen Tabus auf der physischen als auch auf der metaphysischen Ebene „die Beine amputieren". So unterliegen die Körperkontakte immer noch einer tief verwurzelten Zensur: Die Zärtlichkeit, z.B., bleibt auf den Bereich der Intimität innerhalb der Familie beschränkt, obwohl gerade der Haut- und Körperkontakt für jedes menschliche Wesen von grundlegende Bedeutung ist[25]; die – eigentlich natürliche – Nacktheit ist weiterhin nicht erlaubt. Ebenso werden spirituelle und ideologische Formen des Austausches mit Zensur belegt (sie fallen leicht unter den Verdacht des tendenziösen Sektierertums und sind an den Arbeitsplätzen und in den Verbänden häufig verboten).

In anderen Kulturkreisen wiederum wird genau diesen beiden Dimensionen eine besondere Bedeutung beigemessen: so z.B. in Indien den körperlichen und spirituellen Praktiken (Hata-Yoga und Meditation). Andere wiederum setzen wieder andere Prioritäten: Die USA und die Sowjetunion stellen die Entwicklung des Körpers, der Vernunft und der Sozialbeziehungen in den Vordergrund.

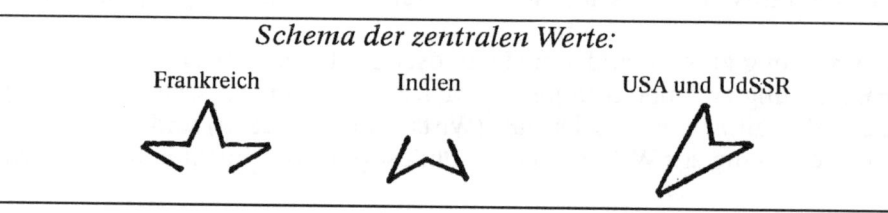

Schema der zentralen Werte:

Frankreich   Indien   USA und UdSSR

Einige therapeutische Ansätze

Das gleiche Phänomen läßt sich bei den wichtigsten klassischen Therapieansätzen feststellen: Allen geht es im Prinzip um ein Gesamtverständnis und um eine harmonische Entwicklung des Menschen, doch praktisch wählen die meisten von ihnen vor allem zwei spezielle Ansatzpunkte:
- Die Bioenergetik z.B. wählt vor allem den körperlichen und affektiven (emotionalen) Zugang und versucht so die Verbindung zwischen dem Körper und den affektiven Traumata herzustellen, die in diesen „eingeschrieben" sind;
- die Psychoanalyse bemüht sich in erster Linie um ein besseres (zum Teil intellektuelles) Verständnis des Gefühlslebens;
- die Gruppendynamik beschäftigt sich (auf rationaler Ebene) mit den sozialen Beziehungen;

- die Religionen und bestimmte Formen der Meditation sind kollektive Formen der Spiritualität;
- die Naturheilverfahren, die Akupunktur, aber auch das Yoga, das Tai-Chi und viele andere orientalische Techniken betonen die engen Verbindungen, die zwischen dem Körper und den kosmischen bzw. spirituellen Energien bestehen.

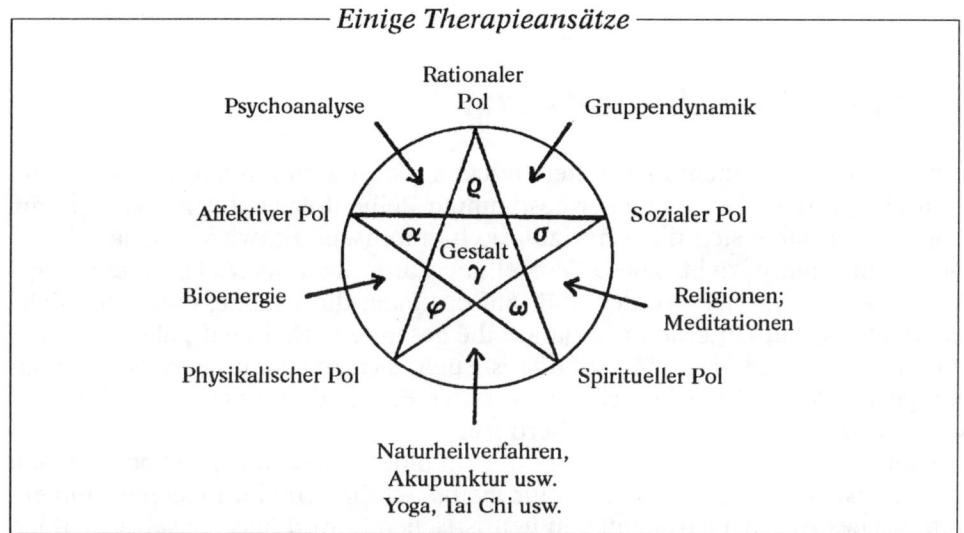

Einige Therapieansätze

Die Gestalttherapie habe ich in die Mitte dieses Schemas gesetzt, denn sie bemüht sich effektiv, einen multidimensionalen Vorgehensweise beizubehalten, indem sie

> *zugleich die physische, affektive, rationale,*
> *soziale und spirituelle Ebene des Menschen angeht*

Dabei betrachtet sie nicht nur all diese Aspekte, sondern auch und vor allem die zwischen ihnen bestehenden Querverbindungen. Sie schlägt nicht eine Analyse, sondern vielmehr einen globalen, synthetischen Zugang vor, der sich stärker darum bemüht, aufzuzeigen „wie das heute funktioniert" als „warum das so funktioniert".

Man könnte dies auch noch etwas bildhafter ausdrücken und sagen:

> *die Gestalttherapie rehabilitiert die Funktionen der rechten*
> *Gehirnhälfte, während unsere Zivilisation uns zu „Krüppeln" gemacht*
> *hat, die überwiegend mit der linken, analytischen und rationalen*
> *Gehirnhälfte arbeiten*

Oder, um den bereits zitierten Aphorismus von Edgar MORIN erneut zu bemühen: „der Traum von einem vollkommen rationalen Menschen ist völlig
irrational". Außerdem gilt

> *„das Reale ist nicht rational;*
> *es ist unwahrscheinlich und voller Wunder"*[26]

Ansätze einer „Sozio-Gestalt"

An dieser Stelle möchte ich unterstreichen, daß die besondere Betonung der
fünf Hauptpole, die ich in einer bestimmten Reihenfolge auf dem Pentagramm
angeordnet habe, sich nicht nur auf die harmonische Entwicklung des einzelnen Menschen bezieht. Diese Darstellung kann auch auf viele andere Gegebenheiten extrapoliert werden, z.B. auf das Paar, die Familie, eine öffentliche
Einrichtung, ein Unternehmen, ja auf die gesamte Gesellschaft, aber auch auf
einen Gegenstand – wie z.B. auf dieses Buch, das ich gerade schreibe oder das
Sie gerade lesen. Man braucht nur – unter Beibehaltung des Wesentlichen –
die fünf Begriffe entsprechend übertragen.

Dabei handelt es sich keineswegs um ein bloßes Gedankenspiel oder um ein
pädagogisches Erklärungsschema für meine Schüler, sondern vielmehr um ein
praktisches Arbeitsinstrument von heuristischem[27] Wert, das ich selbst, seit ich
es erarbeitet habe, ständig bei der Diagnose wie auch beim Angehen der
jeweiligen Situation benutze. Ich untersuche also zunächst, ob bestimmte Ebenen über- oder unterentwickelt sind; danach versuche ich mir eine Strategie
vorzustellen, die die Situation harmonisieren könnte.

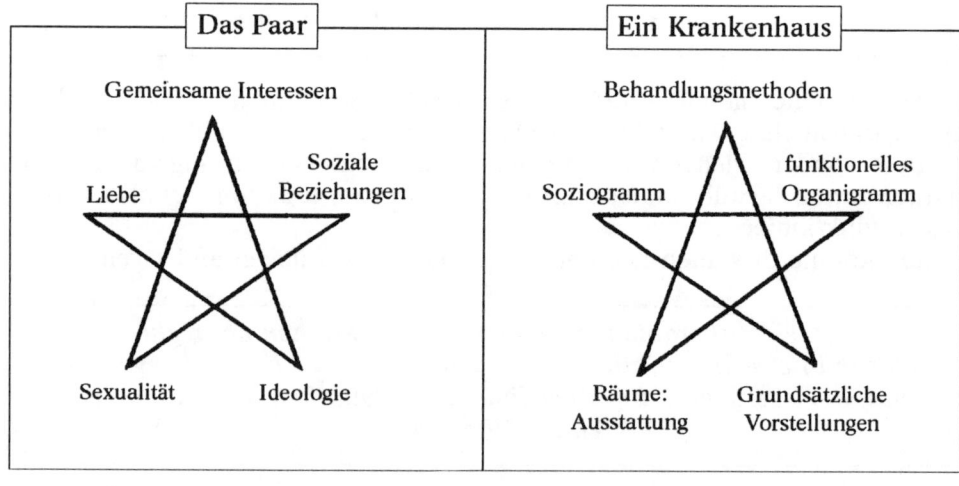

In der folgenden Tabelle 28 werden die fünf Pole an einigen Beispielen illustriert:

Die 5 Pole	Der Mensch	Das Paar	Ein Krankenhaus	Ein Unternehmen	Dieses Buch
Physisch oder materiell	Körper	physische (sexuelle) Beziehung	materieller Rahmen: Architektur, Räume, Ausstattung	materielle Mittel: Räume, Ausstattung, Kapital	Seine materielle Aufmachung: Umschlag, Papier
Affektiv oder relational	Herz, der andere	affektive Beziehung (Liebes- beziehung)	informelles Soziogramm, Arbeitsatmo- sphäre usw.	persönliches Klima oder Arbeitsatmo- sphäre im Teamwork	Das Vergnü- gen beim Lesen: Stil, Bilder, Kontakt zum Autor
Rational oder intellek- tuell	Kopf oder Gedanken	gemeinsame Vorstellungen und Interes- sen	Behandlungs- methoden, Fortbildung usw.	Produktions- techniken, Vertriebs- struktur	Gedanken: Klarheit, Interessen
Sozial oder kulturell	Personen- gruppe: die anderen	Freundes- kreis, gesell- schaftliche Aktivitäten und Bezie- hungen	Organi- gramm, Sozial- strukturen: Hierarchie	Sozial- strukturen: Hierarchie, Interessen- vertretung	Milieu- einfluß: die anderen Aktivitäten
Spirituell oder ideologisch	Die Welt	gemeinsames ideelles Engagement	Vorstellungen hinsichtlich des Todes, der Wahrheit	zugrunde- liegende Zielvorstel- lungen, philosophi- sche Unter- nehmens- strömungen	dargestellte philosophi- sche und ideologische Strömungen

Neulich wurde ich z.B. gebeten, in einem Internat für schwer erziehbare Kinder, das sich in einer Krise befand und von der Schließung bedroht war, eine institutionelle Krisenintervention durchzuführen.

Nachdem ich einige Stunden an Ort und Stelle verbracht hatte, wurde mir klar, daß zwei der fünf Hauptachsen stark vernachlässigt worden waren:
– Die Gruppenräume für die Kinder waren völlig heruntergekommen und wirkten traurig und verwahrlost (physischer bzw. materieller Pol);
– hinzu kam, daß die Erzieher kaum an den Sinn ihrer Arbeit glaubten; sie vertraten die Ansicht, daß es nichts nütze, ständig die vielen Wunden „zuzupflastern", die sie fast ausschließlich „der Gesellschaft" anlasteten (ideologischer Pol);
– dagegen waren die informellen Beziehungen innerhalb der Betreuergruppe sehr warmherzig (affektiver Pol);
– es fehlte auch nicht an Ideen (rationaler Pol) für punktuelle Aktivitäten oder „Experimente", von deren Sinn man allerdings nicht überzeugt war! („Man

könnte dies oder jenes machen, doch dadurch ändert sich ja ohnehin nichts!");
– die entwickelten Sozialstrukturen waren akzeptabel – sowohl auf der Ebene des internen Organigramms (Aufgabenteilung) als auch hinsichtlich des Kontakts mit dem Umfeld (Familien der Kinder, Nachbarn ...).

Dieser kurze Überblick ermöglichte mir, meine Bemühungen sofort auf jene beiden Achsen zu konzentrieren, wo ich die meisten Mängel festgestellt hatte: auf den materiellen Rahmen und auf die ideologische Basis. Wohlgemerkt, ich habe mich bei meiner Intervention (die sich an dem, was ich als „Sozio-Gestalt" bezeichne, orientierte) bewußt nicht auf eine Institutionsanalyse der wahrscheinlichen historischen Ursachen für die beunruhigende gegenwärtige Situation dieser Einrichtung eingelassen. Selbst wenn es mir gelungen wäre, plausible Hypothesen zur Erklärung der gegenwärtigen mißlichen Situation zu entwickeln, hätte dies höchstens dazu geführt, das Team noch mehr zu entmutigen, da im Nachhinein die aufgetretenen Schwierigkeiten auch noch „gerechtfertigt" worden wären: „Wie könnte es auch anders sein, nach allem, was passiert ist?" Ich habe vielmehr versucht, die awareness für die jetzige Situation zu fördern, eine deutlichere Wahrnehmung der Gegenwart und dessen, was gemacht werden könnte.

Hier beende ich die Schilderung dieser sehr speziellen Form der Intervention. Ich denke, es ist deutlich geworden, daß in einer Situation, in der der „Klient" nicht mehr ein einzelnes, in Schwierigkeiten geratenes Individuum ist, sondern eine Einrichtung, die insgesamt nicht mehr richtig funktioniert, die philosophischen Prinzipien und die besonderen Arbeitsmethoden der Gestalttherapie in vielfacher Weise eingesetzt und der jeweiligen Situation angepaßt werden können.

Mit ein wenig Fantasie ist es letzten Endes möglich, die meisten Prinzipien und Methoden der Gestalttherapie[29] zu extrapolieren. In dem vorliegenden Fall können z.B. folgende Aspekte herausgearbeitet werden:
– die Kontaktgrenze zwischen der Einrichtung und der Gesellschaft;
– die Abwehrmechanismen (die Introjektion der ungenügend assimilierten institutionellen Prinzipien und die lähmende Konfluenz der ideologischen Vorstellungen, die Projektion der Schwierigkeiten auf die Umwelt bzw. auf die Gesellschaft, eine fast an Selbstmord grenzende Retroflektion der Aggressivität, die die Institution an den Rand der Schließung gebracht hat etc.);
– das „Bild", das sich das Internat von sich selbst gemacht hat, usw.;
– man kann ferner die verschiedenen Teile der Einrichtung untereinander in einen Dialog treten lassen, die Kommunikation zwischen den verschiedenen Instanzen wiederherstellen („Kopf" und „Körper") oder den emotionalen Ausdruck der Untergruppen fördern etc.;
– an den kollektiven Träumen (den institutionellen Wunschvorstellungen) arbeiten;
– unvollendete Gestalten (z.B. Beschlüsse, die zwar gefaßt aber nicht umge-

setzt wurden) und Fehlfunktionen im Zyklus von Kontakt und Rückzug bei
der gesamten Erfahrung aufdecken
– und sich um die Integration der gegensätzlichen Polaritäten bemühen (Respektierung der Besonderheiten des Einzelnen versus Anpassung an die Gesellschaft etc.).

Die gesamte Arbeit muß natürlich immer von der Aufmerksamkeit für das, was im Hier und Jetzt der Situation auftaucht, geleitet sein.

Was ich als „Sozio-Gestalt" bezeichnet habe, ist also nicht die Anwendung der Gestalttherapie in einer Institution oder in einem Unternehmen, sondern vielmehr

> *die Anwendung der Gestaltprinzipien auf die Institution*
> *(oder das Unternehmen), die (das) als ein Gesamt„organismus"*
> *betrachtet wird, der in Interaktion mit seiner Umwelt steht*

Anmerkungen

1 Paradigma = „Einheit von grundlegenden, kritischen Hypothesen, auf deren Basis Theorien und Modelle entwickelt werden können" oder auch „Gesamtheit der Übereinstimmungen innerhalb der weltweiten Scientific Community" (Thomas KUHN), die als Grundlage für das Verständnis von der Welt dienen.
2 Cf. Joël de ROSNAY. Les chemins de la Vie. Paris 1983. Ed. Le Seuil.
3 Fritjof CAPRA. Wendezeit. München 1982.
4 Gregory BATESON. Vers une écologie de l'esprit. Paris 1977. Ed. Le Seuil.
5 Edward HALL. La dimension cachée. Paris 1971. Ed. Le Seuil.
6 De ROSNAY. op. cit.
7 Teleologisch: von griech. telos (das Ziel) = ziel-, zweckgerichtet.
8 Cf. LE MOIGNE. La Théorie du Système général. Théorie de la modélisation. Paris 1977. Ed. PUF.
9 Edgar MORIN. Le paradigme perdu: la nature humaine. Paris 1973. Ed. Seuil sowie La Méthode. 5 Bde. (La Nature de la Nature, La Vie de la Vie, La Connaissance de la Connaissance, Le Devenir du Devenir, L'Humanité de l'Humanité)
10 Titel der dt. Ausgabe: René DESCARTES. Von der Methode des richtigen Vernunftgebrauchs und der wissenschaftlichen Forschung. 1969. (Anm. d. Übs.)
11 Cf. LE MOIGNE, op. cit. sowie von BARTALANFFY. General System Theory. New York 1949; de ROSNAY. Le macroscope. Paris 1975. Ed. Seuil; CAPRA. Wendezeit. op. cit.; Edgar MORIN, op. cit.
12 Costa de BEAUREGARD (Forschungsdirektor des CNRS).
13 MONOD, J. (Nobelpreisträger für Medizin). Le hasard et la nécessité. Essai sur la philosophie naturelle de la biologie moderne. Paris 1970. Ed. Seuil. Mit seinen Thesen widerspricht er vor allem TEILHARD de CHARDIN, einem der Vorläufer des Systemdenkens.
14 Auch andere psychologische und psychotherapeutische Methoden berufen sich auf die Systemtheorie, häufig sogar wesentlich direkter als die Gestalttheorie. Dies hat dazu geführt, daß sie in der Meinung der breiten Öffentlichkeit manchmal mit der Systemtheorie selbst verwech-

selt werden! Dies gilt z.B. für die Schule von Palo Alto (G. BATESON, P. WATZLAWICK etc.),
die u.a. eine systemische Familientherapie entwickelt hat.

15 Joël LATNER. „This is the speed of light: field and systems theories in Gestalt Therapy". In:
The Gestalt journal, Vol. VI, Nr. 2, 1983.

16 Nicht ohne zuvor einige Einschränkungen getroffen zu haben: „Wenn Sie Aussagen über die
Physik lesen [...], werden Sie als informierter Leser ohne weiteres mein ungenügenden Wissen
auf diesem Gebiet feststellen können".

17 Zitiert von Marilyn FERGUSON. In: Les Enfants du Verseau. Paris 1981. Ed. Calmann-Lévy.

18 Erinnern wir uns daran, daß „sym-bolisch" das Gegenteil von „dia-bolisch" ist! dia-ballein
(griech.) bedeutet „dazwischenwerfen, trennen", sum-ballein hingegen bedeutet „zusammenfü-
gen, -werfen"; daher sumbolon: „Erkennungszeichen" (ein Objekt, das in zwei Hälften geteilt
wird, wovon jeder der beiden Gäste eine Hälfte bewahrt; das Wiederzusammenfügen der beiden
Teile beweist ihre frühere Beziehung).

19 Das aktive, rote Pentagramm wurde von der UdSSR als Symbol gewählt, während das sowje-
tische Militär ein umgekehrtes Pentagramm als Symbol hat! Die Vereinigten Staaten haben als
Symbol das weiße Pentagramm gewählt. Ich habe in den Nationalflaggen von 53 Ländern ein
oder mehrere Pentagramme gefunden!

20 Im Persischen bedeutet dasselbe Wort (daste) „Hand" und „Gruppe".

21 Siehe Jules BOUCHER. La Symbolique maçonnique. Paris 1948. Ed. Dervy.

22 Der fünfte Konsonant unseres Alphabets, der je nach Autor die Erde (Geo), Gott (God), den
Graal, die Generation etc. bedeutet ... und – warum auch nicht – die Gestalt!

23 Siehe Serge GINGER. „La Gestalt-thérapie et quelques autres approches humanistes dans la
pratique hospitalière" in: Former à l'Hôpital. Hrsg. B. de HONORE. Toulouse 1983. Ed. Privat.

24 Ich habe die metaphysische und spirituelle Dimension bewußt als Fundament und nicht „als
Kopf" gesetzt, um deutlich zu machen, daß es sich dabei meiner Meinung nach um eine
immanente, „grundlegende" Wurzel handelt und nicht um eine den Menschen transzendierende
Kraft.

25 In diesem Zusammenhang sind die Studien von HARLOW über die Affen-Babies, denen
„künstliche Mütter" vorgesetzt wurden, interessant: Zu 95 % suchten diese die Zärtlichkeit über
den Kontakt mit dem Pelz oder der Haut der Mutter, anstatt die von einer „Mutter" aus
Eisendraht angebotenen Flasche. Vgl. auch die berühmten Arbeiten über die Bindung von dem
Psychoanalytiker J.BOWLBY sowie die neueren Studien von MONTAGU: La peau et le tou-
cher. Paris 1979. Ed. Le Seuil. In diesem Zusammenhang sind auch die inzwischen klassischen
Forschungen von SPITZ und vielen anderen lesenswert, sowie WINNICOTT, PAGES und
ANZIEU (Le Moi-Peau. Paris 1985. Ed. Dunod).

26 Michel SERRES. Le Parasite. Paris 1980. Ed. Grasset.

27 Heuristisch = die Entdeckung begünstigend.

28 Diese Tabelle sollte in erster Linie von oben nach unten gelesen werden.

29 Arnold BEISSER stellte bereits 1970 in seinem bekannten Artikel über Die paradoxe Theorie
der Veränderung fest, daß diese Theorie der Veränderung auch auf soziale Systeme anwendbar
ist: „Dies setzt voraus, daß das System sich seiner vernachlässigten äußeren und inneren Teile
bewußt wird, um jene wieder in seine Gesamtfunktionen aufnehmen zu können, über einen
Prozeß, welcher mit der Identitätsfindung bei dem Individuum vergleichbar ist." Siehe hierzu
auch S. HERMAN und M. KORENICH. Authentic Mangement: A Gestalt orientation to Or-
ganizations and their Development. USA 1977. Ed. Addison-Wesley.

TEIL II

METHODEN UND TECHNIKEN DER GESTALTTHERAPIE

Die Theorie des Selbst
Die therapeutische Beziehung
Der Körper, die Gefühle und das Gehirn
Das Imaginäre, der Traum und die Kreativität

Kapitel 8
Die Theorie des Selbst

GOODMAN und die Theorie des Selbst

Nach PERLS ist die Neurose mit der Akkumulation von „unvollendeten Gestalten" verbunden, von Bedürfnissen, die nicht oder nur unzureichend befriedigt wurden, das heißt mit wiederholten Anpassungsschwierigkeiten zwischen dem Organismus und seiner Umwelt.

Über den Prozeß der ständigen kreativen Auseinandersetzung des Menschen mit seiner äußeren und inneren Welt entsteht das, was Paul GOODMAN, der erste wirkliche Theoretiker des gestalttherapeutischen Ansatzes, das Selbst nennt.

Die Theorie des Selbst wird im 2. Band von „Gestalt-therapy" dargestellt, der 1951 erschien und für den PERLS, HEFFERLINE und GOODMAN verantwortlich waren. Dieses Werk bildet immer noch die sog. „Bibel" vieler Gestalttherapeuten. Der 2. Band wurde praktisch von GOODMAN aus unzusammenhängenden handschriftlichen Notizen von Fritz PERLS zusammengestellt und niedergeschrieben. GOODMAN war der Haupttheoretiker der „Gruppe der Sieben". Er übernahm später die Leitung der beiden ersten Gestaltinstitute in New York (1952) und Cleveland (1954).

Paul GOODMAN war Romancier, Dichter und Kritiker, ein polemischer Anarchist, der in den Milieus der extremen Linken von New York wegen seiner provokatorischen Haltung, die REICH selbst für zu exzessiv hielt, bekannt war. Als er jene Abhandlung schrieb, hatte er keinerlei klinische Erfahrung als Therapeut, er war jedoch von Alexander LOWEN analysiert worden, einem Schüler von REICH und ehemaligen Anwalt, der Arzt geworden war und der später die Bioenergetik entwickeln sollte. Vermutlich hat er PERLS über Isadore FROM kennengelernt, welcher übrigens bis heute seine Gedanken weitergeführt und erst vor kurzem die Theorie des Selbst wieder zur Geltung gebracht hat, die über viele Jahre vergessen worden war. Mehrere der „großen" Gestalttherapeuten, wie die POLSTER[1] und Claudio NARANJO, hatten sie einfach beiseite gelassen, andere wiederum hatten sie explizit in Frage gestellt, wie z.B. Jim SIMKIN, einer der ersten und treusten Mitarbeiter von PERLS, der in einem Brief an Joël LATNER schreibt:

> „Zwischen 1982 und 1983 habe ich mehrmals versucht, den zweiten Band von Gestalt-therapy zu lesen – ohne Erfolg. Die Virtuosität von GOODMAN ist offensichtlich, doch es gelingt mir nicht, bestimmte Gedankensprünge, die er macht, nachzuvollziehen. Ein großer Teil dieses Materials steht meiner Meinung nach bestenfalls in marginaler Beziehung zu der Gestalttherapie und erscheint mir grundsätzlich eher psychoanalytischer Natur zu sein. Ich empfehle den 2. Band Studenten, die die Ge-

stalttherapie kennenlernen wollen, überhaupt nicht; dieses Buch bereitet mir diesselben Schwierigkeiten wie ihnen."[2]

Was ist nun das Selbst?

In der Gestalttherapie hat das Selbst eine sehr spezielle Bedeutung bekommen, die sich von jener unterscheidet, die der Begriff in der klassischen Psychoanalyse als auch bei WINNICOTT, KOHUT und anderen hat, was oft zu Mißverständnissen führt. Hinzu kommt, daß GOODMAN anscheinend bewußt ein wenig esoterisch geblieben ist, damit seine Methode nicht einfach von Dritten übernommen werden konnte, die nicht bereit waren, diese durch eine ernsthafte Arbeit an sich selbst zu erproben. Er erklärt ohne Umschweife in der Einleitung: „Der Leser befindet sich ganz offensichtlich vor einer unmöglichen Aufgabe: um dieses Buch zu verstehen, muß er eine gestalttherapeutische Mentalität besitzen ... und um jene zu erlangen, muß er dieses Buch verstehen!"

Das Buch hatte bei seinem Erscheinen keinerlei Erfolg. Doch enthält es bereits das Wesentliche der Gestalttherapie.

Das Selbst ist keine feste Einheit und auch keine psychische Instanz wie das ICH oder das EGO, sondern ein bei jedem einzelnen spezifischer Prozeß, seine eigene Weise, in einen bestimmten Augenblick und unter bestimmten Bedingungen entsprechend seines persönlichen „Stils" zu reagieren. Nicht sein „Sein", sondern sein „In-der-Welt-Sein" verändert sich von Situation zu Situation.

Um dies zu illustrieren, benutzt GOODMAN das Beispiel des Künstlers während seiner Arbeit oder des spielenden Kindes: Beide sind zugleich aktiv und passiv in ihrer ständigen schöpferischen Interaktion, in einem Gewahrsein, das sowohl ihren äußeren Wahrnehmungen und Empfindungen gegenüber der Umgebung gilt, als auch ihren inneren, schöpferischen Impulsen, die aus ihrem Organismus aufsteigen.

> *„Das Selbst ist unsere spezifische Art, uns auf Prozesse einzulassen,*
> *unsere individuelle Ausdrucksweise im Kontakt mit der Umwelt ...*
> *Es ist das Agens unseres Kontakts mit der Gegenwart,*
> *das uns ein kreatives Verhalten ermöglicht." (J. LATNER)*

Die Kontaktgrenze

„Die pathologische Psychologie", sagt GOODMAN, „untersucht die Unterbrechungen, die Blockierungen und andere Zwischenfälle während des Prozesses der kreativen Auseinandersetzung". Und PERLS präzisiert: „Das Studium der Art und Weise, wie das menschliche Wesen in seiner Umwelt funktioniert, ist darauf zentriert, was an der Kontaktgrenze zwischen dem Individuum und seiner Umwelt geschieht. An dieser Kontaktgrenze finden die psychischen

Ereignisse statt. Unsere Gedanken, unsere Handlungen, unser Verhalten, unsere Emotionen sind unsere Art, diese Grenzvorfälle zu erleben und zu verarbeiten."[3]

Die Grenze zwischen mir selbst und der Welt wird als „Kontaktgrenze" bezeichnet. Wie ich bereits im 2. Kapitel angedeutet habe, ist die Haut ein konkretes Beispiel dafür und gleichzeitig eine Metapher: Einerseits schützt sie mich und grenzt mich ab (sie ist meine Grenze), und andererseits bildet sie durch die Nervenendigungen und die Poren ein Austauschorgan mit meiner Umwelt (sie ist ein Kontaktorgan).

SELBST FUNKTIONIERT AUS:

Das ES, das ICH und die Persönlichkeit

Das Selbst funktioniert aus gestalttherapeutischer Sicht auf drei unterschiedliche Weisen: Als Es, als Ich und als Persönlichkeit.

– Die Es-Funktion betrifft die inneren Impulse, die vitalen Bedürfnisse und vor allem ihren körperlichen Ausdruck. Das Es zeigt mir an, daß ich Hunger habe, daß ich ersticke oder daß ich entspannt bin. Es wirkt in meinen automatischen Handlungen, wie z.B. Atmen und Gehen, aber beispielsweise auch wenn ich autofahre und dabei an etwas anderes denke. Mein Es agiert auf für mich kaum wahrnehmbare Weise.

– Die Ich-Funktion dagegen ist eine aktive Funktion bewußter Annahme oder Ablehnung. Es liegt in meiner eigenen Verantwortung, einen Kontakt zu begrenzen oder zu erweitern und meine Umgebung entsprechend meiner bewußt wahrgenommenen Bedürfnisse und Wünsche zu manipulieren. Störungen dieser Funktion drücken sich in dem „Verlust der Ego-Funktion" (GOODMAN) aus, die von einigen mit den Abwehr- und Vermeidungsmechanismen des Ich verglichen worden sind und die von vielen Gestalttherapeuten, in Anlehnung an die POLSTERs, mit dem ambivalenten Begriff des „Anpassungswiderstandes" bezeichnet werden.

– Die Persönlichkeits-Funktion ist die Vorstellung, die sich das Subjekt von sich selbst macht, sein Selbstbild, das es ihm ermöglicht, die Verwortung für seine Empfindungen und Handlungen zu übernehmen. Der Persönlichkeitsanteil meines Selbst gewährleistet die Integration der gemachten Erfahrungen und die Assimilation meiner Erlebnisse während meines ganzen Lebens; hierdurch entsteht mein Identitätsgefühl.

– In den drei Funktionen hat das Selbst eine jeweils unterschiedliche Intensität und Präzision. So erkenne ich mich manchmal in einer für mich unüblichen Reaktion selbst nicht, z.B. in einer „plötzlich aufkommenden" Laune. In anderen Momenten „löst" sich mein Selbst in eine intensive Konfluenz auf: im Tanz, in der Extase, im Orgasmus … oder auch, im Gegenteil, in einen Zustand der inneren „Abwesenheit", der „fruchtbaren Leere", die dem Erscheinen einer neuen Gestalt, die meine Aufmerksamkeit mobilisiert, vorausgeht.

Psychose, Neurose und geistige „Gesundheit"

– Die Psychose ist laut GOODMAN in erster Linie eine Störung der Es-Funktion: Die Empfänglichkeit und die Aufnahmefähigkeit des Individuums für äußere (perzeptive) oder innere (propriozeptive) Reize ist gestört; es verhält sich weder gegenüber der äußeren Welt noch gegenüber seinen eigenen Bedürfnissen eindeutig. Es ist von der Realität abgeschnitten, die Fähigkeit des Organismus zur kreativen Anpassung an die Umwelt ist nicht mehr vorhanden.
– Die Neurose hingegen ist ein Verlust der Ich- oder auch der Persönlichkeitsfunktion: Die Einnahme einer adäquaten Haltung wird schwierig oder unmöglich. Die äußere Welt und die eigenen Bedürfnisse werden von dem Es wahrgenommen, aber die Antwort des Ich ist nicht zufriedenstellend: Die kreative Anpassung des Verhaltens stimmt nicht mit der „Bedürfnishierarchie" überein. Die Reaktionen sind nicht „auf dem neuesten Stand". Die Neurose ist also ein ganzes Bündel anachronistischer und überlebter Handlungsmuster, die häufig zu einer „Charakterstruktur" erstarrt sind, so daß Verhaltensweisen reproduziert werden, die unter anderen Umständen und in anderen Zeiten entstanden sind.[4] Das normale Fließen der Gefühle, der Gedanken und der Handlungen während des Erfahrungszyklus mit seinem ständigen Wechsel von Kontakt und Rückzug ist gestört.
– Der Zustand der „Gesundheit" ist für PERLS durch einen kontinuierlichen Prozeß der inneren Homöostase (Aufrechterhaltung der lebensnotwendigen biochemischen Gleichgewichte) und der äußeren Anpassung an die sich ständig wandelnden physischen und sozialen Umweltbedingungen gekennzeichnet.

Der Zyklus von Kontakt und Rückzug

PERLS und vor allem einige seiner Mitarbeiter wie GOODMAN, ZINKER, die POLSTERs etc. analysieren im einzelnen den normalen, idealen Verlauf des „Zyklus der Bedürfnisbefriedigung", der von einigen Autoren auch als „Zyklus der organischen Selbstregulierung", „Erfahrungszyklus", „Kontakt-Rückzug-Rhythmus" oder auch etwas elliptischer als „Gestaltzyklus" bezeichnet worden ist.

Der gesunde Mensch erkennt ohne Schwierigkeiten sein jeweils vorherrschendes Bedürfnis, er weiß die entsprechenden Schritte zur Befriedigung desselben einzuleiten und ist danach offen für ein neuauftauchendes Bedürfnis. Er befindet sich in einem ständigen Prozeß der Bildung und darauffolgenden Auflösung von Gestalten, dessen Verlauf seiner Bedürfnishierarchie gegenüber den sukzessiv auftauchenden „Figuren" auf dem Hintergrund seiner Persönlichkeit folgt.

Die einzelnen Autoren unterteilen diesen Kontaktzyklus in eine bestimmte Zahl von Hauptphasen, wobei die jeweiligen Unterteilungen manchmal diskussionswürdig sind. Die POLSTERs z.B. unterscheiden acht Phasen: Auftauchen des Bedürfnisses, Ausdruck, innerer Kampf, Festlegung, Sackgasse, Höhepunkt, Erleuchtung, Erkenntnis. ZINKER (1977) arbeitet sechs Phasen heraus: Empfindung, Wahrnehmung, Mobilisierung der Energie oder Erregung, Handlung, Kontakt, Rückzug; Michel KATZEFF (1978) dagegen sieben, d.h. eine mehr als ZINKER: Die „Vollendung" (die er zwischen den Kontakt und den Rückzug setzt). Dies ermöglicht es ihm, die Phasen des Zyklus mit den sieben Hauptchakren der orientalischen Philosophie in Zusammenhang zu bringen. Ich selbst sehe für meine klinische Praxis der Einzel- und Gruppentherapie kein besonderes Interesse an derartigen Unterteilungen, die die Realität bis zum Exzeß „atomisieren", ohne gleichzeitig eine therapeutisch umsetzbare Feingliederung anzubieten.

Das Hauptinteresse an derartigen Untergliederungen besteht offenbar darin, die Phase des Zyklus, in der eine Unterbrechung, eine Blockierung oder eine andere Art der Störung stattfindet, besser lokalisieren zu können: Z.B. die Nichtwahrnehmung einer Empfindung oder eines Bedürfnisses (beim Psychotiker) oder das Erkennen des Bedürfnisses bei gleichzeitigem Fehlen der notwendigen Handlungsenergie (bei einem apathischen Neurotiker), die Unfähigkeit, sich zurückzuziehen (bei einem ängstlichen und unersättlichen Neurotiker oder bei einem symbiotischen Hysteriker) oder auch eine Beschleunigung bis hin zum Abdriften usw.

GOODMAN stellt fest, daß der Zeitpunkt der Unterbrechung die Art des „Verlustes der Ich-Funktionen" bestimmt. Seiner Meinung nach führt eine Unterbrechung
– vor der Erregung zur Konfluenz,
– während der Erregung zur Introjektion,
– im Augenblick der Konfrontation mit der Umwelt zur Projektion,
– während des Konflikts und der Zerstörung zur Retroflektion
– und während des Endkontakts zum Egotismus.

ZINKER widmet den verschiedenen möglichen Lokalisierungen der Dysfunktionen ein langes Kapitel, schlägt aber eine andere Untergliederung vor. PIERRET seinerseits präzisiert die Art der „Abwehr", die dem jeweiligen Zeitpunkt der Unterbrechung des Zyklus entspricht, doch er ordnet sie anders zu als GOODMAN und ZINKER.

Diese etwas dogmatischen Klassifizierungen scheinen mir vor allem intellektuelle Spielereien zu sein mit dem Ziel, den besonderen individuellen Verhaltensweisen, die sich zum Glück überhaupt nicht an rationale, verallgemeinerbare Konstruktionen irgendwelcher Art halten, eine illusorische Kohärenz zuzuschreiben. In Wirklichkeit können die meisten Abwehrmechanismen (Introjektion, Projektion, Retroflektion, Konfluenz usw.) in mehreren Phasen des Zyklus auftauchen. WICHTIG

Zur Verdeutlichung wollen wir an dieser Stelle die ursprüngliche Untertei-

lung von GOODMAN in vier Hauptphasen wieder aufnehmen, die den Vorteil
hat, daß sie leicht zu merken ist. Er unterscheidet zwischen
– dem Vorkontakt,
– der Kontaktnahme (contacting),
– dem Kontaktvollzug (oder „End"kontakt) und
– dem Nachkontakt (Rückzug)[5]

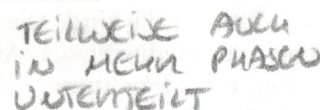

TEILWEISE AUCH
IN MEHR PHASEN
UNTERTEILT

In jeder Etappe dieses Zyklus verhält sich das Selbst auf unterschiedliche
Weise, und das Zentrum des Interesses verschiebt sich: Eine neue Figur oder
Gestalt taucht aus dem Hintergrund auf und erregt Aufmerksamkeit.

1. Der Vorkontakt ist überwiegend eine Phase der Empfindungen, in der das
   Wahrgenommene oder die in meinem Körper entstehende Erregung – meist
   aufgrund eines Stimulus aus der Umwelt – zur Gestalt wird, die mein Interesse erregt. So beginnt z.B. mein Herz angesichts einer geliebten Person
   schneller zu schlagen. Mein Herz ist die Gestalt und mein Körper der Hintergrund.
   Mein Selbst wirkt hier im wesentlichen auf der Es-Ebene. („Es kommt vor,
   daß …").
2. Die Kontaktnahme ist eine aktive Phase, während der sich der Organismus
   zu seiner Umgebung verhält. Es handelt sich hier nicht um den bereits
   hergestellten Kontakt, sondern um die Herstellung des Kontakts, also nicht
   um einen Zustand, sondern um einen Prozeß. Das gewünschte Objekt (bzw.
   die ins Auge gefaßte Möglichkeit) wird zur Gestalt, während die körperliche
   Erregung zunehmend zum Hintergrund wird. Diese Phase ist meist von
   Emotionen begleitet.
   Das Selbst wirkt auf der Ich-Ebene, die eine Annahme oder Ablehnung der
   unterschiedlichen Möglichkeiten und ein verantwortungsbewußtes Handeln
   gegenüber der Umwelt erlaubt. In dem genannten Beispiel werde ich eine
   (verbale oder körperliche) Handlung einleiten, um mit der Person, dem
   Objekt meiner Wünsche, in Kontakt zu kommen.
3. Der Kontaktvollzug ist ein Augenblick gesunder Konfluenz, der Nicht-Dif-
   ferenzierung zwischen dem Organismus und dem Umfeld, zwischen dem Ich
   und dem Du, ein Augenblick der Öffnung bzw. der Aufhebung der Kontaktgrenze. Die Handlung ist vollkommen im Hier und Jetzt: Die Wahrnehmung,
   das Gefühl und die Bewegung sind eng miteinander verbunden.
   Das Selbst wirkt immernoch auf der Ich-Ebene, doch in diesem Fall nicht
   mehr in aktiver Weise, sondern in einer „gemischten" Form[6], es ist gleichzeitig aktiv und passiv, Subjekt und Objekt. Zwischen den beiden Körpern
   ist ein „umfassender Kontakt" entstanden, eine gesunde Konfluenz, die Sub-
   jekt/Objekt-Grenze zwischen dem Ich und dem anderen verschwimmt. Die
   Intensität des Selbst nimmt ab.
4. Der „Nachkontakt" oder Rückzug ist eine Phase der Assimilation, die das
   innere Wachstum fördert. Ich „verarbeite" meine Erfahrung. Das Selbst wirkt
   auf der Persönlichkeitsebene, es integriert das Erlebte in den Erfahrungs-

schatz der Person, das Hier und Jetzt geht in die Geschichte des einzelnen ein. Das Selbst verliert allmählich an Schärfe: Die Präsenz nimmt ab, und das Individuum ist offen für eine neue Handlung, die Gestalt ist vollendet, ein Zyklus ist abgeschlossen. Man befindet sich wieder am Dreh- und Angelpunkt des „Null-Zustands", in der fruchtbaren Leere der schöpferischen Indifferenz (FRIEDLÄNDER), aus der eine neue Erfahrung auftauchen kann.

Diese vier klassischen Phasen des Kontakt-Rückzug-Zyklus können in folgendem Schema (das von links nach rechts gelesen werden sollte) zusammengefaßt werden:

Phasen des Zyklus	Vorkontakt Erregung	Kontakt Kontaktnahme	Endkontakt Kontaktvollzug	Nachkontakt Rückzug
vorherrschende Funktion des Selbst	Es	Ich	Ich	Persönlichkeit
Funktionsweise des Selbst	passiver Modus	aktiver Modus	mittlerer Modus	progressive Rücknahme des Selbst
Zentrale Gestalt	das Subjekt Ich	das Objekt Du	Subjekt/ Objekt Wir	die Person in ihrer geschichtlichen Ganzheit

(siehe auch die Übersicht über die Zyklusphasen bei verschiedenen Autoren am Ende dieses Kapitels)

Die „Widerstände"

In der Praxis läuft dies nicht so einfach ab. Häufig treten unvollendete Gestalten und Zyklen auf, die durch eine Störung an der Kontaktgrenze unterbrochen werden und so die freie Entfaltung des Selbst verhindern. Die Störungen an der Kontaktgrenze könnnen ihren Ursprung in dem Individuum selbst haben, aber auch von außen kommen.

Diese Mechanismen der Abwehr oder der Vermeidung von Kontakt können gesund oder pathologisch sein, je nach ihrer Intensität und Elastizität, dem Zeitpunkt, an dem sie auftreten und, allgemeiner gesagt, ihrer Opportunität.

Hinsichtlich ihrer Benennung herrscht eine gewisse Verwirrung; verschiedene Autoren definieren sie über unterschiedliche Begriffe wie neurotische Mechanismen oder neurotische Störungen an der Kontaktgrenze (PERLS), Verlust der Ego-Funktion (GOODMAN), Abwehren des Ich (André JACQUES), Anpassungswiderstände (POLSTER), Störungen des Selbst oder Interferenzen in der awareness (LATNER), Unterbrechungen im Kontaktzyklus (ZINKER), neurotische Vermeidungsmechanismen (Marie PETIT).

Wie dem auch sei, GOODMAN unterscheidet zwischen folgenden vier Hauptmechanismen: Konfluenz, Introjektion, Projektion und Retroflektion. Außerdem beschreibt er noch eine weitere Form, den Egotismus, der jedoch einen etwas anderen Stellenwert hat. Andere Autoren sprechen außerdem von Deflektion, Proflektion etc.; hierbei handelt es sich jedoch eher um Kombinationen aus den ersteren als um eigenständige Prozesse.

Das Erkennen dieser Mechanismen – die im Prinzip jeweils eine spezifische therapeutische Strategie erforderlich machen – stellt für den Gestaltpraktiker eine zentrale Aufgabe dar. Dabei möchten wir jedoch betonen, daß die Gestalttherapie im Gegensatz zu bestimmten anderen Therapieformen nicht darauf abzielt, die Widerstände anzuprangern, zu bezwingen oder zu überwinden, sie will sie in erster Linie bewußter machen und besser an die jeweilige Situation anpassen. Der Therapeut wird daher häufig versuchen, sie zu unterstreichen, um sie deutlicher zu machen. Die Widerstände können ganz normal und für das psycho-soziale Gleichgewicht notwendig sein; meistens sind sie eine natürliche Reaktion auf die Umstände. Nur ihre Übersteigerung und vor allem ihr starres Fortbestehen in unpassenden Augenblicken bilden ein neurotisches Verhalten.

1. Die Konfluenz

Bei der Konfluenz handelt es sich um einen Zustand des Nichtkontakts im Sinne der Verschmelzung aufgrund fehlender Kontaktgrenzen; das Selbst ist nicht identifizierbar.

Das Kleinkind befindet sich in einer normalen Konfluenz mit seiner Mutter (Symbiose), ebenso wie der Liebhaber mit seiner Geliebten, der Erwachsene mit seinem Freundeskreis und ein jeder Mensch mit dem Universum – vorausgesetzt, er fühlt sich zutiefst in Harmonie mit demselben („ozeanisches" Gefühl der Kommunion oder Ekstase).

Auf die Konfluenz folgt normalerweise der Rückzug, der dem Individuum ermöglicht, seine Kontaktgrenze wieder herzustellen und seine eigene Identität wieder zu finden, die in der Einzigartigkeit und der Unterscheidung von den anderen besteht. Wenn dieser Rückzug Schwierigkeiten bereitet und die Konfluenz chronisch wird, kann das Funktionieren als pathologisch (neurotisch bzw. psychotisch) bezeichnet werden.

Ein Beispiel dafür ist die funktionelle Hemmung, die jedes Aufbrechen eines bestehenden Gleichgewichts und jedes verantwortliche Handeln verhindert. Man trifft diese auch häufig bei Paaren an, bei denen keiner der Partner sich auch nur die geringste Eigenaktivität, die als „Verrat" empfunden werden könnte, erlaubt.

Im sozialen Bereich verhindert die Konfluenz jegliche Konfrontation und jeden echten Kontakt (zu dem die Differenzierung zwischen zwei verschiedenen Personen gehört) und damit die gesellschaftliche Entwicklung. Dies läßt sich bei bestimmten Fanatikern oder Sektierern feststellen, die sich mit ihrem Glauben oder ihrer Sekte identifizieren und sich in einem rigiden, dogmatischen System abkapseln, von dem sie nicht mehr unterscheidbar sind; dabei kann es sich um ein religiöses, ein politisches, ein methodologisches oder um jede andere Form von System handeln. Jedes plötzliche Aufbrechen der Konfluenz löst große Ängste aus, die oft mit Schuldgefühlen verbunden sind und sogar psychotische Reaktionen bewirken können.

Die therapeutische Herangehensweise besteht in diesem Fall vor allem im Arbeiten an den Grenzen des Selbst, im „Abstecken des Gebietes" der jeweiligen Person, ihrer Besonderheit, ihren vorübergehenden Grenzen, im Herstellen von fließenden Beziehungen (Wechsel von Kontakt und Trennung). Dies setzt ein Klima des Vertrauens und der Sicherheit voraus, das es dem „Konfluenten" erlaubt, sich zu emanzipieren, ohne befürchten zu müssen, sich dadurch verlassen oder „aufgelöst" zu fühlen.

Zahlreiche klassische Übungen der Gestalttherapie (auf der körperlichen, verbalen oder symbolischen Ebene) unterstützen das eigene Identitätsgefühl: Das Ausdrücken der körperlichen Grenzen, des eigenen Rythmus in einer Gruppe, die Suche nach dem eigenen Platz, die symbolische, graphische Selbstdarstellung in Form eines Mandala, die physische Konfrontation mit einem Partner usw.

Hauptsächlich um die Konfluenz anzuprangern, hat Fritz PERLS sein berühmtes „Gestaltgebet" formuliert – wegen dessen er häufig von jenen, die es nicht verstanden haben, des Egoismus beschuldigt wurde:

> *„Ich gehe meine Weg und du den deinen. Ich bin nicht auf dieser Welt, um deinen Erwartungen zu genügen und du bist nicht auf dieser Welt um meinen zu genügen. Du bist du, und ich bin ich.*
> *Und wenn wir uns zufällig begegnen sollten, dann ist das wunderbar, wenn nicht, dann können wir es auch nicht ändern."*

2. Die Introjektion

Die Introjektion ist die Basis der Erziehung und des Wachstums eines Kindes: Wir können nur wachsen, wenn wir die äußere Welt, bestimmte Nahrungsmittel, Ideen und Prinzipien assimilieren. Doch wenn wir uns darauf beschränken, diese von außen kommenden Elemente hinunterzuschlucken, ohne sie zu „kauen", können wir sie nicht „verdauen". Sie nisten sich dann bei uns wie parasitäre Fremdkörper ein. Jede Form der Assimilation beginnt mit einen Prozeß der Zerstörung, der Zergliederung:

> *Wir kauen den Apfel, ehe wir ihn hinunterschlucken, wir beschäftigen uns mit einet Idee, ehe wir sie übernehmen.*

Die pathologische Form der Introjektion besteht darin, Gedanken, Gewohn-
heiten oder Prinzipien einfach „hinunterzuschlucken", ohne sich die Mühe zu
machen, sie umzuwandeln, um sie assimilieren zu können. Dies gilt z.B. für
alle „man muß ..., du mußt ..." aus unserer Kindheit, die in der traditionnellen
christlich-jüdischen Erziehung passiv und ohne Selektion oder Assimilation
aufgenommen werden. Wie wir wissen, hat PERLS in seinem ersten Buch „Das
Ich, der Hunger und die Aggression" die aggressive Seite, die zu jeder Art der
Assimilation gehört, herausgestellt. Sein Bruch mit FREUD erfolgte vor allem
aufgrund des Themas der oralen Aggressivität. Für PERLS wie auch für den
Verhaltensforscher Konrad LORENZ, der den Nobelpreis für Physiologie und
Medizin erhielt, ist die Aggressivität ein positiver Instinkt[7], der zur natürlichen
Selektion und zum Überleben der Arten notwendig ist.

Auch hier bildete die Etymologie, die Trägerin von Volksweisheiten, die
Vorhut der Gelehrten. Sie erinnert uns daran, daß die Ag-gression (von ad-
gredere, zu oder vor dem anderen gehen) eine Pro-gression (ein nach vorne
Gehen) ist, also das Gegenteil von Re-gression (nach hinten Gehen) wie auch
von Trans-gression (Überschreiten).

Die Gestalttherapie bemüht sich explizit, die Unabhängigkeit des Klienten
zu entwickeln, seine Eigenverantwortlichkeit und seine Fähigkeit zur Selbstbehauptung. Man versucht daher, jede Form der illusorischen Flucht in die
Introjektion aufzudecken; dies gilt auch für die Introjektion der Gestaltprinzipien selbst wie z.B.: „man muß alle seine Gefühle frei ausdrücken", oder auch,
was in seiner Subtilität noch paradoxer ist: „man sollte nie ‚man sollte' sagen".
Claudio NARANJO[8] erinnert in diesem Zusammenhang an einen Witz von Joe
WYSONG, dem Redakteur des Gestalt Journal: „Fritz hat den anderen dadurch geholfen, daß er er selbst war – und wie es oft geschieht, sind einige
seiner Schüler, anstatt seinem Beispiel zu folgen und sie selbst zu sein, zu Fritz
geworden."

Hier einige andere gängige Beispiele für Introjektionen, die es wert sind, mit
ausgeruhtem Kopf „durchgekaut" zu werden:
– „Man sollte seine Eltern lieben und achten"; doch um wachsen zu können,
  muß man seine Eltern „töten".
– „Man sollte seinem Ehepartner immer die volle Wahrheit sagen"; doch „man
  sollte seinen Ehepartner niemals unnötig leiden lassen".
– „Für seine Kinder muß man auch auf etwas verzichten können"; aber „man
  sollte vor allem selbst glücklich und zufrieden sein, um seinen Kindern ein
  Beispiel für persönliche Entfaltung geben zu können"[9].
– „Seid spontan"; aber „glaubt nicht, was ich sage" (klassische Beispiele für
  Double-bind).

3. Die Projektion

PERLS definiert die Projektion als die Umkehrung der Introjektion: „Die Introjektion ist die Tendenz, das Selbst für das verantwortlich zu machen, was in Wirklichkeit Sache der Umwelt ist; die Projektion dagegen ist die Tendenz, die Umwelt für das verantwortlich zu machen, was im Selbst begründet liegt" (PERLS. Grundlagen der Gestalttherapie: Einführung und Sitzungsprotokolle. München 1976. 7.Aufl. 1989, S. 53). Anders gesagt, während bei der Introjektion die äußere Welt das Selbst einnimmt, ist es bei der Projektion das Selbst, das über seine Grenzen hinausgeht und die äußere Welt besetzt.

Die Projektion ist ein Mechanismus, den alle Psychologen sehr gut kennen und der in dem mißtrauischen, vom Verfolgungswahn besessenen Paranoiker gipfelt, der seiner gesamten Umwelt jene Aggressivität vorwirft, die er selbst auf die anderen projiziert.

Eine gesunde Projektion dagegen ist unerläßlich, durch sie entsteht Kontakt und Verständnis für die anderen. Ich kann mir nur dann vorstellen, was der andere empfindet, wenn ich mich mehr oder weniger in ihn hineinversetze. Die Empathie nährt in gewissem Maße die Projektion. Auch Zukunftspläne sind Projektionen dessen, was ich mir selbst vorstelle. Die künstlerische Produktion des Malers, des Skulpteurs, des Schriftstellers, der sich in sein Werk oder in seinen Helden hineinversetzt, wird ebenfalls durch die Projektion beflügelt.

Nur die ständige Projektion kann als pathologisch bezeichnet werden; d.h. wenn sie zu einem stereotypen Verteidigungsmechanismus wird, der unabhängig von dem tatsächlichen Verhalten der anderen abläuft. Sie drückt sich häufig in der willkürlichen Gleichsetzung aller anderen aus, in Verallgemeinerungen wie: „Ihr hört mir nicht zu", „man versteht mich nie", anstatt zu sagen: „Ich glaube, daß du mich eben nicht richtig verstanden hast"; oder auch: „Man kann überhaupt niemandem trauen" anstatt: „Ich habe den Eindruck, daß du mich dieses Mal reinlegen wolltest". Somit wird bei der Projektion „die äußere Welt zum Schlachtfeld, auf dem die privaten Konflikte der Persönlichkeit ausgefochten werden" (PERLS. Grundlagen der Gestalttherapie: Einführung und Sitzungsprotokolle. München 1976. 7. Aufl. 1989, S. 56).

Es handelt sich hier ebenfalls um eine Störung der Kontaktgrenze, da dem anderen etwas zugeschrieben wird, was in Wirklichkeit bei uns selbst abläuft: „Ich sehe, daß ihr müde seid", sagt der Professor, der selbst keine Lust mehr hat, zu seinen Schülern.

Die therapeutische Intervention wird in diesem Fall durch die Gruppenarbeit wesentlich erleichtert, denn diese erlaubt, die Vorstellungen des Betreffenden mit jenen der anderen Gruppenmitglieder zu konfrontieren. Wenn jemand sagt, „ich merke deutlich, daß ich euch langweile" oder „ihr lehnt mich alle ab, weil ich homosexuell bin", ist es klärend, ihn genau namentlich benennen zu lassen, wer in der Gruppe ein solches Gefühl ausdrückt und auf welche Anzeichen er sich bei seiner „Feststellung" stützt. Dank des üblicherweise in den gestalttherapeutischen Sitzungen herrschenden Klimas von Authentizität kommt es selten vor, daß die Mitglieder einer Gruppe „schummeln" oder einen anderen Teilnehmer überprotegieren. Man kann daher in der Praxis häufig die Verblüffung des „Projektors" erleben, der schließlich zugibt: „Nun gut! Ja! Ich finde tatsächlich keinen objektiven Grund für meine Behauptung; das scheint sich alles nur in meinem Kopf abzuspielen!"

Auch psychodramatische Inszenierungen in wechselnden Rollen („Monodrama") ermöglichen oft derartige Erkenntnisse.

In der Einzeltherapie können bestimmte Projektionsmechanismen die Übertragung verstärken, so daß dem Therapeuten Eigenschaften zugeschrieben werden, die er gar nicht hat und die ihm ein angebliches Wissen oder eine imaginäre Macht verleihen. Diese können dann mit den wirklichen zwischenmenschlichen Beziehungen im Hier und Jetzt konfrontieren werden. Derartige Mechanismen der Übertragung treten häufig auf und sind unvermeidbar, doch sie werden nicht – wie die „Übertragungsneurose" in der Psychoanalyse – begünstigt oder gar bestärkt; der Therapeut deckt sie von Fall zu Fall auf, indem er die Phantasien mit der Wirklichkeit konfrontiert.

4. Die Retroflektion

Die Retroflektion besteht darin, die mobilisierte Energie gegen sich selbst zu wenden, sich selbst das anzutun, was man gerne den anderen antun würde (Beispiel: Ich beiße mir auf die Lippen oder beiße die Zähne zusammen, um nicht aggressiv zu werden) oder auch, mit sich selbst das zu machen, was man sich von den anderen wünscht (Beispiele dafür sind die Masturbation und die Prahlerei). PERLS faßt die verschiedenen Verhaltensmuster folgendermaßen zusammen:
– „Der Introjektor tut, was andere von ihm erwarten könnten;
– der Projektor tut anderen das an, was er ihnen vorwirft;
– der pathologisch Konfluente weiß nicht, wer wem was tut;
– der Retroflektor tut sich selbst das an, was er am liebsten den anderen antäte" (PERLS. Grundlagen der Gestalttherapie: Einführung und Sitzungsprotokolle. München 1976. 7. Aufl. 1989, S. 58).
– Bei der Konfluenz ist also die Kontaktgrenze aufgehoben,
– bei der Introjektion werde ich von der äußeren Welt besetzt,
– bei der Projektion besetze ich die äußere Welt,
– und bei der Retroflektion besetze ich meine eigene innere Welt.

Beispiele:
– „Wir lieben uns wahnsinnig" (Konfluenz);
– „Man sollte seinen Partner lieben und sonst niemanden" (Introjektion);
– „Niemand liebt mich" (Projektion);
– „Ich liebe mich" (Retroflektion).

Selbstverständlich gibt es ein gesundes Maß an Retroflektion; es ist ein Zeichen für soziales Verhalten, Reife und Selbstbeherrschung. Ich kann es mir nicht erlauben, all meinen agressiven Neigungen und all meinen erotischen Wünschen spontan und unkontrolliert nachzugehen; die Gesellschaft stellt in dieser Hinsicht bestimmte Prinzipien auf und erzeugt in mir Schuldgefühle, die meine Wut und mein Verlangen in Grenzen halten und bewirken, daß ich meine Gefühle zum Teil „hinunterschlucke".

Wie alle anderen Verteidigungsmechanismen wird die Retroflektion nur dann pathologisch, wenn sie chronisch oder anachronisch auftritt und eine ständige, masochistische Blockierung der Triebe bewirkt oder, umgekehrt, die übertriebene narzißtische Bedürfnisbefriedigung. Wir begegnen häufig Müttern, die sich jede Art der Entspannung und jedes Vergnügen versagen, um sich völlig ihren Kindern widmen zu können – die ihnen im übrigen dies eines Tages vorwerfen werden, denn irgendwie wissen sie sehr wohl, daß

> *„das Beste, was man für diejenigen, die man liebt, machen kann, immer noch darin besteht, selbst glücklich zu sein."* (ALAIN)[10]

Seine Freude zu zeigen und mit den anderen zu teilen, anstatt seine Aufopferung an die große Glocke zu hängen – liegt darin nicht eine altruistische „Pflicht zum Glück", die wertvoller ist als das gängige egoistische „Recht auf Glück"?

Die Retroflektion setzt oft den endlosen inneren Kampf zwischen zwei Instanzen der Persönlichkeit in Gang, die PERLS als Top Dog und Under Dog bezeichnet hat, den Wächter über meine Pflichten resp. den Verfechter meines Vergnügens[11].

Während für FREUD das Realitätsprinzip Vorrang vor dem Lustprinzip haben muß, ist für PERLS das Lustprinzip die eigentliche Realität; aus Angst, Frustration und Aufopferung kann nicht Konstruktives entstehen. Damit wird das Kind in uns rehabilitiert, das nicht mehr ein potenzieller „polymorpher Perverser" ist, sondern die Quelle spontaner, kreativer Lebensenergie.

Die chronische Retroflektion ist häufig die Ursache für somatische Beschwerden verschiedenster Art: Wenn ich meine Wut oder meinen Groll unterdrücke, erzeuge ich mir selbst Magenkrämpfe oder sogar ein Magengeschwür[12]. Diese treten in einem statistisch relevanten Maße bei übermäßig kontrollierten Personen auf, die selten ihre negativen (Wut, Traurigkeit ...) oder positiven Gefühle (Freude, Begeisterung ...) zeigen und dadurch Stress akkumulieren und die Reserven ihres Immunsystems angreifen.

Die Therapie besteht darin, jeden Gefühlsausdruck zu unterstützen und diesen gegebenenfalls bis zur befreienden Katharsis zu verstärken. Eventuell werden symbolische „Übertragungsobjekte" verwendet, die das geliebte oder gehaßte Familienmitglied oder den Partner darstellen, demgegenüber man so seine Gefühle in voller Stärke ausdrücken kann. Dabei werden noch nie formulierte, bestehende Wut- oder Grollgefühle freigesetzt (z.B. die unterdrückte

Wut gegenüber einem verstorbenen Elternteil, dem man vorwirft, einen verlassen zu haben) oder auch eine verdrängte libidinöse, inzestuöse Anziehung, die in der Retroflektion ein starkes Schuldgefühl erzeugt, das häufig zu sexuellen Störungen (z.B. Frigidität) führt.

Mehrere Autoren benennen weitere Formen der „Widerstände":

5. Die Deflektion oder Umlenkung (POLSTER)

Der direkte Kontakt wird dadurch vermieden, daß die Energie von dem ursprünglichen Objekt abgelenkt wird. Hierbei handelt es sich um eine Flucht- oder Vermeidungshaltung, um unbewußte Ablenkungsmanöver.

Auch hier gilt, daß bestimmte Ablenkungsmanöver eine wirksame Anpassungsstrategie darstellen können (z.B. politische Schachzüge, die die Aufmerksamkeit der breiten Öffentlichkeit während einer Krisensituation ablenken sollen), andererseits verhindert eine systematische, unangemessene Deflektion jeden echten Kontakt und kann sogar in Grenzfällen eine Psychose hervorrufen: Das Subjekt stellt sich nie der jeweiligen Situation, es redet immer von etwas anderem oder handelt unabhängig von den äußeren Gegebenheiten.

6. Die Proflektion (Sylvia CROCKER)

Die Proflektion wäre eine Kombination von Projektion und Retroflektion: Etwas gegenüber dem anderen machen, was man sich von ihm wünscht. Ich mache z.B. lobende Bemerkungen über die Kleidung der anderen, damit jene sich für meine Kleidung interessieren etc.

Man könnte noch weitere Formen, Nuancen oder Kombinationen von Vermeidungs- oder Abwehrmaßnahmen aufzählen, die jedoch meiner Meinung nach praktisch nicht von großem Interesse sind. Die vier Hauptformen dagegen scheinen mir genügend verbreitet zu sein, um therapeutische Interventionen verschiedenster Art zu rechtfertigen – nicht um sie zu unterbinden, sondern um sie bewußter zu machen und ihren adäquateren Einsatz zu unterstützen.

Therapeuten, die sich auf die Theorie des Selbst berufen, stellen sich unaufhörlich drei Fragen:
– Welche Funktion des Selbst ist gegenwärtig aktiv?
– Wie? Welche mögliche Art des Widerstandes ist im Spiel?
– Wann? In welcher Phase des Zyklus von Kontakt und Rückzug?

Auf eine besondere Form des „Widerstandes", die GOODMAN (in Ermangelung eines besseren Begriffs) „Egotismus" nennt, werde ich noch eingehen.

Doch zunächst möchte ich die wichtigsten von mir beschriebenen Mechanismen in einem Schema darstellen:

	Kon-fluenz	Intro-jektion	Pro-jektion	Retro-flektion	Deflek-tion	Pro-flektion	Ego-tismus
Die anderen = Umwelt							
Kontaktgrenze							
Ich selbst, Organismus							

© Serge Ginger, 1985

7. Der Egotismus

Beim Egotismus handelt es sich um eine bewußte Verstärkung der Kontaktgrenze, eine Hypertrophie des Ego, die häufig durch bestimmte Therapien und vor allem durch die Gestalttherapie entwickelt wird. In der Tat interessiert sich jeder Therapieklient sehr für sich selbst und für seine eigenen Probleme. Er verbringt viele Stunden damit, sich selbst zu beobachten, von sich zu erzählen, sich in Szene zu setzen und etwas Neues auszuprobieren. Er opfert Zeit und Geld für seine eigene Entwicklung und sein Wohlergehen. Es ist tatsächlich eine Periode des Egotismus oder des Egozentrismus, und viele Familien von Therapieklienten beklagen sich auch darüber!

Die Gestalttherapie legt besonderen Wert darauf, daß der einzelne die Verantwortung für sich selbst übernimmt. Sie bekämpft bestimmte normative Introjektionen der Gesellschaft und weicht bestimmte Formen der Selbstkontrolle auf, die sie für Retroflektionen hält; sie deckt Konfluenzen auf und bricht so oft alte, aber fragile Gleichgewichte auf.

Außerdem ist es nicht außergewöhnlich, wenn sich der Klient während der laufenden Therapie mehr für sich selbst als für die ihm Nahestehenden oder für seine Umgebung interessiert und in erster Linie Bedürfnisse befriedigt, die er lange Zeit unterdrückt hat (z.B. aggressiver oder sexueller Natur). Darüber hinaus ist er häufig selbstzufrieden, weil er fühlt, daß er über bewußt getroffene Entscheidungen mehr Autonomie erreicht hat, und gibt sich einem die anderen irritierenden Narzißmus hin:
- „Jetzt lasse ich mir nicht mehr das Wort abschneiden, ich nehme den mir zustehenden Platz in der Mannschaft (oder in der Paarbeziehung) ein und lasse mich nicht mehr von den anderen hin- und herschieben."
- „Ich weiß jetzt, daß ich mich durch die Unterdrückung meiner sexuellen Wünsche unglücklich gemacht habe und daß ich letzlich meiner Partnerin die Schuld dafür gegeben habe. Jetzt erlaube ich mir, meine Bedürfnisse zu befriedigen, und ich fühle mich dabei viel entspannter und offener ..."
- was für die Partnerin nicht immer gelten muß!

In diesem Zusammenhang begegnet man häufig denselben Kritiken, die bereits gegenüber dem „Gestaltgebet" formuliert wurden und die folgender Satz karikiert: „Mach was du willst und kümmere dich nicht um die anderen!"

Es scheint in der Tat so, als wäre während der Therapie eine Phase des „narzißtischen Nachholens" notwendig; sie ist sogar zweifellos eine wesentliche Triebkraft damit der Klient sein Leben selbst in die Hand nimmt und selbständig wird (self-support). Der Egotismus wäre dann gewissermaßen die Analogie zur Übertragungsneurose, der obligatorischen Durchgangsphase in der orthodoxen Psychoanalyse. Wie jene wird auch der Egotismus eine Zeit lang bewußt kultiviert durch die Hypertrophie des Ichs und eine stets wache awareness für die eigenen Prozesse im „kreativen Umgang" mit der „Kontaktgrenze".

Doch die Therapie kann erst dann als abgeschlossen gelten, wenn diese provisorischen therapeutischen „Hebel" wieder in der „Ersatzteilkiste" gelandet sind. Dies ist in der Psychoanalyse dann der Fall, wenn die Übertragungsneurose „liquidiert" wird und der Klient sich aus seiner übertriebenen Abhängigkeit von seinem Therapeuten befreit hat. In der Gestalttherapie ist dies dann der Fall, wenn sich der Egotismus aufgelöst hat und der Klient seine übertriebene Unabhängigkeit gegenüber seinem Therapeuten und den ihm Nahestehenden fallenlassen kann und so „von einer Egologie zu einer Ökologie (im Sinne von BATESON)" zurückkehrt, um die zutreffende Formulierung von ROBINE[13] aufzunehmen. Er muß, wie jedermann, die vier üblichen Etappen durchlaufen:
– die normale Abhängigkeit des Kindes, das an seiner Familie hängt;
– die aggressive Gegenabhängigkeit des Heranwachsenden:
– die mehr oder weniger egoistische Unabhängigkeit des Erwachsenen, die über eine schwierige, allmähliche Ablösung erreicht wird;
– hin zur reifen Interdependenz durch das Erkennen des grundsätzlichen Verbundenseins mit der gesellschaftlichen und kosmischen Umwelt.

Hauptphasen des Kontaktzyklus bei verschiedenen Autoren

Zahl der Phasen	Schema	Autor	zusammenfassender Kommentar
3		Noël Salathé (1987)	(angeregt von dem Zyklus bei Ed. Smith) Die Phase 2 des „Kontakts" ist wiederum in drei Momente untergliedert: – awareness (Erregung und Gefühle) – Orientierung (Aktion und Interaktion) – Vollendung (bzw. Befriedigung)
4		Paul Goodman (1951)	(s. Beschreibung im obigen Text) Anmerkung: Goodman selbst schlägt kein Modell vor; es handelt sich daher hier um die persönliche Interpretation seiner Aufführungen durch den Autor

Zahl der Phasen	Schema	Autor	zusammenfassender Kommentar
5	Vor-Kontakt / Engagement / Kontakt / Loslösung / Assimilation — 1 2 3 4 5	Serge Ginger (1989)	Betonung der zwei Schlüsselmomente, in denen sich das Wesentliche ereignet (in einer Therapiesitzung oder in einer Beziehung) – Engagement („o.k., ich tu's") – Loslösung („das war's, es ist zu Ende")
6	Empfinden / awareness / Energie / Handlung / Kontakt / Rückzug — 1 2 3 4 5 6	Joseph Zinker (1977)	(s. ausführliche Beschreibung in: Gestalttherapie als kreativer Prozeß) 1. Empfindung 2. awareness 3. Aktivierung der Energie 4. Handlung 5. Kontakt 6. Rückzug
7	7 6 5 1 2 4 3	Michel Katzeff (1978)	(ausgehend von dem Zyklus von Zinker) Hinzufügung einer 7. Phase zwischen dem Kontakt und dem Rückzug, der Vollendung

© Serge Ginger, 1989

Anmerkungen

1 Obwohl diese von Isadore FROM ausgebildet wurden; LATNER schätzt, daß von den gegenwärtig lebenden Gestalttherapeuten die POLSTERs die meisten Schüler ausgebildet haben, sowohl in den Vereinigten Staaten als auch im Ausland.

2 Wiedergegeben in The Gestalt Journal, Vol. VI, Nr. 2. Herbst 1983.

3 PERLS. Grundlagen der Gestalttherapie: Einführung und Sitzungsprotokolle. München 1976. 7. Aufl. 1989, S. 34f.

4 Äußerst schematisch könnte man die Hypothesen, die verschiedene Autoren hinsichtlich der Ätiologie der Neurose aufgestellt haben, folgendermaßen darstellen:
– FREUD: Verdrängung der libidinösen Triebe, die das Über-Ich nicht zuläßt;
– REICH: gesellschaftliches Verbot des Ausdrucks der genitalen sexuellen Triebe;
– HORNEY: provisorische, anachronistisch gewordene, ökonomische Lösung, die in einer Spannungssituation das Maximum an sekundären Vorteilen bringt;
– PERLS: Akkumulation von unterbrochenen Bedürfnissen oder unvollendeten Gestalten;
– GOODMAN: Verlust der Ich-Funktion der kreativen Anpassung.

5 Ich selbst unterscheide gerne zwei kritische Momente, die für die therapeutische Sitzung (oder die Beziehung im täglichen Leben) entscheidend sind: eine Phase des Engagements (die dem contacting ähnelt) und eine Phase der Loslösung (nach dem Vollkontakt und vor dem Rückzug); „mein" Zyklus hat daher fünf Hauptphasen.

6 „Ich freue mich"; hier findet beides statt: Die Situation erfreut mich (passive Haltung), und ich nehme daran mit Freuden teil (aktive Haltung).

7 Cf. Konrad LORENZ. Das sogenannte Böse. 1963.

8 Dritte internationale Konferenz über Gestalttherapie. In: The Gestalt Journal, Vol. V, Nr. 1. 1982.

9 Die Introjektion von paradoxen Anweisungen (double bind) führt nach BATESON zum Entstehen bestimmter Psychosen.

10 ALAIN. Propos sur le Bonheur. Paris 1925.

11 Ursprünglich handelt es sich hier um zwei im Englischen gängige, umgangsprachliche Redewendungen, die vor allem in Spielen und beim Sport verwandt werden im Sinne von „Gewinner" und „Verlierer" (oder „Unterdrückter").

12 Siehe 11. Kapitel.

13 Jean-Marie ROBINE. „Quel avenir pour la Gestalt-thérapie?" in: La Gestalt et ses différents champs d'application. Paris 1982. SFG.

Kapitel 9
Die Therapeutische Beziehung
Übertragung und Gegenübertragung

Etymologisches

Ist die Gestalttherapie eine Psychotherapie – ist sie etwa nur dies? Nicht wenige sind dieser Meinung und bestehen auf diesem Begriff, um als Gestalt-therapeuten bezeichnet zu werden und nicht einfach als Gestaltpraktiker[1] oder Gestaltisten – obwohl man auch „Psychoanalytiker" und „Psychodramatiker" sagt. Andere, zu denen auch ich mich zähle, sind mit PERLS der Meinung, daß es schade wäre, einen so vielseitigen Ansatz ausschließlich auf Kranke zu beschränken und sprechen daher provokatorisch von einer „Therapie für Nor-male".

Ist denn Therapie nur Kranken vorbehalten? Wie soll man dann die Ver-pflichtung für alle zukünftigen Therapeuten verstehen, eine eigene Therapie zu machen? Muß man krank sein, um Therapeut zu werden?

Was ist „Therapie", was ist ein „Kranker"?

Wir wollen dazu die Etymologie befragen – der Begriff Etymologie kommt von etymos, „wahr". Es geht also um den wirklichen Sinn eines Wortes und nicht, wie man allzu häufig glaubt, lediglich um seinen historischen Ursprung.
- Therapeía bedeutete im Griechischen ursprünglich religiöser Dienst, Götter-kult. Der Begriff wird benutzt, um den Respekt gegenüber den Eltern, die Sorge im Sinne von Zuwendung auszudrücken, umfaßt aber auch die Pflege des Körpers und der Erscheinung sowie die ärztliche Pflege und Behand-lung.
- Therapeutris ist eine religiöse Person (von religare = verbinden), d.h. eine Vermittlerin, die die Aufgabe hat, gute Beziehungen zwischen den Menschen und den Göttern, zwischen der Erde und den Himmeln, zwischen der Ma-terie und dem Geist aufrechtzuerhalten.[2]
- Therapeuticos ist derjenige, der den Göttern oder einem Meister dient (und nicht derjenige, der sie pflegt), d.h. der ergebene, freundliche Diener, der Höfling oder der Sklave.
- Der Diener (frz. serviteur, vom indo-europäischen „swer",„ser" oder „wer") ist derjenige, der aufmerksam ist, über etwas wacht;
- Therapie und Heilung stehen (in der frz. Etymologie) im Zusammenhang mit Dienen, Achtsamkeit, awareness (eine der Grundhaltungen der Gestalt-therapie!) und nicht mit Krankheit.

Der Therapeut hat also keine Macht über den anderen, sondern er ist für den anderen da, er ist sein Diener. Damit sind wir fern vom ärztlichen Mythos des „allmächtigen" Therapeuten, der über Leben und Tod entscheidet, wie auch von dem des Therapeuten, der sich hinter verbürgten Interpretationen verschanzt und der „es wissen muß". Der Gestalttherapeut ist eher jemand, der „es nicht wissen kann" und der seinem Klienten, der für sich selbst verantwortlich ist, auf gut Glück bei seiner einzigartigen, unwiderruflichen, anomischen und polysemischen Erfahrung beisteht, die keinen festgeschriebenen Gesetzen folgt und verschiedene, sich gegenseitig nicht ausschließende Bedeutungen haben kann, je nach der Lesart des Klienten und dessen momentaner Gestalt.

Doch was ist nun ein „Klient"?
– Der „Klient" war bei den Römern ein Bürger, der von einem allmächtigen Patron beschützt wurde. Allgemeiner gesagt ist es jemand, der die Dienste eines anderen, den er dafür bezahlt, in Anspruch nimmt.
– Der „Patient" ist der Leidende, der passiv einen Eingriff über sich ergehen läßt (aus diesem Grunde vermeide ich diesen Begriff in der Gestalttherapie, wo der Klient niemals passiv ist).
– Das „Subjekt" („sub-iectus") ist ebenfalls „unter-stellt", untergeordnet (und daher etymologisch gesehen weniger wichtig als das „Objekt", das „vor-gestellt", „gezeigt" wird).

Wäre der angemessene Platz des Gestaltisten gegenüber
– einem „Partner", d.h. einer Person, mit der man verbunden ist, mit der man sich unterhält und mit der man eine Beziehung entwickeln kann;
– oder einen „Protagonisten", der in einer bestimmten Angelegenheit die Hauptrolle spielt?

Kontrolliertes Sich-Einlassen

… Nein, das wiederum auch nicht! Es gibt keinen ersten und keinen zweiten, keine Rangordnung und keine strikte Trennung! Der Therapeut und sein Klient sind Partner in einem echten Dialog, auch wenn ihr jeweiliger Status und ihre Rollen verschieden sind; und genau dies ist typisch für die Gestalttherapie.

Der Gestalttherapeut zieht sich nicht auf seine Domäne zurück; er verharrt nicht in starrem Schweigen, und er verschanzt sich auch nicht in einer Festung aus ebenso gelehrten wie geheimen Büchern. Er ist aber auch nicht mit seiner gutgläubigen Empathie allen Widrigkeiten ausgesetzt und zur bedingungslos positiven Einschätzung seines Klienten verdammt – wer immer dieser sein möge und was immer dieser tun möge.

Er ist auch kein Sanitäter, der bei einem Schwächeanfall eine Transfusion macht oder bei Atemnot seine Sauerstoffflasche zum Einsatz bringt. Der Gestalttherapeut versucht nicht, das Symptom zu verstehen und ihm dadurch erneut eine Existenzberechtigung zu geben. Er versucht ebensowenig, das Symptom zu beseitigen oder es zu ignorieren. Er ist bereit, es zusammen mit seinem Klienten zu erforschen. Ihre Beziehung ist durch Sympathie geprägt, die PERLS leicht ironisch der Empathie von ROGERS und der psychoanalytischen Apathie entgegensetzt:

– Der nichtdirektive Ansatz von Carl ROGERS betont die Empathie. Der Therapeut fühlt sich seinem Klienten emotional nahe, seine Haltung ist durch eine „bedingungslose Annahme" charakterisiert; die Therapie ist „klientenzentriert".

– Die Psychoanalyse fordert eine Haltung der wohlwollenden Neutralität. Der Therapeut hält sich an die „Abstinenzregel" und bleibt in emotionaler Distanz zu seinem Klienten; dies verstärkt die Frustration und fördert so die Mechanismen der Übertragung. PERLS bezeichnet diese reservierte Haltung als passive Frustration (durch Nicht-Antworten) + Apathie und stellt ihr die aktive Frustration + Sympathie gegenüber, die provozieren, zum Handeln auffordern soll (von pro-vocare: „zu ... rufen"), z.B. „Ich merke, daß ich seit fünf Minuten nicht mehr zuhöre, was du sagst ...";

– Die Gestalttherapie arbeitet also mit der Sympathie. Der Therapeut läßt sich als Person in eine aktive Ich/Du-Beziehung mit seinem Klienten ein. Er lenkt dessen Bewußtheit (awareness) auf seine Beziehung zur Umwelt (die in diesem Fall aus der Person des Therapeuten besteht), und er setzt seine eigene Gegenübertragung gezielt als Motor für die Behandlung ein.

Er interessiert sich für seinen Partner: Er ist „auf den Klienten zentriert" – doch man könnte ebenso gut sagen, daß er „auf sich selbst zentriert" ist. Er ist aufmerksam für das, was er jeweils gegenüber seinem Klienten empfindet und zögert nicht, einen Teil dieser Empfindungen bewußt offenzulegen. Ein Gestalttherapeut, der seinen Klienten ständig dazu auffordert, in der ersten Person zu reden, ohne es jemals selbst zu tun, wäre ein Paradoxon! Er ist also nicht neutral, sondern engagiert und von Fall zu Fall auch authentisch, und er läßt sich gezielt auf sein Gegenüber ein:

Er interveniert aktiv, jedoch nicht direktiv!

Er reagiert und provoziert Reaktionen, d.h. er interagiert, aber er bestimmt nicht die Richtung der Arbeit. Wie ein Bergführer oder ein Höhlenforscher steht er dem Klienten zur Verfügung, um diesen auf dem Weg zu begleiten, den letzterer bestimmt. Der Therapeut ist nicht derjenige, der etwas unternimmt („get out of the way" – „geh' aus dem Weg", fordert GOODMAN), aber er nimmt auch nicht alles passiv hin. Kurz gesagt besteht seine Rolle darin, die Dinge zuzulassen und zu unterstützen, nicht aber, sie zu begreifen oder sie zu tun. Er soll dem Klienten nicht zuvorkommen und ihn auch nicht bremsen, sondern ihn begleiten und dabei seine eigene Identität behalten.

Der „Katalytiker"

Der Therapeut ist kein „Ana-lytiker", der eine aktuelle Situation seziert, um an ihren Ursprung zu gelangen (von ana, griechisch: von unten nach oben, gegen den Strich), sondern ein „Kata-lytiker" (von cata: von oben nach unten, von der Oberfläche in die Tiefe) und er besitzt in gewissem Maße die fünf Hauptmerkmale eines chemischen Katalysators:
– Durch seine Gegenwart werden die Reaktionen beschleunigt und verstärkt;
– er interveniert sehr zurückhaltend;
– er verschiebt das innere Gleichgewicht nicht, sondern ermöglicht lediglich, es schneller zu erreichen;
– seine Wirkung ist stark von seinem eigenen physischen Zustand abhängig;
– nach Abschluß der Reaktion ist er unverändert.

„Unverändert" ist hier im etymologischen Sinn zu verstehen: Er ist kein anderer geworden, sondern im Gegenteil noch mehr er selbst. Die Interaktion hat ihn „entrostet" und „freigelegt". Er ist u.U. „transformiert", aber nicht „de-formiert". Er hat eine „bessere Form" gefunden, eine dominante „Figur", eine gute Gestalt – wie auch sein Partner.

Eigentlich ist es kaum möglich, einen solchen „Katalytiker" an sich zu beschreiben – ebensowenig wie seinen Klienten, denn ihre Reaktionen ergeben sich aus den zwischen ihnen bestehenden Interferenzen. Die Aufmerksamkeit des Therapeuten richtet sich weder auf den einen noch auf den anderen Partner an sich, sondern auf den „Raum" zwischen ihnen, der sie trennt und gleichzeitig verbindet, auf ihre gegenseitigen Beziehungen, die auf fünf Ebenen stattfinden (körperlich, emotionell, intellektuell, sozial und spirituell bzw. transpersonell). Der systemische Ansatz behält das Ganze im Auge: Den Therapeuten und den Klienten mit ihrer unmittelbaren und globalen Umwelt.

Die Übertragung

Wenn also zwischen dem Therapeuten und seinem Klienten eine wechselseitige Interaktion im Hier und Jetzt stattfindet, wie steht es dann mit der Übertragung in der Gestalttherapie, die häufig verneint wird?

Zunächst ist bei der Benutzung eines Begriffs außerhalb seines üblichen Kontextes Vorsicht angebracht. „Übertragung" hat in der Psychoanalyse eine sehr spezifische Bedeutung, und es wäre zweifelsohne ein Mißbrauch, den Begriff bei jeder Gelegenheit zu benutzen. Außerdem hat die Gestalttheorie zu Genüge darauf hingewiesen, daß „sich das Ganze von der Summe seiner Teile unterscheidet", wobei jedes Teil nur innerhalb des Ganzen einen Sinn bekommt. Deshalb ist Vorsicht angebracht, wenn man diesen psychoanalytischen Fachausdruck in einem deutlich unterschiedlichen Kontext gebraucht.

Wie dem auch sei, alle Autoren räumen der Begegnung, der zwischen dem

Klienten und seinem Therapeuten hergestellten Beziehung, einen zentralen Platz ein: „Ohne Begegnung gibt es keine Psychotherapie", sagt ISRAEL – und er geht noch weiter: „Die Befähigung zur Psychotherapie setzt die Fähigkeit zur Begegnung voraus".

Wir möchten hinzufügen, daß die Begegnung in der Psychotherapie nicht dazu dient, die Fakten oder die Ereignisse als solche zu verändern, sondern vielmehr die persönliche Wahrnehmung des Klienten von diesen Fakten, ihren Zusammenhängen und ihren vielfältigen Bedeutungen. Die therapeutischen Interventionen bezwecken keine Veränderung der äußeren Situation, sondern vielmehr eine Veränderung der Erfahrungen, die der Klient mit derselben macht. Die psychotherapeutische Arbeit unterstützt also Veränderungen innerhalb des individuellen Wahrnehmungs- und Vorstellungssystems.

Doch man kann nicht unbedingt auf das Wirken von Übertragungsmechanismen schließen, wenn sich die Wahrnehmung einer gegebenen Situation verändert. Rollo MAY, einer der Begründer der Bewegung für Humanistische Psychologie, stellt seine Auffassung zu diesem Thema in einem Artikel von 1958 folgendermaßen dar:

> „Was wirklich geschieht, ist nicht, daß der neurotische Patient die Gefühle, die er gegenüber seiner Mutter oder seinem Vater hatte, auf seine Frau oder auf seinen Therapeuten ‚überträgt'. Wir würden vielmehr sagen, daß der Neurotiker in bestimmten Bereichen niemals gewisse engbegrenzte Erfahrungsmodalitäten überwunden hat, die charakteristisch für das Kleinkind sind. Demzufolge sieht er später die Frau oder den Therapeuten durch die gleiche verzerrende und begrenzte ‚Brille', durch die er den Vater und die Mutter gesehen hat. Dies ist ein Problem der Wahrnehmung und der Art der Beziehung zur Welt. Das Konzept der Übertragung im Sinne einer Verlagerung von Gefühlen von einem Objekt auf das andere wird dadurch überflüssig."

Und wenig später fährt er fort:

> „Für die existentielle Therapie stellt sich die ‚Übertragung' in dem neuen Kontext als ein Vorgang dar, der sich in einer realen Beziehung zwischen zwei Menschen abspielt. Fast alles, was der Patient während einer Therapiesitzung macht, enthält ein Element der Übertragung. Doch nichts ist bloß ‚Übertragung' und damit arithmetisch zu erklären. Das Konzept der Übertragung im eigentlichen Sinn wurde oft als willkommene Projektionsfläche benutzt, hinter der sich Therapeut und Patient gleichermaßen verstecken konnten, um die mit mehr Angst verbundene Situation einer direkten Konfrontation zu vermeiden."[3]

Die Spuren der Vergangenheit werden also nicht geleugnet, sie interessieren uns jedoch nur insofern, wie sie sich in der heutigen Situation und aufgrund der spezifischen Verhaltensweisen der beteiligten Personen zeigen. Die gestalttherapeutische Arbeit beschränkt sich daher nicht darauf, verdrängte Erinnerungen (das Warum) zutage zu fördern, sondern sie versucht auch, die Unsicherheiten und die Verzerrungen in den gegenwärtigen Beziehungen (das Wie) aufzudecken. Während der Klient meistens mit dem Inhalt seiner Worte oder seines Tuns beschäftigt ist, interessiert sich der Gestalttherapeut mehr für die Form und den Prozeß. Zwischen den beiden läßt sich eine Inversion von Figur und Hintergrund feststellen, die von Jean-Marie ROBINE folgendermaßen dargestellt wird:

	für den Klienten	*für den Therapeuten*
„Figur"	der Inhalt, das Was, das Warum	die Form, der Prozeß, das Wie, das Wofür
„Hintergrund"	die Form, der Prozeß, das Wie	der Inhalt, das Was, das Warum

PERLS, der (wie ROGERS) eindeutig auf das Hier und Jetzt der heutigen Beziehung festgelegt war, nahm in der Frage der Übertragung eine extreme Haltung ein, offensichtlich als Reaktion auf gewisse überzogene Formen der Psychoanalyse, und ging dabei soweit, die Bedeutung von Übertragungsmechanismen und ihr häufiges Auftreten zu leugnen.

Die meisten Gestalttherapeuten sehen dies heute anders[4]. Sie bestreiten nicht das Auftreten, ja die Fruchtbarkeit der Übertragungsphänomene, doch sie fragen sich – und kommen dabei zu unterschiedlichen Schlußfolgerungen – ob es zweckmäßig ist, diese bewußt einzusetzen. Es geht also eindeutig um die Entscheidung für eine bestimmte therapeutische Strategie.

> *Wenn ich mich für ein bestimmtes Vorgehen entscheide, so nicht,*
> *weil ich keine anderen Möglichkeiten kenne[5],*
> *sondern ich wähle jenen Weg, der mir im Augenblick als der*
> *gangbarste und für den Klienten am wenigsten entfremdende erscheint.*

Die Übertragungsneurose

Die bewußte Förderung einer „Übertragungsneurose" als zentraler Bestandteil der psychoanalytischen Behandlung darf nicht mit den spontan auftretenden Übertragungen verwechselt werden, die in jeder therapeutischen Beziehung unvermeidbar – und unerläßlich – sind. Wenn jedoch außerhalb des psychoanalytischen Kontextes von „Übertragung" gesprochen wird, werden diese beiden Aspekte manchmal nicht scharf voneinander getrennt.

Sehen wir uns diesbezüglich einige Passagen von Sacha NACHT[6] an:

> „... Die Beziehung, die der Kranke von nun an zu seinem Analytiker herstellt, wird immer enger, doch sie bleibt ambivalent. Sie nimmt immer

mehr Raum ein und wird schließlich den Rahmen der analytischen Situation gänzlich bestimmen. Sie wird sogar über diesen Rahmen hinausgehen und bewußt oder unbewußt zum Zentrum des Lebens der betreffenden Person werden. Die Neurose, deretwegen sie in die Behandlung gekommen ist, verliert an Konturen, ja sie kann sogar verschwinden; an ihre Stelle tritt die sogenannte ‚Übertragungsneurose‘: ‚Die neue Krankheit ersetzt die alte‘ (FREUD).“

Die letzte Phase in einer psychoanalytischen Behandlung dient der Auflösung dieser Übertragungsneurose.

„... doch“, fährt Sacha NACHT fort, „die Entwicklung der Übertragungsneurose verläuft leider nicht immer so ideal. Es kommt sogar vor, daß diese im Laufe der Behandlung zur Hauptursache der Schwierigkeiten wird, zu einer ernsthaften Komplikation, die sogar die Behandlung selbst in Frage stellen kann. In jedem Fall ist sie jedoch in starkem Maße für die zu lange Dauer vieler Analysen verantwortlich.“

Im Prinzip soll die Übertragungsneurose dazu dienen, die kindliche Neurose zu reproduzieren, d.h. sie erneut präsent zu machen, um sie behandeln zu können.
    Nebenbei möchte ich darauf hinweisen, daß die Psychoanalyse in dieser Hinsicht eine Therapie des „Hier und Jetzt“ ist, denn sie analysiert und interpretiert im wesentlichen unter Bezugnahme auf die aktuelle Übertragung.
    Umgekehrt taucht in der Gestalttherapie – im Gegensatz zu einer gängigen Meinung – ständig die Vergangenheit auf („unvollendete Gestalten“), manchmal sogar eine weit zurückliegende, vorsprachliche Vergangenheit. Sie wird jedoch nur dann angesprochen, wenn sie spontan das Hier und Jetzt streift. Der Gestalttherapeut ist also keineswegs ausschließlich auf die Gegenwart fixiert. Wie der Psychoanalytiker ist er „aufmerksam für alles, was aktuell an Erinnerungen aus der Vergangenheit auftaucht und demzufolge irgendeine Bedeutung für das Heute hat“.[7]

> *Es wäre absurd, die Wurzeln zu leugnen unter dem Vorwand, man sei*
> *nur an den Blüten und Früchten interessiert!*

Um eventuelle kindliche Verhaltensmuster zutage zu fördern, verfügt der Gestalttherapeut jedoch über direktere, für den Klienten weniger entfremdende Methoden als das Einführen einer Übertragungsneurose. Mit Hilfe von Techniken zur körperlichen und emotionalen Mobilisierung und des Wachtraums werden weit zurückliegende Themen und anachronistische, repetitive Verhaltensweisen relativ schnell freigelegt. Auf diese Weise wird der lange und komplexe Umweg über die Übertragungsneurose vermieden, der Alltag des Klienten weniger in Mitleidenschaft gezogen und die Behandlungzeit verkürzt.

Spontane Übertragungsmechanismen

Bisher sind wir kurz auf die Übertragungsneurose eingegangen, aber noch nicht auf das Phänomen der spontanen Übertragungen. Diese werden immer wieder auftreten, selbst wenn sich der Therapeut bemüht, sie jedesmal zurückzuweisen, wobei er sie zunächst kurz anspricht und eventuell sogar in dem therapeutischen Prozeß einsetzt.

Wenn Valerie während einer Einzelsitzung erklärt:
– „Ich weiß sehr wohl, daß du mich immer noch nicht ernst nimmst. Ich verstehe einfach nicht, warum du nicht zur Vernissage meiner Ausstellung gekommen bist! Sie war dennoch ein großer Erfolg, und du könntest stolz auf mich sein!"
so wendet sie sich ganz offensichtlich eher an eine Vaterfigur als an den anwesenden Therapeuten. Die schlichte Konfrontation mit der Realität:
– „Warum sollte ich denn ‚stolz auf dich' sein?"
reicht dann aus, um der Klientin die Übertragungsmechanismen bewußt zu machen, die sich in ihr Verhalten einschleichen. Die Frage bestärkt sie darin, aus sich selbst heraus ein ausreichendes Selbstbewußtsein zu entwickeln, anstatt dieses von einer aufgesetzten väterlichen Wertschätzung abhängig zu machen.

Aktive Beziehung und Gegenübertragung

Ein kluges Abwechseln der therapeutischen Techniken zwischen verständnisvoller Unterstützung und angemessener Frustration (skilled frustration) wirkt sich mit der Zeit günstig auf die Autonomie des Klienten aus (self-support).

Wie ich bereits angedeutet habe, wird der Therapeut in der Gestalttherapie nicht zögern, gegebenenfalls seine eigenen Empfindungen hinsichtlich einer bestimmten Situation auszudrücken. Er kann es sich unter Umständen auch erlauben, seine Präferenzen, seine Entscheidungen, seine Freuden und seine Schwierigkeiten deutlich zu machen – nicht um sich auseinanderzusetzen, sondern um sich miteinzubeziehen:

„Ich glaube, die Malerei liegt dir; ich persönlich mag jedoch die abstrakte Kunst nicht, ich bevorzuge die Aquarelle von DUFY!"

Man nennt das „self-disclosure", bewußtes Zeigen der eigenen Person während eines echten, wenn auch kontrollierten und selektiven Sich-Einlassens: „Ich denke so, wie ich rede, aber ich rede nicht über alles, was ich denke ... und ich mache auch (leider) nicht alles, was ich möchte!"

> *Ich bin als die Person, die ich bin, präsent; ich bin ich selbst,*
> *aber in diesem Fall nicht für mich selbst!*

Ich stelle auf diese Weise eine aktive persönliche Beziehung her, die ein Teil
der intersubjektiven sozialen Wirklichkeit beider Partner ist. Gewissermaßen
bin ich gleichzeitig
- empathisch mit dem Klienten   d.h. „in ihm"
- kongruent mit mir selbst   d.h. „in mir"
- sympathisch in der Ich/Du-Beziehung d.h. „zwischen uns".

Im allgemeinen schätzt der Klient diese Art von Mitteilungen, bei denen er
sich als Subjekt und Gesprächspartner anerkannt fühlt und nicht nur als
Objekt professionellen Interesses für einen zwar gewissenhaften, aber gleich-
gültigen Therapeuten.[8] Unter Umständen kann der Praktiker seine eigenen
Erfahrungen als therapeutisches Mittel einsetzen.

> *Er zieht es vor, seine Gegenübertragung offensiv einzusetzen,*
> *anstatt nur „defensiv" aufmerksam zu sein.*

Kurzum, es findet fast eine Umkehrung der normalerweise empfohlenen Haltung statt:
- In der klassischen Psychoanalyse ist der Analytiker vor allem darauf bedacht, die Übertragung des Klienten aufrechtzuerhalten und gleichzeitig bemüht, seine eigene Gegenübertragung so weit wie möglich zu kontrollieren;
- in der Gestalttherapie hingegen bemüht sich der Therapeut, die Übertragung
  des Klienten einzuschränken und ist gleichzeitig darauf bedacht, seine eigene Gegenübertragung bewußt einzusetzen, insbesondere durch die ständige
  Aufmerksamkeit für seine eigenen emotionalen und körperlichen Reaktionen auf das verbale oder gestische Verhalten seines Klienten.

Es muß jedoch hinzugefügt werden, daß diese positive Einschätzung der Gegenübertragung heute auch von den Psychoanalytikern zunehmend geteilt
wird. So schreibt z.B. NACHT:

> „Lange Zeit waren die Analytiker davon überzeugt, durch eine neutrale
> Haltung ihre eigenen unbewußten Gegenübertragungen ‚beherrschen'
> oder sogar ausschalten zu können. Heute wissen wir, daß die Gegenüber-
> tragung in der analytischen Arbeit ebenso fruchtbar ist wie die Übertra-
> gung, vorausgesetzt der Kranke profitiert davon."

Und Harold SEARLES erklärt[9]:

> „[...] mein Identitätsgefühl ist [...] meine zuverlässigste Informationsquelle
> hinsichtlich dessen, was zwischen dem Patienten und mir, wie auch bei
> dem Patienten selbst abläuft [...] , ein äußerst sensibles und aufschlußrei-
> ches Instrument, das Informationen über das, was in der Behandlung
> passiert, liefert – häufig in Bereichen, die der Patient nicht verbal aus-
> drücken kann."

Die heutige Psychoanalyse stößt somit nach der Gestalttherapie auf die bereits
in den 30er Jahren von FERENCZI vertretenen Thesen. Andere berühmte
Psychoanalytiker, wie Melanie KLEIN, WINNICOTT und BALINT, die von
FERENCZI bzw. von seinen Schülern ausgebildet wurden, haben eine jeweils
eigene Form der „aktiven Technik" entwickelt, die dem Einsatz der Gegenübertragung insbesondere hinsichtlich ihrer körperlichen Auswirkungen breiten Raum gibt.

Sexuelle Handlungen

Selbstverständlich kann es nicht darum gehen, von einem Übermaß an Neutralität zu einem Übermaß an Involiert-Sein überzugehen. Ich kann mich daher
der Einstellung bestimmter amerikanischer Kollegen nicht anschließen, die
unter dem Vorwand einer echten, sogn. „egalitären" Beziehung von Mensch
zu Mensch alle Unterschiede zwischen Therapeut und Klient auslöschen wollen und sich fragwürdige Mißbräuche erlauben, indem sie bestimmte Sitzungen
zum Zweck der persönlichen Befriedigung ausnutzen. Sie gehen soweit, ihre
eigenen Probleme während der Zeit, die den Teilnehmern gehört, zu behandeln
oder ihre eigenen sexuellen Wünsche unter dem Deckmantel der „Authentizität" der gegenseitigen Beziehung zu befriedigen!

Kurzfristig kann die demagogische Wirkung derartiger Praktiken nicht immer geleugnet werden, denn die Teilnehmer einer Gruppe sehen gerne die
Schwächen ihres Therapeuten, der ihnen so „menschlicher" und „zugänglicher" erscheint! Doch es handelt sich um bedauernswerte (im übrigen seltene)
Mißbräuche, durch die die Gestalttherapie in einen gewissen Verruf gekommen ist.

Aus verschiedenen amerikanischen Untersuchungen geht hervor, daß objek-
tiv nicht feststellbar ist, ob sich solche Praktiken negativ oder positiv auswirken,
und zwar sowohl für den einen als auch für den anderen der beteiligten Partner
und auch für die anderen Gruppenteilnehmer.

Als Folge derartiger Beziehungen werden Fälle von Verschlechterung oder
zusätzliche Probleme angegeben, aber es werden auch ebenso viele Fälle von
Besserungen genannt (durch die narzißtische Aufwertung oder Entdramatisierung eines Fantasmas).

Die auf diesem Gebiet herrschende Scheinheiligkeit, die sich auf moralische
oder religiöse Vorstellungen beruft, erlaubt jedoch kaum eine objektive Studie.
Vor nicht allzulanger Zeit provozierten die wissenschaftlichen Untersuchungen über das Sexualverhalten von KINSEY bzw. MASTERS & JOHNSON in
der Öffentlichkeit einen Skandal, und gleichzeitig stellte man fest, daß 80%
der Bevölkerung Praktiken nachging, die von der öffentlichen Moral als „pervers" bezeichnet wurden!

Wenn man dies berücksichtigt und von moralischen Vorurteilen und a prio-
ri-Behauptungen hinsichtlich einer möglichen psychologischen „Schädlich-

keit" absieht, meinen wir, daß bei einer sexuellen Beziehung zwischen Therapeut und Klient in jedem Fall die Gefahr besteht, daß diese aufgrund des ungleichen Status der beiden Partner verfälscht wird:

– Der eine wird bezahlt, der andere bezahlt;
– der professionelle Therapeut verfügt über Autorität und Macht und kann, auch unbewußt, in die Versuchung kommen, diese zu mißbrauchen;
– umgekehrt ist die Eroberung des Therapeuten durch die Klientin (den Klienten) nicht immer durch echte sexuelle oder affektive Anziehung motiviert;
– im übrigen bringt es der Beruf eines jeden Therapeuten mit sich, einer großen Zahl potentieller Partner zu begegnen und dies in einer außergewöhnlichen Situation der emotionalen Offenheit der Klienten; zwischen den beiden Partnern besteht daher kein Gleichgewicht.

Schließlich kann man den soziokulturellen Kontext nicht vernachlässigen, der derartige Beziehungen mißbilligt, was in Europa trotz des heutigen freieren Umgangs mit der Sexualität noch weitgehend der Fall ist. Dies schlägt sich auf das Verhalten nieder und verleiht ihm im Falle der Verheimlichung einen Beigeschmack von Schuld und bei einer offenen Zurschaustellung etwas provokatorisches.

In der Gestalttherapie wird das Individuum nicht unabhängig von seiner Umwelt gesehen. Ein bestimmtes Verhalten erhält erst im Hinblick auf das gesamte Umfeld seinen Sinn, auch wenn die Grenzen meistens willkürlich und provisorisch sind und von der jeweiligen Geschichte und der geographischen Lage abhängen.

Wie dem auch sei: Der ganze Wirbel um die Fälle von Übergriffen ist manchmal schädlicher als der Übergriff selbst![10] Im Gegensatz zu liberalen Positionen halten wir extrem moralistische Positionen nicht für verteidigungswürdig; aus eigener Erfahrung sind wir mißtrauisch gegenüber strengen Sittenrichtern, die manchmal glauben, ihre eigenen Schwächen durch die Verfolgung anderer verdecken zu können (Reaktionsbildung).

Einige Leiter von Therapiegruppen und Gruppen zur Persönlichkeitsentwicklung verlangen von jedem einzelnen Teilnehmer eine schriftliche Verpflichtung zur sexuellen Enthaltsamkeit, nicht nur gegenüber den Therapeuten (was selbstverständlich ist), sondern auch gegenüber den anderen Teilnehmern, auch außerhalb der einzelnen Sitzungen. Auch wenn es uns unerläßlich erscheint, wiederholt vor dem künstlich aufgeheizten Charakter von Beziehungen zu warnen, die in einer auf körperlicher und emotionaler Ebene arbeitenden psychotherapeutischen Gruppe entstehen, so halten wir dennoch derartig beeinschränkende Verbote für einen Angriff auf das Privatleben von erwachsenen Klienten, die man ja dabei unterstützen will, die Verantwortung für sich selbst zu übernehmen!

Darüberhinaus bestätigen zahlreiche Berichte, daß solche Verpflichtungen, selbst wenn sie schriftlich erfolgten, selten von allen Gruppenteilnehmern eingehalten werden; es gibt immer einige, die dadurch in anti-soziale Positionen gedrängt werden und die bestehenden Regeln um der Provokation willen überschreiten, oder sie werden gleichsam dadurch gezwungen, alles abzustreiten und zu lügen, obwohl man vorgibt, jeden Teilnehmer zum Ausdruck seiner wirklichen Gefühle, Empfindungen, Befürchtungen und Wünsche ermutigen zu wollen.

Eine Gratwanderung

Die von uns vertretene Position ist also eine unbequeme Gratwanderung zwischen den Extremen. Sie beinhaltet eine größtmögliche Vorsicht gegenüber jeder Art des affektiven, amourösen oder sexuellen Engagements, ohne sich jedoch auf rigide oder ideologisch gefärbte Verbote zu stützen, die den Besonderheiten des Einzelfalls keineswegs gerecht werden können.

Wir schätzen, daß unter den gegebenen Bedingungen ein Verbot der sexuellen Betätigung mehr körperliche Freiheit und Ungezwungenheit erlaubt als die Tolerierung. Wenn der Klient kein „Abrutschen" befürchten muß, kann er seinen oft unerfüllten Wünschen nach Zärtlichkeit oder Regression eher nachgeben und dadurch verdrängte Gefühle aus seiner Kindheit wiederentdecken, seinen heimlichen Wünschen nachspüren und mögliche Schreckgespenste auflösen. Die meist implizit gesetzten Grenzen schützen den Therapeuten genauso wie den Klienten.

Die Zurückhaltung hinsichtlich sexueller Kontakte hindern uns keinesfalls an freundschaftlichen und warmherzigen Beziehungen zu den Klienten – nicht, um dem vergeblichen Streben nach Verschmelzung und Konfluenz nachzugeben, sondern einfach um eine Atmosphäre des direkten, vertrauensvollen und sicheren gegenseitigen Austausches aufrechtzuerhalten. In einem solchen Klima besteht dann auch die Möglichkeit, u.U. auch mit gezielten Frustrationen oder harmlosen, aggressiven Konfrontationen zu arbeiten, bzw. tief in die archaischen Schichten der Persönlichkeit einzutauchen.

Außerdem macht die Arbeit in einer warmherzigen Atmosphäre mehr Spaß[11], und bekanntlich arbeitet man besser, wenn man gerne arbeitet; dies gilt für den Klienten und für Therapeuten gleichermaßen. Ich für mein Teil halte Asketentum, Leiden und Aufopferung nicht für besonders verdienstvoll. Die Moral des Heiligen Benedikt, der nur Märtyrer als Heilige ansieht und behauptet, daß an der Schwelle zum Vergnügen der Tod steht (Regel Nr. 7) und daß man durch die Erfahrung von Mühsal und Entbehrung zu Gott kommt (Regel Nr. 58), liegt mir fern. Ich fühle mich da den Orthodoxen näher, für die die österliche Freude über die Auferstehung wichtiger ist als das Leiden über die Kreuzigung, und den Tantrikern, die über die Umwandlung der Begierden und des Vergnügens die Heiligkeit erreichen wollen, sowie bestimmten Sufis, die „die Freude der Welt im Tanz erleben".

Ich schließe mich Max PAGES an, der erklärt[12]:

„Im Gegensatz zu dem, was die Freudsche Methode vorschreibt, ist die Freude, die der Therapeut oder Gruppenleiter beim Austausch mit den Teilnehmern empfindet, für jede Veränderung notwendig. Freude ist nicht schädlich, sie ist auch keine suspekte Angelegenheit, die man richtig dosieren muß und die man nur zögernd und mit schlechtem Gewissen akzeptieren darf. Sie ist der Motor der Veränderung."

Muß denn immer noch betont werden, daß Vergnügen und Liebe keine Synonyme für Sexualität sind? Das Wort „Sexualität" ist erst im 19. Jahrhundert entstanden und 1924 zum ersten Mal in seiner heutigen Bedeutung verwendet worden. Wieviel hat sich doch seither verändert! Die viel genaueren Griechen besaßen drei völlig verschiedene Worte für Liebe:
– eros : die Begierde, die symbolisch im Körper und in den Geschlechtsteilen lokalisiert wird,
– agape : die Zuneigung im brüderlichen Sinn, deren Platz das Herz ist,
– philia : die Liebe oder das Interesse (für einen Freund, für Musik, für die Wahrheit), die im Kopf lokalisiert werden.

Ich selbst möchte ausdrücklich sagen:

> *Die Sexualität sollte weder unterdrückt noch „ausgetobt" werden.*
> *Wir sollten vorsichtig und behutsam mit ihr umgehen,*
> *denn sie ist eine wesentliche Energie.*[13]

Dieser lebendige Impuls ist kein niedriger, materieller Instinkt, der durch die Erbsünde befleckt ist, sondern ein universeller Ausdruck von ursprünglicher Lebensfreude.

Die Freudsche Ökonomie der Libido hatte zu Anfang des Jahrhunderts die Triebe in quantifizierbare Energieformen umgemünzt, nach dem Vorbild der damals üblichen Thermodynamik, die von der Vorstellung des Flüssigkeitsaustausches und von dem zweiten Prinzip von CARNOT (Energieverlust durch Entropie) bestimmt war. Bei FREUD beruhen die neurotischen Mechanismen und die Sublimation implizit auf der Flüssigkeitsmechanik. Energie wird als etwas Begrenztes angesehen; sie kann nur umgeleitet oder umgewandelt, aber nicht vervielfältigt werden. So wird z.B. die ursprünglich sexuelle Neugierde, wenn sie als solche ungenutzt bleibt, metabolisiert und zur Quelle von Kunst und Wissenschaft.

Doch Liebe ist Feuer und nicht Wasser. Sie funktioniert nicht nach dem Prinzip der kommunizierenden Gefäße, sondern sie ist wie eine Flamme, die sich unbegrenzt vermehren kann und durch das Geben nichts einbüßt. Der Malthusianismus[14] im Bereich der Sexualität greift nicht mehr: Man muß nicht Wasser sparen, sondern die Flamme aufrechterhalten – und dabei vermeiden, sich daran zu verbrennen. Liebe, Zärtlichkeit und Sexualität werden durch den Gebrauch keineswegs schwächer – im Gegenteil!

Die Übertragung des Therapeuten

Die absolute Neutralität des Therapeuten ist ein überholter Mythos, der kaum mehr vertreten wird, nicht einmal von den Psychoanalytikern selbst. Außerdem ist das Nicht-Intervenieren bereits eine Stellungnahme, die häufig starke Wirkungen hervorruft. Ein Rückzug wirkt manchmal entfremdender als eine „Pro-vokation" (die ein „Appell" ist).

Hinzu kommt, daß das Verhalten des Therapeuten im Grunde nicht nur eine Reaktion auf das Verhalten des Klienten ist, wie der Begriff „Gegenübertragung" vermuten lassen könnte. Das Phänomen, das wir „Übertragung" nennen, ist äußerst komplex. Schematisch gesehen sind sechs verschiedene Arten von Beziehungen möglich, die häufig miteinander verknüpft sind:
– Die Übertragung des Klienten auf den Therapeuten;
– die Gegenübertragung des Therapeuten als Reaktion auf diese Übertragung;
– die Übertragung des Therapeuten auf bestimmte Klienten (die er als Kinder, Eltern, Rivalen, Schüler usw. empfindet);
– die Gegenübertragung des Klienten als Reaktion auf die Übertragung des Therapeuten;
– aktuelle Gefühle des Klienten gegenüber der Person des Therapeuten;
– aktuelle Gefühle des Therapeuten gegenüber dem Klienten.

Mich persönlich stört dieses komplizierte Geflecht unterschiedlicher Beziehungen, das sich in alle Richtungen ausbreitet und mit seinen unsichtbaren und zugleich äußerst farbigen Fäden ein geheimnisvolles Muster bildet, keineswegs. Hierin liegt der unermeßliche Reichtum der menschlichen Beziehungen, der ihnen ständig neue Kraft, Dichte und Originalität verleiht. Die ungeheuere Vielfalt läßt keine Routine aufkommen und stimuliert den Therapeuten zur ständigen Wachsamkeit.

Kontrolle: Vorsicht und Abenteuer

In dem Prozeß der sich entwickelnden Beziehung, der äußerster Aufmerksamkeit bedarf, wird der Gestalttherapeut ständig in seinem ganzen Sein herausgefordert. Gewiß, er hat sich zuvor während seiner persönlichen Therapie (Gestalt, Psychoanalyse oder andere) gründlich mit seiner eigenen existentiellen Problematik auseinandergesetzt. Danach wird er sich ausführlich mit seinen eigenen Formen der Gegenübertragung vertraut gemacht und seine beruflichen Verhaltensweisen in der Supervision analysiert haben, unter Kontrolle und im Erfahrungsaustausch mit qualifizierten Kollegen.

Aber der tägliche Kontakt mit Leiden und Tod, Begierde und Sex, Geld, Macht und Zweifel, Depression, Delirium und Wahnsinn geht nicht spurlos an dem einzelnen vorüber. Es ist daher unerläßlich, daß sich jeder Therapeut während seines ganzen Berufslebens regelmäßig Zeit nimmt, um etwas für sich selbst zu tun und um sich beruflich auf dem Laufenden zu halten.

Ein Therapeut muß nicht alle seine Probleme gelöst haben (dann gäbe es recht wenig Therapeuten auf dieser Welt!), er sollte sie jedoch ohne allzugroße Angst angehen können und von ihnen nicht überwältigt werden. Meiner Meinung nach sollte es ihm relativ leicht fallen, sich zumindest den fünf wichtigsten existentiellen Fragen, die häufig von den Klienten angesprochen werden, zu stellen:
- der Einsamkeit
- der Sexualität
- dem Zweifel
- der Aggressivität
- dem Tod.

Diese fünf Themen sollten während der Eigentherapie, der Fortbildung und der Supervision des zukünftigen Therapeuten ausführlich bearbeitet werden. Das weitgehende „Beherrschen" derselben könnte ein „Test" dafür sein, ob der Kandidat so weit ist, selbst Therapien durchzuführen.

Der Gestalttherapeut steht ständig vor der Aufgabe, seine eigenen Grenzen herauszufinden und mit der aktuellen Situation in Einklang zu bringen. Er sollte in der Lage sein, gegebenenfalls eine zu risikoreiche Begleitung abzulehnen – wie ein ungenügend erfahrener oder vorübergehend geschwächter Bergführer eine Tour ablehnt, die seine momentanen Möglichkeiten übersteigt.

Viele Therapeuten sind der Meinung, daß man niemand weiter begleiten könne, als man selbst schon gegangen sei. Ich sehe das anders: Ich kann sehr gut mit einer Frau, die kurz vor der Entbindung steht oder mit einem verängstigten Krebskranken arbeiten, ohne derartige Situationen selbst erlebt zu haben. Dagegen kann es passieren, daß ich mich z.B. gegenüber einem mit der Deportation zusammenhängenden Problem gefühlsmäßig verschließe, eben weil es bei mir die Erinnerungen an eine für immer unabgeschlossene Gestalt erweckt, an eine persönliche existentielle Tragödie, deren Wunden nur sehr langsam heilen. Es kommt also nicht darauf an, was ich selbst erlebt habe, sondern wie leicht es mir fällt, auf ein angesprochenes Thema einzugehen.

So kann es mir auch passieren, daß mich auf einem Weg, den ich schon gegangen bin und auf dem mir ein Unglück zugestoßen ist, die Angst packt, während ich andererseits eine Seilmannschaft umsichtig und erfolgreich über einen für mich zwar neuen, aber meinen technischen Fähigkeiten entsprechenden Übergang begleiten kann. Vielleicht wäre ich dabei sogar umsichtiger als bei einem Routineunternehmen.

Ich schätze es, mit einem Klienten Ausflüge ins Unbekannte zu machen, bei denen nur allmählich und manchmal sogar erst hinterher auf der Karte der während der Therapiesitzung beschrittene Weg erkennbar wird.

> *Die wertvollsten Entdeckungen werden nicht immer auf den vorher abgesteckten Wegen gemacht; die schönsten Blumen und die geheimsten Schätze befinden sich abseits der üblichen Pfade.*

Ich halte es auch nicht für notwendig, prinzipiell vorher einen genauen Therapievertrag mit dem Klienten festzulegen. In vielen Fällen werden die zugrunde liegenden Motivationen erst allmählich sichtbar. Manchen Klienten fällt es leicht, den Kern ihres Unwohlseins herauszufinden und ihr Ziel zu benennen, andere sind noch nicht so weit bzw. halten dies nicht mehr für wichtig! In der Gestalttherapie können – und hierin liegt einer ihrer zahlreichen Vorzüge – alle Wege zu neuen Entdeckungen führen und man braucht nicht vorher die Route genau festzulegen.

Ich persönlich habe auf improvisierten Reisen mehr gelernt, da diese meine Aufmerksamkeit für Begegnungen und Entdeckungen im „Hier und Jetzt" des jeweiligen Landes eher geschärft haben, als auf organisierten Rundfahrten mit sorgfältig geplanten Etappen – auch wenn diese gewissermaßen auf meine eigenen Initiative hin während der leicht gesteuerten Vorgespräche mit dem Reiseagenten über das „Irgendwo und Zukünftig" festgelegt worden sind.

Es ist nicht Aufgabe des Therapeuten, den Klienten um jeden Preis auf einem bestimmten Kurs zu halten, sondern ihm dabei zu helfen, maximal von dem zu profitieren, was sich während seiner Therapie ereignet. Er sollte ihn dabei unterstützen, Hindernisse und Gefahren genauer zu erkennen und nachteilige Ausweichmanöver von notwendigen Umwegen zu unterscheiden, wie auch dabei, die verschiedenen Erfahrungen jedes Mal nach der Rückkehr von einem Ausflug zu sortieren.

Anmerkungen

1 Ein „Praktiker" ist eine Person, die sich auf die Ausübung einer Kunst oder einer Technik versteht, in diesem Fall auf die Gestalttherapie. Dieser Begriff ist umfassender als der des Gestalttherapeuten, der diejenigen nicht miteinschließt, die in anderen Bereichen als der Therapie im eigentlichen Sinn arbeiten, z.B. jene, die die Gestalt in einer Institution oder einem Unternehmen ausüben.

2 Bei der Sekte der Therapeuten handelt es sich um eine Gemeinschaft von jüdischen, streng eremitisch lebenden Mönchen beiderlei Geschlechts, die Zeitgenossen von Christus waren und sich in Alexandrien einer allegorischen Exegese der Bibel (bzw. der Torah) widmeten, um die verborgene Bedeutung der Rituale und Vorschriften zu entschlüsseln. Sie waren also auch Vermittler zwischen Gott und den Menschen.

3 Rollo MAY. Contributions of existential psychotherapy in Existence. New York 1958. Basic books.

4 Cf. JUSTON, D. Le transfert en Gestalt et en psychanalyse. Lille 1990. Ed. Pandore.

5 Dies gilt sowohl für die Übertragung wie für die verbale Entschlüsselung des Unbewußten oder die Interpretation. Diese Konzepte werden nicht abgelehnt, aber bewußt im Hintergrund gehalten.

6 NACHT, S. La Psychanalyse d'aujourd'hui. Paris 1969. Ed. PUF. NACHT (1901–1977) war Vizepräsident der Internationalen Psychoanalytischen Vereinigung von 1957 bis 1969.

7 Interview von Edward ROSENFELD mit Laura PERLS. The Gestalt Journal. 1978.

8 Der italienische Gestalttherapeut Edoardo GIUSTI verbindet den Ansatz von ROGERS mit dem der Gestalt und bezeichnet dies als „Gestalt Counseling".

9 SEARLES, H. Le contre-transfert. Paris 1981. Gallimard.

10 In Analogie dazu möchten wir daran erinnern, daß die Masturbation bis vor kurzum noch

schwer bestraft wurde („das macht verrückt!"), während sie in mehreren Ländern (auch in Frankreich bis zum 17. Jahrhundert) häufig angewandt wurde, um ein aufgeregtes Kind zu beruhigen oder zu trösten, wenn es sich verletzt hatte. Auf einigen Pazifischen Inseln ist es zulässig, daß ein Passant einen Jungen, der sich das Knie aufgeschlagen hat, masturbiert, selbst wenn er ihn nicht kennt – so wie man in Frankreich ein Küßchen geben oder es streicheln würde. Ähnliches gilt natürlich auch für das berühmte „Trauma der Urszene" (Beobachtung des elterlichen Koitus), das in zahlreichen Kulturen üblich ist und als harmlos angesehen wird.

11 Die optimale menschliche Wärme in den Beziehungen ist für mich mit der optimalen Hitze eines Verbrennungsmotors vergleichbar. Sie erlaubt ein besseres Funktionieren, unter der Bedingung, daß ein bestimmtes Temperaturlimit nicht überschritten wird! Wir möchten daran erinnern, daß mehrere amerikanische und kanadische Umfragen ergeben haben, daß 15 bis 20% der Psychotherapeuten aller Richtungen sexuelle Beziehungen mit einem oder mehreren ihrer Klienten hatten!

12 Max PAGES. Le Travail amoureux. Paris 1977. Ed. Dunod.

13 Man könnte scherzhaft sagen, daß die chronische Verdrängung eine Neurose produziert (cf. FREUD), während die anarchische Abreaktion eine Psychose provozieren kann (Verlust der Ich-Grenzen).

14 Malthusianismus: Bevölkerungstheorie, nach der die mögliche Größe der Bevölkerung durch die Menge der verfügbaren Nahrungsmittel begrenzt und bestimmt wird.

Kapitel 10
Der Körper und die Gefühle

Die Gestaltherapie wird meistens als eine auf den Körper und die Gefühle ausgerichtete Psychotherapie beschrieben. Laura PERLS äußert sich dazu folgendermaßen:

> „Da ist ein Punkt, den ich nie genügend unterstreichen kann: Die Körperarbeit ist ein integraler Bestandteil der Gestalttherapie. Die Gestalttherapie ist eine holistische Therapie, was bedeutet, daß sie den ganzen Organismus miteinbezieht und sich nicht nur auf die Stimme, die Sprache und das Handeln beschränkt."[1]
>
> „Ich benutze jede Art von physischem Kontakt, wenn ich denke, daß dies dem Patienten die bewußte Wahrnehmung der gegebenen Situation erleichtern kann [...]. Ich habe keine besonderen Regeln für männliche bzw. weibliche Patienten. Ich kann eine Zigarette anzünden, jemanden füttern, einem Mädchen die Haare in Ordnung bringen, die Hand halten oder einen Patienten in meinen Schoß nehmen, wenn ich glaube, daß dies das beste Mittel ist, um eine fehlende oder unterbrochene Kommunikation wiederherzustellen. Ich berühre die Patienten auch und lasse mich von ihnen berühren, um ihre Körperwahrnehmung zu steigern [...].
>
> Über die Zulässigkeit des Körperkontakts in der Therapie scheinen große Meinungsverschiedenheiten zu bestehen und viel Ängstlichkeit [...]."[2]

Laura PERLS trennt die Gestalttherapie nicht von dem körperlichen und künstlerischen Ausdruck. Sie selbst hat übrigens parallel zu ihrer psychoanalytischen Ausbildung eine künstlerische Ausbildung (in Musik und Tanz) und eine Ausbildung in verschiedenen Körpertechniken gemacht (ALEXANDER, FELDENKRAIS, Eurythmie von Rudolf STEINER etc.).

Die ständige Aufmerksamkeit für den Körper findet man bei allen Gestaltisten (sie achten auf die Haltung, die Atmung, den Blick, die Stimme, die Mikrogesten etc.), doch viele von ihnen berühren den Körper des Klienten nicht direkt. Fritz PERLS selbst ließ anfänglich, nachdem er die Psychoanalyse zugunsten der Gestalttherapie aufgegeben hatte, seine Klienten weiterhin auf dem Sofa Platz nehmen (genauso wie sein Lehrer Wilhelm REICH).

Isadore FROM, einer der ersten Schüler der PERLS, versteht die Gestalttherapie als eine dialogische, in erster Linie verbale Therapie. Andere bekannte Gestaltisten, wie ZINKER oder RESNICK (USA), Janine CORBEIL (Quebec), SALATHE und ROBINE (Frankreich), arbeiten äußerst selten direkt mit dem Körper; sie beobachten ihn vor allem und sprechen ihn verbal an.

Aus den theoretischen Grundprinzipien und der spezifischen Methodologie der Gestalttherapie läßt sich in der Tat nicht die Notwendigkeit zur körperlichen Mobilisierung ableiten. Die phänomenologische Herangehensweise, die

Theorie des Selbst und das Auffinden von Störungen oder Abwehrmechanismen im Kontaktzyklus erfordern keineswegs eine aktive Beteiligung
des Körpers. Meiner Meinung nach verzichtet man jedoch in diesem Fall
auf einen wirksamen therapeutischen Hebel, der zur Intensivierung und
Tiefenwirkung der Arbeit beiträgt, ihre Wirksamkeit erhöht und ihre Dauer
reduziert.

Die große Mehrheit der heute praktizierenden Gestalttherapeuten räumt
daher dem Körpergefühl des Klienten – wie auch im übrigen ihrem eigenen –
einen wichtigen Platz ein. Sie interessieren sich ebenso sehr für die sinnliche
Wahrnehmung („Was fühlst du in diesem Augenblick?") wie für die Motorik
des Organismus („Ich schlage vor, daß du aufstehst und einige Schritte
machst.").

Körperlesen

Das Verstärken einer Empfindung oder einer Geste ist nicht dasselbe wie
„Körperlesen".

Der Gestalttherapeut ist äußerst aufmerksam für alle körperlichen Äußerungen des Klienten: Körperhaltung, bewußte oder unbewußte Bewegungen, halb-
automatische Mikrogesten, die eine Art „körperlicher Lapsus" darstellen, der
die im Inneren ablaufenden Prozesse anzeigt, die meistens dem Klienten nicht
bewußt sind – z.B. ein leichtes Trommeln mit den Fingern, ein Wippen mit
dem Fuß, eine geringfügige Kontraktion des Kiefers usw. Selbstverständlich
achtet er auch auf die Stimme, auf die Stärke bzw. das Stocken des Atems
sowie auf den Blutkreislauf, der durch Blässe oder Rötungen an bestimmten
Stellen wahrgenommen werden kann.

Das Körpersymptom wird gerne als Einstieg benutzt und erlaubt einen direkten Kontakt mit dem Klienten unter Respektierung des Weges, den dieser
selbst, wenn auch oft unfreiwillig, gewählt hat. Man wird ihn dabei unterstützen, den ablaufenden Prozeß bewußt wahrzunehmen und ihm eventuell vorschlagen, die jeweilige Empfindung oder das Symptom zu verstärken[3], um es
genauer zu spüren, es gewissermaßen „sprechen zu lassen", ehe man nach
seiner Bedeutung fragt.

Wie ich bereits hervorgehoben habe, versucht man in der Gestalttherapie
nicht, ein Symptom um jeden Preis zu entschlüsseln. Jede Erklärung birgt die
Gefahr in sich, daß man das Symptom dadurch aufrechterhält, indem man ihm
eine Rechtfertigung gibt. So kann z.B. in dem Satz: „Ich bin phobisch, weil
meine Mutter nach dem Tode meines älteren Bruders ängstlich war und mich
überprotegiert hat" mitschwingen: „Ich habe gute Gründe, so zu sein", ja: „Ich
bin dazu verdammt, so zu bleiben".

Der Gestalttherapeut wird sich also davor hüten, eine Geste zu interpretieren bzw. den Körper nach einem festgelegten Code „zu lesen". Er wird den
Klienten vielmehr dazu zu anregen, selbst die sich spontan ergebende Fährte

zu verfolgen, beispielsweise durch die Weiterführung, Wiederholung oder Verstärkung der entsprechenden Geste, um sie offensichtlicher oder eindeutiger zu machen. Dabei soll der Klient gleichzeitig seine momentanen Empfindungen verbalisieren. Über die sukzessive Assozierung von Empfindungen, Gesten, Bildern, Tönen oder Wörtern kommt der Klient häufig zu einer direkten Einsicht (insight oder „mini-satori", wie es PERLS gerne scherzhaft nannte) in seine heutigen Verhaltensweisen oder auch in frühere, heute nicht mehr angemessene Zwangshaltungen.

Auch der Körper lügt

Die Körpersprache ist oft tiefgründig und differenziert. Doch zu der manchmal formulierten Behauptung, daß „der Körper nie lügt" (LOWEN), ist es ein weiter Weg, den ich mich hüte zu gehen. Meine Worte können bewußt verlogen sein, aber auch ungewollt meine Gedanken verraten, doch mein Körper kann dies genauso! Ich kann mich „aufplustern", um meine Angst oder meine Schüchternheit zu verstecken, „Krokodilstränen" vergießen, um mein Gegenüber zu rühren, oder meine Aggressivität hinter einem verbindlichen Lächeln verbergen. Ich kann erröten, ohne tief bewegt zu sein, und eine Erektion bekommen, ohne verliebt zu sein (und umgekehrt!). Ich kann mich wegen eines oberflächlichen Dorns oder eines kariösen Zahns quälen und die Entwicklung eines bösartigen Tumors stillschweigend ignorieren.

Dem Körper zu glauben ist also nicht mehr und auch nicht weniger vernünftig wie den Worten des Klienten zu glauben. Doch warum sollte man diese ständige, ergiebige Quelle zusätzlicher Botschaften vernachlässigen, unabhängig davon ob diese sich mit den verbalen Aussagen decken oder nicht?

Die Körpersprache hat den Vorteil, im Hier und Jetzt verankert zu sein, während das Wort gerne ins „Anderswo und Früher" abschweift und mehr mit dem „Was" als mit dem „Wie" beschäftigt ist. Wenn Gefühle ausgedrückt werden, schlägt sich dies meistens auch in der Stimme, der Atmung und der Körperhaltung nieder. Der Körper und die Worte treten in Resonanz und verstärken sich gegenseitig durch Feedback-Wirkung.

Die Gefühle zähmen

Tränen sind eine Art natürliches Schmiermittel für jede Emotion, d.h. für jede „Bewegung der Seele nach Innen"[4]. Der befreiende Aus-druck steht dem niederdrückenden Ein-druck gegenüber, dem Druck nach Innen, der schwer wiegt und Spuren hinterläßt.

Unglücklicherweise werden in unserer Zivilisation alle körperlichen und gefühlsmäßigen Äußerungen streng zensiert und kanalisiert. Bereits in der

Kindheit hat man uns untersagt, offen Wut, Angst, Traurigkeit, Schmerz oder Eifersucht zu zeigen. Man hat uns auch verboten, unsere Freude herauszuschreien und unsere Wünsche auszudrücken.

In meiner eigenen Arbeit versuche ich generell, den Klienten dazu zu ermutigen, jedes Gefühl spontan auszudrücken. Sobald es sich aus seiner Höhle wagt, nehme ich das Gefühl vorsichtig auf. Ich versuche es zu erkennen und mit ihm zu sprechen – weder zu früh noch zu spät. Wenn ich bei dem Klienten eine leichte Veränderung im Sprachrythmus oder in der Stimmlage, beim Schlucken oder bei der Atmung wahrnehme, frage ich: „Was passiert jetzt bei dir?" und dies, ehe das „vorübergehende" Gefühl verschwunden ist. Es ist klar, daß eine solche Intervention, wenn sie zu früh erfolgt, genauso gut das Gefühl abschneiden und wieder „begraben" kann, noch ehe es seine Nase richtig herausgestreckt hat! Wenn es jedoch bemerkt, erkannt und akzeptiert worden ist, wird es zweifellos ein direkteres, tiefer gehendes und wirksameres Arbeiten möglich machen.

Als Therapeut setze ich meine Zärtlichkeit und Aggressivität bewußt ein. Ich belohne, konfrontiere und frustriere meine Klienten, manchmal im plötzlichen Umschlaf wie im Tropengewitter, manchmal eher den Strahlen der Sonne vergleichbar, die allmählich durch den Regenschleier dringen und einen vielversprechenden Regenbogen erzeugen.

Es geht nicht darum, die Gefühle zu beherrschen (als seien sie Sklaven), sondern vielmehr darum, sie zutraulich zu machen, sie zu domestizieren und so ihr Überschäumen wie auch ihr Austrocknen zu verhindern. Der Klient wird dazu ermutigt, den „Gefühlshahn" je nach Situation zu öffnen und zu schließen. Normale und flexible Reaktionsweisen sind Garanten für eine gute Gesundheit. In diesem Sinne ist der Gestalttherapeut fast einem Installateur vergleichbar, der darauf achtet, daß die Zirkulation funktioniert und die Leitungen frei sind, um sowohl Verstopfung wie auch Überschwemmung zu verhindern.

Wir wollen unseren Klienten dabei unterstützen, sein Leben zu führen, ohne auf den vereisten Straßen der Existenz ins Schleudern zu kommen oder durch ein Bremsen im falschen Augenblick die Kontrolle über das Lenkrad zu verlieren; aber dazu muß er die Reaktionweisen seines „Fahrzeugs" genauer kennen und vertrauensvoll und vorsichtig mit der Bewegung gehen. Egal ob es sich um Trauer oder um Wut handelt, er sollte ihnen nicht ausweichen, sondern sie angehen, sie als die eigenen erkennen, sich mit ihnen anfreunden und durch sie „hindurchgehen":

> „The only way to get out is to go through" (PERLS)[5]

Ob Zorn oder Begierde, jede Leidenschaft ist wie ein Wachhund: Er wird gefährlich, wenn man ihn zu lange einsperrt, aber man kann ihn deshalb trotzdem nicht auf jeden Passanten loslassen! Um ihn zu zähmen, muß ich mich häufig mit ihm beschäftigen und mich mit ihm anfreunden. Ebenso ist es mit meinen verschiedenen Gefühlen. Ich muß sie kennen und akzeptieren und darf sie nicht ignorieren oder unterdrücken. Wenn Gefühle und Handlungen ständig unterdrückt werden, entstehen Neurosen und Psychosen, psychosomatische Krankheiten und sozialen Störungen.[6]

Um einen optimalen Gefühlsausdruck zu erreichen, regen wir unsere Klienten bei jeder sich bietenden Gelegenheit dazu an, sich körperlich zu bewegen: Aufstehen, gehen, die Distanz verändern, verschiedene Formen des Kontakts ausprobieren, diskret oder explizit, zärtlich oder aggressiv. Wir schlagen ihnen vor, ihrer Haltung und ihren nur angedeuteten, automatischen Gesten körperlichen Nachdruck zu verleihen, bzw. die verbal angesprochenen Situationen körperlich umzusetzen.

Ein Beispiel: „Wodurch kann ich meine Sorgen ersetzen?"
THERAPEUT: Wie sitzt du?
MURIEL: Ich sitze gebückt, mein Kopf ist nach vorne gebeugt.
THERAPEUT: Versuche, diese Haltung zu übertreiben.
MURIEL: Ja! ... Ich fühle mich irgendwie erdrückt ... Als hätte ich ein riesiges Bündel auf den Schultern.
(Der Therapeut legt ihr ein dickes Kissen auf die Schultern.)
MURIEL: Au! ... Da ist noch mehr.
(Der Therapeut legt noch einige andere Kissen darauf.)
THERAPEUT: Kannst du versuchen, aufzustehen und so „durchs Leben " zu gehen?
(Muriel steht auf. Sie hält die Kissen wie ein Bündel auf dem Rücken und macht zögernd einige Schritte.)
MURIEL: So geht das nicht! Ich kann nichts mehr machen! (Sie wirft zornig eines der Kissen auf den Boden!) Jetzt habe ich mich von dem da befreit! (nachdenkliche Stille) ... Das ist mein Freund Lucien, der mich immer mehr belastet! Er läßt mich nicht einen Moment zur Ruhe kommen! (Kurz danach wirft sie spontan ein zweites Kissen weg.) Und das, das ist meine Arbeit als Sekretärin, die mich auch ankotzt! Ich habe sie satt! ... Ich muß mir eine andere Arbeit suchen!
(Daraufhin wirft sie die Kissen nacheinander weg; sie symbolisieren ihre alte, sie stark beanspruchende Mutter, ein Gruppenprojekt usw.)
THERAPEUT: Und jetzt?
MURIEL: Jetzt? ... Habe ich nichts mehr auf dem Rücken! Ich kann mich frei bewegen. (Sie macht einige Schritte.) ... Aber ich weiß nicht, wohin ich gehen soll! Noch, was ich tun soll! All diese Sorgen, das hat mich beschäftigt! Ich kam nicht dazu, eigene Pläne zu machen! ... Wenn ich all diese Unannehmlichkeiten los bin, scheint mir das Leben leer! Die Probleme haben mir Gesellschaft geleistet!

Vom körperlichen zum verbalen Ausdruck und umgekehrt

In dem eben dargestellten Fall wurde bei der Klientin durch das Verstärken ihrer Körperhaltung allmählich ein Bewußtseinsprozeß in Gang gesetzt. Der Prozeß vollzog sich über den Körper zum sprachlichen Ausdruck.

Doch man kann auch umgekehrt vorgehen und den Klienten das von ihm Gesagte körperlich umsetzen lassen, wobei man in solchen Fällen häufig mit Techniken der Dramatisierung arbeitet. Dieses Vorgehen ist zum Teil von dem Psychodrama MORENOs inspiriert. So kann man z.B. mit einem Traum in der Weise arbeiten, daß man dem Klienten an Stelle von verbalen Assoziationen zu den Bildern vorschlägt, sowohl die verschiedenen, im Traum auftretenden Personen als auch andere, sogar nebensächliche Teile seines Traums nacheinander zu verkörpern und für sie zu sprechen. Er könnte so z.B. nacheinander, mit Worten oder Gesten, einen Lehrer darstellen, der ihn aufruft, den Schüler, das Schulheft, einen in dieses Heft geschriebenen Satz oder auch einen einfachen Tintenklecks. Auch ein Gefühl oder eine Empfindung kann symbolisch in Szene gesetzt werden.

Beispiel:

> Patrick beklagt sich darüber, „in seinen Gewohnheiten gefangen zu sein". Auf ein Zeichen des Therapeuten hin stellt die Gruppe die Situation symbolisch dar, indem sie einen engen Kreis um ihn herum bildet – doch zur allgemeinen Überraschung unternimmt er nichts, um sich zu befreien!
> Patrick erkennt in dieser Situation sehr schnell von selbst, daß sein Wunsch nach Freiheit und neuen Initiativen rein intellektuell und verbal ist, während sein inneres gegenwärtiges Bedürfnis in Wirklichkeit dahin geht, es sich in der Sicherheit des Erworbenen und der häuslichen Wärme bequem zu machen.

So können die unterschiedlichsten, verbal geäußerten Gefühle sichtbar und zugleich emotional spürbar gemacht, ja, verkörpert werden, z.B. Ablehnung, Verlassenheit, das Gefühl, in einer Sackgasse zu sein, das Bedürfnis nach Wärme und nach sozialer Anerkennung usw. Auch gängige Redensarten, wie
– ich sehe das Ende des Tunnels nicht
– ich bleibe immer allein in meiner Ecke
– ich kann nicht loszulassen
– ich habe Lust, alles hinzuschmeißen

können szenisch dargestellt werden. Es kann sich dabei sowohl um eine Gesamtsituation handeln, die individuell oder mit Hilfe der Gruppe dargestellt wird, wie auch um eine einzige längere Szene.

„Christian und seine Großeltern"

> Christian ist 14 Jahre alt. Er ist Waise und wurde von seinen Großeltern aufgezogen. Diese sind alt und „altmodisch". Sie haben Angst vor Unfällen und verweigern ihm das Moped, das er gerne hätte. Christian beklagt sich:
> – Sie können mich nicht verstehen. Sie sind zu alt! ... Siehst du, zwischen ihnen und mir ist ein Platz leer, der Platz meiner Eltern ... und dieser Platz wird immer leer bleiben. Die Kluft zwischen ihnen und mir wird immer bestehen!
> Ich schlage ihm vor, das eben Gesagte direkt umzusetzen: Neben seinen Stuhl stelle ich zwei andere Stühle, die unbesetzt sind, einen für seine Eltern, den anderen für seine Großeltern. Das Experiment amüsiert ihn. Er spricht zu seinen Großeltern und legt dabei die Hände an den Mund:
> – Heh ihr dort! Hört ihr mich? ... Ihr seid zu alt! ... Seid ihr taubstumm? ...
> Dann setzt er sich auf den Platz seiner Großeltern und verkörpert so das Bild, das er sich von ihnen macht. Über den leeren Stuhl für seine Eltern hinweg antwortet er mit sanfter Stimme:
> – Aber ja! Christian, man hört dich! Wir sind noch nicht so alt! Wir sind gerade 57. Wir sind doch nicht taub.
> Daraufhin lächelt Christian entspannt. Er steht auf, räumt spontan die Stühle weg und sagt:
> – Weißt du ... endlich glaube ich, daß man sich irgendwie einigen kann. Das werde ich mal probieren!
> Als er schon an der Tür ist, dreht er sich um und stellt fest:
> – Merkwürdig, seit zwei Wochen kann ich nicht richtig atmen, und jetzt, sieh, (er atmet tief) jetzt zirkuliert es wieder!

Solche einfachen metaphorischen Darstellungen zeigen immer wieder die starke Wirkung, die eine „Verkörperung des Wortes" für eine aktuelle Situation haben kann.

Spiele und Übungen

In der Gruppentherapie bestehen wesentlich mehr Möglichkeiten, auch mit dem Körper zu arbeiten. In der Einzeltherapie ist die direkte körperliche Interaktion zwischen dem Therapeuten und seinem Klienten aus praktischen wie auch aus psychologischen und berufsethischen Gründen eingeschränkt (Risiko der ambivalenten Interpretation von Gesten der Zärtlichkeit, weniger Möglichkeiten zur aggressiven Konfrontation).

Dagegen können in einer Gruppe, je nach Situation, zahlreiche Spiele und Körperübungen zum Aufwärmen oder zur Verstärkung vorgeschlagen werden. Diese Übungen sind natürlich vorher nicht genau planbar, denn es ist wichtig, daß sie der momentanen Atmosphäre und den anstehenden Problemen entsprechen. Sie können sich auf die ganze Gruppe beziehen oder auch auf einen speziellen Klienten, und sie können sehr unterschiedliche Erfahrungen und Erkenntnisse zum Thema haben, z.B. Verlassensein, Loslassen, Zärtlichkeit, Eingeschlossensein, Konfrontation, Risiko, Vertrauen, Grenzen usw.

Man kann z.B. vorschlagen, daß sich jeder „den besten Platz" im Raum sucht, mit den Körpern der Teilnehmer eine „Gruppenskulptur" bildet, die seine persönliche Familienerfahrung darstellt, oder Begegnungen mit geschlossenen Augen ausprobiert bzw. „seinen Platz" körperlich verteidigt. Man kann einen Teilnehmer tragen, ihn hochfliegen lassen, ihn wiegen oder ihn einkesseln. Man kann ihm vorschlagen, das Ausmaß seines Vertrauens auszuprobieren, indem er sich in die Arme der Gruppenmitglieder fallen läßt, oder sein Mißtrauen, indem er sich bewußt von den anderen isoliert usw.

Mehrere Dutzend derartiger „Spiele", die ursprünglich den Zweck hatten, die Anpassungsschwierigkeiten des Einzelnen an seine Umgebung herauszufinden, sind inzwischen Allgemeingut geworden und werden außerhalb ihres ursprünglichen Zusammenhangs, häufig ohne methodologische Rechtfertigung, ja sogar einfach zur Unterhaltung eingesetzt! Im Prinzip geht es jedoch darum, die Prozesse deutlich zu machen, die sich bei Kontaktaufnahme, Rückzug, Kontaktvermeidung oder -abwehr an der Kontaktgrenze abspielen.

Körperliche Nähe als therapeutisches Mittel

In der Gestalttherapie wird also nicht nur verbal und visuell kommuniziert, auch die direkte körperliche Konfrontation wird als stark mobilisierendes Element eingesetzt. Dabei kann es sich sowohl um eine aggressive Form der Konfrontation handeln, die selbstverständlich kontrolliert und gegebenenfalls durch eine Matraze oder ein Kissen abgeschwächt wird, als auch um den Austausch von Zärtlichkeiten prägenitaler, elterlicher Art oder auch erotischer Natur. Letztere ebenfalls in kontrollierter Form, jedoch in einem therapeutischen Zusammenhang, der über die bloße diskrete Andeutung (wie bei MORENO) hinausgeht.

Die körperliche Nähe und der Hautkontakt lösen im allgemeinen tiefe Emotionen aus und lassen häufig sehr alte Gefühle aus der präverbalen Kindheit wieder auftauchen, die rein verbal geführten Therapien kaum zugänglich sind. Nicht selten werden intensive Szenen erlebt, die an die Geburt erinnern oder an die ersten Saugbewegungen.

FERENCZI schrieb bereits 1931:

> „Gewiß, FREUD lehrt uns zu Recht, daß die Analyse einen Sieg erringt, wenn es ihr gelingt, das Agieren durch das Erinnern zu ersetzen; aber ich denke, es hat auch seine Vorteile, wichtiges Handlungsmaterial freizulegen, das anschließend zum Erinnern führt."

Mehrere Autoren der englischen psychoanalytischen Schule (die größtenteils aus der ungarischen Schule hervorgegangen ist) betonen die Bedeutung des körperlichen Handlungsmaterials, insbesondere WINNICOTT, dessen ideologische Nähe zu PERLS schon weiter oben angesprochen worden ist. Dabei denke ich vor allem an die Techniken des Holding (die Art und Weise, wie eine Mutter ihr Baby hält und es trägt) und des Handling (die Art, es zu umsorgen und mit ihm umzugehen).

Auch die Haptonomie von Frans VELDMAN arbeitet therapeutisch mit der Berührung und schlägt einige, in der Gestalttherapie üblichen Techniken vor (mit dem Körper sprechen, ihn zum anderen hin „verlängern", den Schmerz zum Freund machen usw.).

Der Psychoanalytiker D. ANZIEU, der ebenfalls stark von der englischen Schule beeinflußt ist, beschäftigt sich häufig mit dem Körperthema. Er schreibt:

> „Der Körper als vitale Dimension der menschlichen Realität, als präsexuelle und unzerstörbare Einheit, als derjenige, auf dem alle psychischen Funktionen beruhen, ist angesichts des heutigen Psychologismus vieler Therapeuten […] die große Unbekannte; er wird verkannt und verleugnet […]."[7]

Dennoch spricht er sich für ein „doppeltes Verbot der Berührung" aus!

Der reale Körperkontakt zum Therapeuten ermöglicht häufig den Beginn einer Arbeit, da über ihn ein konkretes Gefühl im Hier und Jetzt entsteht, das wiederum eine Erinnerung (an Zärtlichkeit, Verlassenheit, Mißbrauch usw.) wachrufen kann. Doch es gelingt dem Klienten nicht immer, diese Empfindungen in voller Stärke auszudrücken. Wir greifen deshalb häufig im Laufe der Arbeit ersatzweise auf ein Kissen zurück, das dem Klienten die Möglichkeit gibt, weiter zu gehen und u.U. heftig darauf zu schlagen oder zu spucken, wenn er das Bedürfnis danach hat. Dies führt in der Regel zu einer befreienden Katharsis und deckt gleichzeitig alte Probleme auf, die danach auf verbaler Ebene wiederaufgenommen werden können.[8]

Sowohl der Körper als auch die Sprache ermöglichen einen Zugang zum Symbolischen jenseits der momentanen körperlichen Realität, doch jene sorgt für die anfängliche emotionelle und energetische Mobilisierung. Worte sind wie eine Karte, die die Orientierung erleichtert, aber der Körper bleibt der Motor der Bewegung.

Nacktheit, Hot-tub, Schwimmbad

Die Wirksamkeit der Körperarbeit scheint durch Nacktheit beträchtlich erhöht werden zu können.

Obwohl wir selbst mit der ganzen Familie regelmäßig Freikörperkultur praktizieren[9], sind wir der Auffassung, daß die psychotherapeutische Arbeit in einer

Gruppe, wo die Teilnehmer nackt sind, traumatische Wirkungen hervorrufen kann, wenn sie imperativ und rücksichtslos durchgeführt wird, wie z.B. in den Nacktmarathons von Paul BINDRIM, der seine Teilnehmer öffentlich zur genauen Untersuchung aller Körperteile auffordert, diese anspricht und sie sprechen läßt.

Wir selbst neigen deshalb dazu, die Nacktheit eher spontan (und immer freiwillig) anläßlich einer Gruppensitzung im heißen Wasser, im Schwimmbad oder im Hot-tub einzuführen. Der Hot-tub ist ein großes, rundes oder ovales Badebecken, das etwa zehn Personen aufnehmen kann. Normalerweise ist darin eine Sitzbank angebracht, so daß man bis zu den Schultern im Wasser sitzt. Das Wasser hat Körpertemperatur (35 bis 37 Grad). Raffinierter ausgestattete Hot-tubs besitzen pulsierende Wasserstrahler, die Blasen und Wellen erzeugen, deren Intensität regulierbar ist, und so eine entspannende Massage bewirken.

Das Eintauchen in dieses unbekannte Milieu erzeugt eine Form von „Streß" (im weiten Sinn des Begriffs, denn dies kann angenehm oder unangenehm sein) und verändert alle unsere Körperregulierungssysteme: Die Atmung, den Kreislauf, die Körperempfindungen, die Gravitation, die Ausscheidung (Transpiration) usw.

Die ganze Umgebung erweckt bewußt oder unbewußt Erinnerungen an die pränatale intrauterine Situation, und nicht selten nehmen die Personen, während sich die nackten Körper im heißen „Fruchtwasser" berühren, eine Fötusposition ein. Dieses Setting[10] begünstigt die unterschiedlichsten körperlichen Erfahrungen regressiver Art und läßt häufig alte Bilder wiederauftauchen, die mit einem Gefühl des „ozeanischen" Wohlbefindens oder der existentiellen Angst bzw. des Verlassenseins verbunden sind.

Die Gefäßerweiterung infolge der Hitze führt zur Beschleunigung des Blutkreislaufes und der Atmung und verändert den Sauerstoffgehalt und die pH-Werte des Blutes. Dadurch wird eine Art von leichter Selbstvergiftung der Großhirnrinde hervorgerufen vergleichbar jener, die in extremerer Form durch die Hyperventilationsübungen erzeugt wird, die beim Rebirthing und in der Bioenergetik empfohlen werden. Das Einschläfern der kortikalen Kontrollfunktionen durch die zunehmende „Selbstnarkose" mobilisiert die subkortikalen (limbischen und hypothalamischen) Schichten und fördert damit das Auftauchen der Primärbedürfnisse und -gefühle, die in diesen Zonen des Unbewußten gespeichert sind (Wut, Zorn, Furcht, Angst vor dem Verlassenwerden, Saugreflex, spontanes Verlangen nach Zärtlichkeit usw.).

Neben der Regressionsarbeit können in diesem besonderen Milieu, das durch die Wassertemperatur und die Nacktheit entsteht, die unterschiedlichsten Dinge ausprobiert werden, wie das Loslassen, die Angst vor dem Untertauchen, das Tauchen mit angehaltenem Atem, die Nähe mit anderen nackten Körpern, das Arbeiten am eigenen Körperbild und bezüglich der Sexualität. Die Arbeiten können in der Stille oder bei Musik stattfinden, mit oder ohne Worte, mit offenen oder geschlossenen Augen, gemeinsam oder individuell. Der Therapeut kann Übungen vorschlagen (Blick-, Kontakt-, Schwebe- oder

Massageübungen) oder auch einfach den Klienten bei seinen spontanen „psy-cho-somatischen" Erlebnissen begleiten, seine Aufmerksamkeit stimulieren und ihn ab und zu dazu anregen, Töne von sich zu geben oder Worte und Sätze zu bilden.

In ähnlicher Weise benutzen wir auch ein „therapeutisches Schwimmbad" gleicher Temperatur. In diesem Fall ist die regressive Komponente weniger ausgeprägt (die runde Form, die Nähe und der Kontakt zu anderen Körpern fehlen) zugunsten eines eher sexuell stimulierenden Kontextes infolge der größeren Bewegungsfreiheit, der Möglichkeit zur freien Partnerwahl und der häufig damit einhergehenden spielerischen Atmosphäre.

Die im Wasser begonnene psychologische Arbeit kann selbstverständlich danach individuell oder in der Gruppe fortgesetzt bzw. wiederaufgenommen werden.

Sensitive Gestalt-Massage

Die beim Baden sich natürlich ergebende Nacktheit benutzen wir oft, um den Teilnehmern eine kalifornische Massage vorzuschlagen, auch „sensitive Ge-staltmassage" genannt – die vereinfachte Form einer Technik, die wir während unserer Ausbildung in San Francisco von Margaret ELKE gelernt haben. Es handelt sich dabei um eine euphorisierende, sensitive Massage, die entspan-nend wirkt und das Wohlbefinden steigert. Sie führt zu einer besseren Integra-tion des Körperschemas und stellt ein partnerschaftliches Verhältnis her, das abwechselnd auf das Geben und das Empfangen von Wärme, Zärtlichkeit oder Energie ausgerichtet ist.

„Loose your head, come to your senses"

sagte Fritz PERLS gerne. Wir möchten dabei daran erinnern, daß die Haut unser größtes Sinnesorgan ist; sie erstreckt sich über 2 m^2 und ist mit 70% unserer Blutzirkulation und fast mit allen unseren Nervenendigungen verbun-den.

Die sensitive Gestaltmassage läßt sich sehr gut mit dem herkömmlichen gestalttherapeutischen Vorgehen kombinieren, denn beide haben zahlreiche Themen gemeinsam, beispielsweise
- den Zyklus von Kontakt und Rückzug
- das Arbeiten an der Kontaktgrenze
- das holistische, integrative Herangehen an die Gesamtpersönlichkeit
- das Arbeiten im Hier und Jetzt
- die Bewußtheit (awareness) für sinnliche Wahrnehmungen
- die Aktivierung der rechten Gehirnhälfte (Körperschema, Bilder, Gefühle)
- das Kommunizieren über Empfindungen und Gefühle mit Hilfe der therapeutischen Sympathie

- die Akzeptanz und Respektierung des anderen wie auch der eigenen Person, einschließlich der jeweiligen Unvollkommenheiten
- das Respektieren des eigenen Rhythmus, der Kreativität und des eigenen Stils
- das Streben nach Wohlbefinden und die Bejahung des Vergnügens ohne Schuldgefühle.

Der Reichtum der Dissymmetrie

Wir schlagen gerne die „dissymmetrische" Variante vor: Der eine Partner gibt die Massage, der andere bekommt sie (circa eine Stunde lang) und dies ohne Anspruch auf Gegenseitigkeit. Damit wollen wir das starre Gleichgewicht der gesellschaftlichen Tauschverhältnisse aufbrechen, wo sich jeder umgehend für das, was er erhalten hat, erkenntlich zeigen muß. Wir möchten die Teilnehmer zur Dankbarkeit für ein selbstloses Geschenk ermutigen und sie dazu anregen, spontan um etwas zu bitten, sowie die Verantwortung bei der Entscheidung für das momentan vorherrschende Bedürfnis und für die eigenen Prioritäten selbst zu übernehmen.

Dabei ist nicht vorgesehen, bei einer darauffolgenden Sitzung die Rollen automatisch umzukehren und auch nicht, daß dieselben Partner wieder zusammenkommen. Jeder folgt seinem eigenen Rhythmus und läßt sich von seinen eigenen Bedürfnissen und Wünschen, wie auch von demjenigen der anderen, leiten.

Bei dieser Gelegenheit möchte ich gerne anmerken, daß die allgemeine Evolution von der Asymmetrie der anfänglichen Ungeregeltheit über eine Phase statischer Symmetrie der festgefügten Materie und der primitiven Lebensformen zur dynamischen Dissymmetrie des Fortschritts verläuft:

Asymmetrie → Symmetrie → Dissymmetrie

Je höher ein Lebewesen auf der Stufenleiter der Evolution emporsteigt, umso mehr nimmt die Symmetrie seiner verschiedenen Achsen (oben/unten, vorne/hinten, rechts/links) ab. Bei einem in zwei Teile gespaltenen Wurm reproduziert der Schwanz einen Kopf und der Kopf einen Schwanz. Die Entwicklung des Menschen hingegen hat zur Dissymmetrie zwischen den Armen und den Beinen, dem Daumen und den anderen Fingern, der rechten und linken Seite geführt.

Diese Dissymmetrie ist äußerlich nicht sehr deutlich; im Körperinneren der meisten Säugetiere ist sie jedoch hinsichtlich der Lage der inneren Organe (Herz, Lunge, Leber usw.) offensichtlich, und beim Menschen auch innerhalb des Gehirns. Darauf werden wir im nächsten Kapitel zurückkommen.

Von der Amöbe zum Erdwurm, vom Krokodil zum Känguruh, vom Affen zum Menschen bildet sich so eine immer größere Differenzierung und eine zunehmende Spezialisierung der einzelnen Teile des Organismus heraus.

Körper, Gefühl und Sprache

Bewußt polemisch könnte man sagen:

Bei der Psychoanalyse spricht man vom Körper, aber dieser bewegt sich nicht;

beim Psychodrama bewegt sich der Körper, aber man spricht nicht darüber;

bei der Gestalttherapie dagegen bewegt sich der Körper, und man spricht ausdrücklich darüber.

Aufgrund meiner Erfahrung möchte ich hinzufügen:

> *Eine verbale Bewußtheit ohne emotionale Beteiligung führt nur sehr langfristig zu tiefgreifenden Veränderungen, während eine emotionale Katharsis ohne verbale Verarbeitung nur sehr kurzzeitige Auswirkungen hervorruft.*

Nur die Verbindung der beiden scheint schnelle und zugleich dauerhafte Veränderungen zu bewirken. Außerdem möchte ich erneut betonen, daß die in der Gestalttherapie angewandte Zentrierung auf die im Hier und Jetzt einer Sitzung auftauchenden, häufig körperlich unterstützten „Oberflächenphänomene" keinesfalls das Auftauchen der damit verbundenen, manchmal sehr alten, gegebenenfalls bis in die allerersten Lebenswochen zurückgehenden Gefühle verhindert. Die Annahme, daß die Gestalttherapie in geringerem Maße die Regression ermögliche oder weniger „Tiefe" erreiche als die Psychoanalyse, die Bioenergetik, die Primärtherapie oder das Psychodrama, ist demzufolge unrichtig.

Auch die engen Verbindungen zwischen Haut und Gehirn sind keineswegs überraschend, da beide Organe größtenteils aus der gleichen ursprünglichen, embryonalen Lamelle entstanden sind, aus dem Hektoplasma, das zur Bildung der Epidermis führt, aber auch der wichtigste Bestandteil der anderen Sinnesorgane ist (Mund, Nase, Ohren und Augen) und selbstverständlich des gesamten Nervensystems.

> *Das Verhältnis zwischen Außen und Innen, zwischen Figur und Hintergrund, ist das eigentliche Herz der Gestalttherapie.*

Es ist überall vorhanden, auch in der Politik!

Gestalttherapie im Weißen Haus

Unter den zahlreichen Debakeln des Präsidenten CARTER wird auch ein offizielles Treffen mit dem mexikanischen Präsidenten zitiert: Dieser hatte ihn mit einer herzlichen Umarmung begrüßt und ihm begeistert mit beiden Händen auf die Schultern geklopft. Unter dem unerbittlichen Blick von zwölf amerikanischen Fernsehsendern sah man den armen CARTER stolpern, taumeln und ganz blaß werden. Er versuchte dann wieder Atem zu schöpfen und drückte mit erloschener, ersterbender Stimme seine Freude aus! Man erzählt sich, daß die psychologischen Ratgeber des Weißen Hauses daraufhin einen Intensivkurs in Gestalttherapie eingerichtet hätten, um dem damaligen Präsidenten dabei zu helfen, seinen Körper, seine Gefühle und seine Worte besser zu koordinieren, um glaubwürdig zu bleiben.

Der Inhalt der Rede wurde durch die Form weggewischt; die Haltung und die Gestik, sowie der Klang und die Modulation der Stimme sind oft wichtiger als die gesprochenen Worte.

Während einer gestalttherapeutischen Sitzung lenkt der Klang der Stimme die Aufmerksamkeit des Therapeuten. Sie deckt nicht nur die unterschwelligen emotionalen Prozesse auf, sondern häufig auch die Ebene der Regression. Nicht selten kann man aus der Rede eines Erwachsenen plötzlich die unterwürfige, weinerliche oder protestierende Stimme eines „kleinen Kindes" heraushören, die das Auftauchen von emotionalen, manchmal zutiefst verdrängten Erinnerungen ankündigt. In diesem Fall schlagen wir dem Klienten vor, die Augen zu schließen und die auftauchenden Bilder „kommen zu lassen". Dies ermöglicht es, die Arbeit auf einer anderen Ebene fortzusetzen, wobei der Klient manchmal in einen hypnoseähnlichen Zustand geraten kann.

Die Proxemik

Ich erwähnte das Zusammentreffen CARTERS mit dem mexikanischen Präsidenten. Nach den Gesetzen der Proxemik[11] empfiehlt es sich, die Grenzen der eigenen Schutzzone zu respektieren, den persönlichen Sicherheitsabstand, der bekanntlich bei den Amerikanern größer ist als bei den Spaniern, Arabern oder Russen. Dies zeigt sich z.B. in den unterschiedlichen Begrüßungsritualen, vom distanzierten „hello" und Händedruck bis zur Umarmung oder dem Kuß.

Ein zentrales Element im Zyklus von Vorkontakt, Kontakt und Rückzug in der Gestalttherapie ist, die richtige Distanz herauszufinden. In ihrer Arbeit lösen manche Therapeuten dieses Problem einfach dadurch, daß sie selbst einen festen Platz beibehalten (ihren Sessel oder ihr Kissen) und dem Klienten die Initiative überlassen, eventuell (spontan oder auf Vorschlag des Therapeuten) näher zu kommen, auf eine Distanz und in einem Blickwinkel, der ihnen im gegebenen Moment angenehm ist. Dies ist die traditionelle Technik des Hot seat (mit ihren verschiedenen Varianten).

Andere, darunter auch wir, bevorzugen die mehr von Zufällen abhängige, weichere Technik des „floating hot seat" (POLSTER), bei der die Plätze „fließend" und anfangs nicht festgelegt sind. In diesem Fall liegt es sowohl beim Therapeuten wie bei seinem Klienten – gegebenenfalls durch bewußtes experimentelles Herantasten – den Platz im Raum und die Entfernung zum anderen herauszufinden, die ihnen am meisten zusagen: einander gegenüber, nebeneinander oder schräg versetzt, weiter voneinander entfernt oder näher beieinander.

Das psychologische Klima der Begegnung wird dadurch zweifelsohne stark geprägt:
– Der Klient, der sich von sich aus annähert und „in mein Territorium ein-dringt", übernimmt damit die Verantwortung für eine eventuelle Konfronta-tion oder, im Gegenteil, begibt sich in eine Position der vertraulichen bzw. unterwürfigen Abhängigkeit.
– Wenn ich dagegen die Initiative übernehme, mich ihm anzunähern, kann „mein Eindringen in sein Territorium" eine solche (explizite oder implizite) Konfrontation hervorrufen oder, im Gegenteil, ein Klima der Sicherheit her-stellen (das unter Umständen durch einen körperlichen Kontakt unterstri-chen werden kann).
– Die seitliche Position unterstreicht eher den Aspekt der Begleitung als den der Konfrontation oder der Abhängigkeit
– Wenn beide auf Distanz bleiben, im Schutz ihres eigenen Territoriums, er-zeugt dies eine Atmosphäre der Zurückhaltung, des Mißtrauens oder auch des Respekts für die Autonomie des anderen.

Durch die verschiedenen, in diesem Kapitel dargestellten Überlegungen sollte gezeigt werden, inwiefern der Körper in der Gestalttherapie miteinbezogen wird – als metaphorischer und realer Körper, der zu einem vielschichtigen Dialog eingeladen wird, der vom Körper zum Wort und vom Wort zum Körper geht, vom Klienten zum Therapeuten und vom Therapeuten zum Klienten.

Ich selbst habe oft bedauert, daß die Psychoanalyse sich zu sehr auf dem Kopf konzentriert und den Körper vernachläßigt, und ich will mich daher meinerseits nicht allein auf dem Körper zu Lasten des Kopfes konzentrieren – wie PERLS, der in seinen reaktionellen und provozierenden Wutanfällen die meisten Konzeptionalisierungsversuche entweder als bullshit, elephantshit oder chickenshit bezeichnet hat.

Außerdem ist es jetzt an der Zeit, uns der zentralen Verbindungsstelle zwi-schen Körper und Kopf, Materie und Geist, Außen und Innen zuzuwenden – dem Gehirn.

Anmerkungen

1 Laura PERLS, interviewt von Edward ROSENFELD, in: The Gestalt Journal. Vol. 1, 1978.
2 Laura PERLS auf dem 4. Kongreß der amerikanischen Akademie der Psychotherapeuten (New York 1959), auf dem sich renomierte Therapeuten aus fünf verschiedenen Richtungen trafen.
3 Eine paradoxe Haltung, denn die meisten Therapien versuchen, die Symptome zu mildern.
4 „Emotion" kommt aus dem Lateinischen, von ex-movere: „nach außen bringen".
5 „Die einzige Möglichkeit herauszukommen, ist durchzugehen" (und nicht das Abblocken oder die Flucht).
6 Siehe Henri LABORIT. L'inhibition de l'action. Paris 1979. Ed. Masson; sowie: SIMONTON. Guérir envers et contre tout. Paris 1982. Ed. L'Epi.
7 Siehe Didier ANZIEU. „Le Moi-peau", in: Le dehors et le dedans. Nouvelle Revue de Psychanalyse. Nr. 9, 1974; wiederabgedruckt in: Le Moi-Peau. Paris 1985. Ed. Dunod.
8 So geschieht es häufig, daß bestimmte Personen sich endlich der kindlichen Wut bewußt werden, die sie seit vielen Jahren gegenüber dem Ableben eines Elternteils hegen und sorgfältig verdrängt haben.
9 Meine Eltern waren bereits seit Anfang der 30er Jahre aktive Anhänger der Freikörperkultur.
10 Mit diesem Begriff wird in der Psychoanalyse die materielle Ausstattung und Einrichtung der Behandlungsräume bezeichnet, inklusive ihrer verschiedenen symbolischen Nebenbedeutungen.
11 Die Erforschung der Organisation des Raums und der sozialen Distanzen. Cf. Edward HALL. La dimension cachée. New York 1966.

Kapitel 11
Das Gehirn und die Gestalttherapie

Ein Minimum an Informationen über die Biochemie und die Psychophysiologie des Gehirns scheint mir absolut unerläßlich für jeden Psychotherapeuten, vor allem für denjenigen, der verstehen will, was während einer gestalttherapeutischen Sitzung abläuft, die mit emotionalen Prozessen verbunden ist.[1]

> *„Emotionen sind nur das bewußte Wahrnehmen bestimmter vegetativer Prozesse und somit das Resultat der Aktivität des limbischen Systems, das durch die Außenwelt bzw. durch unsere eigenen Vorstellungen stimuliert wurde".*[2]

Natürlich kann ich hier nicht auf die Einzelheiten der faszinierenden neueren Forschungen über das Funktionieren des menschlichen Gehirns eingehen. Es scheint mir andererseits jedoch auch nicht möglich, in einem Buch über Gestalttherapie, das den Anspruch auf eine gewisse Vollständigkeit hat, diesen wichtigen, häufig nicht bekannten Aspekt der Prozesse auszulassen, mit denen wir täglich arbeiten.

Ich werde daher versuchen, in einen kurzen, äußerst gedrängten Überblick bestimmte Basisinformationen zu geben, die größtenteils aus den Forschungen der letzten zehn Jahre stammen, und diese anhand von einigen Bildern und Analogien zu illustrieren. Dabei sollte betont werden, daß der entscheidende Teil dieser Forschungsarbeiten lange nach den 70er Jahren durchgeführt wurde und daß folglich PERLS und seine Mitarbeiter der ersten Generation damals nicht über diese grundsätzlichen Informationen verfügten.

FREUD schrieb bereits 1920:

> „Die Biologie ist wahrlich ein Reich der unbegrenzten Möglichkeiten, wir haben die überraschendsten Aufklärungen von ihr zu erwarten und können nicht erraten, welche Antworten sie auf die von uns gestellten Fragen einige Jahrzehnte später geben würde. Vielleicht gerade solche, durch die unser ganzer künstlicher Bau von Hypothesen umgeblasen wird."[3]

Beiläufig sei bemerkt, daß FREUD schon 1912 die Meinung vertrat, daß „das archaische Erbe des Menschen nicht nur aus Veranlagungen, sondern auch aus Inhalten und Gedächtnisspuren besteht, die sich auf die Erfahrungen früherer Generationen beziehen." Die Gestalttherapie kann sich heute genauso wenig wie die Psychoanalyse unter dem Vorwand der „Linientreue" oder im naiven Glauben an bestimmte, zum Teil überholte Thesen diesen aktuellen Forschungen verschließen.

Die Komplexität der Mikrostrukturen

Das Gehirn ist immer noch ein relativ unbekannter „Kontinent", dessen reiche, unterirdische Schätze nur sehr allmählich entdeckt und gehoben werden.

„Mit dem Gehirn des Menschen", ahnte bereits TEILHARD de CHARDIN im Jahre 1954, „taucht eine dritte Unbekannte auf, die Unbekannte der Komplexität"[4]. Hubert REEVES geht davon aus, daß es sich hierbei um die komplexeste Struktur des ganzen Universums handelt.

Die beiden Hauptcharakteristika des menschlichen Gehirns sind in der Tat seine äußerste Komplexität und seine Fähigkeit zur ständigen Anpassung. Um einen ersten Eindruck davon zu bekommen, reicht es aus, uns vorzustellen, daß die Elemente von tausend Großrechnern auf 1 cm^3 unseres Kortex Platz fänden; oder daß ein Rechner der neuesten Technologie mit seinen Schaltungen das Gebiet von Frankreich, Belgien und der Schweiz in einer Höhe von zehn Stockwerken bedecken könnte! Amerikanische Wissenschaftler[5] gehen davon aus, daß ein einziges Gehirn eine Speicherkapazität von 125.000 Milliarden Informationseinheiten besitzt – das Zehnfache an Kapazität der Nationalarchive der Vereinigten Staaten oder auch der Inhalt von zehn Millionen Büchern der Art, wie Sie eben eines lesen!

Denken wir ferner daran, daß dieses außergewöhnliche Gebilde letztlich aus einem genetischen Code von nur vier Buchstaben entstanden ist, aus denen sich die gesamte lebendige Materie, vom Grashalm zum Mammutbaum und von der Mikrobe zum Elefanten, entwickelt hat.

Einige weitere Zahlen:

Wenn man die DNA-Moleküle der 60.000 Millarden Zellen des Menschen in ihrer natürlichen Größe aneinanderreihen würde, würden sie das ganze Sonnensystem umfassen. Die Menge der in unserem Organismus gespeicherten Informationen ist unvorstellbar. Wenn alle in einem Virus kodifizierten Informationen auf einer Seite zu erfassen wären, dann würde eine Bakterie eine Enzyklopädie mit 1000 Seiten und jede einzelne menschliche Zelle eine Bibliothek von 1000 Enzyklopädien darstellen. Ferner, wenn unser interner Informationsspeicher in einem Buch enthalten wäre, dann wäre die genetische Kodierung so genau, daß sie bei einem 500 Seiten umfassenden Text keinen einzigen Druckfehler zulassen würde. Ein einziger falscher Buchstabe würde unweigerlich dazu führen, daß das ganze Buch sofort abgestoßen und ausgeschieden würde. – Doch nicht alles ist im voraus programmiert, und dieses Buch wird daher eher ein Arbeitsheft werden, in das wir ständig neue Dinge schreiben könnten.

Die Nervenzellen (Neuronen) vermehren sich hauptsächlich zwischen der 10. und der 18. Schwangerschaftswoche (in dem schwindelerregenden Rhythmus von 300.000 Neuronen pro Minute); zwischen dem 5. und dem

7. Schwangerschaftsmonat ist ihre Entwicklung beim Fetus abschlossen. Danach wird keine einzige Nervenzelle mehr erneuert; im Gegenteil, wir verlieren jeden Tag während unseres ganzen Lebens mehrere Zehntausende (insgesamt zirka 20% während eines durchschnittlich langen Lebens). Das ist nicht tragisch, denn jede Information ist an mehreren Stellen gespeichert[6]. Außerdem benutzen wir kaum mehr als 20–40% unseres Gesamtpotentials (einige Autoren gehen von einem wesentlich geringeren Prozentsatz aus) und verfügen daher am Ende unseres Lebens immer noch über größere Mengen (mehr als die Hälfte) ungenutzten Materials.

Während die Anzahl der Nervenzellen festgelegt ist, kann die Zahl der zwischen ihnen bestehenden Querverbindungen während unseres Lebens um 100% variieren. Unsere emotionale und assoziative geistige Aktivität erzeugt ständig neue „Verästelungen" auf den Dendriten, wodurch synaptische Verbindungen entstehen, die von einigen Dutzend bis zu zirka 20.000 pro Nervenzelle gehen können.

Bildlich gesprochen werden die Bäume unserer Intelligenz vor unserer Geburt gepflanzt, wohingegen sich das Astwerk danach unablässig weiterentwickelt und eine Art blühenden Urwald bildet. Das kontinuierliche Entstehen neuer Knospen (Sprouting) ermöglicht auch die Regeneration nach einer Gehirnverletzung[7].

Die Plastizität ist in den ersten Lebensmonaten besonders groß; eine multisensorielle Stimulierung der Kleinkinder ist daher wichtig für die spätere Entwicklung der Intelligenz[8]. Darüber sollte jedoch nicht vergessen werden, daß während des ganzen Lebens ständig vielfältige neue neuronale Quervernetzungen entstehen[9] – auch z.B. während der gestalttherapeutischen Sitzungen, die verschiedene Schichten und Bereiche des Gehirns miteinander in Beziehung setzen. In kluger Voraussicht hat die Natur „Probeverbindungen" vorgesehen. Die Verbindungen zwischen zwei Nervenzellen sind zunächst oft provisorischer Art, ehe sich dann daraus, in Abhängigkeit von den Umweltbedingungen, möglicherweise eine stabile Paarung ergibt.

Die Gesamtzahl dieser Verbindungen (Synapsen) wird heute auf 10^{15} geschätzt, d.h. eine Million Milliarden, und diese erlauben $10^{2783000}$ verschiedene Kombinationen.

Bleiben wir einen Augenblick bei diesen Zahlen, die zu groß sind, als daß wir sie uns konkret vorstellen könnten. Allein um die vorhandenen Synapsen zu zählen (ganz zu schweigen von ihren möglichen Kombinationen) würden wir z.B. 10.000 Jahre brauchen, wenn wir in einer Sekunde tausend davon zählen könnten. Doch dies ist immer noch ziemlich abstrakt, denn es ist unvollstellbar, in einer Sekunde 1000 Elemente zu zählen. Und was bedeuten 10.000 Jahre für uns?

Ich werde daher ein einfacheres und eindringlicheres Beispiel benutzen, das ich für meine Kinder entwickelt habe:

Stellen wir uns vor, mein Beruf bestünde darin, den ganzen Tag über, 39 Stunden pro Woche, Handzettel zu verteilen, und diese Zettel wären

Banknoten von 100 Francs. Ich würde natürlich die belebtesten Plätze aufsuchen, Bahnhofsausgänge und Veranstaltungssäle, und ich würde jedem Passanten einen Hundert-Francs-Schein hinhalten, d.h. einen alle zwei Sekunden und dies kontinuierlich acht Stunden pro Tag, bis ich Krämpfe in den Armen bekäme.

„Und jeder kann dann soviele Scheine nehmen, wie er will?", fragen Kinder in diesem Fall unausweichlich.

„Natürlich, bis zu 30 Scheinen pro Minute. Und wenn ein Passant will, so kann er in einer Stunde, ohne etwas anderes zu tun, als seine Hand auszustrecken, 1800 Hundert-Francs Scheine einheimsen, d.h. 18 Millionen Centimes."

Am Ende meines ganzen Berufslebens hätte ich in diesem merkwürdigen Job insgesamt 115 Millionen Hundert-Francs-Scheine unter die Leute gebracht, also nur 11 Milliarden Francs.[10]

Hier noch einige andere faszinierende Zahlen:

Das Gehirn enthält insgesamt rund 30 Milliarden Nervenzellen[11] – das Sechsfache der Erdbevölkerung.

Jede dieser Zellen gleicht einer „Stadt"; der Zellkörper besteht aus mehreren hunderttausend Makromolekülen oder Proteinen, die wiederum aus Aminosäureverbindungen bestehen. Bestimmte Makromoleküle bestehen aus mehreren zehn- bzw. hunderttausend Atomen, die wiederum aus Dutzenden von Teilchen gebildet werden.

Der Zellkern ist von einer Membran mit einer Dicke von fünf Nanometern (einem 5-Millionstel von einen Millimeter) umgeben, die aus zwei Molekülschichten besteht. Diese Schichten enthalten fünf verschiedene Arten von Proteinen, unter anderem die „Kanal-Proteine" und die „Pump-Proteine", die die Aufgabe haben, innerhalb jeder Zelle eine spezifische elektrochemische Konzentration aufrechtzuerhalten, die zehnmal mehr Kalium und zehnmal weniger Natrium enthält als das äußere Zellmilieu. Der Zellkörper ist mit „Schleusen" ausgestattet, die bestimmte chemische Substanzen durchlassen und andere zurückhalten, und dies auf unterschiedliche Weise je nach Ort und Zeit. All dies geschieht auf „intelligente" und koordinierte Weise fast gleichzeitig!

So können beispielsweise in einer halben Millisekunde drei Millionen Moleküle aus jedem synaptischen Innenraum (von der Größe von zwei tausendstel Millimeter) freigesetzt werden.

Wenn jemand z.B. „Serge" ruft, genügt es, daß mein Ohr den ersten Buchstaben wahrnimmt, und Millionen meiner Synapsen hätten bereits je 3 Millionen aktiver Moleküle der chemischen Botenstoffe (Acetylcholin usw.) ausgeschieden. So als würde bei 3 Millionen Parisern gleichzeitig das Telefon klingeln, um sie in Alarmbereitschaft zu setzen. Doch vielleicht hätten sie auch umsonst den Hörer abgenommen. Denn die entsprechende Person hat nicht „Serge" gerufen, sondern „Simon". In diesem Falle wäre die postsynaptische Membran in einem Bruchteil von einer Millisekunde wieder zur Ruhe gekommen und für einen neuen Einsatz bereit. Meine Enzyme hätten sofort die

Moleküle der irrtümlich freigesetzten chemischen Transmitter in eine inaktive Substanz transformiert. Dieser Mikrozyklus von Kontakt und Rückzug hätte insgesamt weniger als eine tausendstel Sekunde gedauert.

Während also die Erregung einer Nervenzelle nur eine Zehntelsekunde dauert, ist die Weiterleitung wesentlich langsamer. Man unterscheidet zwischen einer Weiterleitung der Informationen auf elektrischem Wege, innerhalb der Nervenbahnen (100–200 Meter pro Sekunde), und einer Weiterleitung chemischer Art, über die Synapsen, die wesentlich langsamer ist.

Im Gegensatz zu dem, was man daraus normalerweise schließen würde, stellt diese Verlangsamung einen wichtigen Fortschritt in der Evolution dar. Anstatt in der Weise des „Alles oder Nichts" zu funktionieren (wie ein gewöhnlicher, auf dem binären System beruhender Rechner, bei dem der Strom entweder fließt oder nicht fließt), führt diese Art des Zusammenspiels zu einem nuancierten, qualitativen Einwirken und zu einem modulierten, zielgerichteten Ablauf, bei dem die verschiedenen Transmitterstoffe jeweils zu bestimmten Empfängerzellen (Rezeptoren) gelangen. Die Einwirkung ist jedoch nicht nur räumlich, sondern auch zeitlich gesteuert; sie besteht nur innerhalb der benötigten Zeit und wird danach wieder spurlos ausgelöscht, d.h. von den Enzymen abgebaut. Die „Reinigung" muß äußerst minuziös sein, da bestimmte Transmitter bereits bei einer Dosis von einem millionstel Milligramm wirken.

Man sieht also, daß unser Gehirn wesentlich perfekter funktioniert als ein Rechner, denn die „Schleusen" können nicht nur für jeden einzelnen „Besucher" geöffnet und geschlossen werden, sondern sie können auch langsam, Stück für Stück, geöffnet werden.

Hier wollen wir die Zahlenangaben beenden, ehe es uns schwindlig wird. Alle diese biochemischen Prozesse in unserem Gehirn können heute mit Hilfe einer Positronenkamera, durch die Schädeldecke gefilmt werden (ideographische Technik). Dabei kann man die aktiven Hirnbereiche über die Beobachtung des intensiven Sauerstoff- und Glukoseverbrauchs erkennen. Auf diese Weise läßt sich feststellen, welche Art von seelischen oder geistigen Prozessen bei der untersuchten Person in Gang sind, und man kann herausfinden, ob sie an ein mathematisches Problem, ein Lied, ein schönes Bild oder an ihren Freund bzw. ihre Freundin denkt. Damit sind wir nicht mehr weit von dem berühmten „Lügendektor" entfernt.

Das Unbewußte

Das ist also die verborgene Seite unseres wirklichen „Unbewußten" und sein unbeschreiblicher Reichtum – eine lebendige Struktur, die im Laufe von Milliarden von Evolutionsjahren, unter ständiger Anpassung an die wechselnden Bedingungen der äußeren und inneren Welt, entstanden ist und aus Zellen besteht, in denen nicht nur alle Erfahrungen unseres kurzen Lebens in Engrammen gespeichert sind, sondern möglicherweise auch Erinnerungsreste von den Ereignissen der Welt seit ihrer Entstehung[12] und auf alle Fälle unser genetisches Erbe, das jede Nacht während unserer Träume „überholt" und wieder „zurechtgerückt" wird[13].

Diese Art des Unbewußten, das die Gestalttherapie miteinbezieht und aus dem sie schöpft, liegt wesentlich unterhalb des Freudschen Unbewußten (das überwiegend aus zunächst bewußtem und anschließend durch die Zensur des Vorbewußt-Bewußten verdrängtem Material besteht), das eher an der Oberfläche, vermutlich in den kortikalen Verbindungen der rechten Hemisphäre gespeichert ist – wenn man der Hypothese von LABORIT folgt.

Das echte, tiefe Unbewußte, das auch die subkortikalen Schichten miteinschließt, stünde daher dem kollektiven Unbewußten von JUNG und den gegenwärtig von der transpersonalen Psychologie entwickelten Vorstellungen näher[14].

Jetzt verlassen wir die neuronalen Mikrostrukturen und wenden uns für einige Augenblicke den Makrostrukturen unserer „vier Gehirne" und deren spezifischen Funktionen zu.

Unsere vier Gehirne

In der Tat, ich spreche von vier Gehirnen, denn ich berücksichtige neben den drei üblicherweise unterschiedenen „Schichten" – Reptilienhirn, limbisches Gehirn und Großhirn – auch die beiden Hemisphären des letzteren, die sehr unterschiedliche Funktionen haben.

Ich könnte natürlich genau so gut von sechs Gehirnen sprechen und von fünf Schichten, wobei die letzte Schicht aus zwei, durch einen Balken (Corpus callosum) verbundenen Kammern besteht:
– drei reptile Ebenen (Bulbus, Kleinhirn, Hypothalamus),
– eine limbische Ebene (die ebenfalls in zwei Hälften unterteilt werden kann),
– zwei Hemisphären der kortikalen Ebene.

Wie dem auch sei – ich werde mich jedenfalls auf einen summarischen Überblick beschränken, den ich aus zahlreichen Forschungsarbeiten zusammengetragen habe, unter Berücksichtigung folgender Autoren: CHANGEUX, GESCHWIND, HERRMANN, JOUVET, KORDON, LABORIT, MAC LEAN, LHERMITTE, NEVILLE, PENFIELD, PICAT, PRIBRAM, SPERRY, VINCENT, WHITTAKER.

Jeder Bereich des Gehirns hat spezifische Aufgaben, doch alle Bereiche sind untereinander verbunden. Es handelt sich gewissermaßen um eine enge „Teamarbeit", bei der jeder seine eigene Aufgabe und sein Spezialgebiet hat und die Ergebnisse laufend allen Partnern zur Verfügung gestellt werden. Normalerweise unterscheidet man drei Schichten oder Ebenen bzw. drei „Gehirne", die jeweils einem wichtigen Stadium in der Entwicklung der Arten (Phylogenese) entsprechen.

1) Das Reptilienhirn besteht im wesentlichen aus der Nervengewebsformation (Formatio reticularis), die den Wach- und Schlafzustand reguliert, und dem etwa daumengroßen Hypothalamus, der alle unsere lebenswichtigen Funktionen koordiniert, wie Hunger, Durst, Sexualität, Wärmeaustausch und Metabolismus. Er steht in direkter Verbindung mit der Hypophyse, dem „Chef des Orchesters", die insgesamt für das allgemeine endokrine Gleichgewicht verantwortlich ist und weniger als ein Gramm wiegt.

Das Reptilienhirn stellt also unser „Instinktzentrum" dar; es steuert in erster Linie unsere „aggressiven" Funktionen der Nahrungsaufnahme und unsere Sexualität[15] und garantiert so das Überleben des Einzelnen und der Art. Es sorgt für ein ständiges homöostatisches Gleichgewicht, d.h. es wacht über das Hier und Jetzt unseres inneren Milieus.

Diese Hirnschicht ist schon bei den Reptilien, den Vorläufern der Säugetiere, vorhanden. Sie arbeitet bereits bei einem Neugeborenen, sowie in „andereren Bewußtseinszuständen" und im Koma. Als energetischer Aktivator aller Funktionen ist sie regelmäßig am Entstehen unserer Emotionen beteiligt. Sie ist gewissermaßen der unterirdische „Maschinensaal", der Strom und Wärme liefert sowie die Wasserzirkulation und die Ausscheidung der Abfallstoffe reguliert.

2) Das limbische System tritt bei den Vögeln und den niederen Säugetieren auf und ermöglicht ihnen, über angeborene, stereotype Verhaltensweisen (Instinkte), die vom Reptilienhirn gesteuert werden und sich unter veränderten Bedingungen als unangemessen erweisen können, hinauszugehen.

Es umfaßt vor allem den Hippokampus, der eine zentrale Rolle in den Gedächtnisprozessen spielt, und den Nucleus amygdalae, der die Emotionen moduliert.

MAC LEAN unterscheidet zwischen sechs Grundemotionen: Begierde, Zorn, Angst, Kummer, Freude und Zuneigung.

Aufgrund des limbischen Systems sind Lernprozesse möglich, da unsere Erfahrungen emotional gefärbt sind; Verhaltensweisen, die angenehme Gefühle auslösen, werden sich daher stärker ausprägen, wohingegen Verhaltensweisen, die zu einer Bestrafung führen, in der Folge Widerwillen hervorrufen werden.

Das Gedächtnis und die Emotionen sind also grundsätzlich miteinander verbunden. Letztere bewirken die Speicherung jeder Erfahrung und die Entwicklung von konditionierten Reflexen.

Jedes während einer gestalttherapeutischen Arbeit aufsteigende Gefühl führt tendenziell dazu, daß die damit assoziierten Erinnerungen wieder aufleben, und umgekehrt wird jede eindringliche Erinnerung von dem „entsprechenden" Gefühl begleitet sein.

Über das limbische System können wir also unsere Vergangenheit integrieren und eventuell neue Erfahrungen aufnehmen, die alte Verletzungen ausgleichen und zu einer Veränderung des „Programms" führen.

Im limbischen Teil des Gehirns werden die Endorphine (die natürlichen Morphine des Organismus) produziert, die den Schmerz, die Angst und das

Gefühlsleben steuern. Wenn die Lebensangst jedoch zu stark gesunken ist, entwickelt sich eine sanfte Euphorie, die zu Gleichgültigkeit und Passivität führt. Das limbische System sekretiert ferner zahlreiche Neurotransmitter, unter anderem das Dopamin, das die Achtsamkeit, die Aufmerksamkeit, das Vergnügen und das emotionale Gleichgewicht steuert, es ist daher ein polyvalenter, aber unspezifischer Aktivator für unsere Wünsche. Nach Meinung bestimmter Biologen könnte die Schizophrenie mit einem Übermaß an Dopamin zusammenhängen. Dopamin wird durch Amphetamine aktiviert und durch bestimmte Neuroleptika gehemmt. Das LSD siedelt sich übrigens an denselben Empfängerzellen an wie das Dopamin.

Der Orgasmus ist eine zerebrale, in erster Linie limbische Erfahrung, die bis zur einer vervierfachten Sekretion von Endorphinen führen kann (dies bewirkt ein Gefühl des Wohlbefindens und die Linderung von Schmerzen).

Das Zentralhirn

Einige Autoren, unter anderem PENFIELD, haben vorgeschlagen, die beiden subkortikalen Strukturen (Reptilienhirn und limbisches System) unter der Bezeichnung Zentralhirn zusammenzufassen. Dieses hypothalamisch-limbische Zentralhirn würde dem entsprechen, was umgangssprachlich als Herz bezeichnet wird. Unser Herz wäre demnach in unserem Kopf und nicht in unserer Brust.

Das Zentralhirn ist für die Aufrechterhaltung des physiologischen und psycho-affektiven Gleichgewichts, für die innere Homöostase verantwortlich, während das Großhirn, das eine zentrale Rolle hinsichtlich unserer Beziehungen zur Außenwelt einnimmt, zu der allgemeinen Homöostase (LABORIT), dem Gleichgewicht zwischen Gesamtorganismus und Milieu, beiträgt. Diese beiden Begriffe sind bekanntlich in der Gestalttherapie eng mit dem Konzept von Gesundheit verbunden.

Vereinfachend könnte man sagen, daß die körper- und gefühlsbezogenen Psychotherapien auf die tieferen Schichten des Zentralhirns einwirken, während die Psychotherapien, die sich im wesentlichen auf die Sprache stützen, eher im Bereich der höhergelegenen Schichten des Großhirns arbeiten, oder man könnte – bildhafter ausgedrückt – von den „Psychotherapien des Herzens" und „des Kopfes" sprechen.

3) Das Großhirn besteht aus der grauen Substanz der Hirnrinde, die entwicklungsgeschichtlich mit den höheren Säugetieren auftritt. Diese Rindenschicht ist 2 bis 4 mm dick, und ihre Oberfläche würde, wenn man sie „entfaltet", ein Quadrat von 63 cm Seitenlänge bedecken. Das Großhirn ist der Sitz der reflektorischen und kreativen Funktionen und beim Menschen auch der Phantasie und des Willens.

Hier werden die verschiedenen Eindrücke aus der Außenwelt aufgenommen und sortiert. Anschließend werden sie (in den Assoziationsarealen) in Bedeutungsfeldern zusammengefaßt, wodurch die bewußte Bewegung (Scheitellappen) auf die Körperstruktur abgestimmt wird. Hier entsteht auch unser Bild von der Welt sowie die gesprochene und geschriebene Sprache, die es uns ermöglichen, über das unmittelbare Erfahren hinauszugehen – vom repetitiven zum vorausschauenden und antizipatorischen Verhalten.

Die Vorausschau stützt sich auf die im limbischen System registrierten Erfahrungen und extrapoliert das zukünftig zu Erwartende aus der bekannten Vergangenheit; sie geht von der Gegenwart in die Zukunft.

Die Perspektive (Futurologie) arbeitet in der entgegengesetzten Richtung. Sie antizipiert eine wünschenswerte Zukunft und leitet daraus, zur Vorbereitung derselben, ein effizientes Verhalten in der Gegenwart ab; sie geht von der Zukunft in die Gegenwart.

Im Großhirn läßt sich eine Dissymmetrie zwischen vorne und hinten (zwischen Stirn- und Scheitelbereichen) feststellen, die in der Literatur jedoch nur selten erwähnt wird. Die beim Menschen besonders ausgeprägten Stirnlappen (30% der Rindenoberfläche gegenüber 17% beim Schimpansen und 7% beim Hund) sind das Hauptorgan der bewußten Wahrnehmung, des Willens und der freien Entscheidung. Hier entwickelt sich unsere Fähigkeit zur Selbstkritik und zum planvollen Vorgehen.

Stirnverletzungen führen zu einer übermäßigen Abhängigkeit gegenüber der Außenwelt; die Grenzen lösen sich in einer bio-physiologischen „Konfluenz" auf. Das Verhalten der Kranken ist durch eine fast automatische Akzeptanz bzw. Imitation geprägt[16] und hängt von den äußeren Wahrnehmungen ab. Wenn sie einen Hammer sehen, fangen sie an, damit zu hantieren; beim Anblick einer Flasche beginnen sie, daraus zu trinken; beim Anblick eines Bettes legen sie sich schlafen; wenn ihr Gegenüber eine Geste macht, imitieren sie diese.

Die Stirnbereiche sind die Gegenspieler der Scheitelbereiche, die uns über die Umwelt informieren. Sie üben eine hemmende Wirkung auf letztere aus und erlauben uns bei der Wahl unseres Verhaltens eine bewußte Entscheidung. Sie bremsen die fast automatischen, blindlings erfolgenden Reaktionen, die auf früheren Konditionierungen und äußeren Einflüssen beruhen. Unsere Autonomie zeigt sich also biologisch in der Fähigkeit, uns gegen äußere Beeinflussungen und Ansprüchen, die wir nicht für angemessen halten, zur Wehr zu setzen. – Die Gestalttherapie arbeitet häufig mit „ja" und „nein", um die Verantwortlichkeit für die freie Entscheidung zu entwickeln.

Besonders hervorheben möchten wir die Tatsache, daß zahlreiche anatomische Verbindungen ein enges Zusammenwirken zwischen den Stirnlappen und dem limbischen System gewährleisten und so unsere Entscheidungen und unsere Gefühle miteinander verbinden.

Um einer gestalttherapeutischen Einzelarbeit bleibende Wirkung zu verleihen, ist es günstig, wenn parallel zu der verbalen Erklärung und ihrer bewußten Registrierung auch die tieferen Schichten des Zentralhirns (über den emotionalen Ausdruck) mobilisiert werden.

Man könnte auch sagen, das Kopiergerät muß gewissermaßen vorgeheizt werden, ehe man einen Text kopieren kann. Oder, um eine Bandaufnahme zu machen, muß man das Aufnahmegerät richtig anschließen und den roten

Knopf drücken. Dann ist es sogar möglich, einen alten Text zu überspielen, vorausgesetzt, man findet genau die Stelle, wo dieser registriert ist. Etwas Ähnliches kann mit einer stark gefühlsbesetzten Erinnerung geschehen, wenn der Klient während der Therapie eine neue, positive Erfahrung macht, die er mit der früheren, schmerzlichen Erfahrung assoziiert. Man kann auf diese Weise sogar alten Erinnerungen im Nachhinein einen anderen Stellenwert geben[17], sich Szenen der Kindheit wieder aneignen oder eine verinnerlichte Eltern-Imago zurechtrücken – wie man heute auch fehlende oder beschädigte Teile eines alten Mosaiks so rekonstruieren kann, daß sie zu den erhaltenen Teilen passen.

Schema der drei Entwicklungsstufen des Gehirns (Nach Mac Lean)

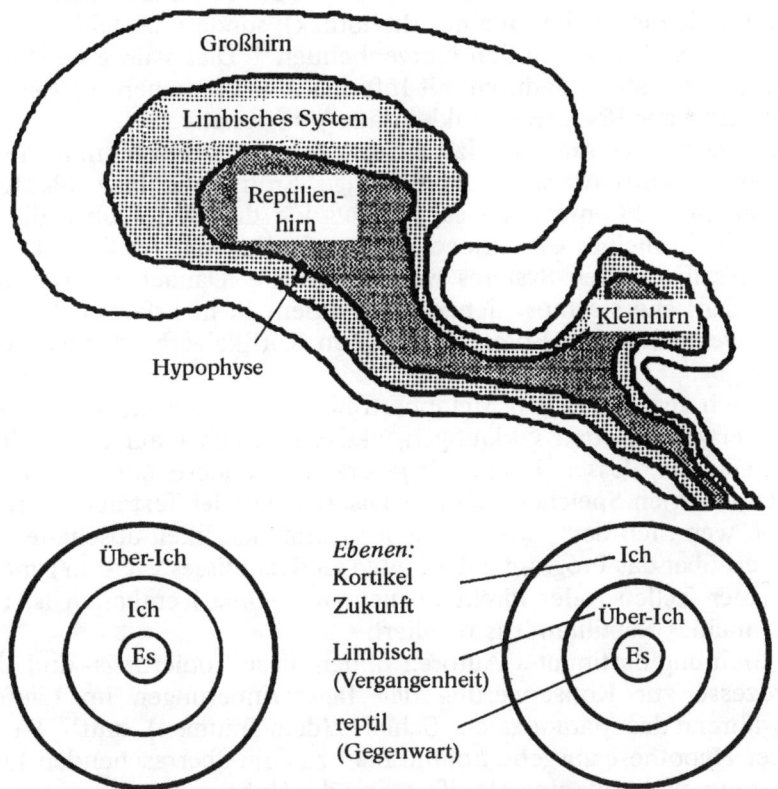

Nach dem zweiten Topos von FREUD ist das Ich zwischen dem Es und dem Über-Ich eingesperrt und muß an zwei Fronten kämpfen.

Die Gestalttherapie entspricht eher dem Aufbau des Gehirns: Das Ich kann sich frei entfalten; es zieht seine Kraft aus den Trieben des Es (Instinkte) und aus den kognitiven und emotionalen Erfahrungen (Limbisches System), die die Persönlichkeit bilden.

Erinnern und Vergessen

Die unmittelbare Erinnerung (Ultrakurzzeitgedächtnis), der „flüchtige Arbeits-speicher", entsteht durch kortikale Verbindungen zwischen den Synapsen, die nur kurz (30–40 Sekunden) andauern. Dies erlaubt mir z.B., eine Telefonnum-mer so lange zu merken, bis ich sie auf der Tastatur eingegeben habe.

Das Kurzzeitgedächtnis, das von einigen Minuten bis zu einigen Stunden anhält, wird vermutlich in den limbischen Strukturen (z.B im Hippokampus) aufgezeichnet und gespeichert.

Beim Langzeitgedächtnis hingegen, das unauslöschlich ist, müssen die In-formationen auf die Großhirnrinde übertragen werden, wo sie anscheinend an verschiedenen Stellen gleichzeitig gespeichert werden. Die Gedächtnis-En-grammation erfolgt weitläufig und bilateral. Sie bildet keine festen, materiellen Strukturen (wie die Bücher in einer Bibliothek), sondern besteht vielmehr aus einer Spur oder „Trasse" in den Nervenbahnen[18]. Dies würde bedeuten, daß das Gehirn die Materie dadurch mit Informationen speichert, daß es die Mo-lekularstruktur der RNA (Ribonukleinsäure) umgestaltet.

Das Langzeitgedächtnis impliziert zunächst eine Aufzeichnung innerhalb der limbischen Strukturen – als flüchtige Erinnerung bzw. als Kurzzeit-gedächtnis. Man könnte auch sagen, daß ich die Bilder über die dünne, sensible Schicht meines Cortex occipitalis aufnehme und im Chemielaborato-rium meines limbischen Systems weiterverarbeite. Danach müssen sie noch fixiert werden, ehe sie (aus Sicherheitsgründen) in mehrfacher Ausfertigung durch die verschiedenen Botenstoffe in den Kortikalverbindungen verbreitet werden.

Und da ich gerade bei den Metaphern bin, möchte ich noch den „Arbeits-speicher" erwähnen, den vorläufigen, aktiven Speicher auf dem Bildschirm meines Rechners, dessen Inhalt ich jederzeit verändern oder löschen kann, sowie den externen Speicher auf einer Diskette, wo der Text auch dann erhal-ten bleibt, wenn ich den „Strom" meiner Aufmerksamkeit abschalte. All dies funktioniert über das Programm des „toten Gedächtnisses", das im genetischen Code meiner Zellen (oder direkt in meinen Rechner) enthalten ist und die Instinkte meines Reptilienhirns reguliert.

Nach Meinung bestimmter Autoren finden diese Kodierungs- und Übertra-gungsprozesse zur Konservierung der Tageserinnerungen im Laufe jeder Nacht, während des „paradoxalen" Schlafes (dem Träumen), statt[19]. Wenn man von dieser Hypothese ausgeht, kommt man zu dem überraschenden Ergebnis, daß der Traum nicht nur eine Manifestation des Unbewußten ist, das sich einen Zugang zum Bewußtsein bahnt, sondern auch eine Manifestation des Be-wußten, das sich einen Zugang zum Unbewußten bahnt (indem es die gespei-cherten Informationen auf den neuesten Stand bringt).

Gestalttherapeutische Interventionen in Notfällen

Bekanntlich kann bereits ein kurzes Koma die Erinnerungen an die Stunden vor einem Unfall auslöschen (posttraumatische Amnesie). Könnte ein analoges Prinzip nicht auch bewußt therapeutisch eingesetzt werden, um die psychologischen Folgen eines Traumas zu begrenzen? In diesem Fall müßte man die schmerzliche Erinnerung vor der ersten Nacht aus dem Gedächtnis „löschen". Dies scheint auch ohne Koma möglich zu sein!

Vor kurzem bot sich mir mehrmals die Gelegenheit, die Gestalttherapie in unmittelbaren Notfällen einzusetzen, in den Stunden direkt nach einer traumatischen Verletzung und noch ehe eine Nacht „darübergegangen" war.

Durch das unmittelbare Wieder„erleben" z.B. eines Autounfalls – dieses Mal in einer liebevollen, beruhigenden therapeutischen Atmosphäre – in Verbindung mit einem intensiven, emotionalen, kathartischen Echo wird es anscheinend möglich, die Angst aus-zudrücken, ehe sie sich ein-drückt. Die traumatischen Bilder werden offensichtlich entschärft, wenn sie mit einem positiven Gefühl verbunden werden können und das Opfer dazu motiviert wird, das Erlittene durch ein aktives Handeln zu überwinden. Jedenfalls sind die Aussagen der behandelten Klienten frappierend. Die „Distanzierung" von dem Erlebnis scheint fast augenblicklich stattzufinden, und anschließend erzählen sie ihren Unfall so unbeteiligt, als wäre er einer dritten Person zugestoßen.

Diese persönliche Arbeitshypothese müßte natürlich in einer gründlicheren Untersuchung noch verifiziert werden. Doch sie könnte eventuell als Ausgangspunkt für die schrittweise Einrichtung eines gestalttherapeutischen Notfalldienstes dienen, ähnlich wie das von GROF ins Leben gerufene International emergency network zur Behandlung von transpersonalen Krisen.

Natürlich geht es dabei nicht darum, in irgendeiner Form zur Verdrängung des Traumas beizutragen. Übrigens ist, wie LABORIT ausdrücklich betont[20], das verdrängte Material nicht das eigentliche Problem, sondern vielmehr die Dinge, die zu schnell akzeptiert oder introjiziert und seither nie mehr in Frage gestellt worden sind. Es gilt also, das „automatische" Unbewußte aufzuspüren, das uns in stereotypen Verhaltensweisen gefangen hält, und nicht das „verdrängte".

Nach LABORIT ist das Unbewußte nicht ein Terrain des Konfliktes, sondern der allzu passiven Hinnahme. Die bewußte Entscheidung entsteht ja gerade aus dem ständigen Konflikt zwischen dem deterministischen Druck unbewußter – teils angeborener, teils erworbener – Automatismen (subkortikale Ebene) und der freien offenen Wahl (Vorderhirn), zu der uns unser Willen und unsere Vorstellungskraft befähigen.

Auch während einer Anästhesie wird – auf künstlichem Wege – das Einprägen der Erinnerungen verhindert. Der Kranke spürt weder Schmerzen noch Emotionen – die kortikale Registrierung[21] findet nicht statt. Ein Sonderfall ist für uns interessant, und zwar die „potentialisierte Anästhesie" über die Kombination eines Analgetikums mit einem Neuroleptikum (LABORIT, 1950): Dabei verliert der Kranke das Bewußtsein, und man kann größere Eingriffe vornehmen; doch er reagiert weiterhin auf einfache Anweisungen (wie: „Öffnen Sie den Mund", „Schließen Sie die Augen" usw.). Die Sprache wirkt in diesem Fall als physischer Stimulus, der auf der limbischen Ebene einen automatischen, konditionierten Reflex auslöst.

Bei unserer eigenen Gestaltarbeit erleben wir häufig ähnliche Situationen, die die Gruppenteilnehmer jedes Mal verblüffen: So kann sich ein Klient in einem „zweiten" Bewußtseinszustand befinden, z.B. in einer eindeutigen Regression oder einem „präverbalen" Verhalten, von mörderischer Wut ergriffen werden oder heftig schluchzen, und dabei dennoch für einfache Anweisungen vollkommen zugänglich sein („Vorsicht, der Heizkörper", „Du kannst auf das Handtuch beißen"). Er funktioniert effektiv auf zwei verschiedenen Ebenen gleichzeitig, und eine kurze, reflexartige Handlung unterbricht den Ablauf des grundsätzlichen Prozesses nicht.

Die Handlungshemmung

Im Gegensatz zu diesen punktuellen, induzierten kurzen Unterbrechungen können länger andauernde, vor allem wiederholte, plötzliche Unterbrechungen einer laufenden Handlung mit der Zeit pathologische Folgen haben. In diesem Fall handelt es sich um ein „chronisch gewordenes" Funktionieren des Systems der Handlungshemmung. Dieses System tritt in extremen Fällen in Kraft, wenn die normalen Abwehrreaktionen des Organismus (Flucht oder Kampf) nicht möglich oder nicht angebracht sind (wenn sie z.B. zuvor wiederholt negative Wirkungen gezeitigt haben). Beispiel: Das Schweigen zu den Vorwürfen eines Chefs.

LABORIT unterscheidet vier grundlegende Verhaltensweisen:
- zwei angeborene – das Konsumverhalten (trinken, essen, kopulieren) und das Abwehrverhalten (Flucht oder Kampf) sowie
- zwei erworbene – das den Umständen angemessene Verhalten und die Handlungshemmung.

Wie jedes Bremssystem ist dieser Inhibitionsmechanismus im Organismus nur als Noteinsatzsystem für sehr kurze Zeiträume vorgesehen. Wenn man jedoch längere Zeit „mit angezogenen Bremsen" fährt, wird das System „überhitzt", und die übermäßige Produktion von nicht metabolisierten Neurotransmittern führt zu Störungen verschiedenster Art, wie Neurosen, Psychosen, psychosomatischen Krankheiten (Magengeschwür, Hypertonie, bestimmte Krebserkrankungen usw.).

Für den Biologen Henri LABORIT ist die Handlungshemmung die Ursache für alle Krankheiten, ähnlich wie für Fritz PERLS die Unterbrechung von Gestalten die Ursache für alle Neurosen ist.

Nach LABORIT sind in unserer auf Zwängen beruhenden Gesellschaft vorzeitig abgebrochene oder verbotene Handlungen eine sehr häufige Erscheinung – und zwar in weitaus größerem Maße bei „unterdrückten" Personen, die nicht die Möglichkeit haben, ihre Bedürfnisse und Wünsche oder ihre Wut auszudrücken, als bei zwar streßgeplagten „Chefs", die sich jedoch andererseits aggressive und sexuelle Verhaltensweisen erlauben, die im allgemeinen weit über dem Durchschnitt liegen.

Eine körperorientierte Gestalttherapie scheint die vielfältigen pathogenen Folgen der Handlungshemmung einzuschränken, da sie eine genauere Identifizierung der vorrangigen Bedürfnisse und damit auch ihre eventuelle Befriedigung ermöglicht, sowie den aktiven Ausdruck der Gefühle, insbesondere der Wut, der Zärtlichkeit, der Trauer und der Freude – und zwar meistens in Gestalt von Metaphern.

Die drei Schichten des Gehirns

Reptilienhirn	Limbisches System	Großhirn
Reptilien	niedere Säugetiere	höhere Säugetiere
Hypothalamus: Appetit, Sexualität; Formatio reticularis, Hypophyse: Schlaf, endokrines System	Hyppokampus: Gedächtnis; Nucleus amygdalae; (Verbindung mit den Stirnlappen): Emotionen	Empfindungszentren; Bewegungszentren; Assoziationszentren; Stirnlappen (Entscheidung)
Lebensenergie (Triebe); angeborene Automatismen	subjektive emotionale Erfahrung; Gedächtnis und Gefühl	schöpferische Phantasie; Denken
vitale u/o (Instinkte) vegetative Funktionen: Hunger, Durst, Schlaf, Sexualität, Aggressivität, Ortssinn, thermische und endokrine Regulation, Aufrechterhaltung der inneren Homöostase.	erlernte Funktionen: konditionierte Reflexe und angenommene Automatismen, infolge der affektiven Färbung des Verhaltens (Belohnung und Bestrafung, Vergnügen und Schmerz, Angst und Aversion).	intelligentes, autonomes Verhalten, das der jeweiligen Situation angepaßt ist; Vorstellungskraft, die eine perspektivische Sicht ermöglicht.
angeborene Reflexe	Gewohnheiten	bewußte Reaktionen
Integration der Gegenwart (über die biochemische Selbstregulierung)	Integration der Vergangenheit (infolge der emotionalen Färbung der gespeicherten Erfahrungen)	Kostruktion der Zukunft (über das reflektierte Bewußtsein)
„tiefer" liegendes Gehirn (funktioniert beim Neugeborenen und im Koma)	Mittelhirn	„höher" liegendes Gehirn

Subkortikale Strukturen   Kortikale Strukturen

„Zentralhirn"	Großhirn
„weiße Substanz" (Ausläufer der Nervenzellen: Axone und Dendriten)	„graue Substanz" (Zellkörper der Nervenzellen)
das „Herz" eingeschränkte Homöostase (Konstanz des inneren Milieus)	der „Kopf" allgemeine Homöostase (Anpassung des Gesamtorganismus an die Umwelt)
(angeborene) ‚stereotype Verhaltensweisen' (angenommene)	frei gewähltes Verhalten
(Triebe) ‚das Unbewußte' (Automatismen)	das Bewußte

Die Dissymmetrie der beiden Hemisphären

Es ist seit langem bekannt, daß das menschliche Gehirn eine starke Dissymmetrie sowohl auf der anatomischen als auch auf der funktionalen Ebene aufweist, die ein deutliches Zeichen der Evolution darstellt.

Während es z.B. bei den Affen ebenso viele Linkshänder wie Rechtshänder gibt, sind bei den Menschen 92% der Bevölkerung[22] Rechtshänder (ihre linke Gehirnhälfte wird daher als dominant bezeichnet).

Heute wissen wir auch, daß die unterschiedliche Entwicklung der beiden Hemisphären bereits vor der Geburt einsetzt und in engem Zusammenhang mit der Produktion der Sexualhormone steht.

Es ist festgestellt worden, daß sich die Augen während des „Arbeitens" einer Hemisphäre tendenziell in die entgegengesetzte Richtung drehen. 95% der Neugeborenen drehen von Geburt an, wenn sie auf dem Rücken liegen, ihren Kopf nach rechts. Dies scheint eine genetische Programmierung der Art zu sein, eine „Bio-Grammatik" (CHATEAU), die die Synthax der Mutter-Kind-Beziehungen bestimmt und die Bindung fördert, „die in den ersten zehn Minuten nach der Geburt entsteht und sich anschließend über Monate und Jahre hinweg zu einem äußerst komplexen Verhältnis zwischen Kleinkind und Mutter entwickelt"[23]. Man kann „in den Gehirnen von Mutter und Kind ein ganzes Repertoire von im voraus programmierten Interaktionen feststellen [...], das mit der Unerbittlichkeit eines Schicksals abläuft, das in wenigen Stunden entschieden wird. [...] Je intensiver der Kontakt in den ersten 45 Minuten ist, um so sicherer wird später die Bindung sein". In 80% der Fälle hält die Mutter ihr Baby spontan auf der linken Seite ihrer Brust (der Herzseite); dies gilt auch für 78% der Linkshänderinnen. „Dagegen wird eine Mutter, der ihr Säugling in den ersten 24 Stunden nach der Geburt weggenommen wird, ihn danach meistens rechts tragen. Ein solches Baby braucht zweimal soviel ärztliche Hilfe wie ein Baby, das links gehalten wird."[24]

Wie wir wissen, ist die linke Hemisphäre vor allem die verbale, logische, analytische und „wissenschaftliche", während die rechte Hemisphäre die „stumme", räumliche, analogische, synthetische und künstlerische Seite ist. Sie ist mehr für die Orientierung, die Körperstruktur, das Erkennen von Gesichtern und Bildern, sowie die Musik[25], die Emotionen und die Träume verantwortlich. Man könnte daher sagen: „Der Mensch denkt mit seiner linken Gehirnhälfte und träumt mit seiner rechten".

Die linke Hemisphäre lenkt außerdem die zeitliche Orientierung, d.h. die lineare Abfolge der Ereignisse und ihre Verkettung; sie fördert das Engagement. Dagegen regelt die rechte Hemisphäre die räumliche Orientierung, also die multidimensionelle Ausrichtung und fördert die Loslösung. Wir sagten bereits, daß in der Gestalttherapie die rechte Seite sehr stark angesprochen wird, während sich die überwiegend verbalen Psychotherapien eher auf die linke Seite beziehen.

Auf der zerebralen Ebene besteht eine enge Verbindung zwischen Körperbewegung, Gefühlen und Bilderproduktion; man kann daher alle Psychotherapien, die mit körperlichen und emotionalen Interventionen arbeiten, als „Psychotherapien der rechten Hirnhälfte" bezeichnen.

Über die bisher benannten Sachverhalte sind sich heute alle Forscher einig, und sie sind auch den meisten Pratikern bekannt. Doch ich möchte noch einige Punkte ergänzen, die weniger häufig erwähnt werden. So sollten wir vor allem im Auge behalten, daß unsere beiden Hemisphären über die 200 Millionen Nervenfasern des Hirnbalkens in enger und kontinuierlicher Verbindung miteinander stehen[26]. Auf diese Weise arbeiten sie ständig zusammen: Alle von außen kommenden Informationen treffen zunächst in beiden Hemisphären gleichzeitig ein. Jede Sphäre bearbeitet die Informationen gemäß ihrer Aufgabenstellung. Danach werden die Ergebnisse der so verarbeiteten Informationen der jeweils anderen Hemisphäre mitgeteilt. Jeder Teil des Gehirns verfügt über einen eigenen Speicher und „archiviert" die ursprünglich von den Sinnesorganen übermittelten Daten; nur die wichtigen Schlußfolgerungen werden der anderen Hemisphäre übermittelt.

Es handelt sich also gewissermaßen um eine enge Teamarbeit (nicht ohne Konkurrenz), ähnlich wie in der Redaktion einer Zeitung: Jeder für eine Rubrik Verantwortliche wählt die ihn betreffenden Informationen aus, sortiert sie und faßt sie zusammen. Danach wird das gesamte Redaktionsteam über die fertige Zeitung informiert und kann gegebenenfalls die Arbeit eines Kollegen kommentieren. Die Hauptdaten werden in Zentralarchiven gelagert, während jeder einzelne seine eigenen Notizen aufbewahrt.

Die beiden Hemisphären des Gehirns

Linke Hemisphäre	Rechte Hemisphäre
verbal: Sprache, Worte (bei 96% der Menschen Sitz des Spachzentrums; bei 98% der Rechtshänder und 70% der Linkshänder)	stumm: Bilder, Formen, Farben
wissenschaftlich Zeit logisch rational („der Kopf") analytisch (sieht „den Baum")	künstlerisch Raum analogisch, intuitiv emotional („das Herz") synthetisch (sieht „den Wald")
Inhalt der Rede Diskussion, Abfassung von Prosa Arithmetik, Kopfrechnen strukturiertes, bewußtes Denken Namensgedächtnis bei Personen Namensgedächtnis bei Objekten	Intonation der Stimme (Timbre, Modulation) Dichtung, Malerei, Musik höhere Mathematik Träume, das „Freudsche" Unbewußte Erkennen von Gesichtern Erkennen der Form u. des Nutzens
„ich in der Welt" quantitativ Musikrythmus, Tempi kann eine männliche Stimme nicht von einer weiblichen unterscheiden kann weder zeichnen noch singen alphabetische Schrift	„die Welt in mir" qualitativ Klangfarbe, Melodie kann ein Gefühl nicht in Worte fassen kann weder sprechen noch zählen chinesische Ideogramme, ägyptische Hieroglyphen

Linke Hemisphäre	Rechte Hemisphäre
Text lineare Methode Verstehen neuer, unbekannter und komplexer Inhalte	Kontext systemische Methode Verstehen eines vertrauten, banalen, stereotypen Zusammenhangs; Orientierung im Bekannten
Kreativität, Forschung „weibliches" Gehirn phylogenetisch: Notwendigkeit der verbalen Kommunikation (Hausfrau mit Kindern)	einfache kreative Intuitionen „männliches" Gehirn (Testosteron) phylogenetisch: Notwendigkeit der Orientierung (Raum und Form) für die Jagd und den Krieg
gesellige, freudige, optimistische Stimmungslage verbale Psychotherapien (Psychoanalyse)	emotive, düstere, pessimistische Stimmungslage körper- und gefühlsbezogene Psychotherapien

© Serge Ginger, 1986

So treffen beispielsweise die Tastempfindungen, die die beiden Hände mitteilen, in beiden Hemisphären ein, und über die Schnelligkeit, mit der die Reaktion erfolgt, läßt sich feststellen, von welcher Seite die Information bearbeitet wurde. Daher rührt die häufige Überlegenheit von linkshändigen Sportlern in den sehr schnellen Disziplinen (Fechten, Ping-Pong, Tennis[27] usw.), da bei ihnen die Bearbeitung der visuellen Raumwahrnehmung und das Kommando zum Bewegen des linken Arms in dergleichen Hemisphäre stattfinden und sie dadurch einige kostbare hundertstel Sekunden gewinnen.

Auch das Sprachzentrum befindet sich bei 96% der Bevölkerung auf der linken Seite (bei 98% der Rechtshänder, aber auch bei zwei Dritteln der Linkshänder – im Gegensatz zu einer gängigen Meinung).

Die Logik, eine Domäne der Frauen – die Emotionen, eine Domäne der Männer

Bei den Frauen sollen die Verbindungen zwischen den beiden Hemisphären zahlreicher sein[28] (und demzufolge auch die Verbindungen zwischen ihrem rationalen, verbalen und emotionalen Verhalten), während bei den Männern (nach der Pubertät) die Dissymmetrie schärfer ausgeprägt bleibt und die rechte Hemisphäre sich verhältnismäßig stärker entwickelt.

Bekanntlich haben Männer bei Aufgaben, die eine räumliche Orientierung erfordern (z.B. die Mechanik), im allgemeinen mehr Erfolg, während Frauen verbale Aufgaben, die von der linken Hemisphäre gesteuert werden, leichter fallen.

Bestimmte Autoren haben die Hypothese aufgestellt, daß es sich hierbei um eine phylogenetische Spur handle, die mit der Tatsache verbunden sei, daß die ersten Männer als Jäger ihren räumlichen Orientierungssinn entwickeln mußten, während die Frauen, denen die Kindererziehung zufiel, in stärkerem Maße gezwungen waren, die verbale Kommunikation zu entwickeln.

Es ist dem Leser sicher aufgefallen, daß – im Gegensatz zu einem hartnäckigen Vorurteil – das weibliche Gehirn nicht nur sprachfertiger ist, sondern auch logischer, analytischer und wissenschaftlicher, während das männliche Gehirn stärker synthetisch ist, aber auch künstlerischer und unmittelbarer mit den Gefühlen verbunden.

Natürlich werden die verschiedenen neurologischen Daten stark von der Erziehung und der Bildung beeinflußt. Es wird oft behauptet, die Kreativität gehöre zu den von der rechten Hemisphäre gesteuerten Funktionen. Jüngere Forschungen (GARDNER, BOGEN, ZAIDEL etc.) scheinen jedoch zu zeigen, daß die rechte Hälfte vielmehr darauf spezialisiert ist, banale und stereotype Informationen des täglichen Lebens zu erkennen, während sich die linke Hälfte mit neuen, originellen und komplexen Tatbeständen befaßt und die Kreativität anregt. Doch letztendlich scheint echte Kreativität eine konzertierte Aktion beider Hemisphären (und vor allem der Stirnlappen) vorauszusetzen, wobei die Energie aus dem limbischen System kommt; sie impliziert also eine starke Mobilisierung des gesamten Gehirns.

Hinsichtlich der konkreten therapeutischen Auswirkungen der jüngsten Forschungen wäre noch anzumerken, daß jede Hemisphäre eine hemmende Wirkung auf die andere ausübt. Wenn z.B. die linke Seite ausgeschaltet wird, verstärkt sich die Wahrnehmung von Bildern und Gefühlen[29]. Umgekehrt wird der sprachliche Ausdruck erleichtert, wenn die rechte Seite ausgeschaltet wird.

In diesem Zusammenhang möchten wir an die zahlreichen, von der Schule von Palo Alto[30] entwickelten Techniken zur Blockierung der linken Hemisphäre und zur Freisetzung der rechten erinnern: Entspannung, Visualisierung, Überlagerung der linken Hälfte durch eine schnelle Abfolge von unzusammenhängenden Wörtern, „Logolalie"-Übungen[31] usw. Die Aktivierung der rechten Hemisphäre (die vor allem beim kalifornischen Stil der Gestalttherapie bevorzugt wird) ermöglicht die Mobilisierung des Gefühls und einen neuen Zugang zu den Problemen.

Man hat übrigens festgestellt, daß die Aktivität des rechten Hirnlappens im allgemeinen zu einer düsteren, ja pessimistischen Gemütsverfassung führt, während die eher verbale, kommunikativere und damit geselligere Aktivität der linken Seite eher eine freudvolle, optimistische Stimmung erzeugt … Et voila, deshalb ist die Frau die Sonne des Mannes …

Wir wollen noch die neueren Hirnforschungen über die Legasthenie[32] erwähnen, die zu dem Ergebnis kommen, daß die schweren Formen dieser Krankheit weit mehr mit Anomalien bei der Entwicklung des Gehirns in der fetalen Phase zusammenhängen als mit den Umständen des Lesen-Lernens oder den affektiven, innerfamiliären Beziehungen. Letztere wären bestenfalls die auslösenden Faktoren einer neurologischen Prädisposition. Dabei hat man, statistisch gesehen, eine äußerst signifikante Häufigkeit der Legasthenie bei Jungen festgestellt (viermal höher als bei Mädchen), bei Linkshändern, bei Kindern mit Begabung für die Musik, die visuellen Künste, die Mathematik[33] und den Sport … sowie bei Blonden und Allergikern.

Alle diese Charakteristika sollen mit Unregelmäßigkeiten in der Neuronen-

migration während der fetalen Entwicklung zusammenhängen, eine Unregel-
mäßigkeit, die bei allen mikroskopischen Betrachtungen von Gehirnen le-
gasthenischer Kinder deutlich in Erscheinung tritt. Sie soll durch eine übermäßige Ausschüttung von Testosteron (dem männlichen Hormon) während
der Schwangerschaft ausgelöst werden, die wiederum eine ungewöhnlich starke Entwicklung der rechten Hirnhälfte bewirkt[34].

Somit würde also eine pränatale Hypersensibilität gegenüber männlichen
Hormonen bzw. ihre übermäßige Produktion während der Schwangerschaft
nicht nur die Veranlagung des Kindes für Legasthenie, Mathematik, Kunst und
Sport erhöhen, sondern auch für die Gestalttherapie.

Es ist zu hoffen, daß diese Untersuchungsergebnisse nicht in die Hände
eines rassistischen Abgeordneten fallen, der sofort ein Computerporträt des
jungen, perfekten Gestalttherapeuten zeichnen würde: „männlich, blond,
Linkshänder, Sportler und Künstler, sensibel, allergisch, legasthenisch aber
mathematisch begabt". Dies würde uns jedoch die gegenwärtigen mühsamen
Auswahlprozeduren bei der Zulassung zur Fortbildung in Gestalttherapie er-
sparen! …

Anmerkungen

1 Natürlich kann man auch Auto fahren, ohne jemals unter die Motorhaube des Wagens geschaut
  zu haben; doch ein professioneller Autofahrer, der nichts von Mechanik versteht, ist schwer
  vorstellbar!
2 Henri LABORIT. L'inhibition de l'action. Paris 1979. Ed. Masson.
3 Sigmund FREUD. Jenseits des Lustprinzips. In: Gesammelte Werke Bd. 13. 4. Aufl. Frankfurt
  a.M. 1963, S. 65.
4 Die beiden anderen Unbekannten sind der unendlich große kosmische Raum und die unendlich kleine Struktur des Atoms.
5 R.C.A. Corporation. Advanced Technology Laboratories. Zitiert von G. DOMAN (Evan Thomas Institute) in: Enfants: le droit au génie. Paris 1986. Ed. Hommes et groupes.
6 Vgl. die holographische Theorie des kalifornischen Neurochirurgen Karl PRIBRAM.
7 Die Regeneration durch Sprouting ist bei einem jungen, gesunden Menschen besonders groß.
  Hingegen ist sie bei einem Alkoholiker fast gleich null, da der Alkohol die Möglichkeit einer
  Vermehrung der Dendriten reduziert.
8 Dies gilt auch allgemein für das Lernen im frühen Kindesalter. So lernt z.B. in vielen jüdischen
  Familien ein Kind bereits mit drei Jahren lesen. Vgl. auch die erstaunlichen Arbeiten des Evan
  Thomas Institute für frühreife Entwicklung (Philadelphia, USA).
9 Dies bestätigen neuere Untersuchungen über die Entwicklung des Gedächtnisses bei Personen
  des „vierten Lebensalters". Doch die Aufnahmefähigkeit ist kaum vergleichbar mit jener in den
  ersten zwei bis sechs Lebensjahren.
10 39 Stunden pro Woche = ca. 1700 Arbeitsstunden pro Jahr (einschließlich der Urlaubstage)
  während durchschnittlich 37 Berufjahren, d.h. 63.750 Arbeitsstunden x 1800 Scheine pro
  Stunde = 114.750.000 Scheine insgesamt.
11 Nach den Schätzungen von CHANGEUX. Je nach Autor variiert die Zahl zwischen 12 und 42
  Milliarden.
12 Siehe Jean CHARON. J'ai vécu quinze milliards d'années. Paris 1983. Ed. Albin Michel. Danach
  wäre das Universum vor 15 Milliarden Jahren entstanden, und jedes Elektron der Materie wäre
  ein mit Informationen versehener „Träger von Geist". CHARON nennt das Elektron daher

„Äon" oder „Partikel der Psychomaterie", das das kollektive Unbewußte der Welt in sich trägt. Dies ist zwar eine verführerische, aber nichtwissenschaftliche Hypothese.

13 Siehe nächstes Kapitel.

14 Vgl. Stanislav GROF. Transpersonal Psychology. USA 1983.

15 Vgl. das erste Buch von PERLS „Das Ich, der Hunger und die Aggression". op. cit.

16 Siehe F. LHERMITTE. Autonomie de l'homme et lobe frontal. In: Bull. académie nat. médec., Nr. 168, 1984, S. 224–228.

17 Es soll übrigens eine der zahlreichen Funktionen des Traumes, vor allem des wiederkehrenden Traumes, sein, die emotionale Belastung bestimmter Formen des Stresses schrittweise abzubauen. (Siehe nächstes Kapitel)

18 Der Strom fließt besser in einem schon benutzten Flußbett. Im weitesten Sinne könnte man z.B. auch sagen, daß ein Blatt Papier die Erinnerung an eine Faltung behält.

19 Die Verhinderung des paradoxalen Schlafes bei einer Ratte führt beispielsweise dazu, daß sie sich an etwas Gelerntes nicht mehr erinnert. Guy LAZORTHES. Le Cerveau et l'Esprit. Paris 1982. Flammarion.

20 Henri LABORIT. L'inhibition de l'action. Paris 1979. Ed. Masson.

21 Wie auch Marie PETIT in ihrer Doktorarbeit über die Gestalttherapie ausführt, kommt es vor, daß ein Klient eine besonders wichtige Einzelarbeit, die sein späteres Leben dauerhaft verändert hat, vergißt. Hier sind m.E. verschiedene Hypothesen möglich: Nichtregistrierung aufgrund einer gleichzeitigen kathartischen, emotionalen Beteiligung („der Abzeß ist geplatzt und schnell vernarbt"), defensive Verdrängung oder auch vollständige Assimilation der Erfahrung. (Ähnliches geschieht, wenn ich eine Information gut „verdaut" habe und mich nicht mehr daran erinnere, woher ich sie habe; sie ist ein Teil von mir geworden.) Derartige Phänomene treten häufig auf und sind dennoch immer wieder verblüffend.

22 D.h. 50% der Affen sind Linkshänder, bei den Menschen 10% der Jungen und 4% der Mädchen.

23 VINCENT, J.D. Biologie des passions. Paris 1986. Seuil.

24 Ibid.

25 Bei den Musikern ist der Prozentsatz an Linkshändern zweimal höher als bei der Normalbevölkerung.

26 Mit Ausnahme der Phasen des paradoxalen Schlafes, wo die Tätigkeit dieses Verbindungsbalkens beträchtlich abfällt. (Die „Funkverbindung" ist nachts abgeschaltet!)

27 So waren z.B. in den Finalrunden der letzten Olympischen Spiele acht von 15 Fechtern und drei von vier Tennisspielern Linkshänder.

28 Dies soll auch bei den Japanern beiderlei Geschlechts der Fall sein.

29 Auch bei der Hyperventilation wird, infolge der Störung der kortikalen Zonen durch Hyperacidose, die subkortikale hypothalamische und limbische Funktion freigesetzt und das Aufstehen von Bildern und Gefühlen gefördert. (Diese Technik wird vor allem im Rebirthing und in der Bioenergetik benutzt.)

30 Paul WATZLAWICK. Die Möglichkeit des Andersseins. Bern 1978. Huber.

31 Diese besteht darin, „Sprachen zu sprechen", mit erfundenen Worten, wobei die Kommunikation in erster Linie über die Intonation stattfindet.

32 GESCHWIND und GALABURDA von der Havard University in Boston, 1984.

33 Entgegen einer allgemein verbreiteten Meinung soll die höhere Mathematik hauptsächlich eine Funktion des rechten Hirnlappens sei, denn es handelt sich dabei eher um die Herstellung von Verbindungen und eine synthetische Sicht der Dinge, als um eine stereotype, logische Analyse. Hingegen wird das Rechnen im wesentlichen dem linken Hirnlappen zugeschrieben.

34 Dies kann über Injektionen bei Ratten und Affen auf künstlichem Wege erzeugt werden, jedoch nur während der sensiblen Periode in der zweiten Hälfte der Schwangerschaft und vor der Geburt.

Kapitel 12
Das Imaginäre in der Gestalttherapie
Wachtraum, Traum, Kreativität

Welchen Platz nimmt das Imaginäre in der Gestalttherapie ein? Und zwar in der traditionellen Doppelbedeutung des Begriffs im Sinne eines erneuten Wachrufens von Bildern aus der Vergangenheit sowie des Herstellens von neuen Zusammenhängen zwischen Wörtern, Bildern, Gesten oder Verhaltensweisen.

Die Gestalttherapie ermöglicht mir, das enge Territorium meiner Freiheit zu erforschen, das manchmal von Stürmen heimgesucht und manchmal menschenleer ist, manchmal aber auch heiß, sonnig und voll feinster Düfte. Sie bietet mir eine aktuelle und engagierte Begleitung bei meinen spontanen körperlichen Empfindungen, meinen Gefühlen, meinen wiedergefundenen oder phantasierten Bildern, meinen nächtlichen Träumen und meinen Tagträumereien. Wir haben vom Körper als Inkarnation des Bestehenden gesprochen, wenden wir uns nun den spontanen Produkten der Phantasie zu.

Geistiges Pendeln

Ein Charakteristikum der Gestalt ist das permanente Hin und Her, das ständige Pendeln zwischen Körper und Gedanken, zwischen Materie und Geist, zwischen der Realität eines sich hier und jetzt vollziehenden Prozesses (inklusive des Gewahrseins desselben) und den Phantasien, die ein erneutes Erleben unvollendeter Situationen hervorruft, bzw. den Blockaden aufgrund von eingefahrenen Mechanismen.

Die Psychoanalyse arbeitet hauptsächlich mit den Phantasien des Klienten und konfrontiert diese selten mit der Realität.

Die Verhaltenstherapie dagegen bemüht sich, die in der Alltagsrealität auftretenden Schwierigkeiten und Symptome zu überwinden.

Die Gestalttherapie arbeitet an der Nahtstelle zwischen dem einen und dem anderen. Sie gestattet und ermutigt die Hinwendung zum Imaginären (Traum, Wachtraum, Träumerei, Metapher, Kreativität) und bemüht sich gleichzeitig, die Verbindungen zwischen ihm und der konkreten, intersubjektiven, sozialen Wirklichkeit herzustellen.

Die gestalttherapeutische Herangehensweise an die Übertragungsphänomene ist dafür ein gutes Beispiel: Der Therapeut läßt sie zu, ja er gestattet sogar ihre Verstärkung und hilft dem Klienten anschließend dabei, sich ihrer bewußt zu werden, ehe sie sich zu sehr verfestigen.

Ein Beispiel:

NICOLAS (an den Therapeuten gewandt): Ich mag die Art, wie du mit mir
         arbeitest, nicht! Du bist zu sicher. Ich habe ständig den Eindruck,
         daß du mich für einen kleinen Jungen hältst, der sich drücken
         will. Sobald ich mit dir über meine Autoritätsprobleme bei meiner
         Arbeit mit Jugendlichen spreche, befürchte ich, daß du mir auf-
         grund deiner langen Erfahrung als Erzieher Ratschläge gibst.
SERGE: Habe ich dir Ratschläge gegeben?
NICOLAS: Nein! Noch nicht! Aber das kommt sicher noch! Mein Direktor
         macht das auch immer so – er warnt mich im voraus vor den
         Fehlern, die ich nicht begehen soll. Und mein Vater tat dies eben-
         falls, sobald ich aus dem Haus gehen wollte.
SERGE: Was erwartest du jetzt von mir?
NICOLAS: Ich? Ich erwarte überhaupt nichts! Ich habe dich ja um nichts
         gebeten! Ich habe dir nur meine Schwierigkeiten, angehört zu
         werden, mitgeteilt. ... Doch ich merke eben, daß ich dir, von mir
         aus, erneut die Rolle einer Autorität übertragen habe und daß ich
         schon wieder dabei bin, mich abzuwerten. (Es folgt eine lange
         Arbeit über die Beziehung zu seinem Vater.)

Dieses Hin und Her zwischen Phantasie und Wirklichkeit ist, therapeutisch
gesehen, besonders fruchtbar, wenn man mit psychotischen Klienten oder mit
Borderlinern arbeitet, denen man in diesem Fall erlauben kann, „abzuheben"
und in ihrer inneren Wirklichkeit „herumzuschweben", um dann anschließend
wieder auf dem festen Boden der äußeren Wirklichkeit des Hier und Jetzt „zu
landen". Der Therapeut kann den Klienten vorübergehend auf seinen Höhen-
flügen begleiten, doch er muß darauf achten, daß regelmäßig Pausen eingelegt
werden, in denen der Klient wieder Kontakt mit dem Boden aufnimmt, und
von Zeit zu Zeit die Route überprüft wird.

Ein Beispiel für diese Art von Wachtraum:

Marion ist eine Borderline-Persönlichkeit. Sie ist jung, ledig, aber es gelingt
ihr nicht, feste Beziehungen aufzubauen. Seit mehreren Monaten besucht sie
eine monatlich stattfindende, feste Gruppe.
MARION: Ich habe heute überhaupt keinen Mut. Ich fühle mich wie aufge-
         löst. Ich bin wie eine Pfütze auf dem Boden ... da, eine weißliche
         Pfütze. Das ist Milch.
SERGE: Schau die Pfütze auf dem Teppichboden an und beschreibe sie.
MARION: Ja, es ist Milch! Sie hat die Form eines Handschuhs, eines
         Fausthandschuhs.
SERGE: Versuche, dieser Fausthandschuh zu sein.
(Marion legt sich auf den Boden und schließt die Augen.)
MARION: Ich bin ein Fäustling aus weißer Milch. Ich schlüpfe hinein und

schaue. Oh, da ist ein Wassertropfen! Er glänzt. Er reflektiert. In dem Reflex sehe ich eine hohe Mauer, eine hohe Mauer mit Fenstern.

SERGE: Schau dir eines dieser Fenster an

MARION: Oh ja. Ich sehe es genau. Das Fenster ist ganz schwarz. Es hat einen Sims. Aber es ist niemand an dem Fenster; es ist leer und schwarz.

SERGE: Und wenn da jemand wäre?

MARION: Na ja! Das wäre dann mein Vater. Ich schaue hinauf. Ich warte auf ihn, aber er ist nicht da. Das ist sein Fenster, aber es ist leer, und er wird nicht kommen![1] Es ist ganz schwarz. (Sie krümmt sich am Boden in Fetusposition zusammen.) Da ist eine Art schwarzes Loch. Es ist ein schwarzes Loch. Es ist ein Rohr. Nein! Ich sehe, es ist ein ganz schwarzer und ganz runder Reifen. Und darin bin ich.

(Ich gebe den Teilnehmern der Gruppe ein stillschweigendes Zeichen, näher heranzukommen und sich dicht um sie herumzusetzen. Beim Kontakt mit den anderen Körpern krümmt sie sich noch mehr zusammen und kugelt herum.)

MARION: Es ist heiß in meinem Reifen! Ich fühle mich wohl in der „Luftkammer". (Kurz danach beginnt sie von sich aus, sich mit dem Kopf einen Durchgang zu verschaffen.) Ich kann da heraus, wenn ich will! Ich will heraus! Laßt mich heraus! (schreit sie).

(Nach einigen Minuten der Anstrengung gebärt Marion „sich selbst" mit einem lauten Schrei der Freude und der Erleichterung. Danach teilt sie dem Therapeuten und der Gruppe ihre Eindrücke mit.[2])

Hier haben wir es mit einem begleiteten Wachtraum zu tun, der sich praktisch spontan entwickelt hat. Entsprechend der klassischen gestalttherapeutischen Strategie beschränke ich mich darauf, den imaginären inneren Vorgang durch eine körperliche Aktion zu unterstützen und zu verstärken, die der Klientin die Identifikation mit dem Produkt ihrer eigenen Phantasie erleichtert und ihren Bildern und Worten einen materiellen Anhaltspunkt gibt. Da es sich um eine Gruppensitzung handelt, benutze ich die Anwesenheit der Gruppe und lasse sie den Gebärmutter-„Reifen" darstellen.

Der Übergang von den imaginären Szenen zur Darstellung derselben in dem konkreteren, therapeutischen Rahmen ist ebenso deutlich wie der Übergang von den Bildern zur Sprache und zum Körper sowie – am Ende – der Bezug zum Therapeuten und zur Gruppe. Auf diese Weise kann allmählich eine polysemische Verbindung zwischen Imagination, Symbolik und Realität hergestellt werden.[3] Die Stimulierung der Imagination mit Hilfe von Bildern ist bei bestimmten Varianten der Gestalttherapie, wie z.B. bei der „Video-Gestalttherapie" von Barry GOODFIELD, noch stärker; dieser arbeitet nicht nur mit einem Videorekorder, sondern auch mit der Selbsthypnose (nach ERICKSON), die zu einem tiefen „Abtauchen" führt.

Der Traum in der Gestalttherapie

Das Arbeiten mit dem nächtlichen Traum ist natürlich das bevorzugte Aktionsfeld der Gestalttherapie. PERLS ist über die gefilmten Darstellungen seiner Traumarbeit berühmt geworden, von denen einige in dem Buch „Gestalt therapy verbatim" dargestellt werden (dt. Ausgabe: Gestalttherapie in Aktion. Stuttgart 1974).

Für ihn, wie für FREUD, ist der Traum die Via Regia. Die Arbeitshypothese, von der er sich dabei leiten läßt, stellt er folgendermaßen dar:[4]

> „... so sind all die verschiedenen Teile des Traums Bruchstücke unserer Persönlichkeit. Da es unser Ziel ist, jeden von uns zu einem gesunden Menschen zu machen, und das heißt, zu einem in sich geschlossenen Menschen ohne Konflikte, müssen wir die verschiedenen Bruchstücke des Traums zusammenfügen. Wir müssen uns diese projizierten, auseinandergebrochenen Teile unserer Persönlichkeit wieder zu eigen machen und uns auch das verborgene Potential, das im Traum erscheint, wieder zu eigen machen. [...]
> In der Gestalttherapie deuten wir die Träume nicht. Wir tun etwas viel Interessanteres damit. Anstatt den Traum zu analysieren und immer weiter zu zerlegen, wollen wir ihn wieder zum Leben erwecken. Und der Weg, auf dem er ins Leben zurückgebracht wird, ist, den Traum wieder zu leben, als ob er jetzt passierte. Anstatt den Traum zu erzählen, als wäre er eine Geschichte aus der Vergangenheit, mußt du ihn in der Gegenwart ausagieren, so, daß er ein Teil deiner selbst wird, so, daß du wirklich darin aufgehst. [...] Wenn ihr also selbständig arbeiten wollt, schlage ich euch vor, den Traum niederzuschreiben und eine Liste aller Einzelheiten im Traum anzulegen. [...] und arbeitet dann an ihnen, um jedes einzelne von ihnen zu werden."

Die meisten klassischen Gestalttechniken können in der Traumarbeit eingesetzt werden (Bewußtheit, szenische Darstellung, Monodrama, Verstärkung, Arbeit mit den Polaritäten, Übernahme der Eigenverantwortung, das Ausprobieren des Kontakts und des Rückzugs mit einem Traumelement, mit dem Therapeuten, mit einem Gruppenmitglied usw.). Dabei können, wie üblich, Mechanismen der Vermeidung oder des Abbruchs eines Kontakts (Widerstände oder Abwehrmechanismen) herausgearbeitet werden.

Bestimmte Gestalttherapeuten, wie Isadore FROM, gehen weiter und sehen den Traum (vor allem während der Nacht vor oder nach einer Therapiesitzung) nicht nur als Projektion, sondern auch als Retroflektion, d.h. als deutliche Störung der Kontaktgrenze zwischen Klient und Therapeut. Der Schlafende sagt unbewußt Dinge zu sich selbst, um sie nicht ausdrücklich seinem Therapeuten sagen zu müssen:

> „Tatsächlich weiß ein Therapieklient im allgemeinen, daß er, wenn er sich an einen Traum erinnert, diesen seinem Therapeuten erzählen wird. Meine

Hypothese ist daher, daß dies in gewisser Hinsicht den Inhalt des Traumes des Patienten bestimmt; es ist also nicht einfach ein Traum, sondern ein Traum, den er seinem Therapeuten erzählen wird[5].
[...] Eine andere Bezeichnung für ‚Retroflektion‘ wäre ‚Zensur‘ oder ‚Zurückhaltung’. Der Patient spricht zu sich selbst, er sagt sich selbst (...) Dinge, die er dem Therapeuten nicht erzählen kann oder will.“[6]

FROM nimmt hier mehr oder weniger explizit den Begriff der Übertragung wieder auf:

„Die Übertragung ist ein Äquivalent für das Hier-und-jetzt (...). Die Bedeutung der Übertragung ergibt sich daraus, daß durch sie unabgeschlossene Situationen der Vergangenheit, mit denen sich jede Therapie beschäftigt, in der Gegenwart abgeschlossen werden können. (...) Wir unterstützen die Übertragung nicht, wie dies in der Psychoanalyse aus methodischen Gründen der Fall ist. Doch wenn wir sie auch nicht unterstützen, so heißt das nicht, daß wir sie ausschalten (...). Es wäre absurd, zu behaupten, daß wir nicht mit der Übertragung arbeiten. (...) Wir stellen Fragen, mit denen wir unserem Patienten die Übertragung signalisieren und die ihm helfen, sich davon zu befreien.“

Hier sieht man erneut, daß jeder Gestalttherapeut seinen eigenen Stil entwickelt und dabei gleichzeitig den zentralen Prinzipien der Gestalttherapie treu bleibt.

Der Traum in der Geschichte

Seit der Blütezeit der Antike interessiert man sich für die Bedeutung der Träume. Sie wurden in erster Linie als eine „Botschaft der Götter“ angesehen.
   In der chinesischen Tradition werden sie im XVIII. Jahrhundert v.Chr. erwähnt, und KONFUZIUS zog daraus sein Wissen.
   In der hellenistischen Epoche existierten 420 Tempel des Äskulap, wo die Inkubation praktiziert wurde, die darin bestand, im Tempel zu schlafen, um einen Traum zu erhalten, der bei der Heilung der Krankheiten helfen sollte. Man schlief dort in die blutige Haut einer Ziege oder eines Schafes eingewickelt, das man zuvor den Priestern geopfert hatte, während „sich die ganze Nacht über dicke grüne und gelbe Schlangen von zwei Metern Länge langsam über die Marmorplatten, zwischen den Blättern der Blumen und den Körpern der Schlafenden hindurchschlängelten.“[7] Eine Schockbehandlung, um die Heilung zu beschleunigen!
   Der therapeutische oder prophetische Traum wurde auch in Ägypten, Assyrien und in Mesopotamien (schon 3000 Jahre vor unserer Zeit) praktiziert, ebenso bei den Juden (vgl. die zahlreichen, in der Bibel dargestellten Träume),

bei den Indianern, den Galliern und den Kelten. MOHAMMED fragte seine Gefährten jeden Morgen nach ihren nächtlichen Träumen und fällte dementsprechend seine Entscheidungen. Das Volk der Senoi, im Dschungel von Malaysia, praktiziert dies heute noch – das Erzählen der Träume bildet seine Hauptbeschäftigung und bestimmt sein gesamtes Sozialleben, das als äußerst friedlich und demokratisch bekannt ist.

Für FREUD ist der Traum keine transzendente Botschaft von oben, sondern eine immanente Botschaft von unten, aus dem „schwarzen Kontinent" der unbewußten Triebe. Seine Entdeckungen hinsichtlich der Bedeutung der Träume erschienen ihm auf Anhieb „so wichtig, daß er, als er zum ersten Mal ihren Mechanismus verstand, im Restaurant Bellevue in der Umgebung von Wien, dachte, daß man hier eines Tages eine Erinnerungstafel anbringen würde mit der Aufschrift: ‚In diesem Haus, wurde Dr. Sigmund Freud am 24. Juli 1895 das Geheimnis der Träume enthüllt'."[8]

Dennoch dauerte es acht Jahre, bis die 600 Exemplare der ersten Ausgabe seines grundlegenden Werkes „Die Traumdeutung", das bezeichnenderweise zu Beginn des Jahrhunderts, im Jahre 1900, erschien und heute in fast alle Sprachen übersetzt ist, verkauft waren!

Während für FREUD der Traum häufig ein „neurotisches Symptom" (Einführung in die Psychoanalyse) darstellt, mißt ihm JUNG wieder einen höheren Stellenwert bei. Er schreibt ihm nicht nur biographische und psychologische Ursachen zu, sondern sieht in ihm auch die unbewußte Wahrnehmung des gemeinsamen kulturellen Erbes der Menschheit. Seiner Meinung nach reichen die Träume ununterbrochen in die Vergangenheit hinein, aber auch in die Zukunft. Der Traum verbirgt nicht irgendeinen verdrängten Wunsch, sondern – im Gegenteil – er enthüllt die Botschaften des kollektiven Unbewußten und kann sogar eine esoterische Bedeutung haben.

Der Traum im Laboratorium

Ja, soweit sind wir bereits wieder! „Man erinnert sich immer wieder an seine erste Liebe!" Nie werde ich meine Jugendzeit in den staubigen Laboratorien der Sorbonne vergessen, auf der Suche nach der letzten Wahrheit, die für mich damals im Herzen der Materie verborgen lag. Für mich schließen sich Poesie und Wissenschaft gegenseitig nicht aus.

Was wissen wir heute über den Traum?

Natürlich können hier nicht die Einzelheiten der zahlreichen aktuellen Untersuchungen in Frankreich (vor allen unter JOUVET in Lyon) und in den USA (Chicagoer Schule) dargestellt werden. Dazu existiert ein ausführlicher und klarer Aufsatz in dem hervorragenden Buch von Jean PICAT[10], dem ein Teil der nachstehenden Informationen entnommen sind (die ich auf meine Weise dargestellt habe). Ich werde mich daher auf einige Andeutungen und Präzisionen beschränken, welche die bereits im vorhergehenden Kapitel gelieferte

Übersicht über die Funktionsweise des Gehirns im Wachzustand ergänzen und uns ein wenig den Königsweg – und sein stachliches Gestrüpp – erschließen, ehe wir ihn „mit geschlossenen Augen" einschlagen.

Wir kennen drei verschiedene Zustände, den Wachzustand, den Schlaf und den Traum. Der Traum ist durch eine intensive Aktivität der rechten Seite des Vorderhirns gekennzeichnet[11], unter Kontrolle des limbischen Systems (das, wie wir uns erinnern, vor allem für die Emotionen und das Gedächtnis verantwortlich ist) und des Hypothalamus. Die Augäpfel sind während des Traumes ständig von einer raschen Bewegung erfaßt (das klassische Erkennungszeichen für das Elektroenzephalogramm, EEG). Man hat diesbezüglich die Hypothese aufgestellt, daß der Blick, unter den geschlossenen Augenliedern, die Szene des gerade ablaufenden Traumes verfolge.

Wer träumt und wieviel?

Wir träumen alle, einschließlich des Fetus vom 7. Monat der Schwangerschaft an (d.h. ehe er visuelle Wahrnehmungen speichern oder vom Über-Ich verbotene Wünsche verdrängen konnte!) und der von Geburt an Blinden, aber auch die Katzen und die Vögel – obwohl diese keine Seele haben sollen. Man träumt im Durchschnitt etwa 100 Minuten pro Tag, in vier bis fünf Phasen, deren Länge im Laufe der Nacht zunimmt, und der Traum scheint wesentlich wichtiger für das Überleben zu sein als der Tiefschlaf.

Doch nicht alle Menschen träumen soviel. So haben z.B. Schizophrene während eines Schubs bereits im Wachzustand genügend „deliriert" – ihre Träume sind daher, quantitativ gesehen, geringer (Traum bedeutet etymologisch „Delirium" oder „Vagabundieren"), hingegen sind sie, qualitativ gesehen, völlig normal.

In ähnlicher Weise beeinflußt der Alkohol unsere Traumzeit und kann sie sogar ganz unterdrücken. Dies kann so weit gehen, daß extreme Alkoholiker schließlich ihr Traumdefizit dadurch kompensieren, daß sie sich ein Delirium tremens „leisten". Auch Schlafmittel auf der Basis von Barbituraten verringern die normalerweise notwendige Traumzeit und sind aus diesem Grunde schädlich.

Jeder träumt, doch nicht jeder erinnert sich an seine Träume. Dies ist auch bei mir der Fall, und ich habe dies lange Zeit als ein Handikap empfunden, vor allem während meiner Psychoanalyse. Erst danach habe ich begriffen, daß ich es nicht nötig habe, das Modell der anderen zu introjizieren, um vollkommen ich selbst zu werden.

Warum träumen wir bzw. wozu?

Verschiedene Wissenschaftler vertreten die Meinung, daß der mit Träumen einhergehende Schlaf vor allem zur Speicherung des affektiven Gedächtnismaterials des vergangenen Tages diene, während die nicht mit Gefühlen verbundenen Erinnerungen in den traumlosen Schlafphasen registriert und danach in der Nähe unserer „privaten Erinnerungsbank" eingelagert würden. Wie dem auch sein, jedenfalls werden im Laufe der Nacht unsere Erinnerungen geordnet und festgeschrieben sowie unsere Lernprozesse aufgenommen; dies geschieht über die Verstärkung der Engramme und die Neuorganisation der Synapsen.

Eine der wichtigsten Funktionen des Traumes scheint jedoch die genetische Reprogrammierung (JOUVET) zu sein. Man kann sich das so vorstellen, daß wir uns jede Nacht gewissermaßen an ein „Molekularlesegerät" anschließen, um die Lektionen im „Großen Buches des Lebens" zu überarbeiten, das seit Jahrtausenden von der menschlichen Rasse sorgfältig geschrieben und auf Bändern aufgezeichnet worden ist und ein in unsere Chromosomen eingeprägtes Erbe darstellt, das uns bei der Geburt übergeben wurde.

> *Der Traum wäre also „die Nabelschnur der Art"[12].*

Wir bringen ferner die Informationen regelmäßig auf den neuesten Stand, indem wir zu diesen grundsätzlichen Daten des kollektiven Unbewußten die von unserer Zivilisation geprägten persönlichen Alltagserfahrungen hinzufügen. Der Traum gewährleistet also die Integration unseres individuellen mit unserem kollektiven Gedächtnis[13]. Der Psychiater und Phänomenologe BINSWANGER, der Begründer der Existenzialanalyse, forderte bereits, den Traum zu „entpsychologisieren" und ihm so seine universelle Dimension der Offenheit für die Polyphonie der Kulturen zurückzugeben.

Der Traum würde also dazu beitragen, das erworbene Sozialverhalten besser mit dem grundlegenden Instinktverhalten in Einklang zu bringen. So konnte man z.B nachweisen, daß Katzen von Jagd und Angriff, Mäuse hingegen von Flucht träumen. Hierbei handelt es sich eindeutig um eine Revision des programmierten Instinktverhaltens zum Überleben der Art. Wir möchten hinzufügen, daß auch die Eskimos von Schlangen träumen, obwohl diese in ihrem Klima überhaupt nicht vorkommen (was wiederum die Jungsche Archetypen-Lehre stützt).

Jede Nacht fände also ein Rückgriff auf das „ursprüngliche Manuskript" und eine Korrektur der „Hausarbeiten" statt. In dieser Zeit würden auch das Nervensystem überholt und die beschädigten Leitungen ausgebessert, so wie in den großen Städten das unterirdische Verbindungsnetz der Untergrundbahn jede Nacht gewartet wird.

Die Länge der Traumphase

Durch die Übernahme dieser edlen Belange des Aufbaus, der Wartung, Revision und Perfektionierung des neuronalen Informations- und Emotionsnetzes, wird der Traum zum Rüstzeug der höheren Lebewesen. In der Tat tritt das Träumen erst bei den Warmblütern auf, angefangen bei den Vögeln (wohingegen Insekten und Schalentiere nicht einmal den Schlaf kennen!). Diese armen kleinen Vögel träumen übrigens nur in 0,5% ihrer Schlafenszeit, die wilden, pflanzenfressenden Säugetieren hingegen in 5%. Hingegen verdreifacht sich bei den Kühen in der Geborgenheit des Stalls die Traumzeit – die eine Zeit „großer Risiken" ist, da die zum Erwachen notwendigen Stimuli drei- bis viermal stärker sein müssen, als während des traumlosen Schlafes, wo man weniger beschäftigt ist![14] Natürlich variiert die Aufwachschwelle auch je nach Art des Stimulus: Ein leichtes Miauen weckt eine Katze auf, der geflüsterte Vorname einen schlafenden Menschen.
DESCAMPS zieht daraus folgende Schlußfolgerungen:

> „Unter diesem Gesichtspunkt können die Säugetiere in zwei Gruppen eingeteilt werden: die Gejagten und die Jäger. Die gras- und körnerfressenden Beutetiere widmen der Nahrungsaufnahme viel Zeit, schlafen wenig und träumen noch weniger (5% ihrer Schlafenszeit). Die fleischfressenden Jäger nehmen die Nahrung schnell zu sich und haben einen langen und tiefen Schlaf mit einer langen Traumphase (20–30% ihrer Schlafenszeit).
> [...] Der Mensch ist unter diesem Aspekt wie ein Fleischfresser programmiert. 20% seiner Schlafenszeit ist dem Traum vorbehalten, und seine Träume sind grundsätzlich aggressiver und sexueller Natur. D.h., er überprüft ununterbrochen sein Angriffs- und Paarungsverhalten und wird von den beiden Instinkten des Kampfes und der Reproduktion geleitet (Thanatos und Eros bei FREUD).[...] Während der Nacht fände daher eine Wiederherstellung dieser früher erworbenen Verhaltensweisen statt, die später bzw. tagsüber von der Zivilisation abgelehnt und abgebaut werden. [...]

Der Traum kann daher, wegen seines periodischen Rückgriffs auf das Instinktverhalten, als ein Schutzwall gegen die Zivilisation angesehen werden.

[...] Die menschliche Zivilisation hat sich gegen die Natur entwickelt."[15]

Tatsächlich könnte man die Primaten und den Menschen eher zwischen den Pflanzen- und den Fleischfressern einordnen, denn die Gesamtdauer ihrer Träume beträgt im Durchschnitt 20% der Schlafphase, gegenüber 5% bei ersteren und 40% bei den großen Raubtieren.

Doch die Traumzeit variiert auch mit dem Alter: Sie liegt beim Neugeborenen, das stark mit dem Aufbau seines Nervensystems beschäftigt ist, von dem seine späteren intellektuellen Fähigkeiten abhängen, bei 60%; im Alter von einem Jahr beträgt sie 30%, ab dem 5. Lebensjahr 20% und bei alten Menschen zwischen 12 und 15%.

Bei einer Schwangeren verdoppelt sich die Traumzeit und paßt sich so dem Fetus an; diese Synchronizität wird auch während der Stillzeit aufrechterhalten. Personen (gleich welchen Geschlechts), die dasselbe Bett miteinander teilen, träumen häufig auch zur gleichen Zeit.

Traum, sexuelle Wünsche und Angst

Bei Frauen hat man während der zweiten Hälfte des Menstruationszyklus eine Zunahme des „paradoxalen Schlafes" (d.h. des Träumens) festgestellt, wobei die längste Zeit direkt vor dem Eisprung liegt, der mit der stärksten Sekretion von Testosteron zusammenfällt, dem männlichen Hormon, das bei der Frau das sexuelle Verlangen stimuliert[16]. Liebespaare machen die Erfahrung, daß jeder Traum zu einer genitalen Erregung führt – bei mehr als 60% der Frauen findet eine stärkere Durchblutung der Klitoris, bei den Männern eine Erektion statt. Die Erektion erfolgt etwa zwei Minuten vor Beginn des Traumes und hält zehn bis zwanzig Minuten an, auch bei Neugeborenen und Greisen. Sie ist anscheinend unabhängig von dem direkten Inhalt des jeweiligen Traumes – was orthodoxe Freudianer sicher bedauern werden.

Abschließend wäre noch zu erwähnen, daß ständiger Traumentzug nach ungefähr fünf Tagen zum Auftreten eines paranoiden und sexuellen Delirium führen soll, mit großer Reizbarkeit, Freßsucht und Hypersexualität. Ist der Traum also ein „Substitut" für diese instinktiven Bedürfnisse?

Für Alpträume (an denen 4% der erwachsenen Bevölkerung leiden) gelten die meisten dieser Beobachtungen nicht. Diese treten übrigens selten während der R.E.M.-Periode, d.h. während der normalen Traumzeit, auf. Dasselbe gilt für den Somnambulismus.

Die therapeutische Funktion des Traumes

Der Traum hat also, selbst wenn er nicht gedeutet wird, eine unmittelbare, natürliche, therapeutische Funktion, die nicht notwendigerweise mit einem bewußten Erinnern verknüpft sein muß.

In diesem Zusammenhang wäre anzumerken, daß der Traum normalerweise sehr schnell vergessen wird; dies scheint ein natürliches Phänomen zu sein. Bereits acht Minuten nach Ende der „paradoxalen" Phase erinnern sich nur noch 5% der Träumenden, wenn sie geweckt werden, daran, daß sie geträumt haben. Gegenwärtig wird davon ausgegangen, daß „ein Traum umso eher der

Zensur anheimfällt bzw. vergessen wird, je emotionsträchtiger er ist" (PICAT,
Dies verhindert jedoch nicht, daß er seine Rolle innerhalb der inneren
Selbstregulierung spielt – ungeachtet dessen, was der Talmud (und die Psychoanalytiker) dazu sagen, die einen nicht analysierten Traum mit einen erhaltenen und nicht gelesenen Brief vergleichen.

Ich für mein Teil neige dazu, meinem Unbewußten zu vertrauen, und ich
halte es sehr wohl für fähig, seine Arbeit auch alleine zu machen; wenn das
Unbewußte unbewußt bleibt, so soll dies sicher auch so sein! Warum sich also
daran machen, es zu bearbeiten, mit Gewalt in es einzudringen und indiskreter
Weise seine Geheimnisse zu verletzen, und warum sollten sich die „Nicht-Träu-
mer" schuldig fühlen? Umgekehrt, wenn ein Traum von selbst im Gedächtnis
bleibt, so wohl deshalb, weil er an der Oberfläche „Luft holen" mußte. Warum
sollte man ihm in diesem Fall, und nur in diesem Fall, nicht die gebührende
Aufmerksamkeit schenken?

Bereits FREUD betont, daß Träume eine heilende, erleichternde Wirkung
haben, und JUNG definiert sie als therapeutische Agenten, die ein schlechtes
Gewissen korrigieren, aber auch eine latente Neigung aktivieren. Der Traum
ermöglicht es uns also, einen Teil der täglichen Spannungen abzubauen. Der
paradoxale Schlaf „entsomatisiert die Angst" (FISHER). Er hat, wie der geniale
FERENCZI bereits ahnte, die Funktion der Selbstregulierung der inneren,
psychoaffektiven Spannungen sowie eine katharische und traumatolytische
Funktion, die darin besteht, über das unbewußte „Training" beim Konfrontieren von streßigen Situationen reale Traumata „verdaulicher" zu machen. Nach
PICAT gilt dies insbesondere für Wiederholungsträume, „wobei die Reaktivie-
rung der traumatischen Situationen kein anderes Ziel (hat) als ihre Verarbeitung zu erleichtern. Wir neigen zu der Annahme, daß die Wiederholung von
Träumen dazu dient, sie abzumildern, um danach endgültig das affektive Echo,
das die Gedächtnisspur der stressigen Situation umgibt, auszulöschen. Solange
ein innerer Konflikt nicht gelöst ist, wird sich der Traum, der ihn zum Inhalt
hat, wiederholen."[17]

Die Träume einer Nacht bilden eine Art „dramatischer Einheit"
(H. TROSMAN). Wenn man eine Person nach jedem Traum innerhalb von
zehn Minuten aufweckt, stellt man fest, daß sie die ganze Nacht über denselben Traum wiederholt; die äußeren Umstände verändern sich, aber das Thema
bleibt dasselbe. Hier zeigt sich erneut die außerordentliche Hartnäckigkeit
der Natur, ihre Vorsichtsmaßnahmen grenzenlos zu vermehren. (Wenn ich
mir nur vorstelle, daß ich bei jedem Geschlechtsverkehr 300 Millionen unge-
duldige Spermatozoen mobilisiere – für ein einziges kleines Baby von Zeit zu
Zeit.)

Darin sehe ich auch eine Rechtfertigung für ein gestalttherapeutisches Herangehen an den Traum: Anstatt einen Traum über seine Deutung verstehen zu
wollen, schlage ich dem Klienten vor, seinen Traum durch eine Handlung
abzuschließen, um die unbewußte psychischen Spannung einer unvollenden-
ten Situation abzubauen. Ich rege ihn daher an, sich nicht rückwärts zu wenden, auf der ungewissen Suche nach einer vergangenen Erinnerung, sondern

weiter zu gehen und eventuell komplementäre Bilder auftauchen zu lassen, um über die Inszenierung derselben in einem improvisierten Monodrama unter Umständen eine befreiende Katharsis zu erreichen.

Dieses Vorgehen widerspricht nicht, sondern ergänzt die von PERLS propagierte übliche Traumarbeit, der in erster Linie vorschlägt, die verschiedenen Teile nacheinander zu verkörpern. Auch Michel FOUCAULT sah, nebenbei bemerkt, das Traumsubjekt nicht so sehr in der Person, die „ich" sagt, sondern vielmehr in dem Traum als ganzem. Seiner Meinung nach sagt alles „ich", selbst die Gegenstände und die Tiere, und auch der leere Raum.

Ich unterscheide daher in der Traumarbeit zwischen vier möglichen Etappen:

1. Der Traum an sich, mit seinen unbewußten Funktionen (genetische Revision, Integration der Erfahrung, Verarbeitung von Traumata);
2. eventuell die bewußte Erinnerung an den Traum und die mit dem bloßen Erzählen verbundene kathartische Wirkung;
3. das Bemühen, die symbolische Bedeutung des Traumes zu verstehen bzw. ihn zu interpretieren;
4. das Fortsetzen bzw. Abschließen der über den erinnerten Traum begonnenen Arbeit, der zweifellos in einer bestimmten Absicht an die Oberfläche gelangt ist.

Doch wir sind sicher noch nicht so weit, genau bestimmen zu können, welcher Teil der zu Anfang des Jahrhundert aufgestellten Thesen noch Gültigkeit hat und welcher Teil davon überholt ist.

Kreativität

Der gestalttherapeutische Zugang zum Bereich des Kreativen bleibt keineswegs beim verbalen Ausdruck oder beim Ausagieren stehen, wie in den meisten bisher dargestellten Beispielen über Wachträume und nächtliche Träume. Die Kreativität kann sich in vielfältiger, natürlicher und kunstvoller Form materialisieren, über Geräusche, Töne, Musik, primitive Formen des Tanzes, den Körperausdruck, Zeichnungen, Bilder, Kollagen, modellierte Gegenstände, vom Klienten selbst gesammelte oder ausgesuchte bzw. hergestellte Gegenstände usw.

Dialog mit einer Trommel

Jean-Paul drückt sich durch Geräusche oder Töne aus, unter Benutzung der im Arbeitsraum vorhandenen Gegenstände und Materialien, und stellt so seine persönlichen Empfindungen dar.

Ich schlage ihm vor, dies in Form eines Austauschs mit dem Therapeuten oder einem anderen Partner fortzusetzen – durch Schläge auf einen oder mehrere Gegenstände – und dabei den Rhythmus und die Intensität zu variieren, in einer Art von improvisiertem Tam-tam. Der Dialog kulminiert in einem getrommelten Streit, dem eine Versöhnung von ergreifender Wirkung folgt.

Es geht dabei eigentlich nur um die Weiterführung der üblichen Haltung des Gestalttherapeuten, der der Stimmlage und dem Sprachrhythmus sowie der Atmung mindestens genausoviel Beachtung schenkt, wie dem unmittelbaren Inhalt des Gesagten – d.h. auf die Gestalt und den Hintergrund gleichermaßen achtet. Das Gewahrsein wird somit ganz auf die eigenen Empfindungen konzentriert und nicht durch die Suche nach Worten abgelenkt.

Diese primitive Ausdrucksform, die die archaischen Schichten der Persönlichkeit freisetzt, kann unendlich variiert werden – über eine breite Skala von Geräuschen und Tönen, mit harten oder weichen, hohlen oder massiven Gegenständen, durch abwechselndes Schlagen, Kratzen, Reiben, sanftes Berühren und andere Bewegungen, die zu einer äußeren Vibration mit einem entsprechenden inneren Echo bei den Teilnehmern führen.

In anderen Momenten kann man ein improvisiertes Gruppen„orchester" bilden, bei dem jeder seinen Part über eine ständige, flexible, kreative Anpassung seiner sonoren Kontaktgrenze ausdrückt, ohne in der anonymen Konfluenz unterzugehen oder sich durch Introjektion der dominanten Töne oder Rhythmen erdrücken zu lassen, gleichzeitig auch die anderen nicht durch eigene aggressive Projektionen erdrückt oder sich in einer kurzgeschlossenen Retroflektion von allen isoliert, sondern vielmehr zwischen dem Selbstausdruck und dem Hören auf die anderen abwechselt und seine persönliche Gestalt in Beziehung zu dem Hintergrund der jeweiligen Umgebung setzt. Ein solches „Orchester" kann z.B. als Aufwärmübung anläßlich der Bildung einer neuen Gruppe eingesetzt werden, in der Phase, wo jeder versucht, seinen eigenen Platz in der Gemeinschaft zu definieren[18].

Ein rauschendes Fest

Anstelle der Selbstdarstellung über Töne – oder auch gleichzeitig – kann man sich körperlich durch improvisierte Bewegungen ausdrücken, individuell oder gemeinsam mit anderen Gruppenteilnehmern, und dabei dem eigenen inneren Rhythmus nachspüren und ihn gegebenenfalls in der Begegnung mit den verschiedenen Partnern variieren.

Auch in diesem Fall ist es wichtig, auf die eigene Kontaktgrenze achten: Bin ich unsensibel für die Bewegung und den Rhythmus des anderen, oder werde ich vielmehr davon sofort gefesselt und mitgezogen, kann ich

immer ich selbst sein und dennoch ständig in Verbindung mit dem anderen bleiben mit einer hin- und hergehenden awareness, die durch die Modulation unserer Rhythmen gleichzeitig meine eigenen Wünsche und Bedürfnisse und jene meines Partners berücksichtigt?

Manchmal wird dieser wilde Tanz in einen primitiven Dschungel „ausarten", wo jeder reale oder imaginäre Tiere verkörpert und so archaische Gefühle oder Bedürfnisse nach Aggression, Dominanz, Schutz, Isolation und Zärtlichkeit ausdrückt.

Man kann sich selbstverständlich auch viele andere Ausdrucksformen vorstellen, die der Therapeuten während einer Gruppenarbeit vorgeschlagen kann. Sie können aber genauso gut spontan aus dem Bedürfnis eines Klienten erwachsen, z.B. während einer Arbeit in der Einzeltherapie oder in der Gruppe, bei der dieser versucht, seinen momentanen Empfindungen nachzuspüren.

Der Fetisch

Neben dem Auditiven und Kinästhetischen kann der Aufhänger der Arbeit auch visuell oder taktil sein. Hier sind die Möglichkeiten unendlich variierbar.

Ich kann z.B. aufs Geratewohl nach einem natürlichen oder künstlichen Objekt Ausschau halten, das mich repräsentiert oder einfach anzieht, und dann direkt, visuell, taktil oder verbal mit diesem äußeren Symbol meines inneren Wesens in Beziehung treten.

Ich kann zu einer Blume, einem Zweig, einem Stein sprechen oder auch zu einem Kamm oder zu einem Seufzer und diesen mein Gefühl mitteilen sowie eventuell anschließend an ihrer Stelle antworten:

JOCELYNE: Ich habe mir dieses alte Rad von einer Schubkarre ausgesucht, das ich in dem Schuppen gesehen habe, weil es mich spontan an Freiheit, aber auch an Festigkeit erinnert hat. Ich mag sein von den Spuren der Zeit gezeichnetes Holz.

THERAPEUT: Kannst du direkt zu ihm sprechen, anstatt mit mir darüber zu sprechen oder es mir zu beschreiben?

JOCELYNE: Ich mag dich, weil du ein ausgefülltes Leben gehabt hast. Du hast dich an den Hindernissen gerieben, du hast gelitten, eine deiner Speichen ist durchgebrochen, aber deine Mittelnabe ist noch ganz! Dein Holz ist am Verfaulen, und dennoch schenkt es dem Moos neues Leben.

THERAPEUT: Kann das Rad antworten und etwas dazu sagen?

JOCELYNE: Ja, es stimmt, ich bin schon alt, Ich bin nicht mehr so rund wie früher. Doch diese Farbe, mit der man mich in meiner Jugend angestrichen hat, paßte nicht zu mir. Man hatte mich angestrichen, um den Gärtner für mich zu interessieren. Doch das hat ihn nicht davon abgehalten, mich zu vernachlässigen! Am

Ende hat er sich für eine andere, modernere Karre entschieden
mit einem leeren Reifen voller Luft! Und mit der ist er weggegangen. (Sie weint.) Das ist mir egal. Ich bin meinen Weg auch
so gegangen. Er hat sich meiner bedient, aber er hat mich nicht
wirklich geliebt. Jetzt bin ich frei. Ich bin von dem Karren
abgekoppelt. Aber ich kann trotzdem unterwegs sein. Trotz
meines Alters kann ich die Leute noch für mich interessieren.
(Sie weint erneut.) (...).

Auf diese Weise kann man jeden Gegenstand zum Leben erwecken und auf
ihn Hoffnungen und Ängste, Bedürfnisse und Wünsche projizieren, die dadurch greifbarer und zugänglicher werden.

Die Beziehung zu einem solchen Fetischobjekt, dem symbolisch Sprache
und Macht übertragen wird, kann verschiedener Art sein. Um das Ausmaß der
persönlichen Betroffenheit abzustufen, schlage ich generell vor, die Anrede
zwischen es, du und ich zu variieren, so wie es sich praktisch auch spontan
ergibt:

Man beginnt damit, das Objekt (oder die Zeichnung) in der 3. Person zu
beschreiben;

danach spricht man es direkt in der 2. Person an, was sofort zu einer
affektiveren Beziehung führt;

schließlich identifiziert man sich selbst mit dem Objekt und drückt in der
1. Person sein eigenes, subjektives Gefühl aus, das auf diese Vermittlungs-
instanz projiziert worden ist.

Kunstvolle Inkarnation aus dem „Inneren des Mülleimers"

Natürlich kann dieser Vermittlungs- oder Übertragungsgegenstand, der
vorübergehend oder ständig zum Träger unserer geheimen Regungen wird,
auch bewußt künstlich hergestellt werden. – Nebenbei sei bemerkt, daß
künstlich „kunstvoll hergestellt" bedeutet und daß dieser Begriff an sich nicht
pejorativ ist – im Gegenteil. Eine Handlung ist therapeutisch, weil sie künstlich
ist: Karotten zu essen ist keine Therapie, hingegen kann das Schlucken
von Vitamin A in künstlicher Form zur Therapie werden. Sich in einer natürlichen Gruppe zu treffen, ist nicht therapeutisch; Verhaltensweisen in einer
Gruppe mit außergewöhnlichen Regeln künstlich zu analysieren, kann dies
sein.

Gegebenenfalls setzen wir auch spezielle Sitzungen für kreatives Arbeiten
an, um dadurch dem inneren Gefühlsausdruck mehr Raum zu geben, ihn zu
illustrieren oder zu verstärken. Meistens geht es dabei um Zeichnungen, die
ohne ein besonders ausgeklügeltes, vorher vorbereitetes Material schnell an-
gefertigt werden können, doch man kann auch ausdrücklich Zeiten für einen

Kreativitätsworkshop vorsehen, der dem Einzelnen die Möglichkeit gibt, seine Sorgen wie auch seine potentiellen, häufig nicht gekannten Fähigkeiten Gestalt annehmen zu lassen. Viele unserer Gruppenteilnehmer halten sich für unfähig, irgendetwas Originelles zu kreieren, da sie bereits in der Grundschule angehalten wurden, die Sonne gelb und das Meer blau zu malen, ein traditionelles Haus mit einem roten Dach zu zeichnen und nur Gebrauchsgegenstände herzustellen. Viele von ihnen sind daher überrascht und beglückt, wenn sie feststellen, wie fast unmerklich zwischen ihren Händen ungeahnte persönliche Werke entstehen, wie Mobiles, die auf den geringsten Atemzug reagieren, nichtfigurative Formen, die den Augen schmeicheln und zu zärtlicher Berührung auffordern oder ans Herz gehen.

Bei solchen Workshops benutzen wir meist „Haushaltsabfälle" verschiedenster Art, die jeder Teilnehmer mitbringen soll: Schnurstückchen, Wollknäuel, Draht, Korken, alte Stoffetzen, Makkaronis oder Trockengemüse, alte Illustrierte, Holzabfälle, gebrauchtes Verpackungsmaterial aus Plastik oder Karton und viele andere Dinge. Zu Beginn schlagen wir vor, die Materialien alle zusammen auf einen großen Haufen in der Mitte zu legen, aus dem sich dann jeder das, was ihn inspiriert, nimmt und damit das, „was kommt", gestaltet, ohne vorab einen festen Plan oder ein bestimmtes Projekt vor Augen zu haben. Das Mischen der Materialien verhindert, daß der Teilnehmer heute das verwirklicht, was er sich gestern, als er sein Material vorbereitete, überlegt hat. Dadurch entsteht mehr Spontaneität, und die wirklich wichtigen Dinge des Unbewußten können auftauchen.

Es handelt sich somit um eine „Kreierung" und nicht um eine „Realisierung" (vom Lat. res: „die Sache"). Wenn man sich auf das über die Sprache vermittelte kollektive Unbewußte einläßt und über die lateinische Wurzel von creativo hinausgeht, kommt man zu dem griechischen Wort creas, creatos: „das Fleisch"; die Kreierung ist demnach eine „Inkarnation", die dem Werk Lebendigkeit verleiht.

Die Bewegung des Mobile

Arlette hat ein Mobile aus Holzstückchen, Wolle und farbigem Papier hergestellt und es an der Decke aufgehängt.
THERAPEUT: Kannst du uns sagen, was das ist?
ARLETTE: Keine Ahnung! Es ist dekorativ, das ist alles! Es dreht sich.
THERAPEUT: Dann setz' es in Bewegung.
Arlette bewegt es mit ihrem Finger und bläst anschließend darauf, um die Drehbewegung zu verstärken.
THERAPEUT: Kannst du dir einen Dialog mit deinem Mobile vorstellen?
ARLETTE: Ich weiß nicht! Es würde mir vielleicht sagen: ‚Nicht so schnell, sonst wird es mir schwindlig! Und dann muß ich brechen.' Ich würde ihm antworten: ‚Aber dann kümmerst du dich wenig-

stens um mich!' (Sie bricht in Tränen aus.) Mein Papa starb, als ich fünf Jahre alt war, und er hat sich nie für mich interessiert. Für ihn zählte nur mein großer Bruder!

THERAPEUT: Gibt es etwas, was du deinem Papa hättest sagen wollen, ehe er starb? Etwas, was du ihm noch zu sagen hast?

ARLETTE: Ja, sehr viel: ,Papa, ich bin wütend auf dich. Du hast mich nie angesehen und dann bist du plötzlich gestorben, ohne zurückzuschauen. Du hast mich verlassen, und ich habe nie verstanden, was passiert ist. Man hat mir auch nichts erklärt! Aber ich, ich habe dich immer geliebt. Ich liebe dich immer noch. (Sie weint erneut.) Ich hätte mich so gerne auf deine Knie gesetzt und dir von meinen kleinen Mißgeschicken und meinen großen Plänen erzählt. Aber du hast immer nur die Jungs gesehen oder die Großen. Du hast mir keine Zeit gelassen, größer zu werden, du bist vorher weggegangen! Dazu hattest du kein Recht!' (Sie schreit und weint in einer Mischung aus Wut und Zärtlichkeit.)

Die Arbeit geht noch einige Zeit weiter. Arlette assoziert damit die Versuche, ihre Isolation zu „vergessen" und sie durch einen hektischen Aktivismus zu kompensieren, den sie seit ihrer Kindheit in verschiedenen Formen fortsetzt. In späteren Sitzungen analysiert Arlette einerseits die Vorteile, die sie aus ihrer Übergeschäftigkeit zieht, andererseits beginnt sie, sich von dem Wunschbild eines idealen Vaters zu lösen und verabschiedet sich schließlich von ihm.

Die Toten „sterben zu lassen" und sie gut zu begraben, stellt sich oft als eine schwierige, aber notwendige Arbeit dar, vor der jeder bewußt handelnde Gestalttherapeut steht, der sich gegebenenfalls nicht fürchten darf, auch dramatische Situationen, unvollendete und erstarrte Gestalten, die den Klienten seit vielen Jahren bedrücken und entfremden, im Detail erneut darstellen zu lassen.

Das Unbewußte ist ein schlechter Schüler

Diese verschiedenen, Phantasie und Spontaneität anregenden Techniken dienen letztlich dazu, dem Unbewußten zum Ausdruck zu verhelfen. Dieses bedient sich einer ursprünglichen Sprache, die keine Berechnung und keine Grammatik kennt – es hat keine Grundschule besucht!

Wenn ein Klient während einer therapeutischen Arbeit über seine Gefühle auf seinen Vater oder seine Mutter zu sprechen kommt, dann handelt es sich meistens nicht um die heutige Person, sondern natürlich um sein inneres Bild von ihr, um seine väterliche oder mütterliche Imago, die vor seinem sechsten Lebensjahr entstanden ist, als seine Eltern ungefähr 30 Jahre alt waren[19] Sein Unbewußtes kümmert sich nicht um den Kalender.

Es kennt weder Vergangenheit noch Zukunft und lebt – wie ein guter Gestalttherapeut – immer in der Gegenwart. Es kennt keine Konjugation und
ebensowenig die Negation, denn es ist auf die Dinge und die Handlungen
konzentriert. Wenn ein Therapeut zu seinem Klienten mitten in der Regression
sagt: „Hab' keine Angst!", hört dessen Unbewußtes das Wort „Angst", und er
bewirkt daher durch seine Worte das Gegenteil von dem, was er beabsichtigte.
Um diesen wichtigen Vorgang zu begreifen, können Sie folgendes Experiment
machen: Schließen Sie die Augen und versuchen Sie sich eine Farbe vorzustellen, die nicht blau ist – und schon sehen Sie blau!

Die Sprache des Unbewußten ist eine „kindliche", symbolische und metaphorische Sprache, die primitive Sprache unserer fernen Vorfahren, eine Art
phylogenetisches Esperanto aus mentalen Hieroglyphen. Für einen Therapeuten ist es ratsam, sie zu lernen und zu benutzen, um ein guter Interpret zu
sein und so Sinnverkehrungen und Mißverständnisse zu vermeiden. Nicht
selten ist diese aus Wortfetzen und Bildern gebildete Sprache dem äußeren
Beobachter unverständlich, wie umgekehrt der Klient nicht immer den Sinn
eines zu intellektuellen Feedbacks begreift, während er selbst noch mit seiner
inneren Sprache beschäftigt ist. Ja, das Unbewußte ist wirklich ein sehr
schlechter Schüler! Und es ist, wie wir beim Traum gesehen haben, der natürliche Feind der Zivilisation und ein entschlossener und hartnäckiger Anhänger
der Natur.

Aus demselben Grunde lassen wir einen ausländischen Klienten häufig in
seiner Muttersprache arbeiten, wenn er emotionale Erinnerungen aus seiner
Kindheit oder frühen Jugend anspricht, wie den Austausch von Zärtlichkeiten
oder die Aggressivität gegenüber einem der Elternteile. Dies trägt uns nebenbei
die verblüffte Bewunderung möglicher Zuschauer ein, die glauben, daß wir
auch Arabisch, Portugiesisch oder Armenisch verstehen. Tatsächlich aber verfolgen wir den zentralen Handlungsablauf über den nonverbalen Ausdruck
(inklusive Klangfarbe und Rhythmus der Stimme) und im übrigen ist es nicht
wichtig, daß wir alles verstehen – der Klient spricht zu sich selbst. Ich beschränke mich darauf, ihn beim Auskundschaften des Untergeschosses seines
Kellers mit meinem Scheinwerfer zu begleiten, und meine Stirnlampe und
meine Hilfsmittel stehen ihm nur für den Fall zu Verfügung, daß der unterirdische Fluß überlaufen sollte.

Die Sprache des Imaginären

Der Vollständigkeit halber möchte ich noch das gestalttherapeutische Arbeiten
mit Zeichnungen (oder Collagen) erwähnen, das nach den gleichen Prinzipien
erfolgt, wie bei allen anderen kreativen Ausdrucksformen. Diese (freigestalte-
ten oder themenorientierten) Produkte können die Grundlage einer Arbeit zu
zweit (mit dem Therapeuten oder einem anderen Partner) sein, oder auch die
einer kleinen Gruppe aus drei oder mehr Personen, wo jeder den anderen

seine persönlichen, spontanen Empfindungen mitteilt und dabei auf jede intellektuelle Interpretation mit Hilfe eines Rasters verzichten sollte.

Ob es sich nun um eine im Hier und Jetzt ausgedrückte körperliche Empfindung, eine Phantasie, einen begleiteten Wachtraum, einen erzählten Nachttraum oder um eine gezeichnete oder gespielte metaphorische Kreation handelt, letztlich können wir feststellen, daß sich die meisten gestalttherapeutischen Arbeitssitzungen zumindest partiell im imaginären, traumhaften oder kreativen Bereich bewegen. Denn dort, auf der inneren Szene, spielen sich unsere Emotionen und inkarnierten Gefühle, unsere wiedergefundenen Erinnerungen, unsere gefürchteten oder erwünschten Phantasien wie auch unsere plötzlichen Bewußtseins-Flashs ab. Das Ausleuchten dieser inneren Szenerie erfolgt nach dem Prinzip der Verstärkung unbewußter Prozesse durch – wie C.G. JUNG es nennt – die „Aktive Imagination", die in der Gestalttherapie durch die engagierte Beteiligung des Therapeuten (und eventuell durch ein Gruppenecho) gefördert wird und es erlaubt, ein polysemisches Band zwischen dem Imaginären, dem Symbolischen und dem Realen herzustellen.

Anmerkungen

1 Marion hat ihren Vater nie kennengelernt.

2 Diese Arbeit stellte eine Wende in ihrer Therapie dar; schon in den folgenden Sitzungen veränderte sich der Arbeitsstil.

3 Unser Arbeiten mit dem Wachtraum erinnert in gewisser Hinsicht an die Technik des geführten Wachtraums von DESOILLE, die im übrigen von den heutigen französischen Schulen, die die Übertragung im psychoanalytischen Sinn einsetzen, stark verändert wurde.

4 F. PERLS. Gestalttherapie in Aktion. 4. Aufl. Stuttgart 1984. S. 74ff. Klett-Cotta. Dieselbe Hypothese hatte bereits vor ihm Otto RANK entwickelt, dessen Werke PERLS gelesen hat.

5 Bekanntlich kommen in den Träumen der Patienten, je nach Ausrichtung des Analytikers (Freudianer oder Jungianer), entweder mehr sexuelle Bilder oder mehr sprituelle Archetypen vor.

6 Gespräch zwischen Isadore FROM und Edward ROSENFELD. In: The Gestalt journal. Vol.I, Nr. 2, Herbst 1978.

7 Marc-Alain DESCAMPS. La maîtrise des rêves. Paris 1983. Ed. Universitaires.

8 Ibid.

9 Ehe ich mich der Psychologie und der Psychotherapie zuwandte, habe ich Physik und Chemie studiert.

10 J. PICAT. Le rêve et ses fonctions. Paris 1984. Ed. Masson.

11 Dabei werden zwei Drittel des gesamten Nervensystems der rechten Seite des Großhirns mobilisiert, während die Verbindung zur linken Hemisphäre sehr reduziert, ja fast vollständig blockiert ist.

12 Schon FREUD sagte: „Jeder Traum ist zumindest an einer Stelle unergründlich. Diese Stelle ist wie eine Nabelschnur, die ihn mit dem Unbekannten verbindet."

13 Durch den Traum könnten wir also Wissen über das erlangen, was die Orientalen unsere „früheren Leben" nennen.

14 Der „paradoxale", von Träumen begleitete Schlaf wäre demnach in Wirklichkeit tiefer als der sogenannte „Tiefschlaf".

15 Marc-Alain DESCAMPS, a.a.O.

16 Vgl. VINCENT, J.D.: Biologie des passions. Paris 1986. Seuil.

17 J. PICAT. Le rêve et ses fonctions. Paris 1984. Ed. Masson.

18 Der kalifornische Gestalttherapeut, Musiker und Schauspieler Paul REBILLOT beginnt seine Seminare häufig auf diese Weise.

19 Aus diesem Grund geschieht es in den dem Psychodrama gewidmeten Therapiesitzungen häufig, daß ein Klient eine Frau, die jünger ist, als er selbst, bittet, die Mutter seiner Kindheit darzustellen, und die ausgesuchte Partnerin fühlt sich daher zu Unrecht beleidigt!

Kapitel 13
Historische und geographische Entwicklung der Gestalttherapie
Die Gestalttherapie im Überblick

Ich werde jetzt versuchen, die Geschichte und Geographie der Gestalttherapie, ihre zeitliche und räumliche Ausbreitung, kurz darzustellen.

Es ist davon auszugehen, daß die Gestalttherapie schon in den 40er Jahren in Südafrika allmählich im Geist von Fritz PERLS herangereift ist. Wir sind bereits weiter vorne auf die zahlreichen vorbereitenden Themen in seinem 1942 zum ersten Mal erschienenen Buch „Das Ich, der Hunger und die Aggression" eingegangen. Tatsächlich sind die Grundprinzipien der Gestalttherapie jedoch nicht so neu, und PERLS erklärt selbst: „Man hat mich oft den Begründer der Gestalttherapie genannt. Das ist unsinnig. Wenn man mich den Entdecker oder Wiederentdecker der Gestalttherapie nennt, einverstanden. Gestalt ist so alt wie die Welt."[1] Wir finden sie ebenso in der sokratischen Mäeutik wie in der chinesischen Tradition. Das Neue liegt in der therapeutischen Anwendung dieser elementaren Grundprinzipien.

Anfänglich breitete sich die Gestalttherapie nur langsam aus: Erst 1951, neun Jahre später, bringt GOODMAN (für ein Honorar von 500 Dollar!) die 100 Seiten handschriftlicher Notizen von PERLS in eine zusammenhängende Form (eine Gestalt); bald darauf entstehen die beiden ersten Gestaltinstitute in New York 1952 und in Cleveland[2] 1954. (Das erste strukturierte Fortbildungsprogramm wurde jedoch erst 1966 vorgelegt.)

Die kalifornischen Ableger bilden sich erst weitere 12 Jahre später – das Gestaltinstitut von San Francisco 1967 und jenes von Los Angeles 1969 – während Jim SIMKIN seine erste Ausbildungsgruppe 1968 beginnt, als in Esalen (und anderswo) ein neuer Wind weht. Die ersten „Diplomierten" gibt es daher erst seit 1969.

Von Anfang an entwickeln sich drei verschiedene Formen der Gestalttherapie, die man folgendermaßen karikieren könnte:
- Die „Gestalttherapie des Kopfes", die überwiegend verbal arbeitet, hat sich an der Ostküste ausgebreitet, in New York und Boston und später auch in Quebec (und von dort aus, über das C.I.G., in Europa). Sie bezieht sich vor allem auf die Arbeiten von P. GOODMAN und I. FROM.
- Die emotional und sozial ausgerichtete „Gestalttherapie des Herzens" in Cleveland (im Mittleren Osten der Vereinigten Staaten), wo die meisten Theoretiker ausgebildet wurden (J. ZINKER, E. und M. POLSTER usw.).
- Die emotionale, körper- und gruppenorientierte „Gestalttherapie des Bauches" an der kalifornischen Westküste, in Esalen, San Francisco und Los Angeles.

Diesen verschiedenen Richtungen ist es bisher immer noch nicht gelungen, sich „gestaltmäßig" zu vereinigen, obwohl mehrere Theorektiker der Ostküste nach Kalifornien emigriert sind, wo die verschiedenen Tendenzen allmählich im Begriff sind, miteinander zu verschmelzen.

Nach 1968 beginnt eine explosionsartige Entwicklung: So werden zwischen 1972 und 1976 mindestens 37 Ausbildungsinstitute in den meisten großen amerikanischen Städten eröffnet. Für 1982 benennt das amerikanische Jahrbuch Gestalt Directory mehr als 60 Institute, und die Entwicklung geht weiter. Gegenwärtig werden in den Vereinigten Staaten jedes Jahr mehrere hundert Gestalttherapeuten ausgebildet.

In Montreal (Quebec) findet 1972 das erste Einführungsseminar in Gestalttherapie (unter Leitung von Joseph ZINKER aus Cleveland) statt; zwei Jahre später eröffnet Janine CORBEIL das Centre de Croissance et d'Humanisme appliqué (CCHA), im folgenden Jahr entsteht das Centre Québecois de Gestalt unter Leitung von Ernest GODIN und Louise NOISEUX. Im Juli 1979 gründet dieses Zentrum ein internationales Institut unter dem Namen „Centre International de Gestalt" (CIG), das eine frankophone Ausbildung in Europa anbietet[3]. 1981 wird das Centre d'Intervention Gestaltiste von Gilles DELISLE eröffnet, das heute das wichtigste Fortbildungsinstitut in Quebec ist.

Während derselben Zeit gründet Hilarion PETZOLD, der die Gestalttherapie bereits 1969 nach Europa gebracht hatte, in Deutschland, dem Herkunftsland von PERLS, 1972 das Fritz Perls Institut in der Nähe von Düsseldorf. Gegenwärtig gibt es in Deutschland mehrere andere Gestaltfortbildungsinstitute.

In Belgien organisiert Michel KATZEFF seit 1976 in Brüssel innerhalb der Multiversité eine Ausbildung von 500 Stunden in drei Jahren, die im wesentlichen von ausländischen Trainern getragen wird[4]. Doch die Gestalttherapie blüht auch in anderen Regionen auf: in Mexiko, Südamerika, in Australien (wo das Gestalt Institute of Melbourne 1980 seine Pforten öffnet) und sogar in Japan (wo 1978 am Gestalt Institute of Japan eine Ausbildung beginnt).

Die Gestalttherapie in Frankreich und Europa

In Frankreich beginnt die Geschichte der Gestalttherapie Anfang der 70er Jahre, als mehrere französische Psychologen fast gleichzeitig Erfahrungen, Techniken, Methoden und auch Fragestellungen von einem Aufenthalt in den Vereinigten Staaten mit nachhause bringen. Dies sind 1970 Jacques DURAND-DASSIER sowie Serge und Anne GINGER; 1972 Jean-Michel FOURCADE; 1974 Claude und Christine ALLAIS, Jean-Claude SEE, Jean AMBROSI und der Amerikaner Max FURLAND.

Der Background für die französische Gestalttherapie ist somit schon vor 1975 vorhanden, doch jeder dieser Therapeuten arbeitet für sich allein und weiß oft nicht einmal von der Existenz seiner Kollegen. Erst 1981, anläßlich der Gründung der Société Française de Gestalt (S.F.G.) auf Initiative von Serge GINGER, begegnen sich diese verschiedenen Personen größtenteils zum ersten Mal und tauschen sich – nicht ohne gelegentliche Überraschungen – über ihre Arbeit aus.

Das Jahr 1981 stellt eine Wende in der Geschichte der französischen Gestalttherapie dar, die jetzt aus dem Schatten und der halben Illegalität heraustritt. Mehrere Berufsfortbildungs-Einrichtungen für Gestaltpraktiker und Gestalttherapeuten entstehen fast zur gleichen Zeit, neben dem kurze Zeit vorher in Frankreich eingestellten (und seither nicht mehr durchgeführten) Kurs einer Trainergruppe des CIG aus Quebec, unter der Leitung von Ernest GODIN und zwar:

– Die Ecole Parisienne de Gestalt (EPG) am IFEPP mit Serge und Anne GINGER mit der ersten von Franzosen durchgeführten Fortbildung (an der bis heute annähernd 300 Gestaltpraktiker aus 12 Nationen ausgebildet wurden);
– das Centre de Croissance et d'Humanisme Appliqué in Nantes mit Janine CORBEIL aus Montreal (Die Fortbildung ist dort inzwischen eingestellt worden.);
– danach, ein Jahr später, die Ausbildung in Paris mit Marie PETIT und Hubert BIDAULT am Centre d'Evolution (Die Fortbildung wurde 1985 eingestellt.)
– sowie eine weitere in Zusammenarbeit zwischen dem Institut de Gestalt de Bordeaux (Jean-Marie ROBINE) und jenem von Grenoble (Jean-Marie und Agnès DELACROIX).

Alle diese Institute führen eine theoretische und praktische Ausbildung von 500 bis 600 Stunden durch, die sich über drei oder vier Jahre erstreckt.

1980 veröffentlicht Marie PETIT das erste französische Buch über Gestalttherapie: La Gestalt, thérapie de l'ici et maintenant. Bei der Gründung der SFG gab es über diese Methode lediglich 25 Publikationen in französischer Sprache, heute sind es mehr als 400. Die SFG gibt ein Bulletin für ihre Mitglieder heraus sowie eine jährliche Revue, die über die großen Buchläden verbreitet wird.

Jedes Jahr werden mehrere öffentliche Veranstaltungen organisiert sowie Kolloquien und nationale Studientage mit einem daran anschließenden Internationalen Kongreß des französischen Sprachraums, an dem 1987 in Paris 300 Teilnehmer aus 12 Ländern teilnahmen. In den meisten großen französischen Städten finden Konferenzreihen statt, punktuelle Einführungsworkshops oder regelmäßige Therapiegruppen werden in vierzig verschiedenen Städten überall im Lande angeboten. Hinzu kommen die Einzeltherapien, die zur Zeit von über 100 qualifizierten Gestalttherapeuten in Frankreich durchgeführt werden. Parallel dazu dringt die Gestalttherapie in die Universitäten ein (Toulouse, Paris, Bordeaux usw.) und ist Gegenstand von Abschluß- und Doktorarbeiten.

Diese öffentliche Anerkennung der Gestalttherapie hat sich auch auf die Nachbarstaaten ausgewirkt. Die Belgier, die schon vorher damit begonnen hatten, haben sich sofort aktiv dieser Bewegung angeschlossen, und es werden immer einige belgischen Gestalttherapeuten in den Verwaltungsrat der SFG gewählt, die in Wirklichkeit eher eine frankophone Vereinigung ist, als eine rein französische. Bereits 1982 ist eine spanische Vereinigung für Gestalttherapie entstanden (AETG), eine italienische Gesellschaft für Gestalttherapie (SIG) im Januar 1985. Schließlich wurde im Mai 1985 auf Initiative von Hilarion PETZOLD eine europäische Vereinigung (EGGT) gebildet sowie die Association Québécoise de Gestalt (AQG). Die Internationale Föderation der Fortbildungsorganisationen für Gestalttherapie (FORGE), deren Präsident S. GINGER ist, umfaßt mehrere Fortbildungsinstitute in Frankreich, Belgien, Italien, Kanada etc. und ermöglicht einen fruchtbaren Austausch von Ideen, Lehrern und Studierenden.

Nur die Zukunft wird zeigen, ob dieser Aufschwung von Dauer ist und zu einem echten, reichen und kreativen Austausch zwischen den verschiedenen ideologischen, theoretischen und praktischen Strömungen der europäischen Gestalttherapie führt oder ob diese in „Dorfstreitigkeiten" steckenbleibt oder sich damit begnügt, das amerikanische Modell langsam und passiv zu introjizieren. Ich selbst will meinen diesbezüglichen Optimismus nicht verbergen, und die bereits begonnene Entwicklung bestärkt mich in der Auffassung, daß sehr bald neue Schulen entstehen werden, die die traditionellen Strömungen ablösen, ohne deshalb das Spezifische der gestaltistischen Bewegung aufzugeben.

Einige Anwendungsfelder

Inzwischen ist jeder auf seinem Gebiet aktiv und auf der Suche nach aufgeschlossenen Institutionen, wo sich die Gestalttherapie sinnvoll einfügen und einen innovativen Beitrag leisten kann. Sie versucht, in den unterschiedlichsten Bereichen ihren Platz zu behaupten, die hier nur andeutungsweise aufgeführt werden können:

Gestaltarbeit mit Kindern und Jugendlichen, Paaren, vor der Scheidung stehenden und geschiedenen Personen, Ledigen und Einsamen, Frauengruppen, Homosexuellen und Personen, die an der Entwicklung ihrer Sexualität arbeiten etc. Daneben bestehen spezielle Gruppen zur Vorbereitung des Ausscheidens aus dem Arbeitsleben und zur Sterbebegleitung, Gruppen für Psychotiker, psychosomatische Krankheiten, Krebskranke, Alkoholiker, Drogensüchtige, Eßsüchtige, Fettleibige, Arbeitslose, Immigranten usw.

Außerdem werden Versuche unternommen, den Gestaltansatz mit anderen Methoden zu verbinden, wie der Transaktionsanalyse, dem Rebirthing, der Bioenergetik, dem Neurolinguistischen Programmieren, dem Psychodrama, dem Yoga, dem Rolfing, der Massage, der Haptonomie, der Eutonie, der Astrologie, dem Tarot usw., die alle mehr oder weniger geglückt sind. Ferner gibt es bereits in verschiedenen Bereichen Erfahrungen mit der Anwendung der Gestalttherapie, z.B. in der Psychiatrie, im Gefängnis, in der Schule, in Sonderschulen, in den Sozialen Diensten, bei Eheberatern, in der Familientherapie, in den Unternehmen, in der Werbung, bei den Bauern, den Zahnärzten usw.

Im folgenden werde ich einige dieser Beispiele beschreiben, um die ungeheure Vielfalt der Einsatzmöglichkeiten aufzuzeigen.

Die Anwendung des Gestaltansatzes in der Sozialarbeit

Sofort nach dem Auftauchen der Gestalttherapie in der therapeutischen Landschaft hat diese ein gewisses Interesse bei den Sozialarbeitern hervorgerufen, insbesondere bei Facherziehern, Helfern in den Sozialdiensten, Direktoren von Einrichtungen für schwer erziehbare Jugendliche, Ehe- und Familienberatern usw.

Wie läßt sich dieser signifikante Erfolg erklären? Was bringt ihnen die Gestalttherapie zusätzlich oder an Neuem gegenüber den traditionellen psychoanalytischen, psychosoziologischen oder verhaltenstherapeutischen Ansätzen? Zieht sie vielleicht nicht so sehr die Neuheit der Methode an sich an, sondern schlichtweg die Tatsache, daß diese ihren beruflichen Anforderungen besonders entgegenkommt?

Der Gestaltansatz ist in erster Linie eine flexible, polyvalente Methode,
– die den Ausdrucksmöglichkeiten von sehr unterschiedlichen Klientengruppen entspricht – durch den Rückgriff auf einfache und zugleich vielfältige Ausdrucksformen auf verbaler, körperlicher und metaphorischer Ebene (Spiel, Kreativität, Zeichnen etc.). Dies gestattet ihren Einsatz bei Kindern, Jugendlichen und Erwachsenen aus den unterschiedlichsten kulturellen Milieus;
– die in sehr verschiedenen Situationen und Zusammenhängen angewandt werden kann, im Gespräch oder in der Einzeltherapie (Beratung oder Behandlung), in einer Untergruppe (Familientherapie), mit einer Gruppe (in einer Einrichtung oder in einem Dienst), in der normalen sozialen Umgebung (in der offenen Arbeit oder in dem üblichen professionellen Rahmen);
– die gleichermaßen das „innerpsychische" Funktionieren des Einzelnen und sein „interpsychisches" Funktionieren in seiner Umwelt sowie das Funktionieren dieser Umwelt selbst (Sozio-Gestalt) miteinbezieht.

Darüberhinaus scheint die Gestalttherapie nicht nur den Zielgruppen des Sozialarbeiter zu entsprechen, sondern auch für ihn selbst besonders geeignet zu sein. Sie bietet ihm in weit größerem Maße als die Psychoanalyse, die in diesem Bereich weit verbreitet ist, eine theoretische und methodologische Unterstützung, die er direkt in seiner täglichen Arbeit umsetzen kann.

Doch vor allem hilft sie ihm dabei, eine Form der Präsenz zu entwickeln, die zugleich aktiv und nichtdirektiv ist – eine Haltung der aufmerksamen Begleitung des Klienten bei der Formulierung seiner Bedürfnisse und bei der

Suche nach seinen eigenen Lösungen sowie bei der erforderlichen Klärung von unabgeschlossenen oder nicht richtig erfaßten Situationen.

Der Sozialarbeiter kann sich selten hinter einer wohlwollenden Neutralität verschanzen oder sich gar hinter einer positiven Empathie verstecken. Er ist häufig gezwungen, Stellung zu beziehen oder einen Rat zu geben, selbst wenn er natürlich darauf achtet, sich nicht aufzudrängen. Wie wir bereits aufgezeigt haben, vertritt die Gestalttherapie eine Haltung der Anteilnahme und des kontrollierten Sich-Einlassens, die darauf ausgerichtet ist, den „Klienten und Partner" zu einem eigenen Standpunkt zu bewegen.

Der Sozialarbeiter konzentriert sich auf die beobachtbare Gegenwart und nicht auf die Vergangenheit; er geht in seiner Arbeit in erster Linie von der gegenwärtigen Beziehung und der konkreten, alltäglichen sozialen Wirklichkeit aus und nicht von Hirngespinsten. Er bemüht sich im allgemeinen eher, dem Klienten dabei zu helfen, seine verborgenen Ressourcen zu entdecken und zu erforschen, sein Potential an brachliegenden Fähigkeiten, als die Ursachen seiner Schwierigkeiten, Probleme oder seines Versagens zu analysieren. Er ist mehr mit der aufkeimenden Hoffnung auf die Zukunft beschäftigt als mit den schweren „Nachwehen" der Vergangenheit. Hier finden wir eines der Hauptthemen der Gestaltphilosophie und -praxis.

Die Gestaltmethode regt den Sozialarbeiter außerdem dazu an, das Abwehrsystem des Klienten mit der notwendigen Geduld zu respektieren und sich für die Symptome des persönlichen oder gesellschaftlichen Leidens zu interessieren, das dieser vorbringt. Dabei bleibt er gleichzeitig aufmerksam für die sekundären Vorteile, die aus diesem Verhalten erwachsen könnten.

In der Sozialarbeit rechnet man gewöhnlich mit einem mittelfristigen Erfolg (von einigen Monaten bis zu einigen Jahren); man hofft nicht auf eine augenblicklich wirkende „Wunderkur", aber man vermeidet, sich auf eine unendlich lange Beziehung einzulassen, die die Situation der Unterstützung und manchmal auch der gegenseitigen Abhängigkeit, verewigen würde.

Insgesamt scheint es also, als könnte der gestalttherapeutische Ansatz dem Sozialarbeiter auf mehreren Ebenen helfen:
- Ihm selbst – denn die Probleme, mit denen er sich beschäftigt (Leiden, Krankheit, geistige Störungen, soziale Schwierigkeiten, Arbeitslosigkeit, Tod usw.), lösen bei ihm eine besondere Betroffenheit aus, befindet er sich doch im Schnittpunkt der Konflikte und Widersprüche, im Zentrum der individuellen und kollektiven Probleme;
- seiner Arbeit – denn die von der Gestalttherapie vertretenen Grundprinzipien bieten ihm einen theoretischen Zusammenhang an, der mit seinem normalen Aktionsfeld vereinbar ist;
- seinen Klienten – denn die angebotenen Techniken sind so elastisch, daß sie auf die Bedürfnisse und Möglichkeiten eines jeden übertragen werden können und auch auf die unterschiedlichsten Situationen.

Kann man daher sagen, daß der Sozialarbeiter unbewußt ein Gestaltpraktiker ist? Soweit würde ich nicht gehen, doch einige konkrete Beispiele für die

Anwendung des gestalttherapeutischen Ansatzes in der täglichen sozialerzie-
herischen Arbeit werden die Vereinbarkeit dieser beiden Ansätze unterstreichen.

  Ich habe mich entschlossen, hier einige Berichte über einfache und spontane
Interventionen in gekürzter Form wiederzugeben, die in den meisten Fällen
am normalen Arbeitsplatz und ohne besondere Vorbereitung oder einen speziellen Rahmen stattfanden. Für eine größere Anzahl von Sozialarbeitern, die
eine Ausbildung in Gestalttherapie machen, geht es nämlich nicht darum, den
Beruf zu wechseln (und z.B. Psychotherapeut zu werden), sondern eine Zu-
satzqualifikation zu erwerben, die es ihnen erlaubt, ihren ursprünglichen Beruf
besser auszuüben.

Der Brief des Stiefvaters

Der fünfzehnjährige Laurent hat einen sehr harten Brief von seinem Stiefvater, einem pensionierten Berufssoldaten, erhalten. Dieser Brief endet
folgendermaßen:
„Ich habe erfahren, daß du wieder einmal an einem Diebstahl beteiligt
warst! Setz' niemehr einen Fuß in unser Haus! Ich will keinen Dieb bei
mir! Falls du jemals wieder auftauchst, werde ich dir deine schmutzigen
Langfinger in den Türrahmen einklemmen, wie ich das schon einmal
gemacht habe, aber dieses Mal werde ich das so konsequent machen, daß
du sie nie mehr gebrauchen kannst ..."
Laurent liegt mit geballten Fäusten bäuchlings auf seinem Bett. Er weint
schluchzend und schwört:
– Dieses Schwein, ich gehe ihm an den Kragen! Zunächst, das ist nicht
  sein Zuhause! Er hatte da nichts zu suchen – er brauchte nicht zu
  kommen, um meine Mutter zu belästigen. Ich bin da zuhause! Ich werde
  in mein Zuhause zurückkehren!
Laurent weint und schreit immer lauter, er hat eine echte Krise. Sein
Erzieher versucht, ihn zu beruhigen:
– Mach' dir nichts draus! Dein Stiefvater hat das in einem Wutanfall
  geschrieben. Das geht vorbei. Er wird nichts unternehmen.
– Wie willst du das denn wissen? sagt Laurent, tränenüberströmt – du
  kennst ihn nicht, meinen Vater: Er ist brutal! Ein alter Sadist! Er wartet
  nur auf die Gelegenheit. Eines Tages wird er mich töten!
Je mehr der Erzieher ihn zu beruhigen versucht, umso mehr regt sich
Laurent auf, weil er sich allein und unverstanden fühlt. Die Erzieherin,
eine Gestaltistin, nähert sich ihm und schlägt ein umgekehrtes Vorgehen
vor:
– Heul' soviel du willst, Laurent. Du hast das Recht, traurig und genervt
  zu sein. Wenn du wütend bist, brauchst du nur zu schreien, und du
  kannst mich auch schlagen!

Laurent brüllt jetzt ohrenbetäubend, er schlägt auf sein Kopfkissen ein und dreht es in alle Richtungen.

– Er ist stärker als ich, dieses Schwein! Aber ich werde ihn töten! Ich werde nachhause gehen und meine Mutter verteidigen! Schwein! Nimm das da! Du kriegst eins auf's Maul!

Die Erzieherin ermutigt ihn, zu schreien und dabei seine volle Stimme und seinen ganzen Körper mit einzusetzen ... Einige Minuten später hat er sich beruhigt. Er atmet tief und spricht dann lange über seine Mutter, seinen Stiefvater, seine eigene bewegte Vergangenheit und seine persönlichen Pläne, schrittweise unabhängig zu werden ...

Hier wird eine klassische Technik der Verstärkung der Empfindung benutzt, die dem ausgedrückten Gefühl nachgeht und es vermeidet, den Zyklus zu früh zu unterbrechen. Der Junge wird in seiner Wut begleitet, und er kann sie auf diese Weise erforschen, anstatt sie zu unterdrücken.

Die zwei Seiten des Clowns

David ist elf Jahre alt. Seit dem Alter von zwei Jahren lebt er bei Pflegeeltern und macht ständig „Dummheiten". Er schlägt Scheiben ein, zersticht Reifen, stiehlt Hühner, legt Feuer in einem Feld etc. Er leugnet pauschal alle seine Missetaten.

Er wird in eine Beratungsstelle gebracht. Dort macht er den Mund nicht auf und lächelt dabei amüsiert. Ich beobachte schweigend sein Gesicht, dann stelle ich mit lauter Stimme seine Dissymmetrie fest. Die linke Seite ist ziemlich anders als die rechte, ein Nasenloch liegt höher als das andere, er hat einen Punkt auf den Lippen usw. David lächelt:

– Das weiß ich, und ich habe auch einen Schönheitsfleck auf der Backe!

Ich schlage ihm dann vor, sich selbst zu zeichnen. Er zeichnet sich ganz, wobei er die Dissymmetrie des Gesichts reproduziert, und ist selbst davon überrascht, daß er diese auf seinen ganzen Körper ausgedehnt hat. Ich schlage ihm daher vor, die beiden Seiten von sich zu beschreiben. Er erklärt:

– Die linke Seite bewegt sich nicht, sie ist nicht schön, sie kann nicht gehen, sie kann die Hand nicht gebrauchen. Die rechte Seite ist lebendiger, sie kann sich bewegen, rausgehen, spielen, ...

Tatsächlich „lebt" David nur, wenn er außerhalb des Hauses ist. Bei seinen Pflegeeltern kann er sich nicht bewegen – wie seine linke Seite.

Ich schlage ihm vor, mit einer Schere, Klebstoff und Bundstifen, einen harmonischeren, gleichmäßigen Körper zu gestalten.

Ich bemerke, daß er auf seinem Selbstportrait die Zunge herausstreckt.

– Er macht den Clown, sagt David und streckt mir die Zunge heraus.

Tatsächlich scheint sich der echte David hinter einer Clownmaske zu verbergen, indem er die Realität leugnet, über die Negation lebt und sich weigert, seine Dummheiten anzuerkennen.

Während der folgenden Sitzungen wird weiter über diese Clownfigur gearbeitet und dann über jemanden, der „ganz anders" ist (eine alte traurige Dame), schließlich über jemand, der „weder ein Clown, noch traurig" ist. Er zeichnet jeden dieser verschiedenen Teile von sich selbst, gibt ihnen eine Stimme und spielt sie. Anschließend kommentiert er sein tägliches Verhalten[5].

Diese Sequenz illustriert eine Arbeit zur Integration von entgegengesetzten oder komplementären Polaritäten mit Hilfe von kreativen Mitteln und einer dramatischen Umsetzung.

Gestaltpraxis im Mütterzentrum (von Chantal Savatier-Masquelier)[6]

Um diese Reihe von Illustrationen über den Einsatz der Gestalttherapie in der spezialisierten erzieherischen Arbeit zu beenden, hier ein größerer Auszug aus dem Bericht einer Psychologin, die in einem Mütter-Wohnheim arbeitet. Der Text unterstreicht die institutionelle Möglichkeit der Einführung einer neuen Arbeitsmethode.

Ich bin seit drei Jahren Psychologin im Mütterzentrum und praktiziere die Gestalttherapie individuell und in der Gruppe mit den in der Institution aufgenommenen Frauen. Die Einrichtung beherbergt ungefähr zwanzig Frauen in Schwierigkeiten mit ihrem bzw. ihren Kindern, von Anfang der Schwangerschaft bis zu Kindesalter von drei Jahren, wobei sich jede Frau im Durchschnitt hier sechs Monate bis ein Jahr aufhält.

Diese Frauen stammen größtenteils aus einem materiell, kulturell und sozial sehr benachteiligten Milieu. Ihre bisherige Geschichte ist eine Folge von Vernachlässigung und von Brüchen.

Das oft unvorhergesehene Kommen eines Kindes gibt ihnen Hoffnung auf einen neuen Anfang. Trotzdem reproduzieren sie häufig wider Willen das, was ihre Mütter mit ihnen gemacht haben, bei ihren Kleinen. Im übrigen bitten die in dem Mütterzentrum aufgenommenen Frauen nicht explizit um therapeutische Hilfe – sie erleben ihre Ankunft in dem Haus als eine erneute Unterbringung. Ist es in einer Institution wie der unsrigen möglich, diesen Kreislauf zu durchbrechen? Kann die Gestalttherapie diesen Müttern helfen, einen anderen Ausweg zu finden?

Diese körperbezogene Psychotherapie, die aus der Psychoanalyse hervorgegangen ist und zu den phänomenologischen und existentiellen Ansätzen gehört, erweist sich als besonders angemessen für den Lebensabschnitt, in dem sich diese Mütter oder zukünftigen Mütter befinden.

Durch die Rehabilitierung des körperlich und emotional Empfundenen erweitert die Gestalttherapie das Untersuchungsfeld des Therapeuten beträchtlich. Dies gilt umso mehr für die Personengruppe, an die ich mich wende und die sich nur in beschränktem Maße oder überhaupt nicht sprachlich ausdrücken kann und einen sehr geringen Zugang zum Symbolischen und Imaginären hat. Selbst wenn während einer Sitzung kein Wort gesprochen wird, passiert trotzdem etwas, und die genaue Beobachtung des Körperausdrucks (Haltung, Mimik, Emotionen) liefert genügend Material für die bewußte Wahrnehmung oder auch für den Beginn einer Arbeit. So kommt z.B. Marie-Claire in mein Büro und erklärt: „Ich habe keine Lust zu reden" und setzt sich damit hin, die Ellbogen auf den Tisch aufgestützt, während sie mit den Händen die Augen und das Gesicht verbirgt. Es genügt, daß ich ihr sage: „Du hast auch keine Lust zu sehen oder von mir gesehen zu werden?" damit sie antwortet: „Ich schäme mich" und nach einer gewissen Zeit beginnt sie von selbst lange persönliche Überlegungen anzustellen, die die Fragen, die sie sich in diesem Moment stellt, deutlich ausdrücken. Da die Gestalttherapie den Akzent auf das Hier und Jetzt legt, erweist sie sich als eine besonders geeignete Therapieform für diese Bevölkerungsgruppe, die Schwierigkeiten hat, sich die Zukunft vorzustellen, sie vorauszusehen und sie zu organisieren. Die Gesellschaft erwartet von diesen Müttern, daß sie sich um ihre berufliche Eingliederung kümmern und Zukunftspläne für ihr Kind entwickeln.

Das in dem Mütterzentrum arbeitende Team will ihnen helfen, sich selbst zu finden, eine schwere Vergangenheit zu verarbeiten und sich über ihre Wünsche als Frauen und Mütter klar zu werden. Das einzige, was in einer Gestaltsitzung von ihnen verlangt wird, ist, da zu sein und dabei auf sich selbst, ihre Gefühle und ihre augenblicklichen Emfindungen zu hören. Niemand braucht sich verpflichtet fühlen, sofort die schmerzlichen Erinnerungen an eine schwere Kindheit anzugehen, die man gerne vergessen möchte. Die Vergangenheit taucht schrittweise, aus der gegenwärtigen Situation heraus, auf.

Die besondere Vorgehensweise der Gestalttherapie, die darin besteht, vergangene und zukünftige Situationen im Hier und Jetzt zu erleben, gibt Sicherheit und Bestätigung. Die Gestaltherapie entwickelt eine ganzheitliche und positive Perspektive für das Menschsein. Sie respektiert die Entwicklung und die Widerstände des Klienten, was für eine sozial verachtete und ausgegrenzte soziale Kategorie sehr wichtig ist. Sie fördert den Ausdruck von scheinbar widersprüchlichen Aspekten, wie z.B.: „Ich liebe mein Kind, aber wenn es mir auf die Nerven geht, schlage ich es, und ich habe Angst, ihm weh zu tun" oder: „Ich mag meine Kinder nicht, aber ich will mich nicht von ihnen trennen". Man kann einer Frau zuhören und sie akzeptieren – auch wenn sie ihr Kind ablehnt. Diese widersprüchlichen Gefühle können mit Hilfe verschiedener Techniken gespielt und erfahren werden (Spiel, Verstärkung, Monodrama, Psychodrama, Rollentausch, sich mit Hilfe eines Kissens, einer Zeichnung oder in schriftlicher Form ausdrücken usw.). Dadurch können sie vollständig erforscht und integriert werden. Diese Möglichkeit der symbolischen Handlung während einer Sitzung verhindert manchmal ein katastrophales tatsächliches Ausagieren.

Auch meine Anteilnahme als Therapeutin erleichtert manches; ich trage keine Neutralität zur Schau, ich verberge mich nicht hinter meinem Wissen, sondern ich baue mit der Person, die sich an mich wendet, direkt eine Beziehung auf. Dadurch findet während des Zusammentreffens eine gegenseitige Interaktion statt. Viele von diesen Frauen waren bereits in vielen Institutionen, unter anderem in der Psychiatrie, und ihr Mißtrauen gegenüber jeglicher Art von „Psycho" ist groß. Sie befürchten, erneut befragt, beurteilt und „ertappt" zu werden. Für sie ist es schon ein enormer Schritt, wenn sie in mein Büro kommen. Ich stelle das in Rechnung und zögere nicht, jemanden zu ermutigen und aufzuwerten. Ich denke an Nadine, mit der wir viele Augenblicke vor dem Spiegel verbracht haben, um auseinanderzuhalten, was sie selbst über ihr Aussehen dachte und was die anderen darüber sagten. Ich habe es mir auch gestattet, ihr zu sagen, daß ich sie schön finde. Im Idealfall bildet jede Sitzung ein Ganzes und schließt eine „unvollendete Gestalt". Für gewöhnlich läuft der normale Zyklus der Bedürfnisbefriedigung ab (der von der Gestalttherapie in mehrere Phasen einteilt wird); wird er unterbrochen, dann kann das Thema der Arbeit darin bestehen, zu sehen, wie und wo er festgefahren ist. Ein punktuelles Gespräch erfordert nicht notwendigerweise eine Fortsetzung. Dadurch wird diese Form der Therapie sehr fließend – eine Frau kann einmal kommen und eine anstehende Frage lösen und dann nicht wiederkommen, aber sie weiß, daß sie es gegebenenfalls tun kann. Eine längere zeitliche Verpflichtung muß nicht unbedingt sein, obwohl dies für diejenigen, die ein Bedürfnis danach spüren, von Vorteil ist. Diese Elastizität ermöglicht einem unsteten, marginalisierten Teil der Bevölkerung die Teilnahme an einer kurzen Psychotherapie, die für diese Personen auf anderem Wege nicht realisierbar wäre.

Praktisch habe ich mit jeder neuen Person, die in das Haus aufgenommen wird, ein systematisches Gespräch. Ein Drittel von ihnen sehe ich nie wieder. Ein anderes Drittel kommt punktuell, ein- oder zweimal, wieder. Das letzte Dritte beginnt eine kontinuierliche Arbeit, einzeln oder in einer Gruppe (manchmal auch beides gleichzeitig), in einem Rhythmus von einer wöchentlichen oder vierzehntägigen Sitzung.

In einem Rahmen wie dem Mütterzentrum widme ich mich besonders der Vorbereitung auf die Geburt eines Kindes und der Mutter-Kind-Beziehung. Dabei tritt oft eine Diskrepanz zwischen dem Wunschbild von einem Kind und dem wirklichen Kind auf – eine Diskrepanz zwischen dem Kind, das ich mir wünsche oder gewünscht habe und dem, das da ist oder da sein wird.

Um dies zu illustrieren, habe ich das Beispiel einer Gruppenarbeit gewählt. Wenn ich in der Gruppe mit ihnen arbeite, benutze ich im allgemeinen ein Hilfsmittel, das es jeder einzelnen ermöglicht, sich zu beteiligen und sich auszudrücken (verbale Assoziationen, Kreativität, Zeichnen, Schreiben, Bilder, Rollenspiele, unterschiedliche Situationen usw.). Die an diesem Tag vorgeschlagene Übung besteht darin, drei Formen aus gummiertem, farbigem Papier auszuschneiden, eine für sich selbst, eine für das Kind und eine für die Mutter, und durch eine Collage den jeweiligen Platz dieser Personen auszudrücken; das erste Bild soll die Situation vor der Geburt und das zweite die Situation nach der Geburt des Kindes darstellen.

Hier die Collage von Jeanne:

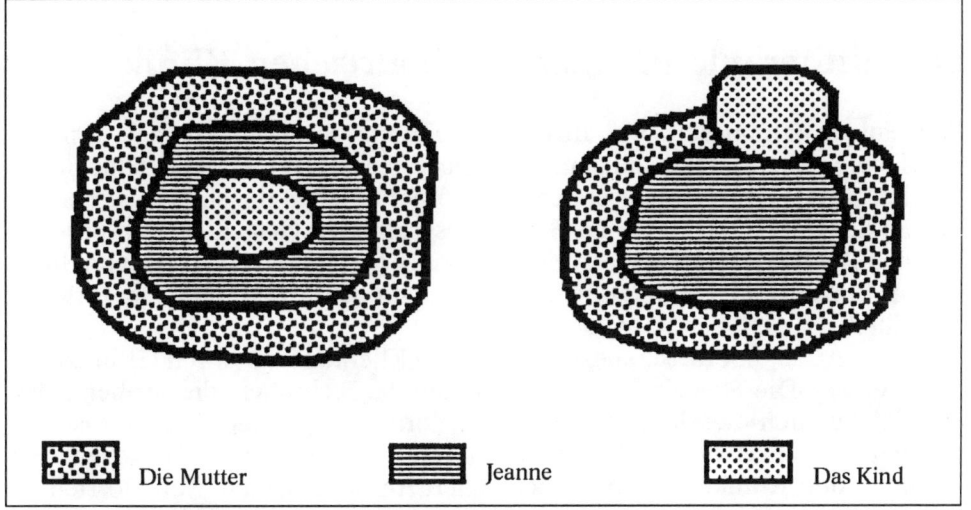

Die Mutter   Jeanne   Das Kind

In dem ersten Bild finden wir konzentrische Formen: Jeanne umschließt ihr Kind, und sie selbst wird von ihrer Mutter umschlossen. (Sie hat ihr Kind vor einer Woche geboren.) In dem zweiten Bild ist das Kind neben sie gesetzt, während sie immer noch von ihrer Mutter umschlossen ist – außer an der Stelle, wo das Kind eine Öffnung geschaffen hat. Als Jeanne ihr Bild kommentiert, ist sie sich sehr wohl bewußt, daß sie ihr Kind zur Welt gebracht hat: „Jetzt ist es raus, es ist nicht mehr ein Teil von mir, es ist es selbst ", doch sie ist sich absolut nicht über ihre eigene fusionelle Verbindung mit ihrer Mutter im klaren (die seit etwa einem Jahr tot ist).
Die Therapeutin: „Und du, bist du aus deiner Mutter herausgekommen?"
Jeanne (stellt erstaunt ihren eignen Platz auf der Zeichnung fest): „Nein! Ich bin immer noch in meiner Mutter."
Sie überlegt. Die folgende Bemerkung der Therapeutin hilft ihr zu einer Einsicht:
„Für dein Kind bedeutet die Geburt, daß es aus seiner Mutter herauskommt, aber bei dir, was ist da passiert?"
„Meine Mutter war autoritär. Ich konnte ihr nicht entkommen, sie kon-

trollierte alles. Ich war die älteste Tochter. Sie kommandierte auch meinen Vater."

„Schau deine zweite Zeichnung an. Welche Möglichkeit hast du, deiner Mutter zu entkommen?"

„Oh, ja! Es ist das Kind! Meine Mutter umschließt mich nicht mehr an der Stelle, wo das Kind ist. Die einzige Möglichkeit, ihr zu entkommen, war, selbst ein Kind zu machen. Deshalb habe ich geheiratet ..."

Diese Erkenntnis erlaubt es, eine neue Arbeit zu beginnen, über den Zusammenhang zwischen dem Tod der Mutter und der Konzeption dieses neuen Kindes, mitten in der Depression nach dem Ableben der Mutter.

Gestalttherapie in einer psychiatrischen Klinik

Seit einigen Jahren sind wir an der Fortbildung des Fachpersonals (Pfleger, Aufsichtspersonal, Psychologen, Sozialarbeiter etc.) mehrerer allgemeiner psychiatrischer Krankenhäuser beteiligt. Ferner arbeiten ungefähr 20% der von uns an der Ecole Parisienne de Gestalt ausgebildeten Gestaltisten im psychiatrischen Bereich (als Pfleger, Psychologen oder Psychiater); mehrere von ihnen führen Einzel- und Gruppentherapien mit stationären und ambulanten Kranken durch.

Unsere Arbeit mit dieser speziellen Art von Klienten ist in ihren Grundzügen nicht anders. Die Theorie, die Methoden und die Techniken, die wir benutzen, sind letztendlich dieselben wie bei den „Normalen". Unsere Haltung ist vermutlich einfach etwas direktiver, um ihnen mehr Sicherheit zu geben. Wir begleiten den Kranken furchtlos bei seinen Ängsten, seinen Wahnvorstellungen und seinen Halluzinationen. Um diese zu entschärfen, begeben wir uns gemeinsam in dieses gewissermaßen „verminte" Gebiet, und wir schlagen sogar gerne die Verstärkung der Empfindungen vor, egal ob es sich nun um Wut, Ängste, Schmerzen oder andere Dinge handelt – dies geschieht jedoch in einem allgemeinen Klima der absoluten Sicherheit und im geschützen Rahmen. Wir zögern nicht, einen Patienten seine Verrücktheit „spielen" zu lassen und karikieren sie auch unter Umständen. Es geht im wesentlichen darum, sie zu exorzieren und zu „domestizieren", indem man sie deutlich macht, darüber und mit ihr spricht, und sie dann auch selbst sprechen läßt, anstatt sie zu fürchten oder vergeblich zu versuchen, sie zu unterdrücken oder zu verbergen.

Bei den Psychotikern pendeln wir häufig zwischen der Arbeit im Imaginären (Dramatisierung, Zeichnen, Kreativität, sprachliche Metaphern) und der Konfrontation mit der tatsächlichen Situation (der Beziehung zu dem oder den Therapeuten sowie eventuell zu den anderen Gruppenteilnehmern) hin und her.

Wir arbeiten viel über Grenzen, über körperliche und soziale Grenzen (Verbote, wie z.B. das gewalttätige Ausagieren), und versuchen die jeweiligen Bereiche und ihre Grenzen genauer zu definieren und zu erweitern, ohne sie abzuschaffen. Aus diesem Grunde legen wir auch den Ort und die Zeiten der Arbeit sehr klar fest und bemühen uns ausdrücklich bei jedem um die im Augenblick richtige Distanz, und wir probieren auch genau die verschiedenen gegenseitigen Körperhaltungen aus – die Immobilität des direkten Gegenübers, die Komplizität des Sich Seite an Seite Setzens, die Bewegung bzw. den vorsichtigen Kontakt – und wir überlassen dabei dem Psychotiker, der häufig in der Angst vor der Verletzung seines eigenen Schutzraumes lebt, die Hauptinitiative. Die Körperarbeit nimmt einen großen Platz ein – wie immer bei unserer Art, gestalttherapeutisch zu arbeiten. Wir untersuchen die Spannungen, die Blockierungen, die abgebrochenen Bewegungen, die Reichweite der Gesten und die Tiefe der Atmung; wir arbeiten viel mit der Stimme, um sie lebendiger, ausdrucksvoller und mehr zu dem Menschen gehörig werden zu lassen; wir schlagen sensorische Übungen zur Verankerung auf dem Boden vor, Grounding, Gleichgewichts- und Orientierungsübungen, Übungen um die auseinandergebrochenen Teile des Körpers wieder zu einer Einheit zu führen sowie Kontaktübungen mit dem Einzelnen, zu zweit oder in kleinen Gruppen, häufig auf einem musikalischen Hintergrund, der einen zusätzlichen Halt gibt. Wir greifen häufig ein, um den Klienten wieder zu zentrieren und um zu vermeiden, daß er sich verzettelt, weil er mehrere Spuren gleichzeitig verfolgt, und wir stellen ihn jedesmal vor die Situation, eine Wahl zu treffen.

Wir erlauben die Regression (in einer warmen, Sicherheit bietenden Atmosphäre) und auch die Aggression (in einem geschützten, undramatischen Rahmen).

Letztlich setzen wir nur die traditionellen Gestalttechniken ein, dies geschieht jedoch innerhalb eines besonderen Bezugssystems. Was mich besonders überrascht, ist, daß die Psychoanalytiker, die sich mit der Behandlung der Psychose beschäftigt haben, wie FEDERN, NACHT, RACAMIER, SEARLES oder Gisela PANKOW, sich intuitiv den zentralen Konzepten der Gestalttherapie angenähert haben. Erinnern wir uns daran, daß FREUD bis zu seinem Tod stets die These vertreten hat, daß die Psychoanalyse nicht auf Psychotiker angewandt werden könne, weil er diese Kranken für unfähig zur Übertragung hielt. Bekanntlich sind seine Nachfolger vollkommen von dieser Einstellung abgerückt, wobei sie allerdings die therapeutischen Strategien und die Techniken beträchtlich verändert haben. Diesbezüglich steht eine umfangreiche neuere Literatur zur Verfügung, und ich beschränke mich hier darauf, größere Auszüge aus der hervoragenden Synthese zu dieser Frage zu zitieren, die vor einigen Jahren von dem Psychoanalytiker P.C. RACAMIER erstellt worden ist[7].

„Freuds Einstellung gegenüber der Psychose wird vielleicht auf dem Hintergrund seines Widerwillens gegenüber dem direkten Kontakt mit dem Kranken verständlich (‚Ich ertrage es nicht, den ganzen Tag angesehen zu werden‘) und über seine Weigerung, aktiv zu intervenieren (‚Ich habe niemals Rollen gespielt‘). [...] Bei der Behandlung eines Psychotikers stellen die Analytiker nun nicht nur fest, daß die Analyse den Zustand ihres Patienten verschlechtert, sondern auch, daß Maßnahmen, die der Analyse

zuwiderlaufen und die sie intuitiv anwenden, den Zustand verbessern. [...] Die meisten Praktizierenden sind durch die Realität zu einer Anpassung der analytischen Technik gezwungen worden. [...] Dem Psychotiker [...] fehlt die Fähigkeit, den Analytiker gleichzeitig als Rezipient für seine Phantasien und als reale, unveränderliche Person zu sehen. Unter diesen Bedingungen wird die strikte analytische Zurückhaltung zwecklos und zugleich schädlich. Der Analytiker muß vielmehr für den Patienten eine sehr lebendige und ihm wohlwollende Realität repräsentieren, eine Realität, die dieser „anfassen" kann, d.h. eine wirkliche Präsenz. Dies erreicht er am ehesten darüber, daß er sich in keinem Fall versteckt. Und um sich nicht zu verstecken, muß er sich zeigen. Zunächst visuell – das Einander gegenüber Sitzen ist häufig notwendig. [...] Der Analytiker verbirgt nicht, daß er da ist und was er ist und empfindet. [...] So sehr das Nicht-da-Sein im allgemeinen eine analytische Tugend ist, so sehr ist es hier das Da-Sein. [...]
Er gibt seine Fehler und Schwächen offen zu, er sagt, wenn er sich geirrt hat, er erklärt sein Zuspätkommen und entschuldigt sich, wenn er unaufmerksam war. [...] Die Aufrichtigkeit scheint in der Tat eine der natürlichen und grundlegenden Anforderungen an die analytische Psychotherapie von Psychosen zu sein. [...] Der Analytiker ist persönlich und menschlich engagiert und beteiligt – ob er will oder nicht, er trägt die Verantwortung. [...] Der Analytiker ist aktiver und warmherziger als normalerweise. Andererseits hat er die Aufgabe, mit Entschiedenheit die Grenzen aufrechtzuerhalten ... Während der Sitzungen selbst muß der Analytiker fast immer die Vorgabe des erwartungsvollen Schweigens aufgeben und ebenso das rigide Einhalten der Stunden; er beantwortet die gestellten Fragen [...].
Die psychotherapeutische Haltung sollte die des Bemutterns sein. Auf einer höheren Ebene wird sie der väterlichen Unterstützung gleichen. Ein guter Vater verteidigt sein Kind. Er verteidigt es in zweifacher Hinsicht, einerseits gegenüber der äußeren Welt und andererseits gegenüber sich selbst.
Es ist wichtig, zu verstehen, daß der Patient bei dem Bemuttern auf keinen Fall die vergangenen Erfahrungen wiedererleben sollte; die Erfahrung mit der Behandlung stellt für ihn eine neue, zum ersten Mal erlebte Situation dar [...]. Es handelt sich hier nicht um eine Übertragungsbeziehung. In der Tat erlebt dieser Psychotiker eine für ihn aktuelle, zeitlose Situation."

Hier beende ich die Zitate, nicht ohne anzumerken, daß die Gestalttherapeuten seit langem gegenüber den Neurotikern eine Haltung einnehmen, wie sie neuerdings von den Psychoanalytikern für die Psychotiker vorgeschlagen wird.
    Stimmen sie etwa ungewollt mit der Kleinschen Schule überein, die die Auffassung vertritt, daß die Neurose auf einem psychotischen Kern beruht und daß infolgedessen die eine mit der anderen vergleichbar ist und daß für beide das gleiche therapeutische Vorgehen angewandt werden kann?

Der Einsatz der Gestalt zur Fortbildung im Unternehmen (von Gonzague Masquelier)[8]

Wir haben uns für vier Tage in einem modernen Hotel in der Umgebung von Paris versammelt. Der Seminartitel lautet „Umgang mit Konflikten", und wir benutzen die Gestaltmethode als Instrumentarium.

Die zwölf Teilnehmer sind Führungskräfte aus verschiedenen Bereichen desselben Unternehmens. Sie besitzen daher dieselbe Kultur, dieselben Rituale, und sie kennen sich zumindest vom Sehen. Ich weise mit Nachdruck auf die Diskretionsregel hin: „Was hier gesagt wird, darf nicht nach draußen getragen werden etc.".

Nach einer Phase der Vorstellung, des gegenseitigen Kennenlernens und Aufwärmens schlage ich ihnen vor, ein Mandala zu zeichnen: „Ich nehme ein großen Blatt Papier und zeichne darauf einen Kreis, der mein berufliches Umfeld darstellt. Ich wähle vier Farben und gebe ihnen eine symbolische Bedeutung. Dann zeichne ich die Personen, die mein Berufsleben überwiegend bestimmen und die Beziehungen, die ich zu ihnen habe – so wie es gerade kommt und ohne mich um ästhetische Aspekte zu kümmern."

Wenn die Arbeit fertig ist, gibt ihr jeder einen Titel und fügt einige Erläuterungen hinzu und hängt seine Zeichnung auf – sie dient als Leitfaden für den Kurs.

Nach der Pause besichtigen wir die „Ausstellung", und jeder stellt seine berufliche Tätigkeit mit Hilfe seines Bildes vor; danach mache ich den Vorschlag, den Teil der Zeichnung einzukreisen, der anscheinend die Quelle des Konflikts darstellt; oder, wenn es keine wirklichen oder potentiellen Schwierigkeiten gibt, einen Aspekt, den der Teilnehmer besser verstehen möchte. Wir nehmen den gewählten Bereich zum Ausgangspunkt und arbeiten an der Klärung, Entrümpelung bzw. an der Wiederherstellung einer Beziehung.

Ein konkretes Beispiel wird das genauer erklären:

Als Konfliktbereich hat Jacques, der Buchhalter, ohne Zögern etwas eingekreist, was ich für eine „asymmetrische Hantel" halte, die die Hälfte seiner Zeichnung einnimmt:

Eine große eckige, farbige Masse, darüber rechts ein ziemlich düsteres, wolkenähnliches Gebilde mit fließenden Konturen; diese beiden Elemente sind durch zwei schraffierte, parallele Linien verbunden. Jacques identifiziert sich als die farbige Masse „mit einem spitzfindigen und nicht einfachen Charakter" und stellt uns die Wolke als Monique, seine Sekretärin, vor.

JACQUES: Sie ist „geruchlos und fade".

ICH: Kannst du den Platz von Monique einnehmen und ausdrücken, was sie über Jacques denkt?

JACQUES   (der Monique spielt): Er ist nie zufrieden, ich verstehe ihn nicht etc.

Wir erkunden mehrmals diese beiden Rollen, dabei kommt jedoch nichts genaueres heraus.

ICH: Und diese Schraffierungen?

JACQUES   (nach einigem Zögern): Das habe ich mir gar nicht überlegt, aber jetzt sehe ich darin die Treppe, die ich hochgehen muß, um sie zu sehen.

Als er das Wort Treppe ausspricht, wird die Stimme von Jacques fester, fast aggressiv. Liegt hier vielleicht eine Spur?

ICH: Kannst du die Treppe sprechen lassen und ausdrücken, wie sie euch beide verbindet?

Wir befinden uns erst am Anfang der Arbeit. Die Gruppe ist es nicht gewöhnt, in den Bereich der Phantasie zu gehen. Ich war zu schnell! Alle sehen mich mit großen Augen an: „Die Treppe sprechen lassen"? Die spinnen, die Psychos! Sie werden wieder in ihren Kopf gehen und mich nach dem „Warum" fragen. Ich lege den Rückwärtsgang ein.

ICH: Versuche einfach, die Treppe zu beschreiben, damit wir besser verstehen, wo und wie du arbeitest.

Jacques beschreibt sie als „hart und ermüdend". Doch bald drehen wir uns im Kreis. Dennoch habe ich die Wut in seiner Stimme deutlich gespürt! Wohin ist sie verschwunden? Ich spüre, wie mein Atem auf dieser Treppe zusammengedrückt wird, und habe die Intuition, daß da was passiert. Dieser Buchhalter, dessen Sekretärin eine Etage höher sitzt, läßt mir keine Ruhe. Ich mache einen etzten Versuch:

ICH: Ich sehe auf deiner Zeichnung eine Stufe, die schwärzer ist als die anderen.

JACQUES   Das ist sicher der Fotokopierer! Er steht auf der Treppe.

Das ist es! Wir sind wieder seiner Emotion auf der Spur, an der Stelle, wo eine kleine Vibration in seiner Stimme sehr schnell zur offenen Wut wird. Jacques haßt dieses Gerät, es ist „ein Voyeur, dumm wie ein Papagei und geschwätzig wie eine Concierge".

Ich lasse ihn nacheinander die drei Rollen spielen: Jacques, Monique und die Maschine. Er ist jetzt angeheizt und akzeptiert problemlos, den Fotokopierer darzustellen. Er lacht hämisch und sieht den Stuhl, der Jacques symbolisiert, verächtlich an und macht dem Stuhl, der Monique darstellt, schöne Augen. Der Fotokopierer entpuppt sich schnell als Machtinstrument zwischen Jacques und seiner Sekretärin. Dieser Apparat ist weder der eine noch die andere. Er steht auf halbem Weg, auf der Treppe!

JACQUES: Wenn ich eine Dienstnotiz mache, vergißt Monique, sie zu verbreiten oder macht zu wenig Exemplare davon; aber vor allem (hier wird Jacques' Stimme vorwurfsvoll) macht sie für sich immer eine Kopie der Unterlagen, die ich erhalte. Ich hasse das."

Ich lasse ihn nachspüren, wie furchbar er das findet und wie sich dabei sein Körper anfühlt: Ihm ist kalt, er spürt einen Kloß im Hals, der ihn einschnürt, und er stellt fest:

JACQUES: Wenn ich nicht mehr der einzige bin, der die Informationen hat, brauchen die Kollegen nicht mehr in mein Büro zu kommen.

Jacques hat also eine dreifache Feindseligkeit gegen die Maschine aufgedeckt: Sie hilft ihm wenig dabei, sein Prestige zu verbessern, denn seine Dienstanweisungen werden schlecht verbreitet; sie ist eine unkontrollierbare, offene Stelle bezüglich seines Wunsches, der einzige Inhaber von Informationen zu sein; sie hält menschliche Kontakte von ihm fern.

Jacques ist über diese Entdeckung sehr betroffen, ein wenig wie ein Huhn, das eine Ente anschaut, die aus einem von ihm ausgebrüteten Ei schlüpft. Doch er macht sich nichts vor: Es würde wenig helfen, wenn er den Fotokopierer in sein Büro stellt.

Ich schlage ihm vor, es für heute dabei zu belassen, und wir fahren mit anderen Zeichnungen fort. Am nächsten Tag komme ich durch eine Übung dazu, die verschiedenen Formen von „Widerständen" in der Gestalttherapie zu erklären, insbesonders die Deflexion: „Ich gebe einer Konservendose einen Fußtritt, anstatt meine Aggressivität gegenüber einer Person auszudrücken."

Aus dem Augenwinkel sehe ich, wie Jacques lebhaft wird. Er erkennt, daß seine Feindseligkeit gegenüber dem Fotokopierer symbolisch für die Rivalität zwischen seiner Sekretärin und ihm steht, und er möchte über diesen Konflikt arbeiten. Ich schlage ihm daher vor, seine Zeichnung wieder aufzunehmen, und frage ihn:

ICH: Hast du heute Lust, sie zu verändern oder zu ergänzen?

Jacques fällt schnell auf, daß „die anderen" fehlen. Sein Unternehmen besteht nicht nur aus Monique, der Treppe und ihm selbst, sondern vielmehr aus der Buchhaltung und den anderen.

Innerhalb von drei Minuten stellt er in großen Zügen das Bezugssystem dar, zeichnet die Verbindungsstellen ein und ergänzt das Ganze durch die Generaldirektion, die Kunden etc.

Seine Sprache verändert sich, und zum ersten Mal sagt er „wir".

ICH: „Wir"? Wer ist „wir"?

JACQUES: Na gut! Meine Sekretärin und ich!

ICH: So, so!

Allmählich wird ihm klar, daß die Information keine endliche Größe ist, ein Kuchen, der weniger wird, wenn ich ihn mit anderen teile. Im Gegenteil, je besser sie zirkuliert, umso mehr bereichert sie alle – je mehr ich gebe, umso mehr bekomme ich. Zwischen Jacques und Monique ist also eine Synergie möglich, und der Fotokopierer könnte dabei eher ein Komplize sein, als ein Feind.

Eine Buchhaltungsabteilung muß nicht notwendigerweise obskur, entlegen und geheim sein. Sie kann ein Verbindungszentrum sein, wo die Informationen über die Kunden, die Lieferanten und das Personal zusammenfließen. Am letzten Tag, als ich anstatt eines Resümees vorschlage, daß jeder das spielt, was für ihn am wichtigsten war, stellt Jacques für uns mit viel Humor eine Hochzeitszeremonie dar, wo er seine Sekretärin heiratet, „um die Situation zu legalisieren", denn sie haben bereits ein schönes Baby, nämlich den Fotokopierer namens „Lucky Luke", der schneller kopiert als sein Vorgänger.

Zur Untermauerung dieses Berichts, hier einige Auszüge aus den Überlegungen eines anderen Gestaltkollegen, der im Unternehmensbereich arbeitet, Daniel Grosjean[9]:

> „Es gibt eine Parallele zwischen dem Funktionieren eines Unternehmens und dem des Menschen [...]. Beide müssen ein dynamisches Gleichgewicht zwischen den drei "Energiefeldern", die sie beleben, aufrechterhalten, d.h. zwischen dem Kopf (überlegen, erfinden), dem Herzen (kommunizieren, mobilisieren) und dem Körper (handeln, konkretisieren). Wir konnten eine Korrelation zwischen dem Funktionieren des jeweiligen Unternehmens und dem energetischen Funktionieren seines Leiters (bzw. zwischen einer Abteilung und ihrem Verantwortlichen) feststellen; dies geht so weit, daß ein im Unternehmen festgestelltes Symptom auch seine Entsprechung bei dem verantwortlichen Leiter hat. [...]. Dabei geht es nicht darum, eine Ursache-Wirkung-Relation herzustellen, – der eine ist nicht für das andere verantwortlich – [...] es handelt sich vielmehr um ein Phänomen der Resonanz. Dieses wird sich verstärken, wenn der Leiter dazu tendiert, Mitarbeiter auszusuchen, die dieselben Neigungen haben, wie er selbst [...].
> Beispiel: Als Folge eines Wechsels in der Führungsspitze einer Fabrik mit 2000 Mitarbeitern konnten wir feststellen, daß das Personal innerhalb von sechs Monaten vollkommen demotiviert war. Es fühlte sich verloren und desorientiert. Der neue Leiter, der hervorragende technische Kenntnisse bezüglich der Fabrik besaß, war ein auf der affektiven Ebene vollkommen blockierter Mensch. Einige Zeit später wurde die Fabrik von einem heftigen Streik erschüttert."

Gestalttherapie und Sexualität

Wir verlassen jetzt den Unternehmensbereich und wenden uns wieder der Therapie und der persönlichen Entfaltung zu. Die „Hochzeit" des Buchhalters Jacques und seiner Sekretärin wird uns als Überleitung zu einen summarischen

Überblick über unsere Arbeit auf dem Gebiet des affektiven und sexuellen Privatlebens dienen, eine Arbeit, die wir seit 1969 regelmäßig verfolgen. Bis heute haben wir zu diesem Thema nahezu 300 Workshops mit einer Gesamtteilnehmerzahl von über 5000 (generell in Form von Zyklen von vier dreitägigen Kursen, d.h. insgesamt 100 Stunden pro Zyklus) angeleitet, hinzukamen weitere Workshops speziell für Paare, die ihre Beziehung klären wollten. Ich werde mich hier sehr kurz fassen, denn zu diesem Thema gibt es von uns bereits verschiedene Vorträge[10] sowie eine Veröffentlichung[11].

Beim Durchblättern unserer Unterlagen stellen wir fest, daß die expliziten wie auch die unausgesprochenen Schwierigkeiten, die die Teilnehmer zum Besuch dieses Zyklus bewegten, banal und zugleich sehr unterschiedlich sind:

- Defizite: Unwohlsein in der Beziehung oder in der Sexualität, Depression, Verklemmung, fehlende Lust, narzißtische Abwertung („niemand kann sich für mich interessieren"), tiefes Gefühl von Einsamkeit, Trauer, eine belastende religiöse Verpflichtung zur Keuschheit, ein Kinderwunsch, „ehe es zu spät ist".
- Exzesse: starke sexuelle und soziale Erregbarkeit in Verbindung mit einem unablässigen Aktivismus, zwanghaftes Bedürfnis nach Eroberungen, Zerstreuung der Energie in alle Richtungen oder, umgekehrt, an Selbstaufgabe grenzende Anhänglichkeit gegenüber dem Partner, die jede Autonomie unmöglich macht.
- Konflikte: aktuelle oder chronische eheliche Unstimmigkeiten, schweigsamer, abwesender Partner oder, im Gegenteil, gewalttätiger Partner, lähmende Eifersucht, mehrere Vergewaltigungen etc..
- Physische Schwierigkeiten: Impotenz bzw. Frigidität, frühzeitige Ejakulation, generelle oder auf bestimmte Praktiken beschränkte Ablehnung, verschiedene somatische Beschwerden, Schlaflosigkeit, Migräne, Angst vor dem Altwerden etc ...
- Schwierigkeiten mit dem sozialen Umfeld: kaum akzeptierte Homosexualität, Anwesenheit einer dominanten Mutter oder Schwiegermutter, Probleme mit der „Sittenfreiheit" der heranwachsenden Kinder.

Diese niederschmetternde Liste existenzieller Schwierigkeiten, die nur allzu oft das Sexual- und Liebesleben begleiten, könnte ich bis zum Exzeß weiterführen. Doch wir wollen auf das gängigste Problem zu sprechen kommen, das noch nicht erwähnt wurde, weil es häufig verschleiert, ja von den Partnern selbst sogar abgestritten wird – die Routine, die sich heimlich und ohne die geringste Vorwarnung bei dem Paar einschleicht. So entwickelt sich in aller Stille ein armseliges Leben, eine erstarrte Beziehung mit einem eingeschliffenen gegenseitigen Verständnis ohne Freiheit und Kreativität, die hartnäckig an einer versteinerten Version des Zusammenlebens festhält. Doch leider produziert der Kalkstein in diesem Fall keine „Perlen". Tropfen um Tropfen, Tag um Tag, vom anfänglichen Schweigen zur späteren Ablehnung, von dem Bemühen zur Aufgabe der Illusionen, versiegen allmählich die Kanäle der Kommunikation[12].

Und der Gestalttherapeut spielt geduldig für einen Klienten nach dem anderen abwechselnd den „Rohrleger", der sich bemüht, wieder einen ungehinderten Fluß der blockierten persönlichen oder beziehungsmäßigen Gefühle herzustellen, und den „Totengräber", der versucht, die Spuren der nie enden wollenden Trauer um verschwundene geliebte Menschen und verlorengegangene Illusionen endgültig zu tilgen.

Die unerbauliche Monotonie von zwei Schienen, die durch verriegelte Traversen aneinandergekettet sind oder die Angst vor zwei Wegen, die unaufhaltsam auseinandergehen und sich schließlich aus den Augen verlieren? Konfluenz oder Konflikt? Die ewige Alternative.

Sehr häufig hatte sich bei der Wahl des Partners die pathetische Illusion eingeschlichen, die Bedürfnisse und Unvollkommenheiten des Einzelnen könnten ausgefüllt werden und die mythische Sehnsucht nach einer bedingungslosen mütterlichen Liebe würde endlich befriedigt. „Sie suchte einen Vater, ich suchte eine Mutter und paff ...! Jetzt sind wir beide Waisen!" stellte einer unserer Klienten desillusioniert und mit einem Schuß Ironie fest.

Das konfluente Paar ignoriert sehr gekonnt die Dissymmetrie, die doch das Zentrum unseres Lebens ausmacht und ein Zeichen der Evolution darstellt. Erstaunt stellt es eines Tages fest, daß die Bedürfnisse der beiden Partner unterschiedlich sind – der eine liebt das Abenteuer, der andere die Sicherheit, der eine will alles wissen, der andere macht lieber die Augen zu ... Dennoch begegnen wir unzähligen Paaren, die sich Jahr um Jahr bemühen, immer wieder aufs Neue einen illusorischen symmetrischen „Vertrag" abzuschließen. Wieviele Anstrengungen, Tränen und Enttäuschungen liegen zwischen dem „Wir sagen uns alles" der ersten Jahre und dem resignierten „Darüber schweigt man besser" des reifen Alters! Und warum kann man schließlich nicht zugeben, daß aufgrund der unterschiedlichen Persönlichkeitsstrukturen der eine sich z.B. sicherer fühlt, wenn er über die eventuellen Verhältnisse seines Partners unterrichtet wird, während der andere sich lieber seinen Seelenfrieden bewahren möchte und von den zeitweiligen parallel laufenden Liebesbeziehungen des Partners bewußt nichts wissen will? Doch die Tauschverhältnisse sind in alle Bereiche unserer auf Kommerz gegründeten Kultur eingedrungen – im Schutz einer oberflächlichen Demokratie, die Gerechtigkeit mit Gleichheit verwechselt. Doch ist es nicht gerecht, unterschiedliche Personen gleich zu behandeln.

Vielleicht muß der Vertrag dissymmetrisch sein, aber es muß dennoch ein Vertrag sein! Wenn jeder seinen Weg und seine Launen mit dem unerbittlichen Egotismus einer endlich erreichten Identität verfolgt, wird das Paar schnell auseinandergerissen.

> Michèle hat an dem Zyklus „Persönliche Entfaltung und Sexualität" teilgenommen. Sie ist sich über ihre Bedürfnisse und ihre Defizite stärker im Klaren, sie hat eine Vergewaltigung in ihrer Jugend ausagiert und verarbeitet, die sie zuvor nie jemandem erzählt und fast „vergessen" hatte, die in ihr aber ein tiefes Ekelgefühl in Bezug auf die Sexualität hinterlassen hatte. Sie fühlt sich nicht mehr „schmutzig" und „unwürdig", sondern liebesfähig. Doch nun schlägt alles zurück!

- „Pierre ist nicht zufrieden, es gibt ständig Szenen. Bisher hat er sich über meine Passivität beklagt, jetzt erträgt er meine Initiative nicht! Vor zwölf Jahren hat er ein kleines Mädchen geheiratet, und jetzt bin ich eine Frau geworden. Seit ich meine Blockaden abgebaut habe und Vergnügen empfinde, wenn wir uns lieben, ist er beunruhigt. Er ist davon überzeugt, daß ich ihn mit einem anderen betrogen habe! Aber ich, ich kann auch nicht mehr zurück!"

Es wäre reizvoll, beiden Partnern eines Paares vorzuschlagen, zusammen den gleichen Schritt zu unternehmen. Die Erfahrung zeigt jedoch, daß dieser Wunsch oft nicht bei beiden Beteiligten in gleicher Weise besteht und daß derjenige, der sich überzeugen ließ, um dem Partner einen Gefallen zu tun, sich nicht sehr ernsthaft engagiert. Sollte man deshalb die Sache im Dunkeln belassen und eine zu schnelle Veränderung vorsichtig bremsen, um das Auseinanderleben zu verhindern?

„Jeder nach seinem Rhythmus" würden wir gerne darauf antworten, aber in einer Gruppentherapie sollte man auch den Druck der Teilnehmer untereinander nicht unterschätzen. Die „Emanzipierteren" versuchen oft in einem gutgläubigen Missionseifer, ihre Kameraden zu Schritten zu veranlassen, die diese selbst nicht wollen. Hierin sehen wir eine neue subtile Form der Entfremdung, die darin besteht, neue modische Wertvorstellungen zu propagieren, wie z.B. „man muß" seinen Gefühlen und seiner Kreaviät freien Lauf lassen; „man muß" frei sein (eine gängige, paradoxale Introjektion in bestimmten Gruppen, die mit den sog. „Neuen Therapieformen" arbeiten) und zwar vor allem im Bereich der Sexualität; „man muß" alles ausprobiert haben: die Bisexualität, die Drogen etc. Hierbei handelt es sich um einen antikonformistischen Neokonformismus! Was uns selbst angeht, so fürchten wir uns vor jedem normativen Druck, gleich welcher Art und Herkunft, und wir treten für das „Recht, anders zu sein" ein und für die freie Wahl der eigenen Werte für jederman, auch bei einem Paar, das zusammenlebt.

Gestalttherapie als Kurzzeittherapie – Mythos oder Realität?

Wir behaupten nicht, daß die Gestalttherapie eine „Kurztherapie" ist, etwa im Sinne der Schule von Palo Alto, und wir reduzieren Therapie nicht auf das bloße Verschwinden eines angezeigten Symptoms. Doch wir meinen, daß in der Gestalttherapie die Fälle einer spürbaren, schnellen und andauernden positiven Entwicklung des Verhaltens und eine deutliche Verringerung des Leidens oder des Unwohlseins nichts Außergewöhnliches sind.

Heute können wir sehr wohl sagen, daß die Fälle einer deutlichen, ja spektakulären Veränderung im Laufe von wenigen Monaten und manchmal sogar nach einigen Sitzungen so zahlreich sind, daß sie mehr verdienen als ein skeptisches, a priori ablehnendes Lächeln.

Angesichts dieser unbestreitbaren Ergebnisse, die uns manchmal selbst überrascht haben, haben wir uns mit der umfangreichen Literatur zu diesem Thema beschäftigt. Hier ist nicht der Ort, um eine genaue historische Darstellung des Begriffs „kurze Psychotherapie" in Angriff zu nehmen; der Begriff reicht in die Anfänge der Psychoanalyse zurück und hat sich seit 40 Jahren kontinuierlich weiterentwickelt; er war Gegenstand zahlreicher Forschungen und internationaler Kongresse.

Bekanntlich hat sich FREUD bis an sein Lebensende ständig mit dem Problem der Länge der Behandlungen beschäftigt. Am Anfang seines praktischen Wirkens hatte er, wie er selbst gesteht, größte Schwierigkeiten, seine Klienten zur Fortsetzung ihrer Analyse zu bewegen. Später gelang es ihm nicht mehr, sie dazu zu bringen, die Behandlung zu beenden! Nachdem er bewußt die „Übertragungsneurose" eingeführt hatte – die beträchtlich zur Verlängerung der Behandlung beiträgt – suchte FREUD ab 1918 nach Techniken für eine kurze analytische Psychotherapie, wobei er gleichzeitig jede Fokussierung der Analyse auf ein isoliertes Symptom zurückwies und sich immer für die Gesamtstruktur der Persönlichkeit und ihre Formen der Abwehr interessierte. Während dieser Zeit führte FERENCZI – im Vorgriff auf die Gestalttherapie – seine berühmte „aktive Technik" ein, die auf provozierenden Interventionen des Analytikers begründet ist und mit Einwürfen oder Verboten arbeitet, die den Klienten in Bewegung bringen und ihm bestimmte sekundäre Vorteile der Übertragung entziehen sollen. ALEXANDER hingegen unterstrich bereits, daß nicht die Wiedererinnerung an alte Geschehnisse heilend ist, sondern ihr Wiedererleben im Hier und Jetzt der Behandlung. Er schlug dem Psychoanalytiker also direkte Gespräche vor, unter Rückgriff auf Situationen aus dem realen Leben des Klienten und zur Unterstützung eines erneuten Erlebens emotionaler Empfindungen im Rahmen einer anderen Beziehung, deren Modalitäten analysiert werden. Hiermit sind wir nicht mehr weit von einem gestaltistischen Vorgehen entfernt.

Man müßte in diesem Zusammenhang vor allem noch die Arbeiten von LEWIN, BALINT, MALAN, SIFNEOS (erster psychotherapeutischer Notdienst), MANN, GILLIERON, WATZLAWICK, Milton ERICKSON („ultrakurze" Psychotherapien in wenigen Augenblicken), BANDLER und GRINDER usw. zitieren. Sehr unterschiedliche Schulen (Psychoanalytiker, Verhaltenstherapeuten, Systemforscher etc.) haben sich also mit dem Problem beschäftigt, und tatsächlich wird heute von niemand mehr bestritten, daß

> „auf sehr unterschiedlichen Wegen therapeutische Ergebnisse erzielt werden können, die äußerst zufriedenstellend und dauerhaft sind und oft in einer, im Verhältnis zur Psychoanalyse, relativ kurzen Zeitspanne erreicht werden. Wenn diese Feststellung aus rein dogmatischen Gründen verworfen wird, ist dies ideologisch und abwertend und weit ab von der geistigen Offenheit, die der Psychoanalyse eigen ist."[13]

Es ist an der Zeit, das populäre Mythos, daß das Gute teuer ist, zu begraben, das manchmal noch durch das Vorurteil, „was nicht lange dauert, kann nicht gründlich sein", ergänzt wird. Die heutigen Kontroversen drehen sich im wesentlichen nicht um die Existenz oder die Wirksamkeit von kurzen Psychotherapien, sondern um ihre Spezifikation, um methodologische Fragen sowie um Hypothesen zur Erklärung unstrittiger Beobachtungen.

Wir haben daher beschlossen, eine bescheidene Studie durchzuführen, auf der Grundlage von detaillierten Aufzeichnungen über vier kontinuierliche Gestalttherapiegruppen, die wir in Paris, Toulouse und Lyon gegründet haben und von denen die längsten jetzt seit über zwölf Jahren ohne Unterbrechung bestehen. (Heute gibt es allein im Rahmen der EPG zehn parallele, fortlaufenden Gruppen in Paris und zwölf in der Provinz.)

Um ein Minimum an Abstand und Objektivität zu gewährleisten, haben wir es vorgezogen, anstelle einer Zufallsstichprobe, die Entwicklung der ersten 200 Klienten, die an einer unserer ersten vier fortlaufenden Therapiegruppen teilgenommen haben, seit April 1979 systematisch zu untersuchen.

Ich werde hier die Problemstellungen dieser Klienten nicht im Einzelnen darstellen; sie umfassen eine breite Spanne der klassischen Symptome, von existentiellen oder reaktionellen, vorübergehenden Schwierigkeiten (Trauer oder kürzliche Trennung, interpersonelle oder berufliche Konflikte etc.) bis zu einigen Fällen von echten Psychosen (mit Delirium und Halluzinationen), dazwischen liegen mehrheitlich die gängigen Neurosen.

Einige dieser Klienten machten gleichzeitig – aus eigener Initiative oder aufgrund unseres Vorschlags – eine Einzeltherapie (in unserer Stichprobe hatten 14% eine Psychoanalyse angefangen und 17% eine Gestalttherapie, mehrere davon mit einem von uns). Die beiden Formen der Therapie, individuell und in der Gruppe, zur gleichen Zeit schienen sich im allgemeinen gegenseitig zu verstärken. Wir haben ausdrücklich die Fälle von „Kurzzeittherapie" herausgesucht, die wir willkürlich als eine Therapie definiert haben, die nicht länger als vier aufeinanderfolgende, intensive Drei-Tages-Workshops dauert (meist in Form von residentiellen Gruppen mit einer zusätzlichen abendlichen Arbeitsphase, d.h. im Durchschnitt 100 Therapiestunden, verteilt über nicht mehr als sechs Monate).

Durch das Fehlen von wissenschaftlich objektivierbaren Kriterien der Besserung haben wir uns an die klinischen Beurteilungen gehalten und diejenigen Fälle als Fälle einer schnellen Besserung eingeordnet, bei denen eine gewisse Konvergenz zwischen mindestens drei Beurteilungen aus unterschiedlichen Quellen festgestellt werden konnte – dem subjektiven, von dem Klienten selbst eindeutig formulierten Eindruck; der klinischen Einschätzung der beiden Ko-Therapeuten sowie der Einschätzung der anderen Gruppenteilnehmer.

Auf dieser Grundlage (wobei wir uns sehr wohl über die Subjektivität und Hinterfragbarkeit derselben im Klaren sind) ergeben sich folgende Ergebnisse für eine Globaleinschätzung der Auswirkungen der Gruppentherapie, unter Berücksichtigung der späteren, zusätzlichen Bestätigung der Ergebnisse, die in einen Abstand von zwei bis fünf Jahren, je nach Fall, erfolgte:

- 26% mit einer raschen Entwicklung, die ausdrücklich wahrnehmbar (ja spektakulär) ist, im Laufe der ersten vier besuchten Gruppen, d.h. in weniger als sechs Monaten;
- 67% mit einer eindeutig positiven Entwicklung, nach 4 bis 20 Gruppen (d.h. innerhalb von 6 Monaten bis drei Jahren), was allgemein als eine „normale" Entwicklung angesehen werden kann;
- 7% mit einer fehlenden spürbaren Entwicklung (diese könnte man als „gescheiterte Fälle" ansehen) nach 4–10 Gruppen. Die Mehrzahl dieser Klienten haben die Gruppe nach den ersten Sitzungen verlassen mit der – berechtigten oder unberechtigten – Einschätzung, daß diese Form von Arbeit ihnen nicht liegt.

Wir konnten keinen Fall von dauerhafter Verschlimmerung der Symptome feststellen (aber drei Fälle, die sich während der Behandlung für einige Tage krankschreiben lassen mußten).

Dieser relativ hohe, unerwartete Anteil von Fällen mit einer spürbaren, schnellen und dauerhaften Besserung macht einige Kommentierungen notwendig:
- Es handelt sich um Ergebnisse einer Gruppentherapie, die in der Form von Intensivworkshops und meistens residentiell durchgeführt wurde, unter Beteiligung von Ko-Therapeuten beiderlei Geschlechts. Die Ergebnisse können daher in keinem Fall auf andere Formen der Intervention extrapoliert werden, vor allem nicht auf wöchentliche Gruppen von kurzer Dauer oder auf Einzeltherapien, deren Wirkungen sich im allgemeinen viel langsamer einzustellen scheinen (was aber nicht unbedingt bedeutet, daß sie tiefer sind!).
- Bei unserem gestalttherapeutischen Stil wird dem körperlichen und emotionalen Ausdruck viel Raum gegeben, gelegentlich setzen wir auch Massagetechniken ein und arbeiten mit nacktem Körper (im geheizten Schwimmbad oder Hot-tub), was oft sehr stark mobilisierend wirkt.
- Die Mehrheit der Klienten, deren Entwicklung besonders schnell bzw. spektakulär war, wurde durch diesen Umstand sicherlich dazu ermutigt, ihre Therapie über die vier Workshops hinaus fortzusetzen. Sie haben daher eigentlich keine Kurztherapie gemacht, obwohl die entscheidenden Schritte sich bereits in den ersten Sitzungen vollzogen haben. Doch in den meisten Fällen wissen wir nicht, ob diese Besserungen dauerhaft angehalten hätten, falls die Therapie sofort abgebrochen worden wäre. (Es spricht jedoch nichts gegen diese Annahme.)
- Bei einer größeren Zahl von Fällen konnten wir unmöglich vorhersehen, ob eine schnelle Veränderung eintreten würde oder nicht; wir konnten dies lediglich hinterher feststellen. Die Situation ist also prinzipiell eine andere als in den speziellen Zentren für Kurztherapien, wie z.B. dem Brief Therapy Center (BTC) von Palo Alto, wo die Dauer der Behandlung von vorneherein ausdrücklich auf zehn mehrstündige Sitzungen begrenzt ist und die angestrebten Ziele gemeinsam klar eingegrenzt werden („fokalisierte Therapien").

Unter diesen Voraussetzungen spricht das BTC von 40% Erfolgen, 32% entscheidenden Besserungen und 28% Mißerfolgen.

Wir wollten nun wissen, ob die in unseren Gruppen festgestellten Fälle von rascher bzw. sehr rascher Veränderung einer spezifischen Symptomatologie entsprechen. Wir haben deshalb versucht, sie in einige einfache Kategorien zu untergliedern, die für die Mehrheit verständlich sind. Dabei haben wir bewußt die Verwendung einer verwissenschaftlichen Nosographie aus dem psychiatrischen oder psychoanalytischen Bereich vermieden, da diese den Betroffenen kaum verständlich gewesen wäre und im übrigen nicht dem Geist der Gestalttherapie entspricht.

Auf diese Weise sind wir auf vier Arten von Beschwerden gekommen, die ich im folgenden darstellen werde. Doch ich möchte zunächst deutlich machen, daß unsere Fälle von schneller Besserung zwar in diese Kategorien eingeordnet werden können, daß dies aber umgekehrt nicht der Fall ist. Anders gesagt, bei anderen Personen, die offensichtlich die gleichen Schwierigkeiten hatten, war der Prozeß wesentlich langsamer. Die Faktoren für eine Beschleunigung oder Verlangsamung müßten daher noch bestimmt werden, oder wir müssen zu einer genaueren Kategoriebildung kommen.

1. 35% der Fälle von Kurztherapie betreffen Personen, die ein klar definiertes Trauma erlitten haben. Bei mehreren handelt es sich dabei um eine Vergewaltigung in der Kindheit oder im jugendlichen Alter, die zu einem Ekelgefühl oder einer aggressiven Ablehnung gegenüber Männern führte und häufig von anderen Folgeerscheinungen begleitet war. Zu den angeführten Traumen gehören auch der Unfalltod und insbesondere der Selbstmord eines Verwandten, Freundes, Kindes, Geschwisters; manchmal kommt noch die Gegenwart unseres Klienten während des Dramas als erschwerende Komponente hinzu. Auch die erschütternde Entdeckung, daß eines der Kinder harte Drogen nimmt, wird häufig so ähnlich wie ein Selbstmord empfunden.

Zu dieser Kategorie kann man auch einige Fälle von besonders konfliktträchtigen Scheidungen (plötzliches Verlassen unter aggressiven Umständen) zählen sowie Ehekonflikte, die sich zu Krisensituationen zugespitzt hatten (Gewalttägigkeit, Selbstmorddrohung etc.).

In den Fällen, wo ein bestimmtes traumatisches (eventuell wiederholtes) Erlebnis leicht zu identifizieren ist, sind die Besserungen manchmal spektakulär. Meist erfolgen sie nach einem intensiven „Wiedererleben" der traumatischen Situation (unter Umständen in Verbindung mit einer emotionalen Katharsis) in dem verbindlichen therapeutischen Klima und der anschließenden Verbalisierung des Erlebten vor einer Gruppe von Zeugen.

Ein Beispiel: Nicole wollte, ohne daß sie sich dessen bewußt war, nicht mehr leben und sich des Lebens erfreuen, nachdem sie vor vielen Jahren dem Selbstmord ihres Bruders (durch Ertrinken) zugesehen hatte. Eine Trauerarbeit, bei der wir sie nacheinander die verschiedenen Personen darstellen ließen (bei schweigender Anwesenheit einer verständnisvollen Gruppe) hat eine starke Entdramatisierung des Geschehenen und eine fast unmittelbare „Befreiung" bewirkt.

2. 40% der Fälle eines schnellen Fortschritts beziehen sich auf eine Vielzahl von affektiven oder sexuellen Beziehungsblockaden infolge von massiven Hemmungen, pathologischer Schüchternheit oder chronischer Depression. Dabei kann es sich um totale Antriebslosikeit, Angst vor jedem körperlichen Kontakt, Impotenz oder Frigidität bzw. verschiedene Alltagsphobien (Angst, mit dem Zug oder dem Auto zu fahren, in einen Laden zu gehen usw.) handeln. Diese Störungen verschwinden manchmal sehr schnell in einem sicheren, warmherzigen und toleranten Gruppenklima, wo der Körper sich bewegen kann und bestätigt und wahrgenommen wird. Die Arbeit in einer Gruppe, wo alle nackt sind, kann den Abbau der Blockaden stark beschleunigen und zur Aufgabe eines Mythos der Perfektion (das über die Medien verbreitet wird) führen, zugunsten der Entdeckung eines realistischeren narzißtischen Selbstbildes, das von den anderen akzeptiert wird und das man selbst akzeptieren kann. In solchen Fällen scheint uns die Gruppentherapie besser geeignet als eine Einzeltherapie, trotz der häufigen anfänglichen Hemmungen bei dieser Art von Klienten. Selbstverständlich geht es bei dem Arbeiten an der Akzeptierung des eigenen Körpers um eine weitaus grundsätzlichere und umfassendere narzißtische Aufwertung.

3. 12% der Fälle gehören zu einer Kategorie, die in gewisser Hinsicht mit der vorhergehenden vergleichbar ist. Es geht ebenfalls um die Freisetzung eines unterdrückten Potentials, doch dieses Mal in eindeutig kreativer, ja künstlerischer Hinsicht. Es handelt sich oft um reiche, aber rigide Persönlichkeiten, die in ihrem eigenen Pflicht-, Verantwortungs- und Leistungsbewußtsein festgefahren sind. Als Paradebeispiel können wir einen Chefmediziner nennen, der bei sich künstlerische, literarische und malerische Talente entdeckte, und es wagte, zunächst unter einem Pseudonym, diesen nachzugehen, um bald darauf seine, ihn belastende, verantwortliche Stellung aufzugeben und schnell berühmt zu werden und in Galerien auf mehreren Kontinenten auszustellen.

Und warum sollten wir die vielen Klientinnen um die vierzig, die als steril angesehen wurden und sich plötzlich dazu bereit fühlten, ihr erstes Kind in die Welt zu setzen, nicht ebenfalls zu der Kategorie der „selbsterteilten Erlaubnis zum kreativen Tun" zählen? Die verschiedenen Übungen zur Energetisierung und zur körperlichen oder symbolhaften Kreativität scheinen sie ihre Fähigkeit, etwas Lebendiges und Beachtenswertes zu schaffen, entdecken zu lassen. Auch diese Gruppe scheint uns sehr vielversprechend, und anscheinend führt die emotionale Katharsis zu einer tiefgehenden psychophysiologischen Mobilisierung. Es scheint so, als würde eine Art von „geistiger Hirnchirurgie" mit einer befreienden, sehr raschen Wirkung stattfinden, und wir konnten mehrere „Gestalt-Babys" begrüßen, die schon lange von Paaren gewünscht wurden, die sich zu früh mit ihrer Sterilität abgefunden hatten.

4. 13 % unserer Fälle mit rascher Entwickung innerhalb von weniger als sechs Monaten könnte man in einer letzten, etwas heterogenen Kategorie als „Marginalisierte", Asoziale oder geistig Kranke zusammenfassen – Personen, die oft seit vielen Jahren in dem Gefühl des Andersseins, des Nicht-Verstanden-Werdens oder der Ablehnung gelebt hatten. Ich denke dabei z.B. an Yvette, die niemals davon loskommen konnte, einen Vater zu haben, der wegen vorsätzlichen Mordes zu einer lebenslänglichen Gefängnisstrafe verurteilt worden war; ich denke an die zahlreichen Homosexuellen beiderlei Geschlechts, die in ihrem beruflichen und vor allem familiären Umfeld abgelehnt wurden; ich denke an diejenigen (die zahlreicher sind, als man denkt), die in der Angst leben, von einem Elternteil eine Geisteskrankheit geerbt zu haben; ich denke an die chronischen psychosomatischen Fälle, an Renée, die seit ihrer Jugend alle ihre Mahlzeiten erbrach und die sich nach ihrem ersten Gestaltworkshop nie mehr erbrochen hat; ich denke auch an Marcel, der über sich in der dritten Person sprach und Schreckensbilder über blutrünstige Ermordungen angab; an Charles, der sich plötzlich in Restaurants oder öffentlichen Verkehrsmitteln entkleidete; an Jean-Michel, der mit eintöniger Stimme Litaneien rezitierte, bei denen es auschließlich um dunkle Tunnel mit verschlossenen Türen ging, zu denen er den Schlüssel verloren hatte.

Über die (auch dank der Anwesenheit der Gruppe) rasche positive Entwicklung bestimmter Personen, die unter einer sozialen, „rassistischen" Ablehnung gelitten hatten (z.B. den Homosexuellen), waren wir nicht überrascht. Dagegen stellten wir mit Erstaunen bei gewissen stark pathologischen Klienten mehrere Fälle einer an ein Wunder grenzenden Heilung fest, die in dem Moment begann, als wir uns darauf einließen, mit ihnen vorurteilslos ihre „Verrücktheit" direkt anzugehen und sie aufforderten, diese symbolisch mit uns zu teilen, d.h. ihre außergewöhnlichsten Phantasien auszudrücken und sie in eine Sprache zu übersetzen, die innerhalb der Gruppe, die selbstverständlich mitmachte, zunehmend verstanden wurde.

Alle diese Zahlen und Feststellungen sind provisorische Teilergebnisse, denn unsere Untersuchung geht weiter. Vor allem würden wir gerne im voraus mögliche Indikatoren für Kurzzeittherapien festlegen können, hinsichtlich des Alters, Geschlechts, der Symptomatik und der Persönlichkeitsstruktur. Wir würden gerne in der Lage sein, die „katalytischen" Faktoren besser einzugrenzen, um die Behandlung verstärken und beschleunigen zu können. Ferner hätten wir gerne zufriedenstellende Arbeitshypothesen zu folgenden Fragen:
– Ist durch die emotionale Arbeit, insbesondere über die Katharsis, eine neurologische „Bahnung" möglich, die zu einer Molekularbildung führt, die eine Spur in den limbischen Strukturen des Gehirns hinterläßt?
– Sind wir, einfacher gesagt, an der Reorganisation der geistigen Wahrnehmungs- und Vorstellungssysteme von der Welt beteiligt, die durch das Echo einer verständisvollen Gruppe als Zeuge konsolidiert wird?

– Führt eine solche Erfahrung zur Erweiterung der Palette an körperlichen und emotionalen Verhaltensmöglichkeiten (Trauer, Zorn, Angst, Wünsche, Freude, Frieden usw.)? Fördert ein ausgewogener Wechsel von Frustration und punktueller Unterstützung durch den Therapeuten die Beziehungsfähigkeit und stärkt er die Fähigkeit zur „schöpferischen Anpassung"?
– Wird durch einen besseren Umgang mit den persönlichen Widerständen Energie freigesetzt, die wieder der Lebenskraft zufließen kann?

Es stellen sich zahlreiche weitere Fragen psycho-physiologischer, intrapsychischer, sozialer und sogar esoterischer Art.

Fürs Erste wollen wir uns damit zufrieden geben, die Dinge festzustellen, ohne sie in Frage zu stellen. Ausprobieren, ehe man verstehen will, anstatt alles zu verstehen, ohne es ausprobiert zu haben, dies scheint uns der Weg der Gestalttherapie zu sein; unsere awareness einzusetzen, um vorurteilsfrei erforschen zu können und dabei darauf zu achten, daß wir unsere Aufmerksamkeit nicht nur auf die am Anfang des Weges formulierten Probleme konzentrieren. Wir ziehen es vor, auf gut Glück den verschlungenen Pfaden und stacheligen Gebüschen des Unwohlseins nachzugehen, und unseren Klienten vertrauensvoll, aber achtsam und ohne vorherige Grenzziehungen in sein unerwartet weitläufiges Territorium zu begleiten, ihn dazu anzuregen, seine verborgenen und wieder aufgestöberten Schätze einzusammeln und danach auf seiner Karte die bei jeder neuen Expedition eingeschlagene Route einzuzeichnen.

Die Gestalttherapie, ein Schlüssel zum Kontakt

Die Gestalttherapie erweist sich somit als eine wirkungsvolle Psychotherapie. Sie wirkt schnell, gründlich und dauerhaft – zumindest in bestimmten Fällen –, selbst wenn dies noch allzu oft von voreingenommener Seite bestritten wird. Ihre Grenzen und ihre wichtigsten Indikationen müßten jedoch noch deutlicher formuliert werden, z.B. posttraumatische, psychosomatische und sexuelle Störungen, Verklemmung, Depression, aber auch Borderliner-Persönlichkeiten – unter der Voraussetzung, daß eine körperbezogene Gestalttherapie angewandt wird, die direkt auf die tiefen limbischen Schichten des Gehirns und auf die archaischen Engrammationen einwirkt.

Für uns ist die Gestalttherapie in erster Linie eine Psychotherapie, aber sie ist auch mehr. Sie scheint uns ein universelles methodologisches Instrument zu sein, das einen anderen Blick auf den Menschen und auf seine Umwelt erlaubt, ein Schlüssel, um die Kontaktgrenze zwischen dem Innen und dem Außen, zwischen dem Ich und der Welt, zu öffnen. Sie entmystifiziert die Allmacht des Denkens und der Wissenschaft („Die Vorstellung von einem gänzlich rationalen Menschen ist vollkommen irrational", sagt Edgar MORIN) – die intuitive Synthese geht der rationalen Analyse voraus; die Klärung des verfolgten Ziels erklärt mehr als das Verstehen der früheren Ursachen; die optimistische Zielgerichtetheit des „Wofür" ist dem pessimistischen Kausalismus des „Warum" überlegen; die kreative Poesie des Lebens führt weiter als die mathematisch genaue, stereotype Rigidität der Materie. So wird die Gestalttherapie zu einem Phänomen unserer Zeit, einem Zeitgenossen einer neuen Kultur, die sich darum bemüht, den Menschen aus seiner „linksseitigen" Existenz zu befreien, zu der uns unsere westliche Zivilisation allzu lange verurteilt hat.

Die Theoriebildung in der Gestalttherapie bleibt umstritten, doch wir gehören zu jenen, die sich über diese Offenheit freuen, denn dogmatische Rigidität bedroht jede Art von Theorie oder Doktrin – die Gestalttherapie wie die Psychoanalyse, das Christentum wie den Kommunismus – und kann letztlich nur zur Sklerose und zum Tod führen. Der Gestalttherapie ist bereits eine harmonische Synthese – deren Ganzes anders ist als die Summe seiner Teile – zahlreicher therapeutischer und philosophischer Strömungen des letzten halben Jahrhunderts gelungen, und sie bereitet so, auf ihre Weise, das Entstehen einer neuen Vision des Menschen, eines neuen Paradigmas, vor, zu Beginn einer sich bereits ankündigenden Ära, die durch den Übergang von dem Streben nach dem parzellierten, akkumulierten Haben zu der Suche nach dem vereinigenden, ganzheitlichen Sein, gekennzeichnet ist. Im übrigen fordert die Gestalttherapie für sich nicht den Status einer Wissenschaft, sondern beehrt sich, eine Kunst zu bleiben, die den zeitgenössischen Forschungs-Elan mitträgt, der sich durch Physik, Biologie und Philosophie zeigt, die alle nach der Einheit von Materie und Energie und damit von Körper und Geist streben. Der gestalttherapeutische Ansatz könnte ein Schlüssel sein, der uns den faszinierenden Weg zur Entdeckung der ungeahnten Schätze einer Kommunikationskultur öffnet.

Anmerkungen

1 Frederick S. PERLS. Gestalt-Therapie in Aktion. Stuttgart 1986. S. 24.
2 An diesem arbeiteten die größten Namen der Gestalttherapie mit: Fritz und Laura PERLS, Paul GOODMAN, Paul WEISZ, Isadore FROM, Erving und Miriam POLSTER, Joseph ZINKER, Edwin und Sonia NEVIS, Joël LATNER usw. (Von 1966 bis 1987 wurden dort 810 Personen ausgebildet.)
3 Inzwischen hat J. CORBEIL die Leitung des CCHA aufgegeben,und GODIN hat sich von der Gestalttherapie zurückgezogen.
4 Dort wurden vor allem J.M. ROBINE, N. PATERNOSTRE de SCHEVEL und A. MOREAU ausgebildet. Michael KATZEFFf ist inzwischen von Belgien nach Spanien übersiedelt und hat die Multiversité eingestellt.
5 P. van DAMME. Gestalt et psychothérapie de groupe d'enfants. Paris, EPG, Juni 1985.
6 Auszüge aus ihrer Abschlußarbeit für das Zertifikat zum Gestaltpraktiker an der Ecole Parisienne de Gestalt.
7 P. C. RACAMIER. „Psychothérapie psychanalytique des psychoses", in: La psychanalyse d'aujourd'hui. Herausgeber S. Nacht. Paris 1967. PUF.
8 Ehemaliger Schüler der Ecole Parisienne de Gestalt. Titularmitglied der Société française de Gestalt.

 9 D. GROSJEAN. Les ressources énergétiques humaines et la prospérité de l'entreprise. C.R.C. 1985.
10 Auf dem 6. Kongreß der Ass. européenne de Psychologie Humaniste (Paris, 7/82), auf dem 1. Kongreß der spanischen Gestalt-Assoziation (Barcelona, 11/82) und auf den 2. Kongreß der Assoc. Europ. de Gestalt (Mainz 9/86).
11 VANOYE/GINGER. Le Développement personnel et les Travailleurs sociaux. Paris 1985. ESF.
12 Bericht von Anne GINGER auf den 3. nationalen Studientagen des SFG (Grenoble, Dez. 1985). In: La Gestalt et ses différents champs d'application. Paris 1986. SFG.
13 E. GILLIERON, Mitglied der Schweizerischen Gesellschaft für Psychoanalyse, Chefmediziner an der Universitätspolyklinik von Lausanne. In: Aux confins de la psychanalyse (Psychothérapies analytiques brèves: acquisitions actuelles). Paris 1983. Payot.

Anhang

Anhang

Bericht einer Gruppenteilnehmerin

Vorbemerkung

Jeder Gestalttherapeut arbeitet auf seine eigene Art, in seinem eigenen Stil. Auch jeder Kurs hat seine eigene Atmosphäre, je nach den Teilnehmern der Gruppe, dem Ort, dem Zeitpunkt und dem Gesamtkontext, in dem er stattfindet. Jeder Teilnehmer nimmt den Kurs auf eigene Weise wahr, entsprechend seiner Persönlichkeit, seinen Erwartungen und seiner momentanen Verfassung.

Hier nun zur Illustration einige Auszüge über die ersten Eindrücke einer unserer Gruppenteilnehmerinnen, die diese ihrem Tagebuch unter dem unmittelbaren Eindruck des Erlebten anvertraute.

Der Kurs fand 1979, also vor fast 15 Jahren statt. Es handelte sich dabei nicht um eine Therapiegruppe, sondern um einen Einführungskurs in Gestalttherapie, der von einem staatlichen psychiatrischen Krankenhaus im Rahmen einer kontinuierlichen Fortbildung für zwölf psychiatrische Krankenschwestern und Pfleger organisiert wurde, die sich dazu freiwillig gemeldet hatten.

Das angebotene Programm bestand, gemäß dem Modell, das wir normalerweise für Einrichtungen dieser Art anbieten, aus einer Reihe von drei Workshops von je drei Tagen innerhalb eines Monats. Bei dem Bericht handelt es sich lediglich um die ersten Eindrücke von dem ersten Workshop, der in erster Linie eine Reihe von Aufwärmübungen, eine Einstimmung und einige kreative Übungen beinhaltete.

Die darauffolgenden Workshops waren in stärkerem Maße der individuellen Arbeit gewidmet, sowie ausführlichen Diskussionen über die Grundprinzipien und die Methode der Gestalttherapie, über einige ihrer Techniken und die Grenzen ihrer Anwendung im Rahmen einer ziemlich traditionellen, strukturierten psychiatrischen Einrichtung. Außerdem wurden gemeinsam einige konkrete Fälle analysiert, die von den Teilnehmern eingebracht wurden.

Das gesteckte Ziel war klar eingegrenzt: Es ging nicht darum, dem Pflegepersonal vorzuschlagen, etwas anderes als normalerweise zu machen, sondern vielmehr das Übliche auf andere Weise zu machen.

Marie-Laure Gassin war damals 28 Jahre alt. Sie arbeitete seit mehreren Jahren als psychiatrische Krankenschwester in diesem Krankenhaus und hatte zuvor noch nie etwas von Gestalttherapie gehört.

„MEINE ERSTE BEGEGNUNG MIT DER GESTALTTHERAPIE" (Auszüge)

von Marie-Laure Gassin

„Sensibilisierung für die Gestalttherapie" – dieser Kurstitel hatte mich angesprochen. Da ich stets neugierig bin, hatte ich mich dafür eingeschrieben, ohne genauer zu wissen, um was es sich dabei handelt.

Auf was würde ich mich da einlassen? Auf ein Spektakel mit starken Gefühlen? Auf eine Art „Stierkampf", bei dem die Teilnehmer sich schreckliche Wahrheiten ins Gesicht schleudern? Auf einen Ort, an dem es taktlos ist, trotz aller Vorbehalte sich nicht bloßzustellen? Ich befürchtete förmlich einen kollektiven und sicher gehässigen Exibitionismus.

Oder würde ich gar auf einen mehr oder weniger magischen Kreis treffen, der das Leiden nicht kennt, auf eine ganz freundliche Welt voller brüderlichen Mitgefühls, die meine Verletzungen heilen würde! Ohne allzu sehr davon überzeugt zu sein, hoffte ich, etwas Derartiges anzutreffen, und befürchtete gleichzeitig, mich in ein künstliches Paradies fernab dieser unruhigen sozialökonomischen und politischen Welt zu flüchten.

An jenem Morgen im April 1979 um 9 Uhr sind wir zu elft bei dem vereinbarten Treffen. Wir machen es uns in einem großen, mit Matrazen und bunten Kissen ausgestatteten Saal bequem. Es gefällt mir a priori, daß keine Tische und Stühle da sind. Ein erster Bruch mit dem Konformismus – man setzt sich hin, wo man will und wie man will.

Trotzdem fühle ich mich unsicher. Ich beobachte meine Umgebung: Sieben Frauen und vier Männer, ungefähr zwischen 25 und 50 Jahren, von denen ein Teil traditionnel gekleidet ist und die anderen eher phantasievoll. Was suchen sie hier? Haben sie genauso Angst wie ich? Einige von ihnen haben schon an einem solchen Workshop teilgenommen, doch die meisten sind, wie ich, absolute Neulinge.

Serge, der Gruppenleiter, schlägt vor, daß sich diejenigen, die dies wollen, vorstellen und zwar so, wie sie es wollen – kurz oder ausführlich, in Worten, durch Gesten oder mit Hilfe einer Zeichnung. Ein erneuter Bruch – wir bewegen uns nicht mehr in der egalitären Logik von „einer nach dem anderen und jeder auf dieselbe Weise". Diese offene Atmosphäre überrascht mich; es ist nicht das, was ich normalerweise im Krankenhaus erlebe, wo die Rigidität der Normen eine klare Angelegenheit ist, die man uns gegenüber als unumgängliche „Realität" darstellt.

Nach dieser Anfangsrunde, an der einige sich nicht beteiligen (und sie auch niemand dazu zwingt), schlägt uns Serge einige Aufwärmübungen vor, um uns an die neue Umgebung zu gewöhnen. Wir machen uns zunächst mit den Örtlichkeiten vertraut, indem wir uns schweigend und mit all unseren Sinnen – Sehen, Hören, aber auch Berühren, Riechen usw. – darin bewegen. Dann schlägt er uns vor, dasselbe mit geschlossenen Augen zu machen, unter den angenehmen, beruhigenden Klängen einer Kassette mit sanfter Musik. Wir bewegen uns wie Blinde. Während der ersten Minuten dieser Übung stelle ich fest, daß mein Körper auf seltsame Weise blockiert ist. Ich wage es kaum, mich innerhalb eines engen Umkreises, wo ich mich relativ sicher fühle, zu bewegen. Dann mache ich mich allmählich tastend auf die Suche nach den Mauern und Türen. Suche ich etwa gleichzeitig nach den Begrenzungen und nach einem Weg, der aus meinen Ängsten herausführt?

Von Zeit zu Zeit macht Serge Vorschläge: Wir sollen alles mit größter Bewußtheit wahrnehmen, keinen unserer Sinne (außer dem Sehen) außer Acht lassen und alles ruhig, aktiv und gründlich mit Hilfe unseres ganzen Körpers erkunden: spüren, hören, zuhören, berühren, tasten, klopfen, reiben oder streicheln, mit den Händen, dem Gesicht, dem Rücken und mit was weiß ich noch. Ich fühle mich erleichtert. Ich kann also alle meine Sinne benutzen und brauche das Tabu eines eventuellen Kontaktes nicht mehr zu befürchten. Ich gehe erneut und mit erhöhter Aufmerksamkeit für die Gerüche und Töne wie auch für die unterschiedliche Wärme, Struktur und Festigkeit der Gegenstände und der Personen durch den Raum. Ich habe das Gefühl, mich in einem sensiblen, fast animalischen Raum zu befinden – in einer Art Savanne, in der allerlei Insekten, Vierbeiner, Reptilien herumschleichen, von denen jeder seinen eigenen Schrei, seinen eigenen Geruch, seine Farbe, seine Sprache und sein bevorzugtes Territorium hat.

Danach sollen wir wieder die Augen öffnen und dabei unsere Erkundungen fortsetzen. Was für ein Realitätsschock! Die beunruhigende Fremdheit dieser Welt, die (erneut) nahe und zugleich fern ist, flach und voluminös, neu und doch vertraut. Meine Initiativen werden durch die Anwesenheit der anderen abgebremst. Ich bin da nicht die einzige: Wenn wir uns begegnen, deuten wir Tanzschritte an, und ich stelle traurig fest, in welchem Ausmaß wir unsere Kreativität und Spontaneität abblocken – selbst hier, in dieser toleranten Umgebung, verstecken wir uns alsbald hinter stereotypen Gesten. Es ist schwierig, sich von den herkömmlichen gesellschaftlichen Normen, die unsere Verhaltensmöglichkeiten einschränken, frei zu machen.

Anschließend setzen wir uns zu einem verbalen Austausch über das Erlebte zusammen. Einige sind bei sich auf Gefühle gestoßen, die sie sehr lange unterdrückt hatten; andere haben sich sofort mehr für die Personen als für die Dinge interessiert oder umgekehrt; einige haben Angst, ja sogar Panik bekommen. Marie hatte das Gefühl, verloren zu sein, nichts mehr kontrollieren zu können und keinen Kontakt mehr zur Welt zu haben. Sie ist es also gewesen, die ich vorher in der Nähe des Heizkörpers keuchen und schluchzen gehört habe. Serge hatte ihr behutsam vorgeschlagen, damit fortzufahren, den Regulierungsknopf des Heizkörpers ständig auf- und zuzudrehen, sicher um ihr damit zu helfen, mit der Realität in Verbindung zu bleiben und um sich bewußt zu werden, daß sie in dieser

„nächtlichen" Welt, die in ihr anscheinend archaische Ängste ausgelöst
hatte, dennoch etwas kontrollieren konnte.

Nach einer kurzen Pause und immer noch zum Aufwärmen, schlägt uns
Serge vor, unsere eigene Welt in der Form eines Mandalas zu zeichnen.
Wir sollen in unserer Zeichnung die Personen und Dinge darstellen, die
wir lieben oder die für uns wichtig sind, aber auch Orte und Gefühle –
bildlich oder symbolhaft, je nachdem, was uns am meisten entspricht. Mir
fällt dazu nicht viel ein. Anscheinend lohnt es sich nicht, meine Welt, die
mir so gestaltlos und abstrakt erscheint, darzustellen. Ich mag sie nicht.
Ich bin mit nichts zufrieden – weder mit den Farben, noch mit den Formen
oder Inhalten. Ist meine Welt vielleicht leer? Während ich mich mit diesen
traurigen Gedanken beschäftige, tauchen in mir starke Gefühle der Freude
und der Traurigkeit, der Hoffnung und der Verzweiflung, auf. Ich stelle
überrascht fest, daß ich dabei bin ein Bild meiner Mutter zu zeichnen, auf
dem sie einen rosafarbenen Säugling in ihren Armen hält! Plötzlich kommt
mir ein Einfall: Ich brauche unten auf meinem Bild eine leicht geöffnete
Tür oder ein Fenster, durch das Luft und Sonne eindringen können. Ersticke ich vielleicht in meiner eigenen Welt? [...] Dann beginnt auf dem
unteren Teil des Blattes Gras zu wachsen. [...] Ich zerbreche ich mir den
Kopf über einige Widersprüchlichkeiten, die ich als algebraischen Formel
darstelle. [...]

Später sollen wir unsere Zeichnung der Gruppe zeigen. Ich stelle fest, daß
es einigen sehr leicht fällt, ihre Welt für die anderen zu öffnen. Wie sicher
sie sind! Die Züge sind klar, das Ganze ist gut beschrieben, die einzelnen
Teile sind deutlich differenziert. Jede Darstellung gibt Anlaß für eine individuelle, mehr oder weniger intensive Arbeit: Bewußtheit im Hier und
Jetzt über die Werte des Lebens, die Entscheidungen, Fragestellungen,
Empfindungen und Blockierungen – das Ganze in einer Atmosphäre der
wohlwollenden Aufmerksamkeit.

Ich erinnere mich an Simone, deren weihnachtlich geschmücktes Haus in
einer erstarrten Umgebung auf ein illusorisches Geschenk wartete. Wie alt
war sie da wohl? Wie lange würde sie noch warten, bis sie sich das Recht
zu leben nimmt? Einige Monate später hörte ich, daß sie ihre häuslichen
Zwänge gesprengt hatte und daß in ihrer Umgebung sie niemand wiedererkannte, so sehr war sie aufgeblüht! Nachdem Pascale in einer Körperarbeit ihr unersättliches Bedürfnis nach Wärme und Kontakt ausgedrückt
hat, sind wir alle sehr gerührt. Einige spüren sehr stark die emotionale
Wirkung dieser grenzenlosen Zärtlichkeit. Andere fürchten, von dieser
Gefräßigkeit verschlungen zu werden. Jemand erwähnt seine sehr distan-
zierte, kalte Mutter; eine andere reagiert darauf und beschuldigt sich, ihren
Kindern eine schlechte Mutter zu sein. [...]

Jetzt fällt mir eine andere Übung dieser Art ein, die zwei Tage später
vorgeschlagen wurde. Es ging darum, aus den verschiedensten Materialien
(Papier, Stoff, Wolle, Schnur, Eisendraht, Schrott, Holz, Erde, getrocknete
Blätter, Bohnen usw.) etwas Persönliches zu gestalten.

Einige arbeiten im Stehen, andere sitzen allein oder in kleinen Gruppen zusammen. Einige nehmen die Arbeit sehr ernst und stellen sehr schöne Objekte her (ein Tier, eine Puppe, ein Mobile), andere basteln ohne große Begeisterung ein wenig hier und da herum. So geht es auch mir. Ich beginne zahlreiche Projekte und verzettle mich ständig. Manchmal passiert es sogar, daß ich in die Arbeiten meiner Nachbarn eingreife oder aus dem Zimmer gehe. [...]

Als unsere Arbeiten fertig sind, sollen wir unsere „Kreaturen" oder Produkte in Szene setzen, sie lebendig und spürbar machen, ihnen eine Sprache verleihen, sie mit den anderen austauschen. Dies führt zu sehr unterschiedlichen Reaktionen und zu überrachenden Erkenntnissen über die Beziehungen, die wir unwissentlich zu unseren Gegenständen entwickeln, über unsere persönliche Art, darüber mit den anderen oder zu uns selbst zu sprechen bzw. die Gegenstände sprechen zu lassen, wie auch über die Welt, die sie ausdrücken. Meistens steht das Produkt in Beziehung mit einem unserer existentiellen Probleme, das auch an anderer Stelle in unserem täglichen Leben oder in unseren Träumen auftaucht und ist daher ein Anlaß, etwas weiter zu gehen und in einen Dialog zwischen den verschiedenen Teilen oder Ebenen einzutreten.

Als Joël seinen Lastwagen darstellt, erinnert er sich an einen kürzlichen Traum, in dem er auf einen Zug wartet und gleichzeitg mit einem Komparsen auf den Bahnschienen Tennis spielt. Serge fordert ihn auf, nacheinander den Zug, die Gleise, den Tennisschläger, den Ball usw., darzustellen. Daraus ergibt sich eine Reihe von mehr oder weniger ausdrücklichen Botschaften, die er selbst, während er sie formuliert, entschlüsselt:

JOEL: – Ich bin der Zug, ich fahre mit voller Kraft. Ich bin fest. Ich weiß
             nicht, wo ich hinfahre.
          – Ich bin die Schiene, ich muß geführt werden.
          – Ich bin eine Traverse zwischen den Gleisen, man beachtet mich
             nicht, man tritt auf mich. Man achtet nur auf die Schienen, weil
             sie metallisch glänzen. Dennoch bin ich es, der diese Schienen
             miteinander verbindet! Und außerdem bestehe ich aus lebendigem
             Holz.

Jedes Traumelement ist ein Hinweis auf sein tägliches Leben, und bald gibt er seine gewandten Allüren auf und gesteht seine Verwirrung ein.

Wir machen eine neue Runde in der Gruppe, um darüber zu sprechen, was der einzelne während der Arbeit von Joël empfunden hat. [...] Jede Arbeit provoziert unterschiedliche Reaktionen, die emphatisch aber auch aggressiv sein können.

Ich selbst formuliere starke Ablehnung gegenüber Martine, die ich als hart und nicht offen empfunden habe. Serge fordert mich auf, ihr dies direkt zu sagen, zu ihr direkt zu sprechen, anstatt über sie zur Gruppe zu sprechen. Das ist schwierig! Ich winde mich hin und her, bremse mich, versuche zu beschwichtigen [...]. Es ist besser, wenn ich zu einem Kissen spreche!

ICH: Siehst du (zum Kissen), ich verabscheue deine Welt – ich nenne das Verschleierung! Damit sind mir schon andere gekommen! Ich hasse es, wenn sich jemand stark fühlt und es gar nicht ist! Ich hasse es, wenn jemand glaubt, im Besitz der reinen Wahrheit zu sein. Weißt du, was ich mit deiner Wahrheit machen möchte? Ich möchte sie zerquetschen, abschmettern.

SERGE: Mach' es, anstatt es zu sagen!

Ich greife mir nun das Kissen, drehe es hin und her, trete darauf, werfe es weg. Aber ich werde es wieder aufheben, denn ich bin mit meinem Ärger noch fertig! Ich zerfetze es und beiße mit aller Kraft darauf! Ich kann davon nicht ablassen, trotz aller Wut, die ich habe!

SERGE: Ja. Was spürst du jetzt?

Ich gebe dem Kissen einen Fußtritt.

SERGE: Wo möchtest du dieses Kissen hinlegen? Kannst du einen Platz dafür finden?[1]

Ich bin sehr verwirrt. Ich habe solche Sehnsucht nach diesem verlorenen Paradies der Sicherheiten. Ich nehme das Kissen in meine Arme, wiege es lange und erkläre „ihm", daß das, was „er" mir vorschägt, zu schön ist, um wahr zu sein, und daß ich so gerne blindlings daran glauben würde.

SERGE: Du würdest „ihm" gerne vertrauen?

ICH: Oh ja! Das ist noch nicht vorbei! Ich habe geglaubt, die Wunde sei verheilt.

(Ich spüre, wie meine Stimme zittert und von einem intensiven Gefühl überwältigt – meine Wut hat der Traurigkeit Platz gemacht.) Ich habe ein so großes Bedürfnis nach Wärme, Zärtlichkeit und Vertrauen. Aber es gelingt mir nicht, mich mit geschlossenen Augen einfach gehenzulassen.

SERGE: Möchtest du das jetzt hier mit uns ausprobieren?

Auf ein zustimmendes Zeichen meinerseits stehen mehrere Gruppenmitglieder auf und bilden einen engen Kreis um mich, während ich aufrecht mit geschlossenen Augen in der Mitte stehe und mich wie ein Korken auf einer Welle, wie eine Flasche im Meer, treiben lasse. Ich lasse mich inmitten aller anderen treiben; die einen schicken mich zu den anderen; da ist vollkommene Verzweiflung, das Gefühl, niemals ein Gewicht oder einen Anhaltspunkt gehabt zu haben, vom Leben hin- und hergeworfen zu werden, auf gut Glück, durch den Willen der anderen! Dann spüre ich, daß man mich sanft hochhebt und sich viele Armen um meinen Hals, meinen Rücken und um mein Becken legen und daß man mich wiegt.

SERGE sagt halblaut zu mir: Laß' dich gehen. Versteck dich nicht, wenn du weinen mußt. Ja. So. Wie alt warst du damals?

ICH (zwischen zwei Seufzern): Sieben oder acht Jahre.

SERGE: Was sagt diese kleine siebenjährige Marie-Laure?

ICH: Ich will atmen. Ich spüre die Luft der Weite, die hohe See (ich spüre frische Luft auf meinen Gesicht – die Gruppe bläst mich an). Ich sehe die Orte meiner Kindheit wieder – den Platz, wo die welken Blätter verbrannt werden, ich höre das Feuer prasseln; ich sehe das Rathaus, wo mein Vater jeden Tag hingeht. Ich sehe, wie er sich entfernt, und ich spüre den Wind der weiten Welt auf meinem Gesicht. [...] (Es folgt eine lange Arbeit über die Autonomie von meinem Vater.)

Am Ende dieser Sitzung fühle ich mich wie neugeboren und von einer Fessel befreit; ich bin mir selbst wiedergegeben, obwohl ich nicht genau weiß, warum! Die Welt erscheint mir reicher und farbiger als sonst und blendend hell. Die Menschen wirken realer und näher. Ich habe den Eindruck, eine Sintflut und eine Wiedergeburt erlebt zu haben – so wie uns die Natur nach einem Gewitter farbiger und lebendiger erscheint. Seither habe ich wirklich die großen Segel gehißt.

Ich weiß jetzt, daß ich bald meinen eigenen Kontinent entdecken werde.

M.L.G. September 1979

Anmerkung

1 Anmerkung von S.G.: In diesem Moment weiß ich nicht, um was oder wen es geht (vielleicht weiß dies zunächst auch Marie-Laure nicht), doch ich begleite die Klientin auf ihrem inneren Weg: Wir machen uns auf die Entdeckung, und aller Wahrscheinlichkeit nach werden die Dinge – später oder während einer anderen Arbeit – zunehmend klarer werden.

Bibliographie der konsultierten Werke

ANCELIN-SCHÜTZENBERGER, A. Vocabulaire des techniques de groupe. Paris 1971. Epi.

ANZIEU, D. Le Moi-peau. Paris 1985. Dunod.

BERTALANFFY, L. von General System Theory. New York. 1969.

BINSWANGER, L. Analyse existentielle et psychanalyse freudienne. Paris 1970. Gallimard.

BLOFELD, J. Der Weg zur Macht. Praktische Einführung in Mystik und Meditation des tantrischen Buddhismus. Frankfurt 1981.

CAPRA, F. Wendezeit. Bausteine für ein neues Weltbild. Bern/München/Wien 1983.

CHANGEUX, J. P. L'homme neuronal. Paris 1983. Fayard.

CHARON, J. J'ai vécu quinze milliards d'années. Paris 1983. Albin Michel.

DEBRU, C. Neurophilosophie du rêve. Paris 1990. Hermann.

DESCAMPS, M. A. La maîtrise des rêves. Paris 1983. Ed. Universitaires.

DESHIMARU, T./CHAUCHARD, P. Zen et cerveau. Paris 1976. Le Courrier du Livre.

DURAND-DASSIER, J. Structure et psychologie de la relation. Paris 1969. L'Epi.

DURDEN-SMITH, J./DESIMONE, D. Le sexe et le cerveau. Ottawa 1985. Ed. de la Presse.

FERENCZI, S. Bausteine zur Psychoanalyse. 4 Bde. Bern/Stuttgart/Wien 1984.

FERGUSON, M. The Aquarian Conspiracy. Personal and social transformation in the 1980s. London 1981. Routledge & Paul.

FREUD, S. Die Traumdeutung. (Leipzig/Wien 1900) Gesammelte Werke Bd. II/III.

FREUD, S. Ma vie et la Psychanalyse. Paris 1971. Gallimard.

FROMM, E. La crise de la psychanalyse. Paris 1971. Anthropos.

GAY, P. Freud, une vie. Paris 1991. Hachette.

GILLIERON, E. Les psychothérapies brèves. Paris 1983. PUF.

GOLDSTEIN, K. Der Aufbau des Organismus. Den Haag 1934.

GUILLAUME, P. La Psychologie de la Forme. Paris 1937. Flammarion.

HALL, E. La dimension cachée.+ Paris 1971. Seuil.

ISRAEL, L. Boiter n'est pas pécher. Paris 1989.Denoël.

ISRAEL, L. Initiation à la psychiatrie. Paris 1984. Masson.

JACCARD, R. Histoire de la Psychanalyse. 2 Bde. Paris 1982. Hachette.

JUNG, C.G. Der Weg zum Selbst. 1954.

JUNG, C.G. Ma vie.+ Paris 1970. Gallimard.

KOHUT, H. Les deux analyses de M.Z.+ Paris 1985. Navarion.

LABORIT, H. L'inhibition de l'action. Paris 1979. Masson.

LAPIERRE, H./VALIQUETTE, M. J'ai fait l'amour avec mon thérapeute. Montreal 1989. Ed. St. Martin.

LAPLANCHE, J./PONTALIS, J.B. Das Vokabular der Psychoanalyse. Frankfurt a.M. 1972.

LAZORTHES, G. Le cerveau et l'esprit. Paris 1982. Flammarion. ders. Le cerveau et l'ordinateur. Toulouse 1988. Ed. Privat.

LE MOIGNE, J.L. La théorie du Système général. Paris 1977. PUF.

MAC LEAN, P./GUYOT, R. Les trois cerveaux de l'Homme. Paris 1990. Laffont.

MARC, E. Le Guide pratique des Nouvelles Thérapies. Paris 1982. Retz.

MERLEAU-PONTY, M. Phänomenologie der Wahrnehmung. Berlin 1966.

MONTAGU, A. La peau et le toucher. Paris 1980. Seuil.

MORIN, E. La Méthode. Bde I–III. Paris. Seuil.

NACHT, S. (u. Koll.) La Psychanalyse d'aujourd'hui. Paris 1967. PUF.

PAGES, M. Le travail amoureux. Paris 1977. Dunod.

PANKO, W.G. L'Homme et sa psychose. (1969) Paris 1983. Aubier.

PASINI, W./ANDREOLI, A. Eros et changement. Paris 1981. Payot.

PICAT, J. Le rêve et ses fonctions. Paris 1984. Masson.

PROCHIANTZ, A. La construction du cerveau. Paris 1989. Hachette.

RANK, O. Die Kunst und der Künstler. (1932)

REICH, W. Charakteranalyse. (1933) Frankfurt a.M. 1976.

ders. Die Funktion des Orgasmus. (1927) Köln 1969.

Revue Autrement. Oedipe et neurones (Psychanalyse et neurosciences: un duel?). No special 117, Okt. 1990.

ROSNAY, J. de. L'aventure du vivant. Paris 1988. Seuil.

SABOURIN, P. Ferenczi. Paris 1985. Ed. Universitaires.

SAFOUAN, M. Le transfert et le désir de l'analyste. Paris 1988. Seuil.

SARTRE, J.-P. L'Existentialisme est un humanisme. Paris 1946. Nagel.

SEARLES, H. Le contre-transfert. Paris 1979. Gallimard.

FROMM, E./SUZUKI, D.T./ de MARTINO, R. Zen-Buddhismus und Psychoanalyse. Frankfurt 1977.

TROCME-FABRE, H. J'apprends, donc je suis. Paris 1987. Ed. d'organisation.

VANOYE, F./GINGER, S. (& Kollegen) Le Développement personnel et les travailleurs sociaux. 1985. ESF.

VINCENT, D.D. Biologie des passions. Paris 1986. Seuil.

WATZLAWICK, P. Die Möglichkeit des Andersseins. Bern 1974. Huber.

WINNICOTT, D. W. De la pédiatrie à la psychanalyse. Paris 1969. Payot.

Bibliographie zu den Publikationen über Gestalttherapie in französischer Sprache

AMBROSI, J. La Gestalt-thérapie revisitée. Toulouse 1984. Ed. Privat.

BOUCHARD, M.-A. De la phénoménologie à la psychanalyse. Bruxelles 1988. Mardaga.

BOUTROLLE, M. Parents-enfants-psychothérapeute: jeux transférentiels. In: Bullentin de la SFG. Nr. 21–22. Sommer 1990. pp. 28–31.

CHEVALLEY, B. Meurs et deviens. Psychothérapie et entretien pastoral. Paris 1992. Centurion.

DELACROIX, J.-M. Ces Dieux qui pleurent ou la Gestalt-Thérapie des psychotiques. Grenoble 1985. IGG.

DELISLE, G. Les troubles de la personnalité, perspective gestaltiste. Montréal 1991. Ed. du Reflet.

FINN, E. Tarot, Gestalt et Energie. Montréal 1980. Ed. de Mortagne.

GINGER, S. La Gestalt est-elle une thérapie psycho-corporelle? In: Somatothérapies, No. 2, 1989, pp34–37.

GINGER, S. La Gestalt-thérapie et quelques autres approches humanistes dans la pratique hospitalière. In: Former à l'hôpital. Hrsg. HONORE, B. Toulouse 1983. pp. 279–304. Ed. Privat.

ders. La Gestalt: une troisième voie? In: Le Développement personnel et les Travailleurs sociaux. Hrsg. VANOYE & GINGER. Paris 1985. pp. 53–71. ESF.

ders. Le Corps en Gestalt: corps interdits ou inter-dits? In: Somatothérapies. No 13. 1991.

ders. Quelques réflexions sur le transfert en Gestalt. In: Bulletin de la SFG. No 23, Winter 90/91. pp. 6–12.

ders. Vingt notions de base, vingt ans après. In: Revue Gestalt. No 1. Herbst 1990. pp. 43–60. SFG.

JACQUES, A. Historique de la Gestalt Thérapie. Bordeaux 1984. IGB.

JANIN, P. Avec la Gestalt au pays des rêves (Travail du rêve d'après Freud, Jung et Perls). Paris 1987. EPG.

JUSTON, D. Le Transfert en psychanalyse et en Gestalt-thérapie. Lille 1990. La Boîte de Pandore.

KATZEFF, M. Comment se réaliser par la Gestalt, le Tantra, la Kabbale et le Tao. Bruxelles 1980. Multiversité.

LATNER, J. Théorie du champ et théorie des systèmes en Gestalt-thérapie. In: The Gestalt Journal. Band VI, 2, 1983

LEVITSKY, A./PERLS, F. Les „règles" et les „jeux" de la Gestalt thérapie. IN: FAGAN. Gestalt therapy now. USA 1970. Aus dem Amerikan. von Ginger & Molette. Paris 1973. EPG.

MARC, E. Le processus de changement en thérapie. Paris. Retz.

MARTEL, B. Une Gestalt en 13 actes sur un fond de masochisme. Paris 1989. Coll. document EPG.

MASQUELIER-SAVATIER, Ch. Le bébé est une Gestalt. Paris 1985. Coll. document EPG.

MOREAU, A. Gestalt, Prolongement de la psychanalyse. Louvain-la-Neuve 1983. Cabay.

ders. La Gestalt thérapie, chemin de vie. Paris 1983. Maloine.

OAKLANDER, V. Fenêtre ouverte sur nos enfants. (USA 1978) Trad. C. Morieux. Doc EPG.

PASINI, W./ANDREOLI, A. Le corps et la Gestalt-thérapie. In: Eros et changement, le corps en psychothérapie. Paris 1981, pp. 234–240. Payot.

PERLS, F./HEFFERLINE, R./GOODMAN, P. Gestalt-thérapie. 2 Bde. Montréal 1977/1979. Stanké.

PERLS, F. Le Moi, la Faim et l'Agressivité. Paris 1978. Tchou.

ders. Ma Gestalt-thérapie, une poubelle vue du dedans et du dehors. Paris 1976. Tchou.

ders. Rêves et existence en Gestalt-thérapie. Paris 1972. Epi.

PETIT, M. La fonction thérapeutique de l'enactement en Gestalt-Thérapie. Thèse de Doctorat de 30 cycle. Ecole des Hautes-Etudes en Sciences Sociales. Paris, Okt. 1981.

diess. La Gestalt. Thérapie de l'ici-maintenant. Paris 1984. ESF.

PEYRON-GINGER, A. La thérapie individuelle en groupe. In: Revue Gestalt, No 1, Herbst 1990, pp. 135–142. SFG.

PIERRET, G. Ma forme quotidienne: une Gestalt-praxis. Namur 1981. Wesmael-Charlier.

POLSTER, E. & M. La Gestalt, nouvelles perspectives théoriques et choix thérapeutiques et éducatifs. Montréal 1983. Le jour. Übs. von Michel Katzeff aus: Gestalt Therapy Integrated. USA 1973.

ROBINE, J.-M. Figures del la Gestalt-thérapie. Bordeaux 1989. IGB.

ders. Formes pour la Gestalt-thérapie (Ecrits 1979–87). Bordeaux 1989. IGB.

ders. Le contact, expérience première. In: Revue Gestalt, No 1 , Herbst 1990. SFG.

ROSENBLATT, D. Les portes qui s'ouvrent: ce qui se passe en Gestalt-thérapie. (New York 1975) Übers. von M. Lichtenberger. Paris 1986. EPG.

SALATHE, N. Précis de Gestalt-thérapie. Paris. Amers.

SHEPARD, M. Le père de la Gestalt: dans l'intimité de Fritz Perls. Montréal 1970. Stanké. Übers. aus: Fritz: an intimate portrait (USA 1975).

SOCIETE FRANCAISE de GESTALT. Gestalt, Actes du 1o Colloque de'Expression française. Paris, Nov. 83. SFG.

diess. La Gestalt en tant que psychothérapie: Actes des Journées d'étude de Bordeaux. Paris, Nov. 1984. SFG & IGB.

diess. La Gestalt et ses différents champs d'application: Actes des Journées d'étude de Grenoble. Paris 1985. SFG.

VAN DAMME, P. Espace et groupe thérapeutique (une expérience de psychothérapie de groupe avec de jeunes enfants). Thèse de doctorat en psychologie clinique. Paris 1991. Université Paris VII.

ders. L'apport de la Gestalt au monde de l'Enfance. In: Bulletin de la SFG, No 17, Herbst 1988.

ZINKER, J. Se créer par la Gestalt. Montréal 1981. Ed. de l'Homme. Übers. von: Creative process in Gestalt Therapy. (USA 1977).

Bibliographie zu den Publikationen über Gestalttherapie in deutscher Sprache

BLANKERTS, St. Der kritische Pragmatismus Paul Goodmans. Köln 1988. Ed. Humanistische Psychologie.

CÖLLEN, M. Laß uns für die Liebe kämpfen. Gestalttherapie mit Paaren. München 1985. Kösel.

DAVIS, B. Ursprung und Bedeutung des Awareness-Konzeptes in der Gestalttherapie. Paderborn 1986. Junfermann.

FLIEGENER, B. Bibliographie der Gestalttherapie. (1630 dt. und engl. Titel). Köln 1991. Humanistische Psychologie.

GOODMAN, P. Natur heilt. Köln 1989. Humanistische Psychologie.

HARTMANN-KOTTEK-SCHRÖDER,L. Gestalttherapie. In: CORSINI, R. Handbuch der Psychotherapie. Weinheim 1983. Beltz.

KEPNER, J. I. Körperprozesse: Ein gestalttherapeutischer Ansatz. Köln 1990. Humanistische Psychologie.

NEVIS, E. C. Organisationsberatung. Ein gestalttherapeutischer Ansatz. Kön 1987. Humanistische Psychologie.

PERLS, F. S. Gestalttherapie in Aktion. (1974) 4. Aufl. Stuttgart 1986. Klett-Cotta.

ders. Grundlagen der Gestalttherapie – Einführung und Sitzungsprotokolle. München 1976. Pfeiffer.

ders. Das Ich, der Hunger und die Aggression. (1. Aufl. Stuttgart 1978) München 1989.

ders. Gestalt, Wachstum, Integration – Aufsätze, Vorträge, Therapiesitzungen. Paderborn 1980. Junfermann.

ders. Gestalt-Wahrnehmung – Verworfenes und Wiedergefundenes aus meiner Mülltonne. Frankfurt 1981.

PERLS,F./BAUMGARDNER, P. Das Vermächtnis der Gestalttherapie. Stuttgart 1990.

PERLS, F./HEFFERLINE, R./GOODMAN, P. Wiederbelebung des Selbst. (Gestalt-Therapie I). Stuttgart 1979. Klett-Cotta.

diess. Lebensfreude und Persönlichkeitsentfaltung. (Gestalttherapie II). Stuttgart 1979. Klett-Cotta.

PERLS, L. Begriffe und Fehlbegriffe der Gestalttherapie. In: Integrative Therapie 3–4. 1978.

diess. Leben an der Grenze – Essays und Anmerkungen zur Gestalt-Therapie. Köln 1989.

PETZOLD, H. Gestalttherapie und Psychodrama. Kassel 1965. Nicol.

ders. Psychotherapie, Meditation, Gestalt. Paderborn 1983. Junfermann.

PETZOLD, H. /BROWN, G. Gestaltpädagogik. München 1977. Pfeiffer.

PETZOLD, H. /SCHMIDT, C.(Hrsg). Gestalttherapie, Wege und Horizonte. Paderborn 1985. Junfermann.

POLSTER, E. Jedes Menschenleben ist einen Roman wert. Köln 1990. Humanistische Psychologie.

POLSTER, E.& M. Gestalttherapie, Theorie und Praxis der integrativen Gestalttherapie. München 1975. Kindler.

RAHM, D. Gestaltberatung. Paderborn 1979. Junfermann.

RONALL, R./FEDER, B. Gestaltgruppen. Stuttgart 1982. Klett.

ROSENBLATT, D. Türen öffnen: Was geschieht in der Gestalttherapie? Köln 1989. Humanistische Psychologie.

SCHNEIDER, K. Skillful Frustration. Konfrontation und Support als Interventionssti-
le in der Gestalttherapie. In: Integrative Therapie, Nr. 1, 1981.

ders. Grenzerlebnisse. Zur Praxis der Gestaltanalyse. Köln 1990. Humanistische Psychologie.

STEVENS, J. Die Kunst der Wahrnehmung. Übungen der Gestalttherapie. München
1975. Kaiser.

STRÜMFEL, U. Forschungsergebnisse zur Gestaltherapie. Köln 1990. Humanistische
Psychologie.

WALTER, H.J. Gestalt-Therapie, ein psychoanalytischer und gestalttheroretischer Ansatz. In: Gruppendynamik. Nr. 8. 1977. S. 3–27.

ZINKER, J. Gestalttherapie als kreativer Prozeß. Paderborn 1982. Junfermann.

Glossar

Einige gestaltspezifische Begriffe werden auch in Kapitel 8 (Die Theorie des Selbst) erklärt.

Aggressivität:
(Von „ad-gredere", herangehen – im Gegensatz zu „re-gredere", zurückgehen.) Bei Perls kein Todestrieb, sondern vielmehr ein Lebenstrieb, der notwendig ist, um die äußere Welt aktiv zu assimilieren und Introjektionen zu vermeiden. – Man muß zunächst in den Apfel beißen und ihn kauen (d.h. zerstören), um ihn verdauen zu können.

Anpassung, schöpferische:
Von Goodman vorgeschlagener Begriff, der die aktive Interaktion (im Gegensatz zur passiven Anpassung) bezeichnet, die bei einem gesunden Menschen an der Kontaktgrenze zwischen ihm selbst und seiner Umwelt stattfindet.

awareness:
Vollständige Bewußtheit in der Gegenwart, Aufmerksamkeit für alle eigenen körperlichen, emotionalen und auf die Umwelt bezogenen Empfindungen (Selbstbewußtsein und Perzeptionsbewußtsein).

Bedürfnisse:
Die Gestalttherapie beschäftigt sich mehr mit dem Bedürfnis als mit den Wunsch. Bedürfnisse können organischer (essen, schlafen), psychologischer, sozialer oder spiritueller Art sein, – z.B. das Bedürfnis, zu einer Gruppe zu gehören, das Bedürfnis, dem Leben einen Sinn zu geben usw. Nicht immer werden diese klar erkannt bzw. direkt ausgedrückt. Der Zyklus der Bedürfnisbefriedigung ist häufig unterbrochen oder gestört, und es gehört zu den Zielen der Gestalttherapie, derartige Unterbrechungen, Blockierungen oder Verzerrungen aufzudecken. Siehe auch → Widerstand.

Bewußtseinskontinuum:
Das fließende Auftauchen von Empfindungen, Gefühlen und Gedanken, die den Hintergrund bilden, von dem sich sukzessive die zentralen Figuren, Gestalten, unseres Interesses abheben und hervortreten. Bei einem psychisch gesunden Menschen ist dies ein harmonischer, kontinuierlicher Prozeß.

Bullshit:
Von Perls gerne benutzter Ausdruck, um einen übermäßigen Intellektualismus zu stigmatisieren. Er unterschied zwischen „chickenshit", „bullshit" und „elephantshit", je nach dem Ausmaß der intellektuellen Abwehrmechanismen, Rationalisierungen oder langatmigen Verbalisierungen, die er für ziemlich unfruchtbar hielt.

Cleveland:
Eines der wichtigsten Institute für Gestalttherapie in den Vereinigten Staaten. Es wurde zwar erst als zweites (1954) gegründet, ist aber in theoretischer Hinsicht das bedeutendste. Zu dem Team gehörten unter anderem Laura Perls, P. Goodman, I. From, J. Zinker, E. und M. Polster, E. und S. Nevis.

Cowichan:
Ende 1969, im Alter von 76 Jahren, kaufte Perls ein Fischermotel am See von Cowichan, auf der Insel von Vancouver (Kanada) und gründete dort mit dem Kern seiner Schüler aus Esalen ein Gestalt-Kibbuz. Er lebte dort nur sechs Monate, danach unternahm er eine Europareise und starb auf dem Rückweg in Chicago.

Deflektion:
Einer der „Widerstände" bzw. eine Form des „Verlustes der Ego-Funktion". Bei der Deflektion wird der Kontakt dadurch vermieden, daß die Empfindung in eine „Zwischenzone" mentaler Vorgänge (Gedanken, Phantasien, Träumereien) abgeleitet wird, also in einen Bereich, der weder der äußeren Realität noch den inneren Wahrnehmungen entspricht. Dabei kann es sich um eine Flucht aus dem Hier und Jetzt in Erinnerungen, Vorhaben, abstrakte Erwägungen und dergleichen handeln. Perls bezeichnete dies als „mind fucking" oder „bullshit".

Darstellen, erneutes bewußtes:
(engl. enactement) Eine bewußte Inszenierung mit anschließender Verbalisierung, die ein Phänomen deutlicher werden läßt und das Implizite explizit macht. Das bewußte Durchleben unterscheidet sich vom impulsiven Ausagieren, welches die verbale Bewußtmachung abschneidet und durch eine schwer analysierbare Handlung ersetzt.

Egotismus:
Eine von Goodman beschriebene, besondere Form des Widerstandes. Ein künstliches Aufblähen des Egos, das den Narzißmus und die persönliche Verantwortlichkeit stärken soll, um den Klienten auf die Autonomie vorzubereiten. Es handelt sich also um ein zeitweiliges therapeutisches Instrument. Ähnlich wie die „Übertragungsneurose" in der Psychoanalyse muß diese Übergangsphase im Laufe einer Gestalttherapie überwunden werden.

Einmischung, kontrollierte:
In der Gestalttherapie vertretenes Prinzip des bewußten Engagements in der therapeutischen Beziehung, das mit einem sorgfältigen Einsatz der Gegenübertragung verbunden ist. Ich bin als ganze, authentische Person präsent, so wie ich bin, aber ich bin nicht für mich selbst da, sondern für den Klienten.

Engpaß:
(Impasse) Von Perls benutzter Begriff zur Beschreibung einer Situation der anscheinend ausweglosen psychischen Blockierung, die vermuten läßt, daß man auf den Kern eines Problems gestoßen ist.

Es:
Im gestalttherapeutischen Sinn eine der drei Funktionen des Selbst (das außerdem das Ich und die Persönlichkeit umfaßt). Am Anfang eines Zyklus, in der Phase des Vorkontakts, funktioniert das Selbst im allgemeinen als Es.

Esalen:
In Kalifornien, 300 km südlich von San Francisco. Dort hat sich das berühmteste weltweite Zentrum für neue, humanistische Therapien entwickelt. Perls hat sich dort mehrere Jahre aufgehalten und von hier aus die Gestalttherapie berühmt gemacht – nicht ohne sie dabei ein wenig in ein Spektakel zu verwandeln.

Experimentation:
Die Gestalttherapie ist ein existentieller und experimenteller Ansatz, der das Angebot beinhaltet, befürchtete bzw. ersehnte Situationen (häufig zunächst in symbolischer Form) selbst zu erleben, ihnen nachzuspüren, Erfahrungen damit zu machen bzw. sie bewußt zu erproben (to experiment).

Feedback:
(„Rückkoppelung", eine durch eine bestimmte Situation ausgelöste Reaktion) Bei der Gruppentherapie werden die Teilnehmer häufig am Ende einer Einzelarbeit zu einem Feedback aufgefordert. Dies soll einerseits dem betreffenden Klienten zu einer größeren Bewußtheit verhelfen, vor allem jedoch jedem einzelnen die Möglichkeit geben, das auszudrücken, was die Situation bei ihm persönlich ausgelöst hat, und so unter Umständen eine Anschlußarbeit einleiten.

Figur/Hintergrund:
Eine der Grundannahmen der Gestaltpsychologie, die von der Gestalttherapie aufgegriffen worden ist. Ein gesunder Mensch sollte jeweils die dominante Figur (oder Gestalt) eindeutig erkennen können, die Bedeutung derselben wird jedoch erst im Zusammenhang mit dem jeweiligen Hintergrund vollkommen klar. Eine Reaktion im Hier und Jetzt (auftauchende Figur) muß daher in Beziehung zu der Gesamtsituation und der Persönlichkeit (Hintergrund) stehen. [Siehe: Bewußtseinskontinuum.]

Form (und Inhalt):
Die Gestalttherapie unterstreicht die Bedeutung der Form, d.h., die oft unbewußte oder vorbewußte Art und Weise etwas zu sagen oder zu machen (das Wie des Tonfalls, des Ausdrucks, der Körperhaltung, der Gesten etc.). Die Form kann den Inhalt des Gesagten bzw. die Absicht der Handlung verdeutlichen, jedoch auch im Widerspruch dazu stehen.

Gegenübertragung:
Im engeren Sinn die Gesamtheit der bewußten und vor allem unbewußten Reaktionen des Therapeuten auf die Person des Klienten (insbesondere auf

dessen Übertragung). Im weiteren Sinn alles an der Person des Therapeuten, was den therapeutischen Prozeß beeinflussen kann.

Gestaltgebet:
Ein berühmtes Zitat von Perls, das sich gegen die Konfluenz richtet [Siehe Kapitel 8].

Gestaltmassage, sensitive:
(manchmal auch als kalifornische, euphorisierende oder Partnerschaftsmassage bezeichnet) Eine von der Amerikanerin Margaret Elke entwickelte Technik der nonverbalen Kommunikation, die auf der awareness für die körperlichen Empfindungen der beiden Partner, die sich im Wechsel massieren, beruht. Zu ihren Zielen gehört das Wiedervereinheitlichen des Körperschemas und die bessere Wahrnehmung der Kontaktgrenze.

Gestaltpsychologie:
(oder Gestalttheorie) 1912 entstandene, phänomenologisch orientierte psychologische Richtung (Ehrenfels, Wertheimer, Koffka, Köhler), die vor allem betont, daß „das Ganze anders ist als die Summe seiner Teile" und sich aus dem vielfältigen Zusammenwirken zwischen diesen ergibt.

Hier und Jetzt:
(engl. here and now, lat. hic et nunc). Perls spricht lieber von dem „Jetzt und Wie" (now and how), das den Handlungsprozeß bzw. die Interaktion beschreibt.

Holismus, holistisch:
(von griech. holos, das Ganze, auf das Ganze gerichtet) Perls war zutiefst beeindruckt von der holistischen Theorie des Generals Smuts, Premierminister von Südafrika, der 1926 das Buch „Holisme and evolution" veröffentlicht hatte, das auf den Vorstellungen von Darwin, Bergson, Einstein und Teilhard de Chardin aufbaut. [Siehe Anmerkung im Kapitel 1].

Homöostase:
Allgemeines Prinzip der Selbstregulierung lebendiger Organismen, das 1926 von Cannon formuliert wurde. Perls bezieht sich häufig auf diesen Begriff, insbesondere in seinem posthumen Werk „The Gestalt approach and Eye of Witness to Therapy", das er 1950 begonnen und 1970 fertiggestellt hatte.

Hot Seat:
(Wörtlich der „heiße Stuhl") Von Perls insbesondere seit 1964, in seiner „kalifornischen Zeit", viel benutzte Technik. Sie besteht darin, daß der Klient aufgefordert wird, sich selbst neben den Therapeuten in einen Sessel (den hot seat) zu setzen, dem meistens ein leerer Stuhl (empty chair) gegenübersteht, auf dem er sich die Person (z.B. seinen Vater) vorstellen kann, an die er sich wenden will. Der leere Stuhl kann auch durch ein Kissen symbolisiert werden.

Hyperventilation:
Technik des forcierten, tiefen und/oder beschleunigten Atmens, die vor allen in der Bioenergetik und im Rebirthing angewandt wird. Sie bewirkt eine übermäßige Sauerstoffzufuhr, die die kortikale Kontrolle erschwert und die subkortikalen Schichten freilegen soll. Die dabei zutagetretenden verdrängten Emotionen bewirken häufig eine Katharsis, die manchmal mit einer Tetanie verbunden ist. In der Gestalttherapie wird diese künstliche Technik nicht angewandt, doch manchmal kommt es zu einer spontanen Hyperventilation aufgrund starker Emotionen.

Ich:
Das Selbst kann auf drei verschiedene Weisen funktionieren – als Es, Ich und als Persönlichkeit. Das Ich ist eine aktive Form des Funktionierens, die voraussetzt, daß ich mir über meine Bedürfnisse im Klaren bin und die Verantwortung für meine Entscheidungen übernehme. Die verschiedenen Arten des Verlustes der Ich-Funktion werden meistens als „Widerstände" bezeichnet.

Ich/Du:
Eine Anspielung auf das Buch von Buber (Ich und Du, 1923). Der Begriff steht für eine echte, direkte Beziehung zwischen zwei Personen, die Perls auch für die therapeutische Situation forderte.

Implosion:
Perls unterscheidet hauptsächlich vier psychische Schichten – die Oberflächenschicht des Spiels (konventionelle soziale Rollen), die implosive Schicht (die zum Engpaß führt), die explosive Schicht der Emotionen und die echte, tiefliegende Schicht. Die Implosion ist eine Art Lähmung, die durch die innere Spannung zwischen zwei widersprüchlichen Kräften verursacht wird.

Insight, Satori:
Erleuchtung oder plötzliche Bewußtheit infolge einer starken inneren Erfahrung.

Introjektion:
Eine der klassischen Abwehrformen, die darin besteht, die Vorstellungen oder Prinzipien der anderen unhinterfragt zu schlucken, ohne sie im geringsten verdaut und assimiliert zu haben. Dies gilt insbesondere für alle „Man muß"-Sätze der traditionellen Erziehung.

Katharsis:
Die Äußerung einer mitunter außergewöhnlich starken Emotion (Wutausbruch, Schreien, Schluchzen etc.), die u.U. zur Abreaktion und Entspannung bzw. zur Entdramatisierung führen kann. In der Gestalttherapie wird die Katharsis nicht gezielt angestrebt, aber sie stellt sich häufig während der Ver-

stärkung von Gesten oder Gefühlen ein. In der Regel findet danach eine
Verbalisierung des Geschehenen statt.

Kibbuz-Gruppe:
Die Anwendung der Gestaltprinzipien auf eine mittel- oder längerfristig (einige
Tage bis zu einigen Monaten) zusammenlebende Gruppe von Personen. Die
eigentlichen therapeutischen Sitzungen finden während des Gemeinschaftsle-
bens statt, das sich in Arbeit, Studium oder Freizeit gliedert und einem gemeinsamen therapeutischen Ziel dient. Für Perls stand zunächst die Einzeltherapie im Vordergrund, später die Gruppentherapie und schließlich die gemein-
schaftliche Therapie [siehe Cowichan].

Konfluenz:
Zurücknahme des Selbst und Aufhebung der Grenze zwischen dem Klienten
und seiner Umgebung. Eine der vier klassischen Formen der Abwehr. Eine
Mutter und ihr Baby befinden sich in einer gesunden Konfluenz, doch ein
zwölfjähriges Kind, das unfähig ist, eine andere Meinung als seine Mutter zu
vertreten, leidet an pathologischer Konfluenz.

Kontakt:
Zentrales Konzept der Gestalttherapie. Der normale Zyklus der Bedürfnisbe-
friedigung wird häufig als Kontaktzyklus (oder als Zyklus von Kontakt und
Rückzug) bezeichnet. Die Therapie findet an der Kontaktgrenze zwischen dem
Organismus und seiner Umwelt statt.

Kontaktgrenze:
Grundbegriff der Gestalttherapie. Die Therapie findet an der Kontaktgrenze
zwischen dem Klienten und seiner Umgebung statt (die vor allem durch den
Therapeuten repräsentiert wird). Hier, an der Kontaktgrenze, können die Kon-
taktstörungen innerhalb des normalen Ablaufs der Bedürfnisbefriedigung (oder
Widerstände) aufgedeckt werden. Die Haut ist ein Beispiel und zugleich eine
Metapher für die Kontaktgrenze, – sie grenzt mich ab, verbindet mich aber
auch gleichzeitig mit dem anderen [siehe Kapitel 8].

Kontaktzyklus:
Grundbegriff der Gestalttherapie, den Goodman in seiner Theorie des Selbst
entwickelte. Er untergliedert jede Handlung in vier Hauptphasen: Vorkontakt,
Kontaktnahme (contacting), Kontaktvollzug (final contact) und Nachkontakt
(oder Rückzug). Dieser Zyklus wurde in veränderter Form vor allem von
Zinker, Polster, Katzeff etc. aufgegriffen. Letzterer unterscheidet sieben Phasen: Empfindung, Gewahrsein (awareness), Aktivierung, Handlung, Kontakt,
Vollendung, Rückzug. Die Unterbrechungen oder Störungen im normalen Zy-
klusverlauf werden häufig als Widerstände bezeichnet. [Siehe Kapitel 8].

Körpergefühl:
Das Gewahrsein (awareness) für das auf die Außen- oder Innenwelt bezogene
Körpergefühl (Bedrückung, Kloß im Hals etc.) wird häufig als Ausgangspunkt

für eine weitergehende Arbeit benutzt. Der Therapeut seinerseits ist aufmerksam für seine eigenen körperlichen Empfindungen, die ihm helfen, seine Gegenübertragung bewußt einzusetzen.

Mandala:
(Sanskritbegriff, der „Kreis" bedeutet) Eine symbolhafte Zeichnung (oder ein Bild), die meistens auf einem Kreis oder auf einem Quadrat basiert und in verschiedenen östlichen Philosophien als Hilfsmittel bei der Meditation auf der Suche nach einer immanenten Wahrheit benutzt wird. Vor allem C.G. Jung befaßte sich eingehend mit den Mandalas. Die symbolische, zeichnerische Darstellung von Gefühlen und Situationen in Verbindung mit verschiedenen vom Mandala inspirierten Techniken wird von vielen Gestalttherapeuten als gängiges Mittel eingesetzt.

Mikrogesten:
Kleine automatische Gesten, die meistens unbewußt oder vorbewußt sind (z.B. das Trommeln mit den Fingern, das Wippen mit der Fußspitze, „zufällige" Ticks oder Gesichtsausdrücke, das Herumspielen am Fingerring etc.). Die Bewußtmachung und anschließende Verstärkung derartiger Gesten ermöglicht dem Klienten häufig, diesen selbst eine symbolische Bedeutung zuzuordnen, die zu fruchtbaren Assoziationen führen kann.

Monodrama:
Von Moreno entwickelte und von Perls häufig benutzte Technik des Psychodramas, die darin besteht, den Klienten nacheinander selbst die verschiedenen Rollen der von ihm angesprochenen Situation spielen zu lassen. Er kann z.B. einen Dialog mit verschiedenen Teilen seinen Körpers oder auch mit einem Elternteil führen und sich dabei die von ihm vermuteten, befürchteten oder erwünschten Antworten selbst geben.

Nachkontakt, Rückzug:
Vierte und letzte Phase des Kontaktzyklus, im wesentlichen die Phase der Assimilierung, die auf der Persönlichkeitsebene stattfindet.

Now and how:
Zwei der vier Schlüsselbegriffe der Gestalttherapie (die sich im Englischen reimen): „Now and how, I and thou" – jetzt und wie, ich und du. Sie stehen für eine vollständige, authentische Beziehung zwischen zwei Personen im Hier und Jetzt der therapeutischen Situation.

Persönlichkeit:
Die Persönlichkeitsfunktion des Selbst ist die verbale Darstellung, die das Subjekt von sich selbst gibt, das Selbstbild, in dem es sich erkennt. Sie hat die Funktion der Integration der Erfahrungen und bildet die Basis des Identitätgefühls in seiner historischen Dimension. Dieser Prozeß vollzieht sich vor

allem am Ende eines Kontaktzyklus, wenn die Erfahrung abgeschlossen ist bzw. während des Rückzugs.

Polaritäten:
Die Gestalttherapie sucht nach einer harmonischen Integration der komplementären Polaritäten des menschlichen Verhaltens (z.B. Aggressivität und Zärtlichkeit), anstatt das eine zugunsten des anderen auszuschalten oder einen „ungoldenen" Mittelweg, ein Grau in Grau untereinander vermengter Gefühle, anzustreben.

Prozeß:
Die Gestalttherapie konzentriert sich weitaus stärker auf den Prozeß als auf den Inhalt, d.h. auf das, was hier und jetzt geschieht, auf das Wie und nicht auf das Was.

Proflektion:
Von Sylvia Crocker vorgeschlagener Begriff für eine kombinierte Form der Abwehr, bei der sich die Projektion mit der Retroflektion verbindet. Die Proflektion besteht darin, mit anderen das zu machen, was man sich von ihnen wünscht.

Projektion:
Klassische Form der Abwehr, die darin besteht, anderen das zuzuschreiben, was uns selbst betrifft.

Proxemik:
Wissenschaftliche Untersuchung der Organisation des sozialen Feldes und der sozialen Entfernungen (Edward Hall, 1966). Die Suche nach der richtigen Distanz in einer Beziehung ist ein gängiges Thema der Gestalttherapie.

Psychologie, humanistische:
Von A. Maslow 1954 eingeführter Begriff. „Dritte Kraft", reaktive Bewegung gegen die erdrückende, deterministische Technokratie der Psychoanalyse auf der einen Seite und die Verhaltenpsychologie auf der anderen Seite. Die humanistische Psychologie versucht, dem Menschen das größtmögliche Maß an Verantwortlichkeit für seinen Entscheidungen zurückzugeben und betont seine spirituellen Werte.

Rückzug, Nachkontakt:
Bei Goodman die vierte und letzte Phase des Kontaktzyklus, die eine Assimilierung der Erfahrung (eine Persönlichkeitsfunktion des Selbst) ermöglicht und die Identität formt. Ein zu schneller oder zu langsamer Rückzug (Konfluenz) ist häufig ein Indiz für eine Dysfunktion, die die Autonomie einschränkt.

Retroflektion:
Retroflektion liegt vor, wenn die mobilisierte Energie gegen die eigene Person gewandt wird (z.B. Masochismus oder Somatisierung) oder wenn jemand mit

sich selbst das macht, was er sich von den anderen wünscht (z.B. Prahlerei). Sie kann ein Ausdruck des inneren Kampfes zwischen dem top-dog und dem under-dog sein.

Selbst:
In der Gestalttherapie bezieht sich dieser Begriff nicht auf eine feststehende Größe (wie z.B. in der Psychoanalyse auf das Ich), sondern auf einen Prozeß – auf das, was sich an der Kontaktgrenze zwischen dem Organismus und seiner Umwelt abspielt und zu einer schöpferischen Anpassung führt. Das Selbst kann in bestimmten Situationen (z.B. in Augenblicken der Konfluenz) schwächer werden. Die Theorie des Selbst [Kapitel 8] wurde vor 35 Jahren von Goodman auf der Basis von Notizen von Perls ausgearbeitet.

Selbstbehauptung:
Eine angemessene Form der Selbstsicherheit ohne Prahlerei oder falsche Bescheidenheit; die Verteidigung der eigenen Interessen bzw. des eigenen Standpunktes ohne Ängstlichkeit und ohne denjenigen des anderen zu verwerfen.

Soziogestalt:
Von S. Ginger vorgeschlagene Bezeichnung für die Anwendung der Gestalttherapie auf Institutionen oder Organismen, die in ihrer Gesamtheit betrachtet werden [siehe Kapitel 7.]

Stil, persönlicher:
Die Gestalttherapie stellt eher eine Kunst als eine Wissenschaft dar und ermutigt jeden (den Klienten wie den Therapeuten) zur Suche nach dem eigenen Lebenstil, zur „schöpferischen Anpassung" anstelle des vergeblichen Versuchs, unumstößliche Gesetze oder Rezepte anzuwenden.

Stimme:
In der Gestalttherapie ist die Art und Weise etwas zu sagen ebenso wichtig ist wie das Gesagte selbst, wird der Stimme zentrale Beachtung geschenkt. Eine ersterbende, farblose oder abgehackte Stimme weist manchmal auf eine seelische Verfassung hin, die nicht mit dem, was der Klient gerade verbal ausdrückt, übereinstimmt. Dies stellt häufig eine fruchtbare Fährte für die weitere Arbeit dar. Gestaltgruppen können der Entwicklung der Selbstsicherheit und Selbstbehauptung dienen.

Sympathie:
Perls unterscheidet die Sympathie von der Empathie und der Apathie. Sympathie setzt ein tatsächliches Beteiligtsein des Therapeuten in einer Ich/Du-Beziehung von Person zu Person voraus [siehe Kapitel 9.]

Systemik:
Der Systemansatz (von Bertalanffy, Goldstein, Le Moigne, de Rosnay, Morin) unterscheidet sich von dem newtonschen, cartesianischen, rationalistischen

Vorgehen darin, daß jedes Problem als Einheit von verschiedenen Elementen gesehen wird, die in einer gegenseitigen Interaktion stehen [siehe Kapitel 7.] Die Gestalttherapie ist ein systemischer Ansatz, der sich mit den Interaktionen im Bereich von Organismus und Umwelt beschäftigt. Auch die systemische Familientherapie der Schule von Palo Alto (Bateson, Watzlawick) setzt das Systemmodell psychotherapeutisch ein.

Top-dog:
(Der Hund an der Spitze eines Geschirrs. Im weiteren Sinn der Chef oder Anführer, vor allem im Sport.) Perls betont den intrapsychischen Kampf zwischen dem „top-dog" (moralisches Gewissen, Über-Ich) und dem „under-dog" (egotistische Abwehr).

transpersonal:
Eine Therapie kann intrapersonal (Analyse der inneren Konflikte), interpersonal (Untersuchung der zwischen den Personen bestehenden Beziehungen) oder transpersonal sein (Beschäftigung mit dem kollektiven Unbewußten und den esoterischen Verbindungen zwischen Mensch und Kosmos). Die Gestalttherapie stellt je nach dem persönlichen Stil des Therapeuten die eine oder andere dieser Ebenen in den Vordergrund, sie kann jedoch auch alle drei gleichzeitig miteinbeziehen.

Traum:
Für Perls wie für Freud der „Königsweg" zum Wissen über sich selbst. Perls sieht jede Person und jedes Element eines Traumes als eine Projektion des Träumers an und schlägt häufig vor, diese nacheinander zu verkörpern [siehe die Kapitel 1, 11 und 12.] Er greift hierbei ein bereits von O. Rank formuliertes Prinzip auf.

Übertragung:
In der Psychoanalyse die intensive affektive Beziehung zwischen dem Patienten und dem Therapeuten, die zum Teil eine in der Kindheit erlebte Situation reproduziert; die Übertragungsneurose ist der wesentliche Motor der Behandlung. In der Gestalttherapie achtet man auf die verschiedenen spontan auftretenden Übertragungsphänomene, die, sobald sie auftauchen, bearbeitet werden, aber man entwickelt keine künstliche Übertragungsneurose, die eine Abhängigkeitsbeziehung zu dem Therapeuten herstellt.

unabgeschlossen (eine Arbeit oder eine Gestalt):
Die Anhäufung von unabgeschlosssenen Gestalten bildet nach Perls eine der Ursachen der Neurose. Die Therapie besteht vor allem darin, die unvollendeten oder erstarrten Gestalten zu schließen, d.h. die offenen Probleme zu klären (z.B. eine nicht zu Ende geführte Trauerarbeit).

unbewußt:
In der Gestalttherapie wird die Bedeutung unbewußter Phänomene zwar nicht geleugnet, aber sie bilden nicht den zentralen Punkt des therapeutischen Vor-

gehens. Man beginnt vielmehr mit den offensichtlichen körperlichen, emotionalen oder mentalen Gegebenheiten, d.h. man geht bewußt von der Oberfläche aus, um die tieferen, „unbewußten" Schichten zu erreichen.

Verlust der Ego-Funktion:
Synonym für „Verlust der Ich-Funktion", „Abwehr", „Verteidigung des Ich", „Vermeidungsmechanismus", „Unterbrechung des Kontaktzyklus" usw. Jeder Autor benutzt hier seine eigene Terminologie [siehe Widerstände und Kapitel 8].

Verstärkung (Übertreibung):
Klassische Technik der Gestalttherapie, die darin besteht, den Klienten dazu zu ermutigen, automatische Gesten, Empfindungen oder spontan auftauchende Gefühle zu verstärken, um sie expliziter zu machen und sich ihrer bewußter zu werden.

Vorkontakt:
Bei Goodman die erste Phase des Zyklus von Kontakt und Rückzug. Das Selbst funktioniert vor allem auf der Ebene des Es (Empfindung, Erregung).

Widerstand, Abwehr:
Zentraler Begriff in der Gestalttherapie. Es geht vor allem darum, die Widerstände aufzudecken, die sich dem ungehinderten Ablauf des Kontaktzyklus bzw. des Zyklus der Bedürfnisbefriedigung entgegenstellen. Die wichtigsten Formen der Abwehr sind die Konfluenz, die Introjektion, die Projektion und die Retroflektion [siehe Kapitel 8].

Wie:
Aufgrund ihrer grundsätzlich phänomenologischen Ausrichtung beschäftigt sich die Gestalttherapie mehr mit dem Wie als mit dem Was oder Warum, d.h. sie betrachet vor allem den Prozeß und die Form. Die beiden Schlüsselbegriffe der Gestalttherapie sind jetzt und wie (now and how).

Zeigarnik-Effekt:
Starker geistiger Druck, der aus dem diffusen Gefühl heraus entsteht, eine unvollendete Aufgabe beenden zu müssen. Wird in der Pädagogik und in der Werbung eingesetzt (um kontinuierlich Aufmerksamkeit zu erwecken). In der exzessiven Wiederholung unabgeschlossener Gestalten liegt nach Perls der Ursprung von Neurosen.

Chronologische Zeittafel
(wichtige Daten im Zusammenhang mit der Gestalttherapie)

1. Vorläufer

Jahr	Geburt von	Tod von	Veröffentlichungen und Ereignisse
1770	Hegel		
1775	von Schelling		
1803	Emerson		
1813	Kierkegaard		
1838	Brentano		
1842	Kropotkin		
1844	Nietzsche		
1849	Pawlow		
1856	Freud		
1859	Husserl		
	von Ehrenfels		
	Bergson		
1866	Groddeck		
1870	Adler		
	Smuts		
1873	Ferenczi		
1874	Scheler		
1875	Jung		
1878	Goldstein		Nietzsche: Menschliches, Allzumenschliches
	Buber		
1879	Korzybski		
	Einstein		
1880	Wertheimer		
1881	Teilh.		
	de Chardin		
	Binswanger		
1882	Melanie Klein		
1883	Jaspers		Nietzsche: Also sprach Zarathustra
1884	Rank		
	Schultz		
1885	Karen Horney		Kropotkin: Worte eines Rebellen
	E. Minkowski		
1886	Koffka		
1887	Köhler		Kropotkin: Die wissenschaftlichen Grundlagen der Anarchie
1888	Assagioli		
1889	Heidegger		
	Gabriel Marcel		
	Moreno		(berichtigtes Datum)
1890	Lewin		
	Desoille		

2. Geburt der Begründer der Gestalttherapie

Jahr	Geburt von	Tod von	Veröffentlichungen und Ereignisse
1893	Perls		
1894	Charlotte Bühler		Nietzsche: Der Wille zur Macht
1895		Engels	Freud: Studien über Hysterie
1896	Winnicott		Freud führt den Begriff Psychoanalyse ein.
	Ida Rolf		
1897	Reich		
1898	Marcuse		
1899	von Bartalanffy		
1900		Nietzsche	Freud: Die Traumdeutung
1901	Milton Erickson		Freud: Zur Psychopathologie des Alltagslebens
1902	Rogers		
1904	Bateson		
	Skinner		
1905	Laura Perls		Freud: Drei Abhandlungen zur Sexualtheorie
	Sartre		Einstein: Die spezielle Relativität
	Mounier		
1906			Kropotkin: Gegenseitige Hilfe in der Tier- und Menschenwelt
1907			Freud begegnet Jung.
			Bergson: Schöpferische Entwicklung
1908	Merleau-Ponty		Freud begnet Ferenczi
	Maslow		
1909			USA-Reise Freuds mit Ferenczi und Jung
1910	Berne		Freud: Fünf Abhandlungen über die Psychoanalyse
			Gründung der Internationalen psychoanalytischen Gesellschaft (IPG)
1911	Goodman		Beauchant schreibt den ersten franz. Beitrag über die Psychoanalyse.
1912			Bruch zwischen Freud und Jung
1913			Freud: Totem und Tabu
			Husserl: Leitlinien für eine Phänomenologie
1916			Freud: Vorlesungen zur Einführung in d. Psychoanalyse
			Einstein: Die allgemeine Relativität
1918			Friedländer: Schöpferische Indifferenz
			Ferenczi wird Vorsitzender der IPG.
1920			Freud: Jenseits des Lustprinzips
			Jung: Psychologische Typen
1923			Buber: Ich und Du
1924	Janov		Rank: Das Geburtstrauma
1925			Freud: Mein Leben und die Psychoanalyse
1926			v. Bertalanffy: Zur Theorie der organischen Gestalt
			Smuts: Holismus und Evolution
			Assagioli gründet in Rom das Inst.für Psychosynthese.
1927	Laing		Freud: Die Zukunft einer Illusion
			Heidegger: Sein und Zeit
			Reich: Die Funktion des Orgasmus
1929			Ferenczi: Relaxation et néo-catharsis
1930			Freud: Das Unbehagen in der Kultur
1931			Ferenczi: Analyse d'enfants avec les adultes
1932			Ferenczi: Journal clinique
			Rank: Die Kunst und der Künstler
			M. Klein: Das Seelenleben des Kleinkindes
			Schultz: Autogenes Training
1933		Ferenczi	Korzybski: La science de la santé
			Reich: Charakteranalyse

3. Anfänge der Gestalttherapie

Jahr	Geburt von	Tod von	Veröffentlichungen und Ereignisse
1934			Jung: Das Seelenproblem des modernen Menschen
			Goldstein: Der Aufbau des Organismus
1935			Pawlow: Der bedingte Reflex
1936		Pawlow	Reich formuliert die Vegetotherapie.
1937		Adler	Anna Freud: Das Ich und die Abwehrmechanismen
			Moreno gründet die Zeitschrift Sociometry.
1938		Husserl	Korzybski gründet d. Inst. f. Allg. Semantik in Chicago.
1939		Freud	Freud: Der Mann Moses u. d. monotheistische Religion
1941		Bergson	
1942			Perls: Das Ich, der Hunger und die Aggression
1943			Rogers: Counseling and psychotherapy
			Sartre: L'Etre et le Néant: Essai d'ontologie
			phénoménologique
1945			Merleau-Ponty: Phénoménologie de la perception
			Lewin entwickelt d. Training-Groups (Gruppendynamik)
			Desoille: Le R.E.D. en psychothérapie
1946			Ankunft der Perls in New York.
			Sartre: L'existentialisme est un humanisme
			Moreno: Psychodrama
1947		Lewin	Heidegger: Lettre sur l'humanisme
1949			Mounier: Le Personnalisme
1950		Mounier	Maslow: Les critères de réalisation de soi
1951			Perls, Goodman, Hefferline: Gestalt Therapy
			Rogers: Client-centered Therapy
			(dt.: Die klientenzentrierte Gesprächspsychotherapie)
1952			Gründung des ersten Gestalt Institute (New York)
1954			Gründung d. Bewegung für Human. Psychologie (Maslow)
			Eröffnung des Gestalt Institute of Cleveland
1955		Teilhard	Teilhard de Chardin: Le phénomène humain
		de Chardin	(dt.: Der Mensch im Kosmos)
1956			Lowen und Pierrakos gründen das Institut für
			Bioenergetische Analyse in New York.
			von Bertalanffy: La Théorie des Systèmes ouverts
1957		Reich	
1958			Winnicott: De la pédiatrie à la psychanalyse
			Lowen: Physical Dynamics of Character Structure
			(dt.: Körperausdruck und Persönlichkeit)
			Berne entwickelt die Transaktionsanalyse.
1960			Rogers: On becoming a person
			(dt.: Entwicklung der Persönlichkeit)
			Laing: The divided self (dt.: Das geteilte Selbst)
			Caycedo begründet die Sophrologie.
1961		Jung	Jung: Ma vie
			Maslow: 1. Nr. des Journal of Humanistic Psychology
1962			Eröffnung von Esalen (Murphy und Price)
1964			Ankunft von Perls in Esalen
			1. internationaler Kongreß für Psychodrama in Paris
1965		Goldstein	Gründung des IFEPP in Paris (Honoré)
		Buber	Glasser: Reality Therapy
		Tillich	
1966		Desoille	
1967			Eröffnung des Instituts für Gestalt-Therapie von
			San Francisco
			Lowen: The Betrayal of the Body
			Schutz: Freude (Encountergruppen)

4. Durchbruch der Gestalttherapie

Jahr	Geburt von	Tod von	Veröffentlichungen und Ereignisse
1968			Durchbruch der Gestalttherapie (Perls wird in Esalen berühmt.)
			von Bertalanffy: Théorie génerale des Systèmes
1969			Perls: Gestalt Therapy verbatim
			Petzold bringt die Gestalttherapie nach Europa (Deutschland).
			Durand-Dassier: Structure et psychologie de la relation
			Caycedo: Progrès en Sophrologie
			Gründung der Multiversité in Brüssel (Katzeff)
1970		Perls	Einrichtung einer Fortbildung in Gestalttherapie im flämischen Teil Belgiens
		Berne	Janov: The Primal Scream (dt.: Der Urschrei)
		Maslow	Levitsky: Les règles et les jeux de la Gestalt
			Fagan: Gestalt Therapy Now
1971			Winnicott: Jeu et réalité
			Bateson: Steps to an ecology of mind
			Einführung der Gestalttherapie am IFEPP in Paris in der Reihe „Sexualität" (Ginger)
1972			Einführung der Gestalttherapie in Kanada
			Beginn einer Fortbildung in Gestalttherapie in Deutschland
			Eröffnung des C.D.P.H. (Fourcade)
1973		Gabriel Marcel	Perls: The Gestalt approach (posthum)
		Ch. Bühler	Polster: Gestalt Therapy integrated (dt.: Gestalttherapie. Theorie und Praxis der integrativen Gestalttherapie)
			Latner: The Gestalt Therapy book
			Eröffnung des Centre d'Evolution (Durand-Dassier)
1974		Moreno	Anzieu: Le Moi-Peau
		Assagioli	Simkin: Gestalt Therapy mini-lectures
			Einrichtung einer Fortbildung in Gestalttherapie in Quebec (J. Corbeil)
			Ankunft bzw. Rückkehr von Allais, Ambrosi und Furlaud nach Frankreich
1975			Shepard: Le père de la Gestalt (dans L'intimité de Fritz Perls)
			Lowen: Bioenergetik
			Grinder & Bandler: The structure of Magic
1976		Heidegger	Einrichtung einer Fortbildung im französisch sprechenden Teil Belgiens (Katzeff)
1977			Zinker: Creative process in Gestalt Therapy (dt. Gestalttherapie als kreativer Prozeß)
			Ancelin-Schützenberger: Le corps et le groupe
1979		Ida Rolf	Einrichtung einer Fortbildung in Frankreich (durch die Quebecker)
			Gaines: Fritz Perls here and now
			Laborit: L'inhibition de l'action
1980		Bateson Sartre Milton Erickson	Marie Petit: La Gestalt, thérapie de l'ici et maintenant
1981			Gründung der Société Française de Gestalt (SFG)
			Eröffnung der Ecole Parisienne de Gestalt (EPG) innerhalb des IFEPP (S. & A. Ginger)
			Gestaltfortbildung in Paris (Marie Petit, Bidault) und Nantes (J. Corbeil)

4. Durchbruch der Gestalttherapie (Fortsetzung)

Jahr	Geburt von	Tod von	Veröffentlichungen und Ereignisse
1982			Beginn e. Gestalt-Fortbildung an den Instituten von Bordeaux und Grenoble Gründung der spanischen Vereinigung für Gestalttherapie
1983			1. internationales Kolloquium der SFG (Paris) Changeux: L'Homme neuronal
1984			nationale Studientage der SFG in Bordeaux: La Gestalt en tant que psychothérapie
1985		Price	nationale Studientage der SFG in Grenoble: Champs d'application de la Gestalt-thérapie Gründung der italienischen Gesellschaft für Gestalttherapie Gründung der Association Européenne de Gestalttherapie
1986			Vincent: Biologie des passions
1987		Rogers	1. internationaler frankophoner Kongreß der SFG, Paris
1989		Laura Perls	Laura Perls stirbt im Juli in ihrem Geburtsort in Deutschland
1990		Skinner	

Der Stammbaum der französischen Gestalttherapie

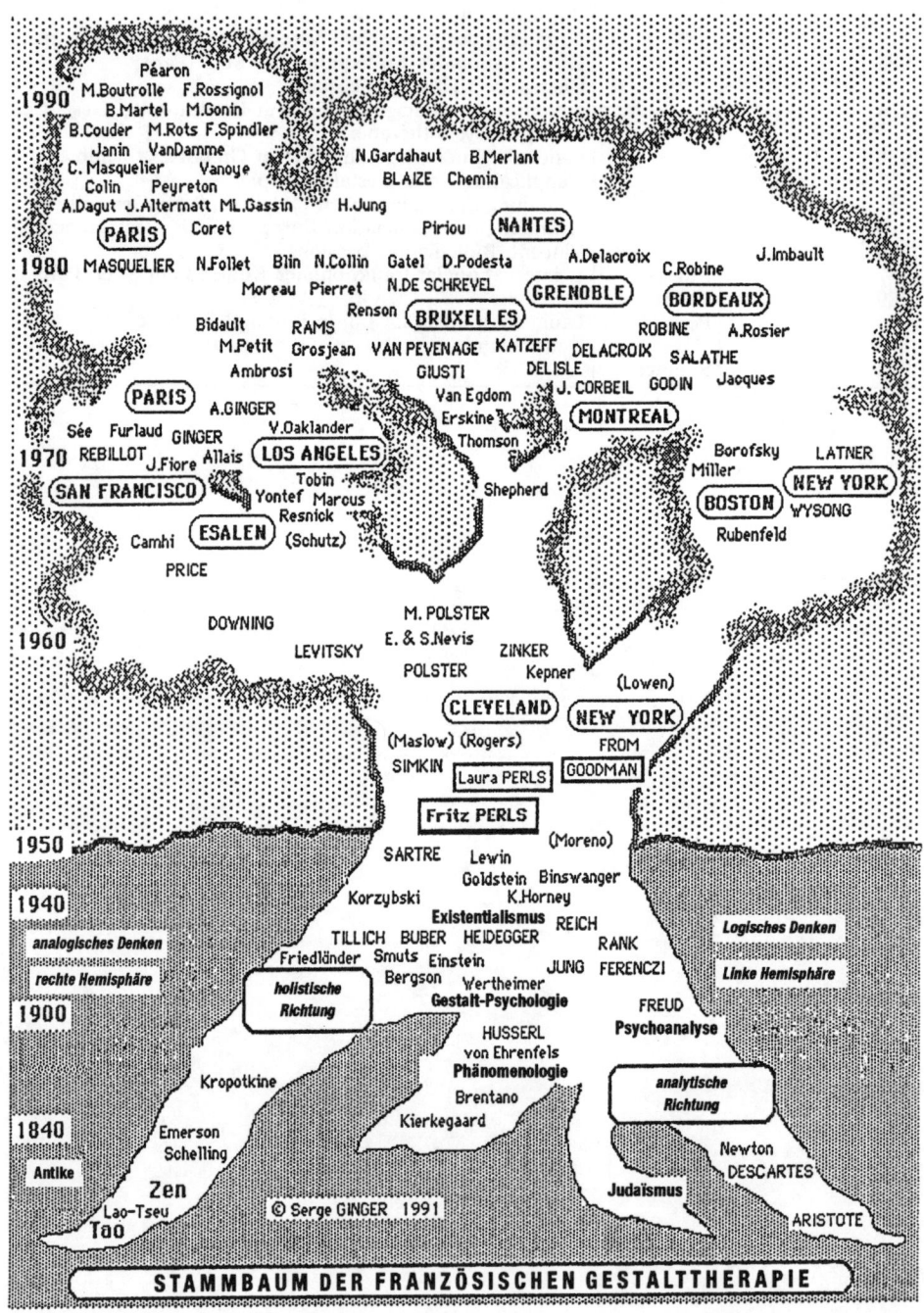

STAMMBAUM DER FRANZÖSISCHEN GESTALTTHERAPIE

Orientierungshilfe zum genealogischen Stammbaum:

1. Zur allgemeinen Orientierung:

– auf der linken Seite (die der rechten Hemisphäre entspricht) die synthetische und holistische Strömung sowie die körperliche und emotionale Ebene – die Perlssche Richtung)

– auf der rechten Seite (die der linken Hemisphäre entspricht) die stärker analytische, verbale und rationalistische Strömung – die Goodmansche Richtung)

– im Zentrum die phänomenologische Methode, die existentialistische Philosophie, die Gestaltpsychologie sowie die Gestalt-Theorie, die die Verbindung zwischen den beiden Richtungen herstellen.

2. Die Namen der Autoren und Gestalttherapeuten:

Die Einordnung der Autoren und Gestalttherapeuten erfolgte
– auf der Ordinate nach dem Zeitpunkt, zu dem sie zu praktizieren begannen bzw. bekannt geworden sind);
– auf der Abszisse oberhalb derjenigen, durch die sie am stärksten beeinflußt wurden (ihre „Lehrer")

Die Namen der wichtigsten Gestaltisten wurden groß geschrieben (z.B. POLSTER, DELISLE).Von den gegenwärtigen französischen Gestalttherapeuten wurden diejenigen aufgenommen, die regelmäßig und ausdrücklich mit der Gestalttherapie arbeiten und eine anerkannte Ausbildung haben (vor allem die in die Société Française de Gestalt als Titularmitglieder aufgenommenen). Bei den Frauennamen wurde der Anfangsbuchstabe des Vornamens mitaufgenommen.

Die in Klammern gesetzten Namen (z.B. Moreno) beziehen sich auf Persönlichkeiten außerhalb des gestalttherapeutischen Bereichs. Sie stehen für das Erscheinungsjahr wichtiger Werke, die die Gestalttherapie direkt beeinflußt haben.

3. Die Schulen und ihre geographische Einordnung:

Es lassen sich drei Hauptrichtungen unterscheiden:
- Die östliche Richtung mit New York und Boston (die sich an Goodman und From orientiert);
- die in der Mitte eingeordnete Richtung von Cleveland, aus der vor allem die Schulen von Montreal und Brüssel hervorgegangen sind, die ihrerseits zur Gründung der Institute von Bordeaux, Grenoble und Nantes geführt haben (an Zinker orientiert);
- die westliche Richtung in Kalifornien (Esalen, San Francisco und Los Angeles), wo die meisten Pariser Gestalttherapeuten ausgebildet wurden (an Perls und den Polsters orientiert).

Die geographische Einordnung (z.B. Cleveland, Brüssel) wurden nach denselben Prinzipien wie bei den Autoren vorgenommen – auf der Ordinate nach dem Zeitpunkt der offiziellen Eröffnung, auf der Abszisse hingegen wurden die Schulen jeweils über denjenigen plaziert, von denen sie hauptsächlich geprägt worden sind.

Die den Personen und Schulen zugewiesenen Plätze entsprechen manchmal eher einer methodologischen Zuordnung als einer streng geographischen. Viele Gestalttherapeuten haben außerdem eine vielseitige Fortbildung durchlaufen bzw. haben das Umfeld ihrer Aktivitäten gewechselt; so sind z.B. die Polsters von Cleveland nach San Diego in Kalifornien gezogen, während Latner umgekehrt zunächst in Kalifornien arbeitete, eher er sich im Staat New York niedergelassen hat.